顾问：杨焕成　张家泰

嵩岳寺塔

下

河南省文物建筑保护研究院　编

杨振威　张高岭　著

科学出版社

北　京

内 容 简 介

本书以嵩岳寺的历史沿革、价值评估、地质勘察、考古调查和嵩岳寺塔的塔基、天宫、地宫的考古发掘、勘察修缮设计方案、修缮工程，以及嵩岳寺塔院的选址布局、塔的形制、设计理念等为主要内容编写而成，尤其书中对嵩岳寺塔的营造尺度、设计构图原理、塔的形制和建筑文化内涵等进行了深入细致的探讨研究，给以后学术界进一步研究嵩岳寺塔带来了很大的启发。另外，本书精选收录了多年来学术界对嵩岳寺塔研究的诸多相关文章，同时书后又附录了关于嵩岳寺塔的大量测绘图纸、彩色现状照片、历史老照片、细部装饰纹样和碑刻拓片等内容，资料翔实，图文并茂。

本书适合建筑历史、文物保护、风景园林、艺术设计等领域的专业技术人员以及高等院校相关专业的师生参考阅读。

图书在版编目（CIP）数据

嵩岳寺塔（上、下册）/杨振威，张高岭著；河南省文物建筑保护研究院编. —北京：科学出版社，2020.9
ISBN 978-7-03-065893-7

Ⅰ. ①嵩… Ⅱ. ①杨… ②张… ③河… Ⅲ. ①佛教-寺庙-古建筑-介绍-登封 Ⅳ. ①TU-098.3

中国版本图书馆CIP数据核字（2020）第155784号

责任编辑：吴书雷 / 责任校对：邹慧卿
责任印制：肖　兴 / 封面设计：北京美光制版有限公司

科学出版社 出版
北京东黄城根北街16号
邮政编码：100717
http://www.sciencep.com

北京汇瑞嘉合文化发展有限公司　印刷
科学出版社发行　各地新华书店经销

*

2020年9月第 一 版　开本：787×1092　1/8
2020年9月第一次印刷　印张：70　插页：90
字数：1 580 000
定价：1500.00元（上、下册）
（如有印装质量问题，我社负责调换）

附　录

附录一　嵩岳寺相关诗词、传说、人物

一、诗赋

1.《夜从法王寺下归岳寺》

夜从法王寺下归岳寺

［唐］白居易

双刹夹虚空，绿云一径通。
似从忉利下，如过剑门中。
灯火光初合，笙歌曲未终。
可怜师子座，升出净名翁。

（采自：清·叶封撰《嵩山志》）

白居易（772～846），唐代诗人，字乐天，号香山居士，祖籍山西太原，晚年曾官至太子少傅，与李白、杜甫并称"李杜白"。

2.《幸岳寺应制》和《登逍遥楼》

幸岳寺应制

［唐］宋之问

暂幸珠筵地，俱怜石濑清。
泛流张翠幕，拂迥挂红旌。
雅曲龙调管，芳樽蚁泛觥。
陪欢玉座晚，复得听金声。

（采自：明·傅梅撰《嵩书》）

登逍遥楼

［唐］宋之问

逍遥楼上望乡关，绿水泓澄云雾间。
北去衡阳二千里，无因雁足系书还。

（采自：清·叶封撰《嵩山志》）

宋之问（约656～约712），字延清，汾州隰城县人，历修文馆学士，谪汴州长史，改越州长史。

3.《和赵嘏题岳寺》

和赵嘏题岳寺

［唐］温庭筠

疏钟细响乱鸣泉，客省高临似水天。
岚翠暗来空觉润，涧茶馀爽不成眠。
越僧寒立孤灯外，岳月秋当万木前。
张邴宦情何太薄，远公窗外有池莲。

（采自：明·傅梅撰《嵩书》）

温庭筠（约812年～约866年），本名岐，字飞卿，唐代诗人、词人，太原祁人，官终国子助教，有"温八叉"之称。

4.《至闲居精舍呈正上人》

至闲居精舍呈正上人（即天后故宫）

［唐］储光义

太室三招提，其趣皆不同。
不同非一趣，况是天游宫。
双岭前夹门，阁道复横空。
宝坊若花积，宛转不可穷。
流泉自成池，青松信饶风。
秋晏景气廻，晶明丹素功。
近将隐者邻，远兴西山通。
大师假惠照，念以息微躬。

（采自：清·叶封撰《嵩山志》）

储光义（约706~763），唐代官员，田园山水诗派代表诗人之一，润州延陵人，官至监察御史，尊称为"江南储氏之祖"。

5.《过乘如禅师萧居士嵩丘兰若》

过乘如禅师萧居士嵩丘兰若

［唐］王维

无著天亲弟与兄，嵩丘兰若一峰晴。
食随鸣磬巢乌下，行踏空林落叶声。
迸水定侵香案湿，雨花应共石床平。
深洞长松何所有，俨然天竺古先生。

（采自：彭定求编《全唐诗》）

王维（701~761年），字摩诘，号摩诘居士，唐朝河东蒲州（今山西运城）人，祖籍山西祁县，唐朝著名诗人、画家。

6.《游岳寺》

游 岳 寺

［宋］文彦博

寺占嵩颠景最多，奇峯列刹共崔峩。
依巖宝砌莟清础，出谷飞泉逗素波。
下瞰长川穷渺邈，傍观列岫极陂陁。
缁林法药堪随喜，钟磬声清呗梵和。

（采自：宋·文彦博撰《潞公文集·卷五》）

文彦博（1006年10月23日~1097年6月16日），字宽夫，号伊叟。汾州介休（今山西介休市）人。北宋时期著名政治家、书法家。

7.《嵩岳寺》

嵩 岳 寺

［明］傅梅

梵刹俯临双阙，浮图高出九城。
洞里常传灵异，潮音足破迷情。

（采自：明·傅梅撰《嵩书》）

傅梅（1565~1642年），字元鼎，官员，顺德邢台人，明万历三十五年（1607）授登封知县，任职五年，有政绩，擢刑部主事，追赠太常寺少卿。

8.《和黄勉之怀嵩岳寺》

和黄勉之怀嵩岳寺

［明］王宠

嵩山有瑶草，白玉如膏流。

何日攀缑岭，相携卧石楼。

吐云腾斗极，飞翠满神州。

笙鹤飘飘去，青天子晋游。

（采自：《登封县志》卷二十九）

王宠（1494～1533），明代书法家，字履仁、履吉，号雅宜山人，吴县（江苏苏州）人。

二、嵩岳寺的相关传说

1. 韦老师嵩岳寺洗犬变龙骑之升天

唐·王坤撰《惊听录》云：嵩山道士韦老师常养一犬，多毛黄色，每以自随，或独坐山林，或宿雨雪中，或三日五日至岳寺求斋，余而食人不能知也。唐开元末，复牵犬至寺，向僧徒求食以食犬，僧发怒谩骂，令奴盛残与之老师，悉以与犬，僧又谩骂，欲殴之，犬视僧色怒，老师抚其首，久之众僧稍引去，老师乃出，於殿前池上洗犬，俄有五色云遍满溪谷，僧骇视之云，悉飞集池上绢衣，骑龙坐定五色云，捧足冉冉升天而去，寺僧作礼忏悔已无及矣。

（采自：明·傅梅撰《嵩书》）

2. 嵩岳寺神妇踏泉显异

《神僧传》云：嵩岳寺僧有百人，泉水绕足，忽见妇人，敞衣挟帚，却坐阶上，听僧诵经，众不测为神也。便诃遣之，妇有愠色，以足踏泉，立竭身亦不现，众以告僧稠，稠呼优婆夷，三呼乃出便，谓曰：众僧行道，宜加拥护，妇人以足拨放，故泉水即上涌。

（采自：明·傅梅撰《嵩书》）

3. 嵩山浮图金像神异

《仙经》云：嵩高山大崖下，有浮图奇妙，有一大金像在中或语。寺僧密公密公时，在嵩寺闻之。欣然即与人披林求索时，白雾昏迷，密公失路，一往看之，即入山中。唯见一麝香出入，三四步侧足双跳，步步回顾复去，十步中有青炎出，就视之有自然天地。

（采自：明·傅梅撰《嵩书》）

4. 嵩山圣竹林寺示现

古碑云：唐蜀僧法藏来游嵩山，路逢一梵僧语次，便托附一书与竹林寺上座，且曰：是寺随机应缘隐现不常，但到嵩岳寺入石三门，登逍遥台望之山腹是也。法藏至岳寺袖书登台，逢一老人访问之。老人曰：随吾手看。但见祥云瑞雾，梵刹峥嵘，金碧交辉，天花散坠，随趋前瞻仰，有二童子来迎入寺，参礼堂中上座投书问次，忽见天使持书，帝释请五百尊者，齐须史钟磬齐鸣，观诸尊者掷锡掷盂，或骑獐虎，或乘龙象，皆去上座乎。法藏乘云同到天门，帝释出迎，乐作界殿，布齐儴三铢绢，每位一足，法藏执绢，心生爱著，默美奇异。忽觉身坠崖前，天宫圣寺都失，绢犹在袖，咨嗟寻逡复到岳寺，众僧问故。法藏曰：我幸入竹林瞻敬，又随诸尊者赴帝释斋，因得儴三铢，绢心生贪，美不觉身坠崖前，圣境都失矣。时有耆年僧曰：汝为出家人，得至圣寺，同诸尊者受天王供养，是非小缘，何故未除流俗爱物，生心自犯戒律乎。今此天绢非汝用物，当献至尊，法藏具表进。於朝明皇受之倍加宣赐后，崖洞圣迹屡常应现焉。此文出自《嵩岳寺感礼罗汉洞记》。

（采自：明·傅梅撰《嵩书》）

5. 岳神为　禅师移树东岭

《高僧传》云：永淳时，嵩岳闲居寺释元珪庐岳之龐坞，一日有伟丈夫从部曲来，谒曰：我此岳神也，请受正戒，珪与讲论甚久，授以五戒，神言：愿报慈德。珪曰：东崖寺之障荟然无树，北岫有之而背非屏拥，神能移北树于东岭乎。神曰：闻命幸无骇，是夜暴风吼雷，物不安所，诘旦和斋，则北崖松柏尽移东岭，然行植焉。

（采自：明·傅梅撰《嵩书》）

6. "锁塔烧蟒"的传说

相传古代嵩岳寺里有个小和尚，专管清扫塔房，每当来到嵩岳寺塔中打扫卫生时，两只脚会慢慢离开地面，全身升到空中，然后又慢慢地落到地面。小和尚心里想，这是佛祖对自己的恩典。有一天，小和尚告诉了师父。老和尚仔细观察，发现塔棚之上挂有一条巨大的黑蟒，正尽力以其蟒口试图吞吸小和尚。老和尚大喝一声，黑蟒缩回了头，小和尚"扑通"一声落在地上。为了除掉黑蟒，老和尚急忙锁上塔门，命徒弟们抱来柴火，把塔棚烧了，从此以后，嵩岳寺塔里便没有了可登临的塔棚。

（采自：张清献等编著《轶闻趣事》）

三、嵩岳寺主要相关人物

1. 北魏宣武帝

宣武帝元恪（483~515年），嵩岳寺主要缔造者。

河南洛阳人，北魏王朝第八位皇帝（499~515年在位）。《魏书·世宗纪》载："世宗宣武皇帝，讳恪，高祖孝文皇帝第二子。母曰高夫人，初，梦为日所逐，避于床下。日化为龙，绕己数匝，寤而惊悸，既而有娠。太和七年闰四月，生帝于平城宫。二十一年正月甲午，立为皇太子。……帝幼有大度，喜怒不形于色。雅性俭素。初，高祖欲观诸子志尚，乃大陈宝物，任其所取，京兆王愉等皆竞取珍玩，帝唯取骨如意而已。高祖大奇之。庶人恂失德，高祖谓彭城王勰曰：'吾固疑此兒有非常志相，今果然矣。'乃立为储贰。雅爱经史。尤长释氏之义，每至讲论，连夜忘疲。善风仪，美容貌，临朝渊默，端严若神，有人君之量矣。……世宗笃好佛理，每年常于禁中，亲讲经论，广集名僧，标明义旨。"

2. 北魏逸士冯亮

冯亮（？~513年），嵩岳寺的主要设计、缔造者。

《魏书·冯亮传》载："冯亮，字灵通，南阳人，萧衍平北将军蔡道恭之甥也。少傅览诸书，又笃好佛理。随道恭至义阳，会中山王英平义阳而获焉。英素闻其名，以礼待接。亮性清净，至洛，隐居嵩高，感英之德，以时展勤。及英亡，亮奔赴，尽其哀恸。世宗尝召以为羽林监，领中书舍人，将令侍讲《十地》诸经，因辞不拜。又欲使衣帻入见，亮苦求以幅巾就朝，遂不强逼。还山数年，与僧徒礼诵为业，蔬食饮水，有终焉之志。会逆人王敞事发，连山中沙门，而亮被执赴尚书省，十余日，诏特免雪。亮不敢还山，遂寓居景明寺。敕给衣食及其从者数人。后思其旧居，复还山室。亮既雅爱山水，又兼巧思，结架岩林，甚得栖游之适，颇以此闻。世宗给其工力，令与沙门统僧暹、河南尹甄琛等，周视嵩高形胜之处，遂造闲居佛寺。林泉既奇，营制又美，曲尽山居之妙。亮时出京师。延昌二年冬，因遇笃疾，世宗敕以马舆送令还山，居嵩高道场寺。数日而卒。诏赠帛二百匹，以供凶事。遗诫兄子综，敛以衣幍，左手持板，右手执《孝经》一卷，置尸盘石上，去人数里外。积十余日，乃焚于山。以灰烬处，起佛塔经藏。初，亮以盛冬丧，时连日骤雪，穷山荒涧，鸟兽饥窘，僵尸山野，无所防护。时寿春道人惠需，每旦往看其尸，拂去尘霰。禽虫之迹，交横左右，而初无侵毁，衣服如本，惟风吹幍巾。又以亮识旧南方法师信大栗十枚，言期之将来十地果报，开亮手以置把中。经宿，乃为虫鸟盗食，皮壳在地，而亦不伤肌体。焚燎之日，有素雾蓊郁，回绕其傍，自地属天，弥朝不绝。山中道俗营助者百余人，莫不异焉。"

3. 北魏河南尹甄琛

甄琛（？~524年），嵩岳寺主要缔造者。嵩岳寺营造时北魏都城洛阳最高的地区行政长官。

《魏书·甄琛传》载："甄琛，字思伯，中山毋极人，汉太保甄邯后也。父凝，州主簿。琛少敏悟，闺门之内，兄弟戏狎，不以礼法自居。颇学经史，称有刀笔，而形貌短陋，鲜风仪。举秀才，入都积岁，颇以弈棋弃日，至乃通夜不止。手下苍头常令秉烛，或时睡顿，大加其杖，如此非一。……太和初，拜中书博士，迁谏议大夫，时有所陈，亦为高祖知赏。转通直散骑侍郎，出为本州征北府长史，后为本州阳平王颐卫军府长史。世宗践祚，以琛为中散大夫、兼御史中尉，转通直散骑常侍，仍兼中尉。……琛参八座议事。寻正中尉，常侍如故。迁侍中，领中尉。……复除散骑常侍、领给事黄门侍郎、定州大中正。……迁河南尹，加平南将军，黄门、中正如故。……转太子少保，黄门如故。大将军高肇伐蜀，以琛为使持节、假抚军将军，领步骑四万为前驱都督。……正光五年冬卒。"

4. 北魏沙门统僧暹

僧暹，嵩岳寺主要缔造者。嵩岳寺营造时是北魏全国最高僧官。

《魏书》载："沙门都统僧暹等忿瑒鬼教之言，以瑒为谤毁佛法，泣诉灵太后。……世宗给其工力，令与沙门统僧暹、河南尹甄琛等，周视嵩高形胜之处，遂造闲居佛寺。……承明元年……又尚书令高肇奏言：'都维那僧暹……其暹等违旨背律，谬奏之愆，请付昭玄，依僧律推处。'诏曰：'暹等特可原之，余如奏。'……世宗以来至武定末，沙门知名者僧暹。"

5. 唐代李邕

李邕（678～747年），《嵩岳寺碑》撰写者。鄂州江夏（今湖北武汉市江夏区）人。唐朝大臣、书法家，文选学士李善之子。

《新唐书》载："李邕，字泰和，扬州江都人。父善，有雅行，淹贯古今，不能属辞，故人号'书簏'。显庆中，累擢崇贤馆直学士兼沛王侍读。……邕少知名。始善注《文选》，释事而忘意。……玄宗即位，召为户部郎中。……共援邕为御史中丞。姚崇疾邕险躁，左迁括州司马，起为陈州刺史。……开元二十三年，起为括州刺史……以谄媚不得留，出为汲郡、北海太守。……诏刑部员外郎祁顺之、监察御史罗希奭就郡杖杀之，时年七十。代宗时，赠秘书监。……邕之文，于碑颂是所长，人奉金帛请其文，前后所受钜万计。邕虽诎不进，而文名天下，时称李北海。卢藏用尝谓：「邕如干将、莫邪，难与争锋，但虞伤缺耳。」后卒如言。杜甫知邕负谤死，作《八哀诗》，读者伤之。邕资豪放，不能治细行，所在贿谢，畋游自肆，终以败云。"

附录二　相关批复文件

一、国家文物局相关文件

1.《国务院关于公布第一批全国重点文物保护单位名单的通知》和《关于嵩岳寺塔修缮工程总体方案设计的批复》文件

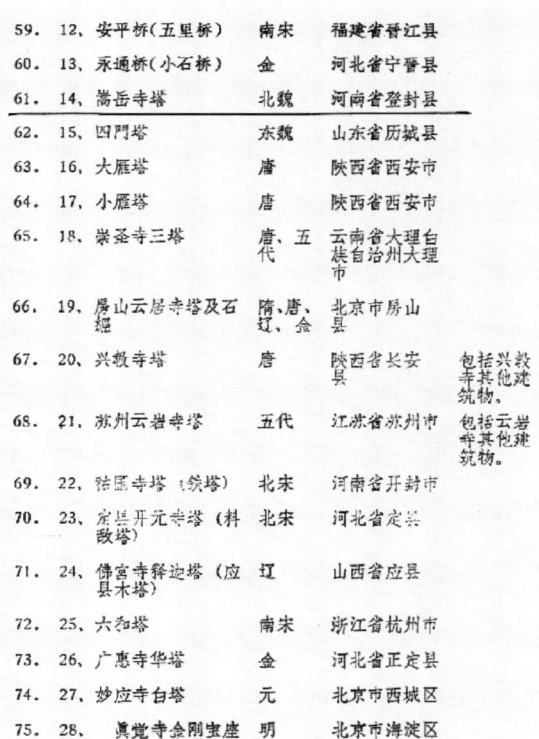

2.《关于嵩岳寺塔变形检测设计的批复》和《关于登封嵩岳寺塔维修工程几点做法的批复意见》文件

3.《工程地质勘察报告协议批复》文件

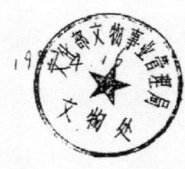

二、河南省文物局批复文件

1. 1989年嵩岳寺塔重点保护范围、一般保护范围批复文件

河南省人民政府

豫政文（1989）215号

签发人：于友先

关于划定我省国家级、省级文物保护单位保护范围问题的批复

省文化厅：

《关于公布国家级、省级文物保护单位保护范围的请示》悉。省政府同意你们与各地一致划定的我省五百一十四处国家级、省级文物保护单位的保护范围，请以省文化厅和文物局两家名义公布。

此复。

河南省人民政府
一九八九年十二月二十九日

河南省文化厅 河南省文物局 文件

豫文物字（1989）第196号

关于公布国家级、省级文物保护单位保护范围的通知

各市、县人民政府，各地区行政公署，省直有关单位：

我省30处国家级文物保护单位和484处省级文物保护单位的保护范围业经省人民政府批准（豫政文〔1989〕215号），现予公布，请各地按照《中华人民共和国文物保护法》、《河南省〈文物保护法〉实施办法》和国家有关文物保护的政策、规定，切实加强保护管理工作。

1989年12月31日

抄报：国家文物局、省委宣传部、省人大教科文卫委员会、省政府办公厅

向北至万岁峰，向西接紫福宫保护区。

嵩岳寺塔（北魏　登封县北嵩山南麓）

重点保护范围：自塔基外壁向东至围墙外90米处，向西270米，向北120米，向南200米。

一般保护范围：自重点保护区边线，向西150米，向南200米，北至太室峰顶，东至东灵台山脊。

净藏禅师塔（唐　登封县会善寺西）

重点保护范围：自塔基外壁向东、西、南、北各100米。

一般保护范围：自重点保护区边线向南、北各200米，向西扩300米，向东扩70米。

观星台（元　登封县告城镇北）

重点保护范围：自围墙起，向东110米至洛许公路，向西50米至文物研究工作站西墙，向北至100米处，南自照壁向南100米。

一般保护范围：自重点保护区边线向四面各扩100米。

郑州商代遗址（商　郑州市）

重点保护范围：1、顺河路以南，东里路以北，黄河医院以西，紫荆山路以东；

2、郑州六中操场；

3、河南中医学院附属医院家属院（东里路东段以南）；

4、郑州医疗器械厂；

5、省中医研究所大门内大楼前；

2. 2004年嵩岳寺塔保护范围、建设控制地带批复文件

Nº 0099984

河南省人民政府文件

豫政文〔2004〕151号

河南省人民政府
关于调整我省全国重点文物保护单位
省级文物保护单位保护范围和建设控制地带的
批 复

省文物局：

《河南省文物管理局关于调整我省全国重点文物保护单位省级文物保护单位保护范围和建设控制地带的请示》悉。省政府同意你局与有关单位一致划定的我省97处（101项）全国重点文物保护单位、636处省级文物保护单位的保护范围和建设控制地带，请你局按照《中华人民共和国文物保护法》和《中华人民共和国文物保护法实施条例》的规定，会同有关部门予

— 1 —

以公布。

此复。

主题词：文化 文物 批复

河南省人民政府办公厅　　　2004年8月9日印发

— 2 —

河南省建设厅
河南省文物管理局 文件

豫文物〔2004〕330号

关于公布全国重点文物保护单位和
省级文物保护单位保护范围和
建设控制地带的通知

各市、县人民政府，省直有关单位：

我省97处（101项）全国重点文物保护单位和636处省级文物保护单位的保护范围和建设控制地带业经省人民政府批准（豫政文〔2004〕151号），现予公布，请各地按照《中华人民共和国文物保护法》、《中华人民共和国文物保护法实施条例》和国家有

— 3 —

、关文物保护的政策、规定，切实加强文物保护管理工作。

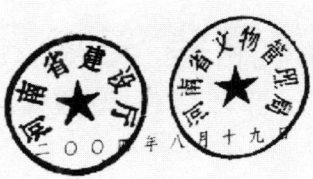

主题词：

抄报：国家文物局、省委宣传部、省人大教科文卫委员会、省政府办公厅

河南省文物局办公室　　　2004年8月19日印发

— 4 —

3.《关于转发国家文物局（90）文物字第537号文件的通知》和《关于报送"嵩岳寺塔变形、基础沉降及塔后崖体稳定性检测"设计的请示》文件

4.《关于对嵩岳寺塔部分维修工程组织验收的请示》文件

三、地方相关文件

1.《郑州市登封观星台嵩岳寺塔少林寺塔林保护管理条例》

郑州市登封观星台嵩岳寺塔少林寺塔林保护管理条例

发布部门：河南省郑州市人民代表大会常务委员会

发布文号：2003年6月27日郑州市第十一届人民代表大会常务委员会第三十八次会议通过，2003年9月27日河南省第十届人民代表大会常务委员会第五次会议批准，2003年10月21日郑州市人民代表大会常务委员会公告公布。

第一条　为加强登封观星台、嵩岳寺塔、少林寺塔林的保护和管理，根据《中华人民共和国文物保护法》等有关法律、法规，结合实际，制定本条例。

第二条　凡在登封观星台、嵩岳寺塔、少林寺塔林的保护区域内参观、游览、考察或进行其他活动的单位和个人，均应遵守本条例。

第三条　郑州市人民政府应当加强对登封观星台、嵩岳寺塔、少林寺塔林保护管理工作的领导。郑州市人民政府文物行政部门应当加强对登封观星台、嵩岳寺塔、少林寺塔林保护管理工作的监督、指导。

第四条　登封市人民政府全面负责登封观星台、嵩岳寺塔、少林寺塔林的保护管理工作，将其纳入国民经济和社会发展计划，并编制保护规划，纳入土地利用总体规划和城乡建设规划。

登封市文物行政部门具体负责登封观星台、嵩岳寺塔、少林寺塔林的保护管理工作。

登封市宗教、旅游、国土资源、建设、环境保护、林业、公安、水行政、工商行政等有关部门以及登封观星台、嵩岳寺塔、少林寺塔林所在地的镇人民政府、街道办事处，应当在各自职责范围内做好登封观星台、嵩岳寺塔、少林寺塔林的保护管理工作。

第五条　任何单位和个人都有保护登封观星台、嵩岳寺塔、少林寺塔林的义务，并有权对违反本条例规定的行为进行制止和举报。

第六条　登封观星台、嵩岳寺塔、少林寺塔林的保护区域分为保护范围和建设控制地带。

观星台保护范围包括：现有围墙以内和自围墙起，向东至110米处，向西至50米处，向北至100米处，南自照壁向南至110米处。建设控制地带包括：自保护范围边线外延100米。

嵩岳寺塔保护范围包括：自塔基外壁向东至围墙外90米，向西270米，向北120米，向南200米。建设控制地带包括：自保护范围边线向西150米，向南200米，北至太室山峰顶，东至东灵台山脊。

少林寺塔林保护范围包括：现有围墙以内和自围墙起向外各扩50米。建设控制地带包括：自保护范围边线向东950米，向西1900米，向南200米，北至五乳峰脊。

第七条　登封观星台、嵩岳寺塔、少林寺塔林保护范围和建设控制地带四至界限由登封市人民政府设置标志和界桩。

任何单位、个人不得擅自移动、破坏标志和界桩。

第八条　登封市有关部门和单位应当做好登封观星台、嵩岳寺塔、少林寺塔林保护范围和建设控制地带内的绿化工作，加强生态环境保护和污染防治监督管理，维护自然环境风貌。

登封观星台、嵩岳寺塔、少林寺塔林保护范围内不得在可能危及文物安全的地点栽种树木。现有树木危及文物安全的，应予修剪、移植或清除；属古树名木的，按有关规定执行。

第九条　登封市人民政府应当组织文物、国土资源、水行政等有关部门加强对登封观星台、嵩岳寺塔、少林寺塔林周边的地质监测和地质灾害危害性评估，防治山体滑坡、地面塌陷等地质灾害，确保文物安全。

第十条　登封观星台、嵩岳寺塔、少林寺塔林保护范围内不得进行其他建设工程或者爆破、钻探、挖掘等作业；因特殊情况确需进行其他建设工程或者爆破、钻探、挖掘作业的，按照有关法律、法规规定的程序报批。

在少林寺塔林内确需建新塔，必须保证原有文物的安全，设计方案必须报经国务院文物行政部门批准。

第十一条　禁止在登封观星台、嵩岳寺塔、少林寺塔林保护范围和建设控制地带内进行下列工程建设行为：

（一）修建风格、高度、体量、色调等与文物及其环境不相协调的建筑物、构筑物；

（二）安装产生强烈震动可能危及文物安全或污染文物及其环境的设施；

（三）进行产生强烈震动可能危及文物安全的作业；

（四）其他可能有损文物历史风貌或文物安全的工程建设行为。

登封观星台、嵩岳寺塔、少林寺塔林保护范围和建设控制地带内已有的或在建的建筑物、构筑物及设施，不符合前款规定的，由登封市人民政府责令限期拆除或迁出。

第十二条　在登封观星台、嵩岳寺塔、少林寺塔林保护范围内，除执行公务的消防和救护车辆外，禁止机动车辆驶入。从事文物养护、维修作业的车辆确需驶入的，应经登封市文物行政部门批准。

第十三条　在登封观星台、嵩岳寺塔、少林寺塔林保护范围和建设控制地带内进行考古发掘，应持有经国务院批准的考古发掘计划。考古发掘结束后，应向登封市文物行政部门提供发掘情况、出土文物清单和保护意见。

第十四条　拍摄电影、电视剧（片）或专业录像、专业摄影，需拍摄登封观星台、嵩岳寺塔、少林寺塔林外景或局部景观，以及测绘、复制、拓印登封观星台、嵩岳寺塔、少林寺塔林或其单体文物的，应持有国家或省文物行政部门的批准文件，并在登封市文物行政部门的监督下进行。

在少林寺塔林从事前款规定的活动，报批前须经少林寺管理组织及宗教事务部门同意。

第十五条　登封观星台、嵩岳寺塔、少林寺塔林的文物保护管理机构应当建立健全消防安全管理制度。在重点、要害场所，应设置禁止烟火的明显标志，配置灭火器等灭火设施和消火栓，并保持完好有效。

在登封观星台、嵩岳寺塔、少林寺塔林保护范围内，禁止下列行为：

（一）在设有禁止烟火标志的区域内吸烟、烧纸、焚香；

（二）燃放烟花爆竹；

（三）野炊，焚烧树叶、秸秆、荒草、垃圾等；

（四）存储、使用煤气、液化石油气等易燃易爆物品；

（五）违规安装照明及其他电器设备；

（六）堵塞、侵占消防通道；

（七）妨碍消防安全的其他行为。

第十六条　在登封观星台、嵩岳寺塔、少林寺塔林保护范围和建设控制地带内，禁止下列行为：

（一）在禁止攀爬的文物及其保护设施上攀爬；

（二）在文物及其保护设施上刻画、涂抹、张贴；

（三）随地吐痰、便溺、乱扔杂物；

（四）乱倒垃圾、排放污水；

（五）设置户外广告；

（六）修建坟墓；

（七）擅自砍伐树木，破坏植被；

（八）其他损毁、破坏文物及其保护设施或环境的行为。

第十七条　在登封观星台、嵩岳寺塔、少林寺塔林保护范围内禁止凿井取水；在建设控制地带内，因人、畜吃水需要凿井取水的，须经登封市文物行政部门和水行政部门同意后，按有关法律、法规规定的程序报批。

第十八条　在登封观星台、嵩岳寺塔、少林寺塔林保护范围内设置为旅游服务的经营摊点，由登封市文物行政部门会同有关部门依法编制规划、合理设置。

第十九条　登封观星台、嵩岳寺塔的修缮、保养，由登封市文物行政部门负责。修缮、保养经费来源包括：

（一）专项拨款；

（二）登封市的财政预算；

（三）业务收入；

（四）捐赠及其他合法收入。

修缮、保养经费应当专款专用，并接受财政、审计部门监督。

少林寺塔林的修缮、保养，由少林寺的管理组织负责并筹措经费，接受登封市文物行政部门的监督、检查、指导。

第二十条　登封观星台、嵩岳寺塔、少林寺塔林的修缮、保养，应当遵循不改变原状的原则，委托具有文物保护工程资质证书的单位进行勘测设计和施工。

第二十一条　保护、管理登封观星台、嵩岳寺塔、少林寺塔林成绩显著的单位和个人，由郑州市人民政府或登封市人民政府给予表彰、奖励。

第二十二条　违反本条例第七条第二款规定的，由登封市文物行政部门责令限期恢复原状或赔偿损失，并可处以五十元以上二百元以下罚款。

第二十三条　违反本条例第十条第一款规定的，由登封市文物行政部门责令改正，造成严重后果的，处五万元以上五十万元以下罚款。

第二十四条　违反本条例第十二条规定的，由登封市文物行政部门责令改正，并可处以一百元罚款。

第二十五条　违反本条例第十五条第二款规定的，责令改正并按照下列规定予以处罚：

（一）有第（一）项行为的，由登封市文物行政部门处以二十元以上五十元以下罚款；

（二）有第（二）、（三）项行为的，由登封市文物行政部门处以五十元以上二百元以下罚款；

（三）有第（四）、（五）、（六）、（七）项行为的，由公安消防部门依照有关法律、法规的规定进行处罚。

第二十六条　违反本条例第十六条规定的，由登封市文物行政部门按照下列规定予以处罚：

（一）有第（一）、（二）、（四）项行为的，处以五十元以上二百元以下罚款；

（二）有第（三）项行为的，处以二十元以上五十元以下罚款；

（三）有第（五）、（六）、（七）项行为的，责令恢复原状或赔偿经济损失，并处以二百元以上一千元以下罚款。

第二十七条　违反本条例第十七条规定，擅自凿井取水的，由登封市文物行政部门责令限期封填，并可处以一千元以上二千元以下罚款。

第二十八条　从事登封观星台、嵩岳寺塔、少林寺塔林保护和管理的工作人员玩忽职守、滥用职权、徇私舞弊的，由上级主管部门或行政监察机关给予行政处分；构成犯罪的，依法追究刑事责任。

第二十九条　本条例自2003年12月1日起施行。

2.《关于加强文物保护管理工作的意见》文件

登封县革命委员会文件

登革发〔68〕69号

★

最高指示

我们这个民族有数千年的历史，有它的特点，有它的许多珍贵品。

政策和策略是党的生命，各级领导同志务必充分注意，万万不可粗心大意。

☆   ☆   ☆

关于加强文物保护管理工作的意见

各公社、生产大队革委会：

我县地处中原，是一个历史悠久而又富于革命传统的地区，保存下来的革命文物和历史文物较为丰富。经国务院命令公布的全国重点文物保护单位就有：汉代的太室阙、少室阙、启母阙、北魏嵩岳寺塔及告成的元代观星台五处。经省公布的全省重点文物保护单位如少林寺、中岳庙、会善寺等达十三处之多。这些文物古迹，是劳动人民的创造，国家的宝贵财产，是研究我国历史以及阶级斗争、生产斗争情况的一批重要的历史资料。

联教育，长期是在无产阶级文化大革命运动中，在伟大领袖毛主席的英明正确领导下，中央曾经多次颁发历史文物保护政策和法令，采取一系列措施，取得了很大成绩。但是，由于旧、资、修的流毒影响，加之过去宣传教育不够，有少数人，混淆历史文物与"四旧"的界线，一小撮阶级敌人也乘机破坏，严重地违背了中央关于文物保护的政策，发生了毁坏历史文物的现象，有的已遭到严重破坏，对此必须迅速采取，根据情节进行处理，严防一小撮阶级敌人的破坏活动。

为了加强我县的文物保护工作，根据中共中央一九六七年五月十四日颁发的"关于在无产阶级文化大革命中保护文物图书的几点意见"的指示精神和国务院保护文物的有关规定，特对我县文物保护工作提出如下意见：

一、全县各地的革命遗址和革命纪念建筑物必须坚决保护，并且应当保护原状。

二、凡经国务院和省已公布的重点文物保护单位，必须认真保护，不得损坏。如因建设工程的特殊需要，影响到文物的安全时必须事先报请县革命委员会转报上级批准。在未经批准前不得随意动工。

三、目前不宜开放的文物保护单位，如少林寺、中岳庙及汉三阙等应暂行封闭，以逐步变这些地方成为控诉历代统治阶级和帝国主义罪恶的场所，同人民群众进行阶级教育和爱国主义教育。在封闭期间必须保持文物原貌，对其附属物如：石刻、树木等一律不准任意损动和砍伐。

四、凡经核定为文物保护单位的古建群（包括全体遗迹在内），如其他部门需要占用时，事先必须征得县文化主管部门同意，并经县革委批准后方可使用。使用单位在使用期间应严格遵守不改变文物原状的原则，负责保证建筑物及附属文物的安全。

五、各地古文化遗址、古墓葬、石刻等亦要注意保护，严禁以搞付业生产或其它任何名义盗掘古墓。地下文物概归国有，出土文物应一律交县文化主管部门保管。对于古代的金银器皿，人民银行不要收购。

六、县供销社和废品收购部门，对于收到的文物图书一律不要销毁，应当经过文化主管部门派人鉴定，批准后再进行处理。

七、县文化主管部门要确定专人对全县所有文物保护单位不断进行检查、保养、修葺和宣传教育工作，发现问题及时解决。同时，对国务院和省已公布的重点文物保护单位，要尽快树立保护标牌。对本单位所收藏的文物、图书要认真作好管理保养工作。

八、保护文物工作是一项重要的任务，各级革委会特别是城关公社和告成公社对保护文物负有重大责任，要警惕一小撮阶级敌人的捣乱和破坏。根据国务院"文物保护管理暂行条例"精神，对于保护国家文物有显著成绩者，由县革委酌情给予表扬或奖励，对于破坏、损毁、盗窃文物和贩运文物出口的分子，将根据情节各适法处理，对于查明有据的一小撮阶级敌人的破坏活动，坚决予以打击。

— 2 —

四、修缮工程请示文件

1.《关于河南登封嵩岳寺塔维修工程几点做法的请示报告》

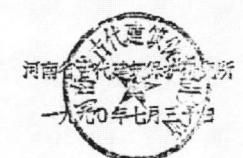

2. 关于嵩岳寺塔阶段性验收的请示

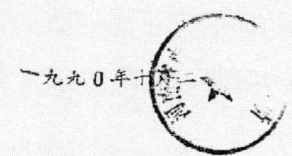

五、嵩岳寺塔竣工验收文件

1. 嵩岳寺塔避雷工程验收文件

2. 嵩岳寺塔竣工验收文件

文物名称	嵩岳寺塔		级别	国家级
文物所在地	登封县城北		合同编号	
勘测设计单位	河南省古建研究所			
施工单位	河南省古建所工程队			
动工时间	一九八四年		竣工时间	主体一九九〇 尾工一九九一

拨款情况	时间	1981-1982	1983年	1986-1987	1988-1989	1990年
	金额	拾伍万元	叁万元	柒拾万元	陆拾伍万元	柒拾万元
	款源	文物局拨	文物局拨	文物局拨	文物局拨	文物局拨

主要维修项目：
1. 塔体内外崩裂、脱皮、塌檐的加固修缮；
2. 防渗排险接槎工程；
3. 山门迁建（重建工程）；
4. 围墙及排泄水沟工程；5. 地面修复工程；
6. 避雷设施。

工程记事：（一九八一至一九八三年调查、查料、小修）

一九八四年冬开始实测的准备、搭架子。一九八五年进行实测；一九八六年进行工程地质勘察和塔体变形观测；一九八七年进行地基探查和加固设计，至修订了重修方案。一九八八年四月召开现场方案论证会，一九八八年四月一日批准了重修方案。此后正式动工重修。一九九〇年底塔体可重修完毕，上述六项工程将基本结束。（尾工1991年完成）。

工程负责人、技术领导组组长
一九九〇 【张家泰 印】

项目	工程预算（元）	实际支出（元）	备注
款项支出情况	总计	贰佰贰拾壹万元	2210000
	材料费		
	人工费		

验收意见：
1. 勘测资料比较完善和系统。
2. 技术方案经过充分论证，各次施修措施的调整是慎重的、科学的。
3. 上述六项工程的质量是好的，同意验收。
4. 希望总结工程中注意到的几个问题：地震的影响、防渗复原等重大问题，塔体外涂石灰的作法要有考古依据，但现如何把握已非单纯之调研观察效果也是今后特殊中需注意的一个课题，对于晚期均按上四条改意见归纳意见。

签字：
塔擦步可利用一些高强度
的粘合材料：嵩阳观测塔
的被称意见即是。

1990年11月6日

验收人签名
单士元 傅连兴 姜□□
于倬云 □□□ □□□

同意专家组关于技术验收方面的意见,纳修的稚昏景溢的，同意验收。
朱长林 1990.12.17

县（市）主管部门意见	同意专家组意见 【印】 1990年12月1日
市（地）主管部门意见	同意专家组意见 【印】 1990年12月1日
省文物局意见	同意国家文物局所派验收组和国家文物局专家组的技术验收意见 【印】 1990年12月 日
备注	

说明：1. 该表一式三份，省、市、（地）、县（市）文物主管部门各一份。
2. 表中工程负责人指行政管理人员。
3. "款项支出情况"栏由前由工程负责人填写，"验收意见"栏由验收人员填写。

登封嵩岳寺塔维修工程验收会议人员一览表

姓名	性别	单位	职称职务
单士元	男	故宫博物院	研究员
于倬云	男	〃	〃
傅连兴	男	〃	高级工程师
姜怀英	男	中国文物研究所	〃
杨焕成	男	河南省文物局	局长
郭振男	男	〃	干部
姜淑丽	女	〃	干部
张振民	男	河南省文化厅	干部
刘亚光	男	〃	干部
张斌	男	〃	司机
李文达	男	郑州市文化局	副局长
于晓兴	男	〃	主任
李留群	男	〃	司机
张家泰	男	河南省古代建筑保护研究所	所长、副研究馆员
崔秉华	男	〃	书记、馆员
张道启	男	〃	副所长
李传泽	男	〃	总工程师

六、1984~1991年嵩岳寺塔修缮工程参与人员名单

1. 整修嵩岳寺塔小组人员和验收专家

（1）整修嵩岳寺塔技术领导小组人员名单

张家泰（组长）、崔炳华、陈进良、李传泽、杜启明

（2）嵩岳寺塔整修办公室人员

晋全信、梁仁智、陈进良、王国奇、李中翔、刘国卿、靳士信

（3）嵩岳寺塔调查测绘人员名单

杜启明、王国奇、张玉岭、王长坡、冀燕超、李仁清、张克森

（4）嵩岳寺塔修缮工程验收专家名单

单士元、于卓云、傅连兴、姜怀英

（5）嵩岳寺塔避雷验收专家名单

张斌远、张定林、刘爱香、张家泰、李传泽、郭建邦、张聪智、李全城、蔡长安、李振中、郭鸿宇、靳世信

2. 嵩岳寺塔修缮主要参与人员

国家文物事业管理局：杨烈高级工程师

文化部文物保护科学技术研究所：祁英涛高级工程师、杜仙洲高级工程师、梁超工程师、孔祥珍工程师

河南省文物局：杨焕成局长

河南省城乡建设设计研究所：周可法所长

河南省地矿局环境水文地质总站：石宝富、张玉祥、王树成、王建设、赵勾旺

河南省古代建筑保护研究所：张家泰所长、崔炳华书记、李传泽总工、郭天锁副所长、陈进良、杜启明、杨宗琪、晋全信、王国奇、吕军辉、孙艳云、李仲翔、朱兆杰、张玉岭、王长波、孙致云、高建立、冀燕超、李仁清、张克森

河南省文化厅音像工作室：常伟光、张振民、刘亚光；老干部处：白长河

铁道部科学研究院铁道建筑研究所：钟世航、历本芹工程师、李少新实验工

铁道部第三设计院九队：隋景峰工程师、张恩义、高文杰、胡树国、方立生

登封县文化广播电视局：李长栓、赵麦东、李振中、陈玉卿

登封县文物保管所：薛世荣、张金传、宫熙、郭鸿宇、李庆伟

安徽滁县地区文研所：刘乐山、张寅生、姜晞、张宏斌

附录三　嵩岳寺塔相关研究文章

嵩 岳 寺 塔

张家泰

我国现存最早的砖塔——嵩岳寺塔，巍然矗立在河南省登封县城西北六千米的嵩山南麓，这里是一个景色秀丽的小山村，当地群众俗称为"大塔寺"。塔北是苍茫沉静的嵩山太室诸峰，宛如一道天然屏障，把大塔衬托得更加古朴而壮丽。塔东、西均有山岭相卫，东北紧邻村居，村边有一条清澈的小溪，自北向南潺潺奔流不息，1949年前此塔无人管理，异常荒芜。1949年后党和人民政府非常重视保护祖国的文化遗产，国务院于1961年将嵩岳寺塔列入全国重点文物保护单位名录，1964年政府又拨专款，修整了塔院的山门和大雄殿等建筑物，并新筑围墙一周，从而使嵩岳寺塔及其附属文物得到了妥善的保护。

现在，保存在嵩岳寺的文物，除北魏砖塔外，还有塔前7米的山门，塔后16米的大雄殿及此殿东、西分列的伽蓝殿和白衣殿，这些殿宇皆为面阔三间的硬山式清代建筑。另外，还保存有一些唐至清的石刻碑碣：山门前立八棱石经幢一基，幢身刻"佛顶尊胜陀罗尼经"，无年款；塔北有石狮一对，高60厘米，已残；大雄殿前甬道西侧，有石函一具，高1米，四壁雕天王神怪线刻画，座四周线雕十二伎乐人，皆甚工致，此三件石刻，在艺术风格上，均类唐代作品，在塔西二百米的山坡上，有大历四年徐浩书《唐敬爱寺大证禅师碑》一通，碑身高1.96、宽0.96、厚0.25米，碑顶又高0.84米，龟座高0.62米，碑虽完整，但字迹多剥蚀，不可阅读。塔院围墙内壁镶嵌有唐《箫和尚塔铭》，宋崇宁元年《嵩岳寺感应罗汉洞记》残石两方；塔附近还立有清碑多通，这些石刻碑碣都为研究此寺的历史沿革提供了参考资料。

一、塔的建筑结构和造型艺术

嵩岳寺塔在结构和造型上都有许多独特之处，富有创造性，是一座很有研究价值的古建筑。

此塔为密檐式砖塔，由基台、塔身、密檐和塔刹构成。全塔约高40余米。平面作等边十二角形（图一），塔身下部每边长2.81米，这在我国各类古塔中是一个孤例。该塔在外部造型上，最突出的特征，一是下部特别高崇而挺拔的塔身；一是中上部特别密集而柔和的塔檐。此两特征，完美地统一于一体，便造成了全塔刚劲雄伟、轻快秀丽的艺术特色。这和古代匠师们对全塔各个组成部分的精心设计是分不开的。

基台，是全塔以下的砖台部分。基台，随塔身砌做等边十二角形，高0.85、宽1.60米。塔前砌长方形月台；塔后砌有甬道，皆与基台同高。这一浑实坚固的基台，对稳固塔身、衬托气势都有良好的作用。

基台以上，即为塔身。塔身中部用叠涩腰檐分为上下两段。塔身下段是没有任何装饰的素壁，有人依这段塔身，认为此塔"已有设基座的倾向，不过基座部分，与第一层塔身完全一致，仅以叠涩砖檐以示区隔"[①] 此说虽未加详论，但却为分析塔身上下两段在处理上截然不同的手法，提示了分析研究的思路。塔的东、西、南、北四面，辟拱券门，皆通塔室，门洞打破腰檐，贯通塔身上下。门额两伏两券，作尖拱状，拱尖加饰"山"字形莲花三瓣。券角饰有对称的外券旋纹（图二）。这种尖拱门，是伴随佛教传入我国而来的印度式拱，在云冈石窟、龙门石窟寺的雕塔和佛龛上屡见不鲜。拱尖左右各有石铭一方，字多剥蚀，塔身上段是全塔最富装饰的部分，转角处各砌出半隐半露的倚柱，露明部分做六边形，柱头饰火焰宝珠与覆莲，柱下砌出平台及覆盆状的柱础，两柱间，除辟门的四面外，所余八面各砌一座单层方塔状的壁龛，突出于塔壁外。壁龛做得规整而认真，由顶、身、座三部分构成。龛顶砌出由花蕉叶、须弥座、覆钵、绶花和叠涩檐；龛身正面上部嵌铭石一方，下辟尖拱状龛门，可达室内。龛室平面呈长方形，龛壁上保存有佛像背光和项光之类的彩绘图案，可知龛内原来是置有佛像的。唐李邕《嵩岳寺禅》[2]（佚）在描述此塔形状之后又说："加之六代禅祖，同示法身，重宝妙装，成就伟丽"。这里所指的"六代禅祖"[3]之法象，可能就分塑于这些龛室中。龛的下部为长方形砖座，座的正面砌有平列的两个壸门，内雕砖狮各一蹲，全塔共雕砖狮16蹲，其状有立、蹲、正、侧之分，姿态各异，作风朴实写真，造型生动雄健，惜多残损。八座壁龛布满了上段塔身各面，造型新颖，可谓塔中之"塔"。日本学者关野贞等多指此龛为窗，显然是错误的[4]。

上述塔门尖拱，注头火焰宝珠，壁龛山花蕉叶等雕饰，凡与第一层塔檐衔接处，都浮雕在层层叠出的弧形砖檐表面，这一处理手法，使塔身与密檐紧密地结合在一起，毫无生硬之感，在艺术效果上也是非常巧妙的。

塔身之上是十五层密檐。檐与檐之间有低矮的塔壁，壁上有门窗。由于檐深壁矮，远远望去，两层檐间好像是一个半圆的柔弧。檐的深浅不完全一致，大抵在1米左右。这种鸟翼般的叠涩砖檐应是由木构建筑的椽、飞挑檐演变而来的。为造成全塔上下砖檐外廓呈现出轻快的抛物线造型，诸檐叠砖的数目都经过了精心的设计。共分为六种：第一层，叠出十五砖；第二至第四层，叠随十三砖；第五层至第九层，叠出十二砖；第十层至十一层，叠出十一砖；第十二至十三层，叠出十砖；第十四至十五层，叠出八砖。这种抛物线外廓造型的开创，对此后砖塔建筑有着巨大的影响，特别对唐塔影响尤为突出。在两层密檐之间的矮壁上，每面都砌出拱形门和破子棂窗。拱门有真假两种，其中辟为真门的有正南面的第五、七、九、十、十一、十三层及东南面的第十五层，余为雕砌的假门。假门又分开、闭两式，交互使用，各层每面一般为一门两窗，唯第十五层为一门一窗，当与上部面积缩小有关。据统计，密檐间计砌真假门窗四百九十多个，加上塔身的门龛，全塔共有门窗五百零四个，证明李邕碑中"方丈十二，户牖数百"的记载，正是此塔之真实写照。

密檐以上，即是塔刹。刹由宝珠、七重相轮、仰莲状绶花、宝装莲花式覆钵和刹座组成，高约3.5米，有刹杆，似金属品，整个塔刹皆用砖砌。过去有些书上说此刹"以石制覆莲相轮收结"[5]，也有人称此塔为"砖石建筑"[6]，大抵皆误认此刹为石制的缘故。这里发表的示意图，是笔者在塔西小岭上用望远镜平视刹顶，按砖层目测下来的，全刹约用七十层青砖雕砌而成（宝珠上残），刹的外部敷以白灰皮，远远望去，颇似石雕，只需通过灰皮脱落处，便可看到它的本来面目。

全塔外壁也都敷以白皮灰。从塔檐间矮壁上的彩画可知原来在各层门额内外均绘有朱红、石绿、藤黄、绛红等彩色图案，形若卷云。由此可以想建塔初期时是何等富丽堂皇。过去，有人认为塔壁这层保护衣是敷的"白垩"上，现经国家建委建筑材料研究院水泥研究所鉴定，认为它是白灰而不是白垩土。[7]

塔室内部结构也颇有变化。室中不用塔心柱，却砌出叠涩内檐将内部塔身分做十层，虽然与外部十五层密檐矮壁结构是不一致的。而且，塔室的平面上下也有区别，下层仍出外壁做成等边十二角形；而二层以上至顶，则改做等边八角形。这种做法，是否与内部筑有木板楼阁有关，尚待进一步做实地考察。

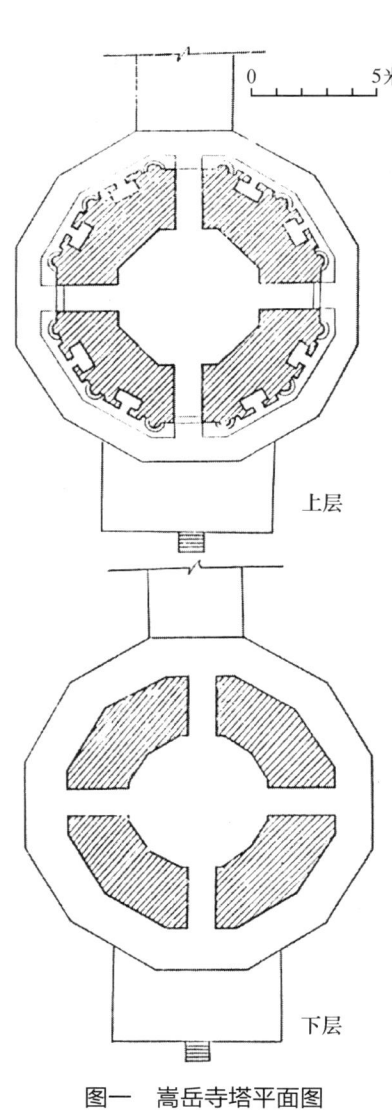

图一　嵩岳寺塔平面图

二、历史沿革和遗迹

嵩岳寺原名闲居寺，它的前身是北魏皇室的一座离宫。由于鲜卑贵族与汉族地主阶级对广大农民的残酷压迫和剥削，迫使农民举行一次又一次地反抗斗争。封建统治者，除进行武装镇压外，还极力提倡佛教，广建寺院，妄图以此麻痹革命人民的斗争意志。为此北魏皇室曾把一些离宫改成佛寺，嵩岳寺乃是其一。究竟在北魏的什么时候兴建了离宫，又在何时改为佛寺？文献记述略有出入。唐李邕《嵩岳寺碑》载"：嵩岳寺者，后魏孝明帝之离宫也。正光元年牓閒居寺。……仁寿一载，改题嵩岳寺。……十五层塔者，后魏之所立也。"[8]指出离宫是孝明帝时建的，改寺在正光元年，塔也当在此时所建。而据清景日昣考证，不仅离宫创建于宣武帝时，而且寺院也改于此时。他在《说嵩》一书中说："閒居寺，故元魏宣武帝离宫，建于永平年（508~511年）。诏冯亮与僧暹、河南尹甄琛、视形胜处刱兴焉……明帝时，牓閒居寺，……建立十五层塔。"接着，景氏在按语中说："閒居寺傅梅以为宣武离宫，明帝始牓为寺。今按《纲目》所书，永平二年冬十一月，魏主亲讲佛书，作永明閒居寺，时佛教盛于洛阳，沙门自西域来者三千余人，别立永明寺千余间处之，令处士冯亮于嵩山立閒居寺，极岩壑土木之美，则是宣武已立为寺，而明帝始牓其名。"[9]依此两说，此寺的建造年代当在北魏永平元年至正光元年之间（508~520年）。据唐李邕碑载，塔很可能建于孝明帝题榜之后，距今最迟也有一千四百五十多年的历史了。北魏时此寺的规模已相当宏大，特别在孝明帝题榜之后，"广大佛列，殚极国材，济济僧徒，弥七百众，落落堂宇，踰一千间。……十五层塔……发地四铺而耸，陵空八相而圆，方丈十二，户牖数百。"[10]另外，在砖塔的周围，北魏时还建有凤阳殿、八极殿、逍遥楼等建筑。隋、唐之际，对该寺进行了大规模的兴建，较之前代有过之而无不及。如隋仁寿二年置舍利塔于寺南，唐时则在北魏一些殿宇的故址上新建或重建了许多禅院或殿堂，如塔东的七佛殿，塔西的定光佛堂，塔北的无量寿殿以及西方禅院和大通秀禅师浮图等。这些建筑多为皇室所立，皆极富丽豪华，耗费劳动人民的血汗，不计其数。唐代以后，嵩岳寺渐趋衰落。明清之际嵩岳寺规模已经很小了，除北魏砖塔外，许多早期建筑已坍废无存。

研究嵩岳寺的历史沿革和建筑布局，除了借助于文献、碑刻资料外，对嵩岳寺塔周围现存的大面积古建筑遗址进行调查，也可以得到不少实物资料。据初步调查得知，在嵩岳寺塔的周围，几乎都是早期建筑的遗存。其中以塔西一百米外松树岭上的遗迹最多。岭上现为约一万平方米的耕地，几株成行的松柏树似乎是在一条甬道的两侧；另有一株枝叶繁茂，形若伞盖的古松，树干围长达3.7米，"松树岭"即因它得名。调查时，在岭上的砖瓦堆或耕地里，曾发现了一些早期建筑的瓦件，重要的如饰有飞天、朱雀、莲花、兽面的瓦当和饰有多种纹饰的重唇板瓦以及带孔筒瓦、花砖等[11]。另外，社员耕作中还在岭上发现有古代的铺砖地面和砖、石砌筑的地下暗洞，洞高30~40厘米，很可能是建筑物的附属排水道。塔之南、北等处也有早期砖瓦遗迹的发现，塔西北的山坡边，还发现有依坡临崖建造的古窑址。这些与前述历史文献加以对照，更具有研究价值。从文献和遗迹分析，此寺原建筑规模是相当宏大的。嵩岳寺塔当在这宏大建筑群之中部或中部偏北，今之塔院，只是原寺中的一个组成部分。

三、对几个问题的看法

嵩岳寺塔，作为一座世界闻名的古建筑，早已载入中外许多书刊和图录之中。对于它的建筑价值、艺术风格、造型类属及塔式来源等问题，过去都有过一定的评述，就中也存在着一些不同的看法和值得商榷的问题。这里，试谈以下几个问题。

（一）嵩岳寺塔在中国建筑史上的价值

我国古代建筑，有着悠久的历史和浩瀚的典籍记录。由于自然与人为的破坏，许多早期建筑已经不复存在。从已发现的实物看，最早的木构建筑只有山西五台山的南禅寺、佛光寺等四五处唐代建筑；最早的石建筑也只有保存在河南、四川、山东等地的汉晋时期的二十余处石阙，以及保存在河北的隋代永济桥和保存在山东的隋代四门塔等；而最早的砖构高空建筑，则应首推嵩岳寺塔了。这些如凤毛麟角的早期建筑，对研究我国建筑史有着非常重要的意义和科学价值。

此塔在没有现代建筑材料和施工技术的条件下，只用青砖加黄（红黏土）土泥砌成四十米高的建筑物，竟然经受了一千四百五十余年风雨雷震等自然灾害的考验，至今保存完好，巍然屹立，这就令人信服地反映出我国古代劳动人民在高空建筑方面的杰出成就。从现场考察和初步分析，我认为此塔在建筑上之所以如此坚固绝不是偶然的，它的成功是由许多因素决定的，其中不少地方对于我们今天也是值得借鉴的。

第一，古代的设计师们为嵩岳寺塔选择了一个依山临崖、地质坚硬的建筑地基，使这座高空建筑物有一个良好的基础。这对整个建筑的稳固、特别对防震是不可缺少的前提条件。第二，此塔结构严谨，设计精密，处处着眼于坚固持久。北魏的匠师们，很可能鉴于前代木构楼阁式塔易燃、易朽、很少久存等缺陷，在设计此塔时，从建材到造型等方面，都认真地考虑到如何能坚固持久的问题。例如，此塔虽系空心结构，且于塔身四周而辟门，但是，由于平面取十二边形，还有面八为实壁，并且采取了加厚塔壁的办法，使下部塔身壁厚达2.45米（对称两塔壁约占平面直径的二分之一），使塔身形成了浑厚坚固的砖墩，这就足以承受上部较大的压力，使全塔保持稳固。又如，密檐部分的壁体尽量保持完整的砖筒状，塔壁上尽可能少开洞窗，在四百九十二个拱门和破子棂窗中，除七个真门外，其余皆砌作装饰柱的门窗。这种处理，同样为了保持塔体的坚固。另外，在塔檐的实用与美观的处理上，也是非常严谨的，不同的部位和用途，拔檐的规格亦各不同，腰檐与内檐拔出部分都很小，皆以坚牢为准；而外部十五层密檐则砌出鸟翼状，但也能够恰到好处，这些处理也是相当重要的。第三，建筑材料的优选。此塔的主要用材是青砖，一般说来，塔上所用砖材是高质量的，泥质细，火候高，实践证明耐压耐蚀性能都很好。但在使用时，建筑匠师们并没有信手用材。他们把火候烧得最好的优质砖挑选出来，砌制外壁，而把略为逊色的砌于内壁和壁腹。砖层间的黏合材料——黄土泥，从其坚硬程度和强固的黏结性能看，也绝不是一般黄土泥，它很可能是经过澄、滤或加入一定的黏合剂而成的。在已知的古墓与古塔中，确有用稀米汁加入石灰中做黏合材料的实例和记述[12]。第四，塔外壁所敷白皮灰，是砖塔的保护衣。最初可能有两个作用，一是美观的需要，可以在白皮灰上绘制彩画，二是保护塔壁，如在各层反叠涩檐上，用白灰泥抿成斜坡，以利排水，不使雨水渗入塔体，就是明显的保护措施。第五，此塔处于三面环山、南面向阳的小山包中，不易受到特大的西北风的袭击。选择这一自然环境也是很有利的。

此塔在艺术造型上、细部做法上，都具有重要的价值。在我国造塔史上，它是一种纯砖结构的新塔型，具有继往开来的作用和重要的创造性，对我国后代塔建筑有着深远的影响。

（二）嵩岳寺塔的类型及其来源

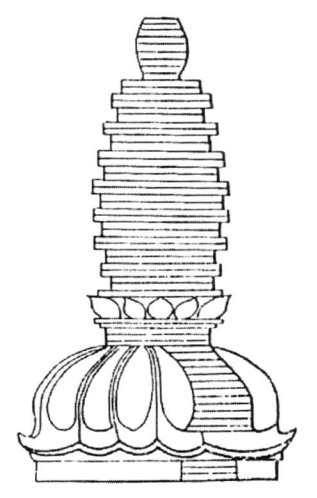

图二　嵩岳寺塔砖刹

在我国数千座古塔中，有各式各样的形状、用途的和建筑材料。就通常的提法，大抵分作以下几类：一是楼阁式塔。这是东汉佛教传入我国之后，最普通的塔型，所谓"上累金盘，下为重楼"[13]的样式，这是由我国多层楼阁发展而来的。二是以嵩岳寺塔为首创的"密檐式塔"，此类塔充分发挥了砌砖技艺的特点，造出密集而轻快的抛物线塔形。三是"亭式塔"。由我国亭阁建筑演变而来的，多为墓塔。四是为数不多的"窣堵波"、"支提"、"佛陀加耶"等印度式塔以及"金刚宝座塔"和元代以来的"喇嘛塔"等等。但常见的是前三种。

嵩岳寺塔属于什么塔形呢？过去提法不一。有称为"单层多檐式塔"者[14]；有称为"砖塔型"的[15]；有称为"密檐式砖塔的"[16]；还有称为"密檐楼阁式塔"的[17]。

在我国古塔中，完全纯的塔形是比较少的，各类塔的内部与外部，特别是装修方面，总有互相影响的地方。所以，在判定塔形时，应当抓住它们的基本特征加以区分。我认为称嵩岳寺塔为"密檐式塔"比较切合它的基本特征，且能反映其造型的创造性。

在嵩岳寺塔以前，我国佛塔多为木构或石雕的楼阁式塔。像嵩岳寺塔这样上上下下浑砖砌造，层层叠叠布以密檐的式样，是没有先例的。在印度佛塔造型中这种式样也未见过。所以梁思成、刘敦桢先生称它的出现"如异军突起"。追其来源，他们认为从理论上推测此塔"是用中国固有的单层重檐（或多檐）的建筑物，来代替印度窣堵波之一部分——刹——所产生的形制。"[18]这种推测是有道理的。但此塔除受中国单层重檐（或多檐）的建筑物影响外，我认为同时也受楼阁式建筑物的影响，例如，在密檐间矮壁的各面都做出真（假）门窗，便是仿效多层楼阁建筑的证明，因为在我国单层重檐（或多檐）建筑的檐间是不加门窗装修的。具体地说，此塔下部做高崇的塔身面上部造密集的叠檐，这一基本特征是吸取了我国单层重檐（或多檐）建筑物的传统手法，而在檐间低矮的塔身上加饰门窗，则是吸取了楼阁建筑的特点。至于是否以这类建筑物代替了印度窣堵波之刹，我认为值得怀疑。因为，此塔最上部明明已建造了完备无缺的塔刹。所以此塔造型的主要来源仍是由我国单层或多层木构建筑演变而来的，只是由于坚固的要求，建筑材料的变化而创造了这种既坚固而又美观的新式类型。嵩岳寺塔是我国古代劳动人民血汗与智慧的结晶，也反映了中外古代文化的交流，进一步做好此塔的保护与研究工作是有重要意义的。

注释：

① 鲍鼎：《唐宋塔之初步分析》，《中国营造学社汇刊》第六卷第四期。
② 此碑已佚。转录自明傅梅《嵩高志》碑第 42 页。
③ "六代禅祖"，指达摩传法给惠可后，由惠可开始继传的少林寺禅宗的六代法祖。
④ 日本平凡社出版：《世界美术全集》第五卷 "图版解说" 52 页。
⑤ 中国科学院土木建筑研究所、清华大学建筑系合编：《中国建筑》，文物出版社，1958 年。
⑥ 张驭寰. 中国古代高层砖石建筑——嵩岳寺塔和其他 [C]. 中国古代科技成就 [M]. 北京：中国青年出版社，1995：598。
⑦ 刘敦桢：《河南省北部古建筑调查记》，《中国营造学社汇刊》第六卷第四期。
⑧ 同②。
⑨ 《说嵩》卷二十一。
⑩ 同②。
⑪ 张家泰、吕品：《在嵩岳寺旧址发现的瓦件》，《文物》1965 年第 7 期。
⑫ 山东邹县文物保管所：《邹县元代李裕庵墓清理简报》，《文物》1978 年第 4 期。又河南登封县少林寺宋、明时期砖塔白灰中，经化验证明也有淀粉类物质。
⑬ 《后汉书·陶谦传》："初，同郡人笮融，聚众数百，往依于谦，谦使督广陵、下邳、彭城运粮。遂断三郡委输，大起浮屠寺。上累金盘，下为重楼……。"
⑭ 梁思成、刘敦桢合著《塔概说》。
⑮ 同①。
⑯ 沈福煦：《中国建筑简史》第一册，上海人民美术出版社，2007 年，第 70 页。
⑰ 同⑥。
⑱ 同④。

（原载：《河南文博通讯》1978 年第 3 期，35～40 页）

******

嵩 岳 寺 塔

张家泰

在河南登封县西北六千米的嵩山南麓，苍茫沉静的嵩山太室诸峰下耸立着著名的嵩岳寺塔（图一）。这是我国现存时代最早的密檐式砖塔，建于北魏正光年间（520～524 年），到现在已有一千四百多年的历史。

嵩岳寺塔高约 40 米，外部以密檐分做十五层，内部以内檐分为十层，平面作等边十二角形（图二），边长 2.81 米。这种十二角塔，是我国各类塔中的一个孤例。塔的最下部，是一个高 0.85 米的基台，其上为塔身。塔身四面辟券门，门洞很高，门额作尖拱状，拱尖饰 "山" 字形莲花瓣，两券角作外旋涡纹。塔身中部以腰檐一周，将其分成上下两段。下段各面是没有任何装饰的素壁；上段是全塔最富装饰的部分。有人认为，这种做法表明此塔 "已有设基座的倾向"①。上段塔身各隅，均砌出半隐半露的倚柱，其露明部分作六边形，柱头饰火焰宝珠与覆莲，柱下砌出平台及覆盆状柱础。两柱间，除辟门的四面之外，其余八面各雕砌单层方塔式壁龛一座，突出于塔壁之外（图三）。龛身正面辟有尖拱状龛门，可入龛室内。龛室平面呈长方形，内壁尚保存有佛像背光之类的彩绘图案，说明此龛是供佛像用的。龛座正面，砌有两个壸门，内饰砖雕狮子各一。全塔共雕砖狮十六，有正、侧、蹲、立各种不同姿态，造型雄健，作风朴实，是一组难能可贵的北魏砖雕艺术品。

塔身以上为十五层密檐，檐与檐之间的矮壁上，每面都砌出拱形门和破子棂窗。这些门、窗大多是属于装

嵩岳寺塔

图一 嵩岳寺塔

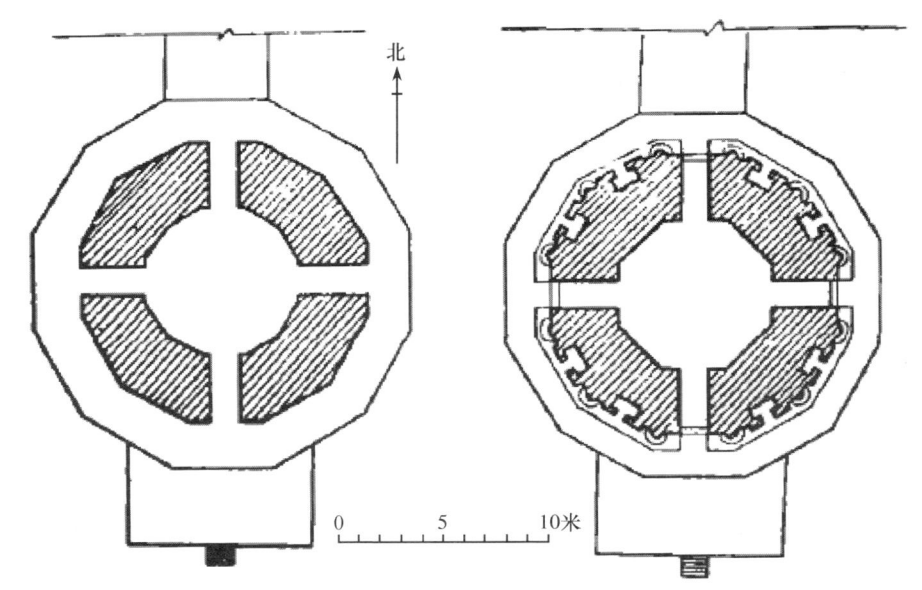

图二 嵩岳寺塔横断面图

图三 单层方塔式壁龛

饰性的，只有少数几处是内外相通的门洞，共有四百九十多个。塔的最上部为砖雕宝刹，由宝珠、七重相轮、仰莲状绶花、宝装莲花式覆钵和刹座组成，高约3.5米。

塔室的内部结构亦颇有变化，室内不施塔心柱，却以向内叠涩的砖檐将内壁区分为十层，这与外壁十五层密檐矮壁的结构显然不一致。另外，塔内壁的上下做法也有区别，下层随外壁仍做成等边十二角形，二层以上则做成等边八角形。这种做法，是否与内部筑有木楼板有关，尚待进一步研究。

嵩岳寺塔的密檐部分，构成了此塔外形的主要特征。全塔各层砖檐叠出部分自下而上逐层递减，形成柔和的抛物线外廓，每层砖檐又作成鸟翼般造型，给人一种轻快舒畅的感觉。十五层密檐与下面高耸的塔身浑然一体，更显得雄伟秀丽。嵩岳寺塔的这种密檐式结构，在我国古塔建造史上，有着重要的地位。我国早期古塔，多系所谓"上累金盘，下为重楼"的木构楼阁式。这种木构楼阁式塔，容易引起火灾又不宜久经风雨，后来就出现了砖石建造的密檐式塔。但砖石材料不像木材那样便于挑出远檐，洞开门窗。这种密檐式塔便成为层与层之间不设实用门窗、柱子，塔檐挑出较短；不用斗栱，只用叠涩方法层层挑出短檐；各层之间紧密连接的形式。我国密檐式塔早期遗物很少，保留至今的嵩岳寺塔便成为我国古塔建造史上很有研究价值的一个实例。

嵩岳寺初名閒居寺，它原是北魏皇室的离宫，后改为佛寺。关于离宫的建造年代和改寺年代，文献记载略有出入。唐李邕《嵩岳寺碑》载："嵩岳寺者，后魏孝明帝之离宫也。正光元年榜閒居寺。……仁寿一载，改题嵩岳寺。……十五层塔者，后魏之所立也。"[②]指出离宫是孝明帝时建，改寺在孝明帝正光元年，塔也当在此时所建。清景日昣在《说嵩》一书中说："閒居寺，故元魏宣武帝离宫，建于永平年（508～511年）。诏冯亮与僧遵、河南尹甄琛，视形胜处创兴焉。……明帝时，牓閒居寺，'……建立十五层塔。'"他在按语中接着说："閒居寺傅梅以为宣武离宫，明帝始牓为寺。今按《纲目》所书，永平二年冬十一月，魏主亲讲佛书，作永明閒居寺，时佛教盛于洛阳，沙门自西域来者三千余人，别立永明寺千余间处之，今处士冯亮于嵩山立閒居寺，极岩壑土木之美，则是宣武已立为寺，而明帝始牓其名。"依此两说，该寺的创建年代当在北魏永平元年至正光元年之间（508～520年），塔很可能建于孝明帝牓题之后。北魏时此寺的规模已很宏大，"广大佛刹，殚极国材。济济僧徒，弥七百众。落落堂宇，逾一千间。"③ 在塔的周围，北魏时已建有凤阳殿、八极殿、逍遥楼等建筑。隋、唐两代，对该寺又进行了大规模的扩建，尤其是唐代，在北魏殿宇故址上，又兴建了许多禅院和殿堂，如塔东的七佛殿，塔西的定光佛堂，塔北的无量寿殿以及西方禅院和浮图等。宋、金以来，该寺趋于衰落，明清之际，规模已经很小了。现在，除嵩岳寺塔外，保存在这里的文物还有塔前的山门，塔后的大雄殿，以及此殿东西分列的伽蓝殿和白衣殿。这些殿宇都是面阔三间的清代硬山式建筑。另外，还存有一些唐至清代的石刻、碑碣。其中重要的有：八棱经幢一座，立于山门前，上刻"佛顶尊胜陀罗尼经"，无年款；塔北石狮一对，高60厘米，已残；塔西北石函一具，高1米，四壁刻有天王神怪线图，座四周是线雕的十二伎乐人，都很工致。这三件石刻，在艺术风格上，都类似唐代作品。塔西二百米的山坡上，有唐大历四年徐浩书《唐敬爱寺大证禅师碑》一通，高3.42米。碑虽完整，惜字多剥蚀。院内围墙内壁镶嵌有唐《萧和尚塔铭》、宋崇宁元年《嵩岳寺感应罗汉洞记》残铭两方；塔附近立有清代碑碣多通，具有一定的历史或艺术价值，为研究嵩岳寺的历史提供了参考资料。

注释：

① 鲍鼎：《唐宋塔之初步分析》，《中国营造学社汇刊》第六卷四期。
② ③ 此碑已佚。转录自明傅梅《嵩高志》碑第42页。

（原载：《文物》1979年第6期，总277号）

******

我国现存最早的砖塔——嵩岳寺塔

张家泰

嵩岳寺塔位于河南登封县县城西北6千米的嵩山南麓，这里三面环山，景色秀丽，现存塔周围的殿宇和山门是近代修造的。唯独巍巍大塔，是北魏（386～534年）时期的文物。唐李邕《嵩岳寺碑》说"嵩岳寺者，后魏孝明帝之离宫也，正光元年牓闲居寺……仁寿一载，改题嵩岳寺，……十五层砖塔者，后魏之所立也。"由此可知，嵩岳寺塔建于北魏，距今约有一千四百多年的历史了，嵩岳寺塔是我国现存最古老的砖塔。也是仅存的一座十二角塔。

嵩岳寺塔高约40米，由塔基、塔身和密檐塔刹几部分组成。塔身分上下两段，中间有一周腰檐，东西南北四面开门，门特别高，贯通塔身上下段，门券顶部砌作尖拱状，很似北魏石窟的做法。塔身上段不开门的八个壁面各砌出一个小塔状的砖龛，造型十分精巧，龛座上饰有姿态各异的狮子十六个。塔身上段各隅，都砌出角柱，柱呈多边形，其顶端饰以宝珠、莲花，这是全塔最富于装饰性的部分。塔身之上便是层层叠叠的密檐，檐子是巧妙地用青砖叠成的，檐呈弧线形，十五层密檐的外廓，又构成柔美的抛物线形，密檐之间的直壁上饰有尖拱状的小门和小窗，除几个小门内外相通，用作采光外，多数门窗是装饰性的。第十五层塔檐之上是宝刹（塔尖），由莲花座和轮盘（相轮）组成，中心有一根铁质的刹杆，这部分是经后代整修过的。

嵩岳寺塔的内部结构也富有变化，第一层平面为十二边形，二层之上又变作八角形，塔内壁也分出叠檐，檐距较外部高，上下分为九层，塔壁砌造得非常厚重，塔心呈空筒状，结构相当坚固。

嵩岳寺塔的主要用材是青砖，黏合材料是红黏土，全塔砌成后，外敷一层白灰皮，起到了良好的防风雨作用，青砖、红土都是经过认真烧造与选择加工的，耐压强度很高，这些普通的青砖、红土、白灰，经我国古代劳动人民高超技术的建造，使得塔身虽经历一千四百多年的风雨，仍巍然屹立。

我国的佛塔是汉代以后随着佛教的传入而兴起的，早期的塔多是在木结构亭子、楼阁的基础上改造而成，被称为"亭式塔"或"楼阁式塔"。汉至南北朝时，多为木塔，木塔很容易被火烧毁，洛阳著名的永宁寺塔便是一个实例。后来人们开始考虑到改木塔为砖塔或石塔，塔的结构与造型也有所创新。嵩岳寺塔便是我国古代造塔史上一个创新的范例,在它之前,中外皆无这种塔型,所以建筑专家梁思成,刘敦桢认为此塔的出现"如异军突起"。专家们称这种一层塔身、多层塔檐子的塔为"密檐式塔",嵩岳寺塔作为密檐式塔的鼻祖,对唐代造塔很有影响。

(原载:《历史学习》1987年第1期,第40、41页)

******

嵩岳寺塔砖的初步研究

李中翔

嵩岳寺塔位于河南省登封县城北6千米的上述太室主峰南麓。是我国现存最早的砖塔,1961年国务院公布为首批全国重点文物保护单位。专家学者从多方面对该塔进行了深入研究,取得了不少价值的成果,而涉及建塔材料却不多。

我国古代建筑主要为木、竹、砖、石所营造,建筑材料本身体现着时代、社会、地域、科技、环境等特点,承载着大量信息,建筑材料的研究是古代建筑研究的一个重要领域。砖实质上就是粗陶,起源于早期陶器,上自战国,下至当今[1],一直在社会生活中扮演着重要角色,其数千年的演变反映了各个时代社会生活的情况和建筑技术的水平。北魏时期,皇家崇佛,以行政手段令各州府县修建浮图,但为什么只有嵩岳寺砖塔留存至今呢?该塔建筑材料方面的技术水平及其历史地位如何?我们从1988年以来,在整修嵩岳寺塔及研制高强度耐风化仿古青砖的同时,对塔砖及有关材料进行了全面测试分析,在一些问题上作了探索,现报告如下。

一、采样

1. 砖样

1988年4月26日,我们确定取样原则,既保证不损害塔体强度,又注意具有时代、部位的代表性,进行了样品采取。嵩岳寺塔外部15层、顶部3层破碎严重,砖杂乱堆置,外观规格相近,我们采取了乱砖下与塔体结合的10块,作为A组,编号A_1—A_{10};第10~12层,规格外观接近,选无扰动迹象处取10块,作为B组,编号B_1—B_{10};第2~9层,外观规格一致,选择没有扰动迹象且易取的部位采取10块,作为C组,编号C_1—C_{10};类同,第1层塔身采取了6块,带下了3块,作为D组,编号D_1-D_9。为了比较,在当时地质勘察开的地槽内,采取塔西原始生活面铺地砖1块,编号d_1;我所实验复制砖10块,作为F组,编号F_1—F_{10}。

2. 土样

塔南台地断崖上与登封县城北洼地土为同一冲击土系,取一个样品,编号T_1;为了比较,将我所实验厂郑州须水村西取土列入一个样,编号T_2。

3. 石样

土样和砖样中都含有大量石粒,为了分析比较,采取了两岩样,分布编号为Y_1、Y_2。

二、实验

1. 砖样外观及内部结构观察

见表一。

表一

项目 样品编号	外观及内部结构描述
A_1—A_{10}	31厘米×14.5厘米~15厘米×5厘米。表面特别粗糙，许多坑窝沟缝，高低不平，整体弯曲变形；一大面有梳箆划成的条纹，与长边近平行，每一厘米宽有3条。内部疏密不均，多大空隙，黑青色；多粗大颗粒10毫米×10毫米，约占15%
B_1—B_{10}	29厘米×13.5厘米~14厘米×4.5厘米。表面粗糙，多成型沟缝和坑窝，边角变形；一大面有梳箆划成的条纹，斜度45°，每一厘米宽有3条，边沿有划痕。内部疏密不均，黑青色；有粗大颗粒即一些小颗粒，多为5毫米×10毫米，占15%
C_1—C_{10}	29~30厘米×15厘米×5厘米。规整，击之声哑；一大门有顺对角绳纹，与长边夹角30°，每一厘米宽2.5条，内部蓝青色，最致密，少许0.5毫米×1厘米偏孔；有0~1毫米细颗粒及少量粗颗粒，约占10%
D_1—D_9	28.5~29厘米×13.5~14厘米×4.5~5厘米。规整，击之声哑；一大面有顺对角线绳纹，与长边夹角不足30°，约每宽一厘米有2条；表层及表面多烟熏严重，呈黑色。内部灰黄或灰白色；有粗颗粒，多为3毫米×3毫米，约占10%，有1厘米×50毫米成型裂缝
d_1	34厘米×16厘米×6.5厘米。表面规整，素面，内部灰白色。空隙特别大，有许多小石块，约10毫米×15毫米，约占20%

2. 颗粒度与比重测定

采用筛分法测定颗粒度，先称取土样烘干恒重至100克，筛亦烘至恒重，称筛与样的合重，经过筛分求出筛分含量，列于表二。按国标GB611-77，采用比重瓶法测定比重。在室温23.8℃环境下，先用液体比重天平测出水的比重，再研磨样品烘干，称取比重瓶的恒重量与样品的恒重量，然后装瓶、加水、蒸煮、排气，最后测出样品比重，列于表二。

表二

样品编号 项目	T_1	T_2	T_9	C_6	D_4	D_1	F_4
筛分含量（%）	67.79	26.48					
比重	2.6992	2.6915	2.6989	2.7075	2.7353	2.7221	2.7427

3. 热物理性能分析

耐火度由冶金部耐火材料质量监督检查中心测试，结果列于表三。烧成温度及热膨胀系数，有中国科学院上海硅酸盐研究所，采用瑞士18AVRFR-2膨胀仪测定，结果分布列于表三、表四。

表三

样品编号 项目	T_1	T_2	B_7	C_6	D_6	F_1
耐火度（℃）	<1230	<1250				
烧成温度（℃）			960	914	913	970

表四

实验温度（℃） 膨胀系数×10⁻⁶/℃ 样品编号	21~100	200	300	400	500	600	700	800	900
B_7	6.18	6.63	5.52	4.22	5.98	8.28	7.66	7.43	
C_6	6.18	5.65	4.25	3.86	5.20	7.05	7.02	7.11	
D_6	6.18	6.29	4.53	4.47	5.20	7.12	7.07	7.36	
F_1	7.17	8.28	8.77	8.90	8.98	11.00	9.59	8.93	8.02

4. 矿物组成

由河南省地矿局岩矿测试中心鉴定，结果列于表五。

表五

项目 样品编号	显微观察描述
Y_1	（1）白云母斜长片麻岩（斜长石，石英）；（2）石英（集合体），另有少量砂黏土、白垩
Y_2	为黑云母花岗岩（钾长石、斜长石、石英和少量黑云母等）

5. X-射线衍射分析

结果见表六。

表六

项目 样品编号	矿物组成
T_1	石英、长石、黏土（蒙脱石类即水云母类矿物为主）
T_2	石英、长石及黏土矿物（主要为蒙脱石类和水云母类矿物，并混入一些绿泥石矿物）
D_7	石英、长石（较少）、低温型方石英
C_3	石英、长石、少量低温方石英
C_6	石英、长石、低温型方石英

6. 化学分析

按国标 GB4734-84 测试。见表七。

表七

项目 样品编号	SiO_2	F_2O_3	Al_2O_3	TiO_2	CaO	MgO	K_2O	Na_2O
T_1	64.69	5.85	15.6	0.71	1.57	2.72	2.20	1.68
T_2	71.10	4.27	10.5	1.23	1.61	1.16	2.30	1.81
B_{10}	69.22	5.64	14.69	0.72	1.60	1.47	2.50	1.98
C_1	70.55	5.75	15.19	0.72	2.34	1.98	2.40	1.52
D_2	64.37	5.57	15.34	0.65	2.47	1.80	2.30	2.24
d_1	67.38	5.98	16.66	0.80	2.08	2.1	2.80	2.02

7. 物理性能

按国标 GB2997-82 测试。见表八。

表八

项目 \ 样品编号	B_6	B_7	B_8	B_9	B_{10}	C_1	C_2	C_3	C_4	C_6	D_1	D_2	D_3	D_4	D_6
吸水率（%）	19.591	19.052	18.653	17.639	18.598	17.941	17.005	20.184	17.571	19.078	18.339	12.919	14.696	15.021	19.635
显气孔率（%）	34.43	34.08	33.45	32.04	33.31	32.10	31.00	34.98	31.26	33.62	32.74	24.68	27.65	28.13	33.94
体积密度（g/cm³）	1.7656	1.824	1.7918	1.8152	1.7896	1.7881	1.8218	1.7318	1.7778	1.7612	1.7810	1.0902	1.8800	1.8712	1.7449

8. 力学性能

按国标 GB2542-81 测试。见表九。

表九

项目 \ 样品编号	B_6	B_7	B_8	B_9	B_{10}	C_1	C_2	C_3	C_4	C_6	D_1	D_2	D_3	D_4	d_1
单块抗压强度（kg/cm²）	167.66	164.47	123.97	157.34	134.15	234.40	209.04	155.31	134.58	240.10	105.36	87.50	178.13	152.44	182.69	145.26
平均抗压强度（kg/cm²）	154.66					194.69					149.52				
备注	试样为 5 厘米×5 厘米×5 厘米试块，烘干后测试													

9. 抗冻性能

按国标 GB2542-81 测试。见表十。

表十

项目 \ 样品编号	B_6	B_7	B_8	B_9	B_{10}	C_1	C_2	C_3	C_4	C_6	D_1	D_2	D_3	D_4	D_6
冻前干重量（g）	2708.5	2549.5	2604	2440	2573	2668	3045	2900	3169	3356	2560	2653	2419	2824.5	1925
冻后干重量（g）		2540	2595	2433	2569	2657	3036	2892	3156	3350	5537	2590	2362	2821	1920
干重量损失率（%）		0.37	0.35	0.79	0.16	0.41	0.30	0.28	0.41	0.18	0.90	2.37	2.36	0.12	0.26

续表

样品编号 项目	B_6	B_7	B_8	B_9	B_{10}	C_1	C_2	C_3	C_4	C_6	D_1	D_2	D_3	D_4	D_6
各冻融循环记录	第6循环纵向裂纹14厘米，掉块8厘米×10厘米×2厘米，退出实验	无变化	第15循环纵向裂纹5厘米，横向裂6厘米	第11循环纵向裂纹5厘米，第15循环裂12厘米	第11循环纵向裂纹7厘米，第15循环纵裂15厘米，横裂7厘米	无变化	无变化	无变化	无变化	无变化	无变化	无变化	无变化	无变化	第11循环后纵向裂纹6厘米

三、讨论

1. 年代

嵩岳寺塔地宫内出土的砖质佛像，背刻"大魏正光四年"的铭文。地宫、塔基两处砖，经中国社会科学院考古研究所和北京故宫博物院科技部热释光测定，年代分别为距今1560±160年、1580±160年[②]，亦与北魏年代相符。我们所采取的样品，从规格、色调、质地等方面与上述砖及正光塔体砌砖吻合，并且取样部位没有扰动迹象。

2. 原料

砖内含有大量白色石粒，而当地的土内也有许多石粒。经显微镜分析，Y_1主要为白云母斜长石片麻岩和石英结合体，这与当地的山体岩性吻合，岩石常年风化后冲击混入土内。但是，分析结果又显示，砖内石粒Y_2为黑云母花岗岩，并在砖内分布均匀有一定比例。这表明，塔砖的制作不是采用当地原状土，且有意掺入了特定物料。据比重、X-射线衍射和化学分析结果，T_1与A-D各组样品，其矿物组成及化学成分等相差不显著，但也有所差别，只有D_2与T_1的硅、铁、铝含量贴近。这表明，第一层塔砖可能是当地土烧制的。当地土的筛分含量是67.79%，耐火度小于1230℃，SiO_2、Al_2O_3含量分别64.68、15.6，这些指标均在正常范围，但还是经过了严格处理，去除土内原有石粒，掺入了特定的物料。

原料中掺入特定的物料，现代陶瓷技术中对应有"瘠化料""强化料""助熔剂"等，能使原料的塑性减小，降低干燥收缩率，防止变形，提高成型质量和速度，有效提高成品的耐热稳定性和强度。但是，必须掌握好粒度级配比例和成型工艺。如C组样，掺料粒度粗细适当，分布均匀，泥料经过陈练，在较低的烧成温度下，抗压强度到194.69kg/cm²，最大240.70kg/cm²。河南建筑材料研究院测的结果，抗压强度为249kg/cm²，单块最大达149.52kg/cm²和154.66kg/cm²。

我们采用硅、铝，粒度均超出适当范围的T_2土样，进行高强度塔砖的复制。起初做了几批，抗压强度才有98.29kg/cm²，并且成品率低，运输损耗量大，还不如普通商品红砖116.48kg/cm²的强度高。掺入附加物料及其他一些措施采取后，同样的烧成温度，使得复制的批量残片抗压强度提高到182.09kg/cm²，单块试样最大达到223.88kg/cm²，表现了原料出来后的显著效果。

附加物料的掺入，秦陵陶俑中已出现，只是较细较少，粒径为0.5~1毫米，比例为5%~7%[③]。早期陶器加入的砂粒，重量比为30%[④]。嵩岳寺塔砖从粒径、比例和成分上做了改进，使之适应高层建筑的承重，原料的级配处理达到了很高的技术水平。

3. 成型

塔砖较复杂，但整体存在一定规律，第1层的D组主要是28厘米×13.5厘米×4.5厘米，第2~9层的C组是29厘米×15厘米×5厘米，第10~12层的B组是29厘米×14厘米×4.5厘米，顶部3层的A组是31×15厘米×5厘米，这几种砖均是五素面，一大面有纹，可知是模制成型。C、D组样品大面上的绳纹，分布均匀，个别有分段叠加交错的情况，与安阳四盘磨殷代晚期红陶及辉县琉璃阁殷代早期灰陶纹饰相同，应是坯体脱模后在干情况下排印而成的[④]。A、B组样品大面上的沟纹，可能是用梳篦工具在刚脱模的坯上刮划而成，砖面的边沿多留下刮划而产生的变形。嵩岳寺塔砖大面上的沟纹，与早期陶器及两汉砖瓦相承[⑤]，而塔砖的沟纹是砌在墙体内的，没有装饰功能，应与建筑技术相因，以增加与黏合剂的接触面，利用摩擦力提高砌体强度，这也是当时建筑技术水平的一种反应。

另外，几组砖样的内部情况也反映了成型的不同。D组样，虽表面规整，但内部疏松不均，多有1毫米×50毫米的成型裂纹，D_6在第11冻融循环纵向开裂6厘米，D_2的抗压强度才87.50kg/cm^2；C组样，表面规整，内部致密，稍许0.5毫米×1毫米的偏孔，显然是经过复杂精细的工艺而成型；B组样，表面粗糙，坑坑窝窝，边角走型，多有成型沟缝，内部一处致密一处孔缝交集，整组中只有B_7抗冻性合格，B_6在第6个冻融循环即纵向裂缝14厘米，掉块8厘米×10厘米×2厘米，退出实验；A组样，表面最粗糙，沟纹的走向与其他几组样亦不同；d组样情况差异更大。这表明，几组砖样的制作时间、地点、工艺不同，质量也差别很大。

4. 烧成

采用高温膨胀仪测定塔砖的高温膨胀收缩率，并绘制曲线，根据曲线斜率的改变和试样中熔体含量的增加成正比的原理，在曲线上找出斜率变化最大的点作为它原来所达到的烧成温度，并以同样条件测试我们复制品的烧成温度以进行比较鉴别。测试结果表明，D_6为913℃，C_6为914℃，B_7为960℃，F_1为970℃，均较高于秦陵陶俑的烧成温度[③]。塔砖色调一致，均为深色，烧制采取了氧化—还原—渗碳程序。先用氧化焰焙烧，末期封闭窑顶造成还原气氛，使砖内大部分铁质转化为Fe^{+++}，在烧成将近结束时用烟熏进行渗碳。D组样品的烧制技术不高，烧制温度并不低，有不少却内部呈土黄色，表面烟熏黑灰，击之声哑，冻融干重损失率最高，为2.37%，说明没有掌握好还原和渗碳工艺，还原比值较低，应是由于保温期短，没达到充分烧结，没有充足的时间进行还原和渗碳。B组样品烧成温度最高，烧结良好。C组样品内外呈均匀的青灰色，击之声清脆，若金石之音，强度、抗冻性均佳，达到了很高的技术水平。

5. 其他

高温膨胀收缩率曲线显示，塔砖样品在300~400℃之间有一收缩谷，曲线斜率突变，C、D组样品起始温度一致，B组起始温度较高，这是由于样品中熔体含量增加所致。F组复制砖样品却没有，是什么物质被熔尚不清楚。

四、结语

原料的矿物组成、化学成分、比重、配比、成型的工艺、外观的特点和各种物理性能表明，嵩岳寺塔砖分为4类，即第1层、第2~9层、第10~12层、第13~15层，各类又有多种规格，应是多批不同时期不同地点生产的，烧制水平也不是全都很高。这表明，至北魏正光年间，条砖的产量还不大，成本较高，生产率低下，技术也远不普及，绝大多数建筑还是木结构，作为大体量的高层砖塔，只有国家才勉强有能力营建，这也可能是嵩岳寺塔成为我国现存最早砖塔的原因之一。

嵩岳寺塔砖居多的是C组砖，原料中掺入了特定的瘠化料和强化料，颗粒度的级配、粗颗粒的分布均匀，硅、铝、铁成分含量适宜，泥料经过了充分的陈练，烧成温度及烧造气氛掌握准确，烧结良好，成砖外观规整，大面有拍打的绳纹，以增强砖和黏合剂间的结合，提高墙的整体强度，其抗压强度为194.69kg/cm^2，单块高达414kg/cm^2，这反映了我国当时条砖制作的最高水平。北魏承秦汉之基，首开承重条砖用于高层建筑之先河，技术达到了很高的水平，很大程度上改变了我国后代建筑的面貌。

另外，在今天的砖质文物建筑保护中，替代材料的质量大多达不到原材料的技术水平，修后不多年即风化碎裂，不但没有达到修的目的，反而加剧了文物建筑的破坏。所以，发掘古代技术，研制高强度耐风化仿古青砖，已成为文物保护的一项重要课题。

后记

测试工作是借助研制嵩岳寺塔的整修用砖开展的，不少方面做得不够，分析研究及成文仓促，尚有许多不足。代小琳同志做了全部样品的化学成分实验，现场采样也做了大量工作。其他项目的实验和外协实验项目由李中翔完成。工作得到了所、室领导的关心和指导。

注释：

① 秦都咸阳考古工作站：《秦都咸阳第一号宫殿建筑遗址简报》，《文物》1978年第11期。

② 河南省古代建筑保护研究所:《登封嵩岳寺塔地宫清理简报》,《文物》1992 年第 1 期。
③ 周懋瑗:《秦始皇陵兵马俑初步研究》,《中国古陶瓷研究论文集》,科学出版社,1987 年。
④ 周仁、张富康、郑永圃:《我国黄河流域新石器时代和殷周时代制陶工艺的科学总结》,《中国古陶瓷论文集》,文物出版社,1982 年。
⑤ 中国科学院自然科学史研究所:《中国古代建筑技术史》,科学出版社,1985 年。

本文是作者 1996 年在"河南省古代建筑史学术研讨会"上宣读的论文。
（原载:《古建筑石刻文集》,中国大百科全书出版社,1999 年）

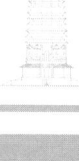

******

嵩岳寺塔的雷电防护

李中翔

摘要：根据嵩岳寺塔的塔体结构特点及环境状况，研究制定了防护方案，精心组织设计施工，做到既保证古塔、周围文物和游人的防雷安全，又避免造成对环境风貌的影响及对塔体的损伤，为高层文物建筑的雷电防护提供了参考。

关键词：寺塔；雷电防护

如何评价自然环境对古塔的雷电防护作用？怎样既同时保证古塔、周围文物和游人的防雷安全，又避免造成对环境风貌的影响及对塔体的损伤？1986 年以来，我们经过勘察分析，研究制定防护方案，精心组织设计施工，解决了这些问题。防雷装置经多年运行，效果良好，安全可靠，为高层文物建筑的雷电防护提供了参考。

一、概况

嵩岳寺塔，建于北魏正光年间，已有一千四百多年的历史，是我国现存最早的砖塔，具有重要的历史和科学价值，为国家级重点文物保护单位。该塔位于河南省登封县城北六公里的嵩山南麓，塔区地势起伏地质条件复杂。嵩岳寺塔海拔 639.75 米、通高 37.05 米，平面作等边十二角形，十五层密檐，空筒结构，隔层辟窗，弧线形轮廓。塔体以青砖黄泥砌筑，刹亦为砖质，唯相轮宝珠以纯白灰黏合。

塔区植被丰富，为第四系坡积物，土壤电阻率为 30～100Ω。近塔处是人工堆积层，电阻率大于 400Ω。塔周砖层电阻率为 1Ω 以上。附近有一条季节性溪流，盛水期水亦很小。地下水很深，水质为轻碳酸钙型，pH 值 6.8，属中性。土壤属棕壤土类，呈弱碱性，pH 值为 7.5。

该地区降水量年平均 579 毫米，逐月分布为三峰型，四月 68.1 毫米，七月 148.3 毫米，九月 75.6 毫米，元月、五月、八月仅分别为 3.5 毫米、28 毫米、62.8 毫米。从大区域看，这里属弱雷区范围，平均雷电活动日数为 40 日。

二、雷害分析

由多次现场观察可知，雷云在到达塔区上空时，下层受到太室诸峰的阻碍，然后沿陡壁另散下沉，群峰逐渐隐没在云雾之中，山峰上生长着茂密的树林并覆盖着低电阻率的腐殖层土壤。这样，下层雷云所带电荷就被过滤中和，这些高耸的陡壁对高空雷云的电荷感应也较敏感，容易吸引雷电，这就大大减少了对塔区的雷电危害。塔区远处是大面积的坡积物，电阻率为 30～100Ω，近塔处人工堆积层电阻率大于 400Ω，而塔周砖层的电阻率却在 1000Ω 以上，塔体电阻率则更高，且塔檐下水良好，塔体经常比较干燥，电阻率稳定，塔院处在一平台上，没有积水条件。所以，古塔本身的雷击率是很低的，自然环境对古塔具有一定的雷电防护作用。

但是，根据雷害现状调查，位于嵩山脚下塔东南约三千米的"大唐嵩阳观记圣德感应颂碑"，曾遭雷电破坏而使云盘劈掉一半，坠石又砸烂碑座[①]。嵩岳寺塔上部于唐明两代修葺，后代在塔刹宝瓶上装置的铁杆受压力向西北弯曲，杆上布满麻点，最上部三层塔檐破碎，砌砖零乱堆置，全部风铎损毁，这固然有风雨剥蚀的因素，或是与人为外力作用有关，但亦不能排除是雷电袭击的破坏。计算结果表明，将塔周山峰作为多支避雷针或避雷带考虑，其保护范围高度仅接近于塔高，古塔不在可靠保护范围之内。从大区域看登封属弱雷区，但山区雷电活动日数有大大提高。随着游人逐渐增多，其他设施不断增建，雷击率亦将有所提高。所以，为了充分保障古塔及周围文物的安全，必须装置防雷设施。

三、防护措施

雷电防护措施多种多样，对于重要的建筑，国内外运行着上百套称作消散阵系统的消雷装置，针尖装设金银或放射粒子源，要通过尖端放电中和云中电荷以避免雷击。然而，据新加坡三千次的地闪观测，闪电释放电量最可几值为15C，最高可达1065C，对如此大的电量，消散阵列显然是无济于事的[②]。消散阵列只能使雷击率有所减少，激光装置仅在研究阶段，就现有技术水平，我们仍采用避雷针防护。即人为地设置一个正电荷聚焦点，吸引雷电先驱，再将电流安全导散入地，达到保护古塔的目的。这样，装设避雷针之处雷击率要提高百倍以上。因此，我们首先考虑在塔西近处的高台上设单支避雷针，或在东西近处的山峰设双支避雷针，再植以树林遮挡，可使雷电吸引过去，更有效地保证古塔的安全，又便于维护。但是，据勘测结果按有关公式计算，单支避雷针需约40米高，双支西侧也需约30米，将会破坏塔区环境风貌。所以，最后确定防雷设施直接建在塔上，采用良好的材料，利用塔体结构特点，保证环境风貌的协调、文物和游人的安全，以及足够的可靠性耐久性。

1. 可靠接闪

接闪器采用针网结合的形式。宝瓶上装设高2米、$\phi 20$的圆铜棒作针，针下部焊接一个$\phi 1.5$的铜丝编织球形网，网孔25毫米×35毫米，球形网套装于宝瓶上，防塔顶直击雷，保护角为41°。在塔顶第一个伸出的檐上，沿檐设一圈TMY-40×4的铜排作避雷带，起到接受侧击闪电的作用。避雷带向上有四条裸铜线与球形网连接，整体形成一个屏罩，接闪可靠。

2. 安全散流

引下线采用两根BXF-50的铜芯线从避雷带引至塔内，每隔10米作一个BXF-25铜线均压环，向下连接接地体。接地装置根据地质状况采用绕塔周环形，以水平接地网为主，垂直接地体为辅。塔周表层电阻率较高，且往下分层各异，将水平接地网埋深到1米处，接地母线选用TMY-40×4的铜排，接地极选用长3米、$\phi 20$的圆铜棒，解决了降低散流电阻的问题。理论计算取1~3米深处土壤平均电阻率530Ω，接地电阻算得为8.12Ω，已满足规程不大于10Ω的要求。又将塔南侧深入基岩的多个防滑桩联入接地体，经1990年5月实测，实际接地电阻为0.38Ω。这就保证了安全散流。

3. 球雷防护

球雷是一种橙色、红色或其他颜色的火球，直径平均25厘米，大多在10~100厘米之间，存在时间百分之几秒到数分钟。它由天空垂直降落或沿大树滚下，常常钻入建筑物的孔洞、门窗，破坏性很大。为防止球雷的袭击，在古塔各窗口处安装铜丝编织网，网与引下线焊接成一整体，按球雷的一般直径和较高能量考虑，采用$\phi 1.5$的铜丝织网，网孔20毫米×20毫米，便可使球雷触网安全消散。

4. 接触电压与跨步电压危害的防止

按接地体未连入防滑桩时接地电阻的理论值计算，取最大雷电流为400kA，距接地体1米处的地表面电阻率为1000Ω，则最大跨步电压为96kV。实测的联入防滑桩后的接地电阻仅0.38Ω，产生的跨步电压为4.56kV，而人体在雷电流持续时间内的危险电流则是100A，相应的跨步电压为100kV，可见安全系数是较大的[③]。由于塔周电阻率高，又处于山区，雷电冲击电流难以预测，散流电阻亦会有所变化，为保证安全，引下线选用橡皮绝缘导线，引至离地面3米处穿半硬聚氯乙烯管，该管直至地下1米处的接地网上，再将管口用沥青封实。扁铜接地网埋设后，上部回填20~30厘米深的素土，再在土上铺设二毡三油，然后回填土夯实。在通往塔门的道路下，接地网作成帽形均压带，整个接地网形成一个深埋于地下的周圈式闭合圆体。这样，即能消除接触电压和跨步电压的危害。

5. 周围文物建筑及古树名木的保护

塔周有大雄殿、白衣殿、银杏树、古柏、龙槐等文物古迹，均有重要价值。两殿高13米，距塔中心25米，古柏、银杏树高17米，距塔中心12米，龙槐高13米，距塔中心35米。避雷针保护范围按有关公式计算得知，两殿、古柏及银杏树在古塔的保护范围内，龙槐在保护范围之外。由于龙槐与塔的净距离有15米，大于雷电反击最小5米的安全距离，所以，不影响其安全。

6. 环境风貌的保护

嵩岳寺塔风格古朴，坐落在群峰环峙，林木苍翠之中，体现了人与天地自然之和谐美。古塔的雷电防护必须注意环境风貌的保护。首先，接闪器的针仍基本照原有铁杆尺寸。避雷带设在顶部第一层塔檐靠里处，在塔下仰角小于15°以内的范围看不到，范围之外已超出视力所及。球形网紧套宝瓶，连接球形网与避雷带的四根裸铜线顺塔体布设。这些部位均未采用镀锌材料，铜材经短时老化，已与古塔浑然一体。引下线从紧靠避雷带的顶部第一层塔窗引入塔内，沿内壁直至地下与接地网连接。塔上各窗门的防球雷编织网，铜线直径仅1.5毫米，即使底层高度有黑洞为背景也不易看到。这样，整个防雷装置达到了有若无的效果。

7. 耐久性的保障

具有不同电极电位的金属材料连接在一起，因两者之电位差在结点要产生一微弱电流，通过某种回路引起电解腐蚀。嵩岳寺塔防雷装置，接闪器与接地极为$\phi 20$的铜棒，避雷带与接地母线为TMY-40×4的铜排，引下线为BXF-50的铜芯线，接点采用螺栓紧固后铜焊，导线在塔壁上的安装卡亦用铜材并按国标D_{164}施工。整个设施均为铜质，既避免了电解腐蚀，又具有良好的导电性及抗氧化能力，加之尺度适宜装设牢固，就保证了足够的机械强度和耐腐蚀性能，有了耐久性的保障。

致谢：有关电性参数、气象数据由铁道部科学院建筑研究所、登封县气象站勘测提供，具体设计委托专业部门河南省城乡电力设计所进行，国家文物局杨烈、祁英涛高级工程师给予了精心指导。在此谨致谢意！

注释：

① 郭明智. 登封县志. 郑州：河南人民出版社. 1992：396.
② 王时煦，马宏达，陈首燊. 建筑物防雷设计. 北京：中国建筑工业出版社. 1985：52.
③ R. H. Golde. 雷电. 北京：电力工业出版社. 1982：156.

（原载：《文物保护与考古科学》第9卷，1997年第1期）

******

嵩岳寺塔建于唐代

曹 汛

提要：作者近年通过多方考证后做出结论，认为嵩岳寺塔并非如60多年前判定的是北魏正光元年（520年）所建，而是唐代开元二十一年（733年）重建，这段建筑史应该重写。但嵩岳寺塔仍然是一个历史价值甚高，艺术价值尤高的伟大作品。

嵩岳寺塔旧定为北魏所建，一说建于正光元年（520年），一说建于正光四年，被称为我国现存最早的古塔，密檐式砖塔的鼻祖，六十多年以来，没有人提出异议。嵩岳寺塔被定为北魏正光年间所建，唯一的史料根据是李邕《高岳寺碑》，本文用史源学方法，从考证李邕碑、通读通解碑文入手，结合唐代地宫的发现和北魏建塔层级规模等，多方参证，认定现存嵩岳寺塔为唐代开元二十一年（733年）重建，重建时并没有按照北魏原样。一言以为智，立言岂可不慎？北魏旧说一立，沿袭几十年，成了建筑史上天字第一号的错案大案，现在提出异议，虽然有确凿雄辩的证据，但是人们往往容易有先入为主的成见，所以我还是反复推寻，苦思琢磨，并且掂量自

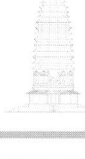

问许久，这才不揣冒昧，独抒鄙见，撰成此文，求教正于方家读者。这个问题本来在《嵩岳寺碑》中就能够找到答案，为避免孤证单行的屏弱，还可以多引些证据，本文共分七个章节，今请一一考述。

一、李邕《嵩岳寺碑》的撰年和嵩岳寺开元年间的重修重建

现存嵩岳寺塔定为北魏正光年间所建，写入建筑史，是根据20世纪30年代刘敦桢先生《河南省北部古建筑调查记》的记述。刘先生引李邕《嵩岳寺碑》云："嵩岳寺者，后魏孝明帝之离宫也。正光元年膀闲居寺，广大佛刹，殚极国财……十五层塔者，后魏之所立也。发地四铺而耸，陵空八相而圆，方丈十二，户牖数百。"以为"与现状大致符合，故断为正光元年（520年）所造，殆无疑问。"五十年代刘先生主编《中国建筑史》一书，附注154即据《河南省北部古建筑调查记》，但书中正文又断为正光四年（523年）建。后人说起嵩岳寺塔的年代，遂有正光元年与四年之不同，总还在正光年间。有了一个定论的开端，必然有跟着而来的大面积的沿袭，嵩岳寺塔定为北魏所建，各种建筑和建筑史专书，《中国大百科全书》之中的《建筑卷》《文物卷》《美术卷》以及各种论文、文章，俱无异词。

刘先生的断代只根据李邕《嵩岳寺碑》，后来再也没有发现更早甚至较晚的材料，李邕碑成了断定此塔年代的最早而且是唯一的史源学材料。李邕碑的著录，最早见之于欧阳修《集古录》，原碑早已不存，赵明诚《全石录》已无著录。刘先生转引碑文，未说明出处。李邕此碑甚为有名，《文苑英华》卷八五八、《全唐文》卷二六三俱有录文，不难找见。

谁都知道，典籍是文化的载体，"得知千载事，全赖古人书。"我国的文化典籍极其丰富，可也不能尽确无误，所以《孟子》上说"尽信书不如无书。"文献记载不能不信，又不可全信，这是一个永恒的真理。李邕碑称"十五层塔者，后魏之所立也"的说法，是否可信，要怎样理解，还应该具体分析探讨。为此，先要考清《嵩岳寺碑》的撰成年代。

李邕（678~747年），字泰和，江夏人（一作江都人，实误），唐高祖子虢王凤之孙，善之子，《旧唐书》卷一九〇、《新唐书》卷二〇二有传。李邕墓志已出土，藏河南千唐志斋。李邕工文，尤长碑颂，词旨辨丽，为时所称，中朝衣冠及天下寺观多赍金帛求其文。又工书，所撰碑颂多有自书者。李邕立朝刚正而不拘小节，屡遭诬枉，仕途坎坷，官至北海太守，人称李北海，天宝六载为李林甫杀害，后赠秘书监。李邕广交游，善于结纳名士，著名诗人李白、杜甫、高适等均有交游唱和之迹。

《嵩岳寺碑》未署撰年，碑文有"六代禅祖，同示法牙，重宝妙妆，就成伟丽"之句，六代禅祖指初祖菩提达摩、二祖慧可、三祖僧璨、四祖道信、五祖弘忍、六祖神秀。神秀化寂于神龙二年，献示法牙必在其卒后。碑文又云"秀钟于今和上寂"，"寂"是神秀传法弟子大照禅师普寂，化寂于开元二十七年八月，李邕有《大照禅师塔铭》。自普提达摩至普寂，传七代，历北魏至唐四朝，与碑称"功累四朝，法崇七代"正合。因知《嵩岳寺碑》必撰于神龙二年（706年）之后，碑文中提到"中宗孝和皇帝"，又必在景龙四年（710年）之后，和开元二十七年（739年）八月之前。

《嵩岳寺碑》说及十五层塔"六代禅祖，同示法牙，重宝妙妆，就成伟丽"，是指当时的重修重建。"秀钟于今和上寂，皆宴坐林间，福润寓内"之下，又有"和上侄寺主坚意者，凭信之力，统僧之纲，崇现前之因，鸠最后之施，相与上座崇泰、都维那昙庆等，至矣广矣，经之营之，身田底平，福河流注。"明确交代出这次重修重建主持操持工程之僧人。工程结束以后，派人到李邕那里求撰碑文，碑云"道奂禅师，千里求蒙，一言书事。专精每极，临纸屡空。"李邕《嵩岳寺碑》是根据道奂口述和带去的材料撰成，嵩岳寺这次重修重建，他未能亲见。

欧阳修《集古录跋尾》卷六著录"唐李邕嵩岳寺碑，开元二十七年。"跋称"右嵩岳寺碑，唐淄州刺史李邕撰，胡英书。"郑樵《通志》卷七十三《金石略》著录"嵩山寺碑颂，胡莫书，开元二十七年。"郑樵在赵明诚之后，赵明诚时《嵩岳寺碑》已不存，《通志》的著录只是根据《集古录》。前文说过，《嵩岳寺碑》称普寂为"今和上寂"，是普寂尚在世，普寂化寂于开元二十七年八月，则《嵩岳寺碑》最晚也只能是开元二十七年八所作。《新唐书》本传载李邕"开元二十三年，起为括州刺史""后历淄、滑二州刺史""汲郡、北海太守。"《金石续编》著录《泰望山法华寺碑》"开元二十三年，括州刺史李邕撰并书。"李邕又有《唐淄州开元寺碑》，《金石

录》著录为开元二十八年七月撰。《新唐书·五行志》载开元二十九年滑州刺史李邕献马。因知开元二十三年李邕在括州刺史任上，二十八年七月已在淄州刺史任上，二十九年在滑州刺史任上。欧阳修著录《嵩岳寺碑》明定撰年，称是开元二十七年李邕在淄州刺史任上所作，未详所据。碑云道丞"千里求蒙"，淄州离登封大约一千里，但撰碑还必在开元二十七年八月之前，也可能李邕撰碑还在稍前，书字立碑在开元二十七年，今已不能详考。

二、李邕碑称嵩岳寺塔"后魏之所立也"的解话，嵩岳寺塔是重建而不是重修

嵩岳寺碑"十五层塔者，后魏之所立也。发地四铺而耸，陵空八相而圆。方丈十二，户牖数百。"这六句之下，紧接着又有"加之六代禅祖，同示法牙，重宝妙妆，就成伟丽，岂徒帝力，固以化开"六句，"重宝妙妆"指此塔经过重修或重建，"就成伟丽"是重修重建后更加雄伟壮丽了。这次重修重建，是在六代禅祖"同示法牙"之后，所以前用"加之"二字，以为领词和转语。上文说进，六代禅祖指的是初祖菩提达摩至六祖神秀，菩提达摩为南天竺高僧，普通七年（526年）自南海入梁，孝昌三年（529年）入北魏，当时已在正光（520～525年）之后，"后魏之所立也"的原塔已经建成。献示法牙更要在他化寂之后才能葬入塔内，二祖慧可以下更不用说都远在正光建塔之后了。将六代禅祖的法牙，一同葬入塔内，则必在六祖神秀化寂以后，只能是开元二十七年立碑之前"重宝妙妆，就成伟丽"这一次。现在摆在我们面前的问题是，开元年间这次"重宝妙妆"，嵩岳寺塔究竟是重修还是重建了呢？这个问题要从四个方面加以探讨，这里先从李邕碑说起。

李邕碑开头即云：

> 嵩岳寺者，后魏孝明帝之离宫也。正光元年膀闲居寺。广大佛刹，殚极国财。济济僧徒，弥七百众。落落堂宇，逾一千间。藩戚近臣，逝将依止。硕德圆戒，作为宗师。及后周不祥，正法无绪。宣皇悔祸，道叶中兴。明诏两京，光复二所。议以此寺为观，古塔为坛。八部扶持，一时灵变。物将未可，事故获全。

这段记载非常重要，说起嵩岳寺的历史沿革，先说北魏正光时的初建，及其在当时的显赫地位，接下去就说到"及后周不祥"这十二句。"后周不祥"二句指周武帝灭佛法，"宣皇悔祸"二句指周武帝崩后宣帝即位恢复佛法。后来并有意以此寺为道观，以"古塔为垞"的事。这里的"垞"字是"坛"的别体，今影印宋本《文苑英华》载此碑即作"垞"字，《全唐文》录文不注出处，应是根据《文苑英华》，亦作"垞"字。按《宋元以来俗字谱》："坛，《目连记》作'垞'。明徐元《又义记·宣子争朝》：'（晋侯）要熊掌煮御羹，垞台上弹打人。'"，古代的坛一般都是一个基坛，上面不设建筑物，"古塔为坛"应该是指以古塔旧基为坛，如果古塔全身尚在，就不好为坛了。道家的仙坛，也不可能将就使用佛家现成的古塔。

通读这段记载，不难发现，"后魏之所立也"的闲居寺古塔，原来在周武帝灭法时毁掉了。碑文下文紧接着又叙述隋开皇时隶僧三百，仁寿时改题嵩岳寺，又度僧一百五十，隋唐之际农民起义群雄并起，"王充西拒，蚁聚洛师"，指武德二年王世充（避太宗讳去"世"字）篡越王侗位，膺称天子，国号郑，占据洛阳，与长安李渊新建的唐朝抗衡，嵩岳寺僧众"夙承羽檄，先应义旗，挽粟供军，悉心事主"，为李渊、李世民父子统一唐朝的大业作出了贡献。下文说代有都维那惠果等，"勤宣法要，大壮经行，追思前人，仿佛旧贯"，还只是维持旧状，没有什么建筑活动，直到开元年间，始有普寂和尚之侄、寺主坚意，与上座崇泰、都维那昙庆等，"崇现前之因，鸠最后之施"，"至矣广矣，经之营之"，这才进行一次大规模的重修重建。北魏的塔既然已在周武灭法时毁去，"六代禅祖，同示法牙"之后，这次"重宝妙妆，就成伟丽"，正应该是重建宝塔，即现在的十五层塔，原是在"后魏之所立也"的古塔旧基上重建起来，而不是重修起来的。得出这样一个结论，在《嵩岳寺碑》中还有一个坚强雄辩的对证。碑中提到，当时嵩岳寺共有三座大塔，"十五层塔"之外，还有"其南古塔"，和追为大通禅师所造的"十三级浮图"。李邕碑云：

> 其南古塔者，隋仁寿二年置舍利于群岳，以抚天下，兹为极焉。其始也，亭亭孤兴，规制一绝；今兹也，岩岩对出，形影双美。

这里的"其"字承上文是指"十五层塔"即今嵩岳寺塔，这里所称的"古塔"，是仁寿二年（602 年）所置，至李邕撰碑时，仅存一百三十多年的历史，如果十五层塔真的是"后魏之所立也"的当时原造，碑中这一段就不该称隋仁寿塔为"古塔"了。"其始也"指仁寿二年舍利塔初建之时，北魏所立的闲居寺塔已毁去不存，所以是"亭亭孤兴"。"今兹也"指李邕撰碑时十五层塔刚刚重建起来，这才与仁寿舍利塔"岩岩对出，形影双美"。后来白居易有《自法王寺下归嵩岳寺》诗云："双刹夹虚空，缘云一径通。似从切利卜，如在剑门中。"指的就是隋仁寿舍利塔和现存的嵩岳寺塔。

现在可以回过头来寻求李邕碑"十五层塔者，后魏之所立也"的正确解话。文人肤阔，遣词命句有时使用一些不准确的字眼。但若通读全文，仔细辨析，他的交代还并不糊涂。"后魏之所立也"说的是原本为后魏时所创立，言外之意，已是经过重建的了。碑文下文又有"逍遥楼者，魏主之所构也。""西方禅院者，魏八极殿之余趾也。""南有辅山者，古之灵台也。中宗孝和皇帝诏于其顶追为大通禅师造十三级浮图。"分析李邕行文，但凡在原址重建，用途不变，仍其旧名者，是一种提法，在旧址上改建为用途不同的新项目，又是一种提法。

三、塔下开元地宫

1989 年夏天，我出差开会路过登封，就便游历和考察中岳庙、少林寺、嵩阳观、嵩岳寺、法王寺、永泰寺等古代建筑巨迹，5 月 22 日到嵩山，正赶上嵩岳寺塔重修。我当时在辽宁省文物考古研究所工作，我拿出介绍信，说明自己是古建工程师，还是中国文物保护技术协会理事，拿出工作证和理事证，殷切希望让看一看，求得施工同志的同意，在他们的陪同下，得以下到地宫，登上塔顶，从下到上看了一遍，收获不小。最引我注意的是，地宫北墙东角有"唐开元二十有一年口癸酉口口口月九日重安口口口口口"的墨书题记四行，满行六至八字不等，总共二十三字，"安"下一字存"雨"字头，推测应是"灵"字。我对于嵩岳寺塔建于北魏之说，早有疑问，对于李邕碑文也反复进行过研究思索，十五层塔北魏绝无他例，而唐代却有荐福寺塔和法王寺塔两座，当然可以而且应该怀疑它有可能是唐代重建。李邕《嵩岳寺碑》撰成于开元二十七年或稍前，碑文全文讲的就是嵩岳寺的历史沿革和开元年间重修重建之事，现在发现开元地宫，有开元二十一年重安灵□□□（应是重安灵牙舍利）题记，与《嵩岳寺碑》的撰年及碑文记载，都正合符契。嵩岳寺塔开元重建的问题，一下子明朗起来了。施工同志问我，是不是北魏地宫，后来有唐人题记，地宫中还有清雍正□年，乾隆八年题记。他们说别人看了就是这样认为的。我不能说别人，但是我注意到，这座地宫设一个券洞门，门口两侧为石刻立颊，门顶下部为石刻横额，上部为半圆形石门楣，所有石件表面均施以线刻花纹，立颊仁刻的是缠枝西番莲，横额上刻着一对鸟，门楣上刻着牡丹和双凤。地宫抹白灰墙面，上顶部用土朱和墨线涂画出把头拱和人字拱，把头拱旁边画有供养僧人像。所有这些雕刻和壁画纹样图样，都是盛唐样式，与开元二十一年"重安灵□□□"正合。最引我注意的还有，地宫石门西立颊之朝东一面，上有"崇泰"几字石刻题名。这位崇泰，正是两见于《嵩岳寺碑》和《大照禅师塔铭》，开元后期嵩岳寺的上座高僧，又正是开元年间重修重建嵩岳寺，负责主持操持工程之人。证以地宫题记刻名，《嵩岳寺碑》称上座崇泰等"崇现前之因，鸿最后之施"，"至矣广矣，经之营之"，正是开元二十一年这次重修重建。上座是寺里的二把手，寺主可以不管具体事务，上座可以主持日常事务，崇泰正是开元二十一年重建高岳寺塔，建造地宫和"灵□□□"的主要负责人。我又记下地宫壁上还有"比丘□□题名供养，比丘惠□供养"两行，亦是唐人墨迹，"惠"下一字不清，当时匆忙，未及细认，回来查知《新唐书·严挺之传》云，挺之天宝元年卒洛阳私第，九日葬嵩山大照和尚塔次西原。"挺之奉佛，开元末惠义卒，挺之服滚麻送于完所。"可惜当时未知此条资料，未及详辨"惠"下一字是否确为"义"字。惠义卒于开元末，开元二十一年，建造塔下地宫，正可以有其题名。陪我参观地宫的施工同志，一再叮嘱不准照相，我知道尊重人家的规定和要求，没有带相机下地宫，由于时间仓促，题记题刻除这最重要的几条，也未及细看，地宫石门雕刻线画及壁画斗拱供养僧人等，也仅仅画了粗率的草图，但是总的印象极深，这座地宫肯定是开元二十一年一次建成，同时重安葬六代禅祖献示的法牙等物。至于地宫中究竟都葬入一些什么，我未便多问，清理地宫也不是施工人员能够参与的工作。地宫中未见唐开元以前的建筑遗迹，和开元以前人的题记。此唐代地宫在清代雍正时已被开，因而地宫壁上有雍正乾隆时题记。据刘先生调查时记录，当时嵩岳寺地面上见有雍正、乾隆年间的碑记。

考清嵩岳寺塔地宫为唐代开元二十一年一次建成，就是李邕碑称寺主坚意，"崇现前之因，鸡最后之施"，与上座崇泰、都维那昙庆等重修重建嵩岳寺时所造，嵩岳寺现存十五层塔为唐代重建，而不是重修，就可以确认无疑了。北魏正光年间所建的塔，不可能建造在唐开元年间所造的地宫上，唐开元年间也不会到北魏建成的古塔下开空建造地宫，这都是显而易见的事情。

唐开元二十一年重建的十五层密檐楼阁式砖塔，是否正建在那座北魏正光年间所建的什么型式的古塔的旧基上，还有待进一步确考，若是重建于北魏旧基上，使用一些北魏旧砖，也是可能的。如果确有此事，那么唐代地宫的下部深层，还应该有北魏的塔基地宫才是。至于塔身券洞门窗上的尖瓣券之尚存北朝风格，那也不难理解，"唐太宗英主，乃学庾信为文"，唐代文化保存有北朝余习，正是理所当然的事。

中国建筑史编写组新订本《中国建筑史》教材称嵩岳寺塔建于北魏正光四年，"塔顶重修于唐"。称建于北魏仍是沿袭旧说，说塔顶重修于唐，认识似已前进一步，但是谓"重修于唐"仍不确。塔刹石刻覆莲座为典型盛唐式样，应当是与塔身塔檐同时所造，塔刹部分的砌筑用白灰口，因知是明代以后又重修过。

四、北魏佛塔最高九层

塔是由印度传来，我国建塔的最早记载，是《后汉书·陶谦传》载笮融所起浮图祠，为双层木构楼阁式，上置金盘。时代约当东汉末至三国初。砖塔的最早记载，是北魏杨衒之《洛阳伽蓝记》所载西晋太康年间所建的太康寺，"本有三级浮图，用砖为之"，称是仅同三司襄阳侯王虌睿所造，至北魏时仅存基址，在杜子休宅内，正光初（520年）子休舍宅为灵应寺，所得之砖，还为三层浮图。嵩岳寺塔断为正光初所建，正与杜子休建灵应寺三层砖塔是同一年。当时砖造楼阁式砖塔只见有三层之例。《魏书·释老志》记载，"凡宫塔制度，犹依天竺旧状而重构之，从一级至三、五、七、九，世人相承谓之'浮图'，或云'佛图'。"早期佛寺多有以塔为中心，并以塔的层级称寺名的，故文献中常见有三级寺、五级寺、七级寺。《魏书·释老志》记载，天兴元年（398年）"始作五级佛图"。《魏书·任城王澄传》载，元澄神龟（为龟之误）五年（518年）上表有云："外州各为五级佛图。"河北定县发现太和五年（481年）塔基石函，称孝文帝"造此五级佛图"，今定县为北魏定州，正是外州各造五级佛图之一证。《北齐书·苏琼传》："徐州城中五级寺，忽被盗铜像一百区。"徐州五级寺亦应是北魏时外州各造五级佛图之一例。《洛阳伽蓝记》记瑶光寺"有五层浮图"，胡统寺有"宝塔五重"，秦太上君寺"起五层浮图"，平等寺"造五层塔"，双女寺东寺太后立，西寺皇姨所造，"各五层浮图"等等，可见这一时期所造寺塔大多为五层。《魏书·释老志》载，"天安元年（464年）起永宁寺，构七级佛图"，"基架博敞，为天下第一。"指的是平城（今大同）的永宁寺。《洛阳伽蓝记》记景明寺"正光年（520~525年）中太后始造七层浮图一所。"《水经注·淄水注》有七级寺。北魏时的七级佛图，还不多见。《洛阳伽蓝记》载熙平元年（516年）灵太后胡氏造永宁寺，"中有九层浮图一所，""殚土木之功，穷造形之巧，佛寺精妙，不可思议。"文献记载中的九层浮图，仅此一例。以上种种记载中之五级、七级、九级浮图，一般都是木塔，实物当然是一概无存的了。

除文字记载以外，北魏浮图还有一些形象资料，见之于云冈石窟中的塔心柱雕刻和窟壁浮雕，如第二窟中心塔柱为三层浮图的形象，第二十一窟中心塔柱为五层浮图，第七窟浮雕为七层浮图，第六窟中心塔柱为九层浮图。此外山西朔县崇福寺还存有北魏九层小石塔。这些形象资料所表现的三、五、七、九层浮图，也都是木塔的形象。

北魏时的木塔多数是五层，个别的是七层，当时的南朝也是这样。《南齐书·虞愿传》："帝以故宅起湘宫寺，费极奢侈，以孝武庄严刹七层，帝欲起十层，不可立，分为两刹，各五层。"虞愿仕宋、齐两朝，"帝"指宋明帝，公元465~472年在位，"孝武"指宋孝武帝，公元456~464年在位。传中的"十层"应是"九层"之误，明帝想建一座九层木塔，超过孝武帝的七层，当时的技术条件还难以做到。当时的北魏，正是在464年建平城永宁寺七级佛图，洛阳永宁寺建成九级浮图则在湘宫寺塔数十年之后。

总上考述，可证《魏书·释老志》所说佛塔层数为一、三、五、七、九，正符合当时的情况。木塔已有七层、九层者，北魏砖塔则只见有三层的记载，应该是楼阁式砖塔。北魏五层以上的砖塔，文献无征，不好妄加推测。

云冈北魏石窟未见密檐塔之形象，敦煌石窟壁画仅见隋朝第302窟有密檐塔的绘制，只有四层，龙门石窟有密檐塔浮雕，均为唐代雕造。砖造密檐楼阁式砖塔实例，唐代始见，如雨后春笋，所在多有，且能发挥密檐之优势，有高至十一、十三、十五层，个别甚至有十六层者。唐代十五层密檐楼阁式砖塔，已有两例，一为荐福寺塔，一为法王寺塔。北魏佛塔最高九层，嵩岳寺塔密檐十五层，不可能是北魏所建。断为唐塔，视为荐福寺塔、法王寺塔的姊妹，与例甚合。

五、嵩岳寺塔"八相成道"的表现，开元重建不是北魏原样

李邕碑"发地四铺而耸，陵空八相而圆，方丈十二，户牖数百。"这四句是描述嵩岳塔的形制。"陵空八相"指的是一层塔身上部周围有八座小塔为装饰。"八相"即如来成道之八相，佛陀以成道为中心，示现由始至终各时期的相状，叫作"八相成道"。原本共有两说，《大乘起信论》云："随其愿力，能现八种利益众生，所谓从兜率天退，入胎，住胎，出胎，出家，成道，转法轮，入于涅槃。"《四教仪》云："所言八相成道者，一从兜率天下，二托胎，三出生，四出家，五降魔，六成道，七转法轮，八入涅槃。"《大乘起信论》阐说如来缘起之理，为大乘佛教最基本的经典，传为马鸣菩萨所造，梁朝时由真谛携来我国，遂有两种译本，一为真谛译，一卷，后来又有唐实叉难陀的新译本，二卷。真谛（449～569年）为西天竺人，名那拘那罗陀（《开元释教录》作拘罗那他），译云真谛，为四大译经家之一，应梁朝之请，于大同元年（546年）携经论到南海（广州），两年后至建业（南京），译出经卷64部278卷。实叉难陀（652～710年）为于阗国人，659年与义净、菩提流支、复礼、法藏等，在大遍会空寺译佛经，699年译毕。《四教仪》六卷，为隋智凯所作，智凯（531～597年）称天台四祖，是天台宗的实际创始人。天台四教分化仪四教和化法四教，《四教仪》明化仪化法四教之义。智凯著《四教仪》，在入隋以后，更在真谛译《大乘起信论》之后。李邕自称普济弟子，撰《嵩岳寺碑》在开元后期，正是实叉难陀新译本广为流布以后。李邕《楚州淮阴县婆罗树碑》云："钦厥成道兮，八相克尊；感示迹兮，一归可门。"八相成道示迹的典故，李邕碑文中运用得滚瓜烂熟。八相成道常用八座宝塔作象征性表现，玄奘有《八大灵塔梵赞》，后来密宗又有《八大灵塔名号经》。辽代密宗、华严宗方形和八角形塔身常用八座小塔为装饰，方塔每面两座，或同时刻出塔名，八角形塔刻在转角处，或转角倚柱上刻出八大灵塔塔名，依次为"净饭王宫生处塔""菩提树下成佛塔""鹿野苑中法轮塔""给孤园中名称塔""曲女城边宝阶塔""香阁崛山般若塔""庵罗卫林维摩塔""沙罗林中圆寂塔"。辽代八大灵塔所表现的八相，与《起信论》《四教仪》又不尽一致，但是与用八座宝塔作象征性表现的意义正相同。嵩岳寺一层塔身上部所谓"陵空八相"，正是用八座宝塔表现如来成道的八相。刘敦祯先生《河南省北部古建筑调查记》称是"模仿当时（引者按：原指北魏时）墓塔形式。"梁思成先生《中国建筑史》说是"八面各作墓塔形佛龛一座。"俱不确。

嵩岳寺塔重建于开元二十一年，塔身上有如来成道八相的表现，是我国现存古塔中最早一个实例，但是在开元年间，并不是一个孤例，还有一个坚强的实例对证。《泰山道里记》载，玉水"又西北经鹫山西，有九塔寺，塔九顶、唐天宝、大历间重修。"九塔寺今不存，九顶塔尚在，在历城柳埠灵鹫山西，是一座亭阁式塔，塔顶分建九座密檐式小塔，各三层，中间一座较大，其余八座环绕排列，环列的八座小塔，正是八座宝塔表现八相成道。九顶塔现在一般认定是建于天宝年间，其实还要早些。《唐文续拾》卷一〇收阙名《九塔寺记》一文，文字已残失不全，其中略曰"……年河间太守卢晖识是真俗，遂归本寺，开元廿六年三月十六日灭度，推（权）葬泰山……重于此山悬定灵□□起苏堵波塔其间……多宝塔中如来□见□大赖。"这里说到的"多宝塔中如来□见，"就是指的九顶塔，因塔顶有多座宝塔，故名，今九顶塔下层塔室内尚供有石佛像一尊，从雕刻风格上还是盛唐所作。某高僧开元二十六年化灭，后来于九塔寺塔林起窣堵波，是他的墓塔，建在多宝塔即九顶塔侧近之处，九顶塔的建成，还在某高僧建墓塔之前。九顶塔顶上环列八座宝塔表现八相成道，与李邕碑"陵空八相""八相克尊"互为对证，九顶塔亦应是开元年间所建，可能在嵩岳寺塔重建后不久，也正是在《大乘起信论》实叉难陀新译本广为流布以后。嵩岳寺塔和九顶塔除了用八塔表现八相成道之外，还有一个共同的特征，就是一层塔身分上下两个部分，下部分砌砖糙口，上部分磨砖对缝，上下之间有一条明显的分隔线，可能下部分原来都有"缠腰"一类的建筑处理，后世不存，才成为现状。

嵩岳寺塔一层塔身用八塔表现如来成道之八相，八相成道之说始见于《大乘起信论》，真谛将《起信论》携

来并译出时，已在北魏正光年间始建闲居寺塔之后，隋智凯撰《四教仪》、唐实又难陀新译《大乘起信论》更远在其后。北魏正光年间初建的闲居寺塔不可能有八相成道的表现，嵩岳寺塔开元年间的重建有八相成道的表现，正是当时《大乘起信论》新译本极为流行时的一个新创造，不是，也不可能是依照北魏正光时的原样。北魏正光时"八相成道"之说还没有传来。

六、唐塔三姊妹，兼论法王寺塔的断代

如果不算嵩岳寺塔，唐代十五层密檐楼阁式砖塔，已有两例。一是荐福寺塔，即一般所称的小雁塔，公认建于景龙（707～709年）中，我还考出主持建造荐福寺塔的是高僧道岸，和当时的工部尚书张锡，将另作小文介绍。一是法王寺塔，一般认为是建在荐福寺塔之后，或称盛唐时期。若照以前的断定，称嵩岳寺塔建于北魏正光年间，那么这三座十五层密檐楼阁式砖塔，就应该是一位老态龙钟的曾祖奶奶，领着两位风华正茂的曾孙女。若照本文断定，嵩岳寺塔重建于唐开元二十一年，那么这三座十五层密檐楼阁式砖塔，就应该是唐塔三姊妹，三位都是妙龄相仿的年青女郎了。如果注意于是两座方塔，一座十二面形的塔，那么也可以说是一对亲姊妹伴上一位堂姊妹，或姑表姊妹。如果让我们驰骋想象，作一点形象的比喻，就好比是《红楼梦》中贾家的元春、探春，伴着林家的表妹黛玉吧。三姊妹中，一个比一个漂亮。

研究这三座塔的造型比例，欣赏她们的绰约风姿，有一个显见的共同点，是她们的外轮廓都呈圆和的抛物线形，秀丽舒畅的卷杀，略如炮弹形，极为秀美。三座塔的绝对高度不同，荐福寺塔存高43.3米，嵩岳寺塔存高39.8米，法王寺塔一般推测高约39米或称高约40米，因为塔刹不存，所以原来应比嵩岳寺塔为高。我采用罗哲文先生《中国古塔》一书中的照片作比较，荐福寺塔和嵩岳寺塔在照片上恰好同高，法王寺塔照片较小，我用复印机放大1.3倍，使之与荐福寺塔、嵩岳寺塔在照片上同高，这样三张照片摆在一起加以比较，一层塔檐以上的部分，体形轮廓极其相似，简直像是一个模子里扣出来的一样。我用硫酸纸描下三座塔的轮廓，拿其中的一个，蒙在另座塔的照片上，一层塔身以上的部分，几乎完全重合。三座塔的空间体形轮廓如此之相似，也从一个特定的角度，表明她们是约略同时的作品。"窈窕淑女，君子好逑"，爱美之心人皆有之，这样秀丽精美的唐塔，有谁见了能不赞叹设计和建造的精绝呢？

人们在断定古建筑和古塔年代的时候，还往往多注意于她们的"长相"，而常常忽略了她们的"年相"，或者是由于缺乏这方面的素养，只好顾左右而言他，或随便乱说一气了。无论如何，一座北魏的塔和两座唐代的塔，年相是应该不一样的。也许我们的祖国太古老了，差上二百多年也觉得不算什么，若在美国，差不多就是整个国家的历史了。荐福寺塔、法王寺塔和嵩岳寺塔的年相差不多，嵩岳寺塔的塔刹甚至还在，说嵩岳寺塔早二百多年，又怎能让人相信呢？

三座塔的年代，荐福寺塔现在认定为景龙（707～709年）中所建，在未得更确凿的断代依据之前，应信为可从。嵩岳寺塔今考定为开元二十一年（733年）重建，相信建筑界建筑史界也都能接受，两者前后相差二十余年。法王寺塔的确切年代无可考，梁思成先生在《中国建筑史》（载《梁思成文集》第三卷）一书中说："塔虽无年代铭刻，就形制论，当与小雁塔约略同时。"刘敦桢先生在《河南省北部古建筑调查记》中说："现在虽未留下年代铭刻，然其形制，可决为盛唐无疑。"两位前辈大师的断言都很贴切的当，令人至为钦敬。张驭寰、罗哲文两先生《中国古塔精萃》说法王寺塔为"初唐建筑"，在"公元620年左右"，则比荐福寺塔还早七八十年，公元620年当唐高祖武德三年，隋亡才两年多，武德二年王世充篡越王侗位，僭称天子，国号郑，直到武德四年举东都降，这期间嵩岳寺一带还在王世充郑国版图之内，且连年征战，怎么能有"初唐建筑"法王寺塔之事呢。建在公元620年左右的说法，实在是最不足信了。

鄙意窃以为，这三座塔的年代排列次第，应该是荐福寺塔最早，是为大姐，法王寺塔其次，是为二姐，嵩岳寺塔最晚出，是为三妹。法王寺塔与荐福寺塔同为方塔，而更较窈窕俊俏。"京邑翼翼，四方是则"，中岳嵩山的法王寺塔，应该是仿自都城长安荐福寺塔。荐福寺塔二层以上塔身仅南北两面设圆券洞门，法王寺塔二层以上塔身四面均设圆券洞门，也是仿自荐福寺塔而又后出之一证。嵩岳寺塔离法王寺塔甚近，仅一里之遥，法王寺塔建成之后，嵩岳寺再建一座十五层密檐楼阁式砖塔，不愿跟在后面再建一座同样形式的第三者，遂别出心裁，后来居上，建造这样一座与前两座大不相同可又不是完全不同的十二面形的塔。这样看来，嵩岳寺塔重

建于开元二十一年，法王寺塔应建于开元二十一年之前，上限约略或在开元中。开元年间玄宗置御容于法王寺，改名圣容寺，当时正是法王寺的黄金时代。

七、重新认识嵩岳寺塔的历史价值与艺术价值

嵩岳寺塔为我国唯一一座十二面形十五层密檐楼阁式砖塔，她的造型精美华贵，自有很高的艺术价值。过去定为北魏正光年间所造，推为我国传世最早的砖塔，称为我国密檐楼阁式砖塔的鼻祖，历史价值不用说更是非常之高的了。按本文的考证和判定，嵩岳寺塔重建于唐开元二十一年（773年），比原定正光元年（520年）或四年晚了二百一十多年，但是不能认为这样一来历史价值就立即矮下一大截。再说推定建于北魏正光年间，本来不能成立，也就没有北魏时期的"历史价值"可言了。如今判定为唐开元二十一年重建，实事求是，请她回归到自己恰确的年代坐标上去，而开元二十一年却又正值大唐盛世的巅峰时代，最值得注意。《旧唐书·食货志》载，玄宗时海内富实，米斗之价钱十三，青、齐间斗才三钱，绢一匹钱二百，行百里不持尺兵。杜甫《忆昔二首》之二云："忆昔开元全盛日，小邑犹存万家室。稻米流脂粟米白，公私仓廪俱丰实。九州道路无豺虎，远行不劳吉日出。"经济的繁荣，伴随着而来的是文化的昌盛，我们屈指数一下文化界出类拔萃的大师，大诗人李白、杜甫，大画家吴道子，大雕塑家杨惠之，大书法家张旭，等等等等，凡是唐代巅峰级的大才子、大艺术家，哪一个不产生在开元盛世？建筑，作为人类最为伟大，最为艰难，而又最为普通的造型表现艺术，在唐代开元盛世，难道就没有与这些巅峰级人物相媲美的人才，没有产生过巅峰级的伟大作品？难道我们的先辈同行，都是些酒囊饭袋，庸碌无能之辈？不是，绝对不是，只不过是因为建筑最为普通，有时甚至不被人认为她还是艺术，旧社会又把建筑匠师当作工匠，埋没了他们的声名和艺术。我们现在判定认定嵩岳寺塔重建于唐开元二十一年，使她回归到开元盛世和历史坐标上，认定她产生在荐福寺塔和法王寺塔之后，短短二十余年的时间内，在荐福寺塔建成之后，接连又产生了法王寺塔和嵩岳寺塔这样的建筑杰作。我们不能不为创造出这样杰作的两位建筑师（也许还有可能是同一位建筑师）纵情欢呼，我们建筑界犹有人也。创造出这样伟大作品的建筑师，居然连名字也没有留下来，但是这不也是更能说明我们建筑界是人才济济？关键是给后世留下永垂不朽的作品，产生震撼的力量，激发出更大的创造热情和潜力，取得一个时代的声名和荣耀，个人的名字被埋没。虽然极不公正，也是小事一桩了。

唐塔三姊妹（荐福寺塔、法王寺塔、嵩岳寺塔）

鄙意以为，唐代砖石建筑传留下来的最伟大的作品，厥为嵩岳寺塔，唐代盛世木构建筑的实物不传，传世有晚唐大中十一年（859年）所建的佛光寺大殿，两者同为我国古代建筑的瑰宝（南禅寺大殿规模较小，建中一年即782年题记为伪款，不足为据），但是比如说，要推举一件古代单体建筑，申请列入联合国教科文组织的人类文化遗产项目，只许申报一件，那么我将双手赞成推举嵩岳寺塔，这不仅是因为，嵩岳寺塔为开元盛世产物，

还是因为，建筑最贵于创造和创新，景龙、开元年间，十五层密檐楼阁式砖塔，已有了荐福寺塔、法王寺塔两个成功的范例，如果是一种求同性的思维占了上风，轻车熟路旧辙，傻子过年看借壁子，照抄照搬一个岂不省事又便当？可是建造嵩岳寺塔的建筑大师，不肯效颦学步，他别出心裁，勇于创新，设计出一个十二面体十五层密檐楼阁式砖塔的新型式，用十二个面安排"发地四铺"和"陵空八相"，解决登临瞻拜和绕塔礼拜两方面的功能要求，又在塔身上巧妙地表现也当时流行的"八相成道"，成为唐代砖造佛塔前不见古人、后不见来者的独特创造，宣布了求异性思维的伟大胜利。嵩岳寺塔的艺术价值，不正是和她的独创一起升华，达到了巅峰吗？建筑贵在创新，不应该因袭旧套，照搬照抄，基于这样的认识，我们也就应该认定，嵩岳寺塔之在我国建筑史上，正是一个历史价值甚高，艺术价值尤高的伟大的作品。也正是基于这样的认识，我也才能够断定，嵩岳寺塔必定是建成于法王寺塔之后这才后来居上。反过来说，法王寺塔必建于嵩岳寺塔之前，也可以论定无疑了。

  嵩岳寺塔建于唐代。建筑史上应该重写。建筑史上诸如此类的错误定论，还有一些，亟待一个一个地研究订正。建筑史上还有不少空白，也亟待填补起来。我们还有很多事情要做。

  嵩岳寺塔定为唐代还会引起连锁反应，有心的读者于是就会发问，照现在这样把嵩岳寺塔定为唐开元二十一年新建，不再是我国传世最早的古塔了，那么传世最早的古塔，又该是哪一座呢？这应该是又一个饶有兴味的课题。现在可以断定不会再有北魏砖塔了，但是唐代早期的楼阁式和密檐式砖塔，肯定还有未被认识和论定的实例，隋代单层砖塔有四门塔一例，相传为隋朝所建的楼阁式砖塔，是否能落定考实，更是一个重要课题，希望各地有关方面给予密切注意。有了这样一个攻关奋斗目标，大家的工作一定更有奔头，逐鹿中原，也是一种竞争竞赛吧。我也初步瞄上了几个目标，现在不能说出，不是故弄狡狯，而是条件并未成熟，还希望寻求有关当地建筑历史、历史建筑和文物考古方面的同行，一道合作，深入研究。当然还更希望各地同志，多有先期的突破。学术乃天下之公器，求真，不求胜也。

（原载：《建筑学报》1996 年第 6 期，第 40~45 页）

******

嵩岳寺塔渊源考辨——兼谈嵩岳寺塔建造年代

萧 默

  1936 年，刘敦桢偕同陈明达等调查了河南省北部古建筑，第一次在建筑史的意义上将嵩岳寺塔介绍给世人。刘先生据李邕《嵩岳寺碑》断此塔为北魏正光元年（520 年）所造，以后又定为正光四年。

  嵩岳寺塔是唯一一座 12 角平面的塔，全砖建，密檐式。塔全高 39.8 米，底部直径 10.6 米，在比例颇高的塔身上 15 层塔檐层层密接。塔身分上、下两段，下段素平无饰，四正面辟圆券门，贯通上、下两段，门上有尖券楣，轮廓若菩提叶或火焰，是北朝通行的券形，有明显的异域风味；上段除四正面券门外，其余八面各砌出一个单层方塔形龛，龛身开一门，门楣也是菩提叶。大塔塔身各转角处砌六角壁柱，有宝珠覆莲柱头和覆莲柱础。全塔檐端连成一条非常柔和丰圆抛物线型的外轮廓线，饱满韧健，似乎塔内蕴藏着一种勃勃生气。

  塔内中空，塔身下层内壁仍为 12 角，上层以上改为八角，直通到顶。

  此塔一出，长期以来，因其在建筑史上的地位，一直引起建筑史界的极大关注。盖因它是中国现存最古之塔，也是最早的密檐塔，且是平面 12 角形塔的孤例。而风姿绰约，造型完美，更令人瞩目。关于嵩岳寺塔以至密檐塔形制的渊源，早在 19 世纪 40 年代，梁思成先生就已注意到了，指出"塔身柱及券面，均呈显著之印度影响"，"嵩山嵩岳寺塔之出现，颇突如其来，其肇源颇耐人寻味。"[①] 就密檐塔而言，在注意到它的远源显然与印度等西域地区有关的同时，当然也应该探究这种中国特有的塔型从异域演变而来的具体过程。我在 1985 年为王伯敏主编的八卷本《中国美术通史》撰写建筑艺术史时，即试着提出过嵩岳寺塔的近源为北凉小石塔（详见后文）的观点，"其最令人注目的密檐，实即小石塔比例颇巨的层层相轮演变而来"[②]。但当时对此并未及详述。

  探讨嵩岳寺塔和密檐塔的渊源及其演变过程，实具有颇大学术意义，至少牵涉到密檐塔的文化含义，佛教的演变及其与建筑的关系和中外文化的交流，也即不只是解决一个"是什么"、更主要是一个"为什么"的问

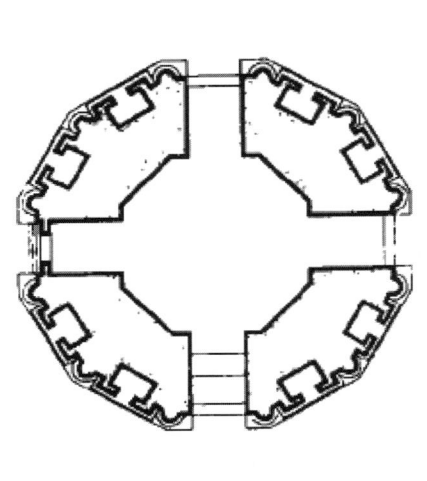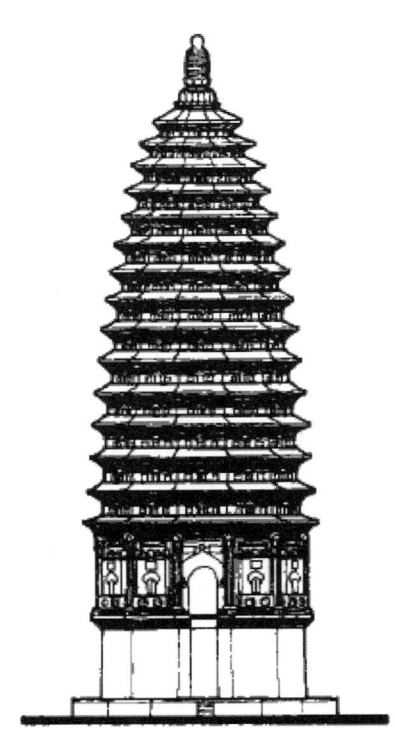

嵩岳寺塔平面、立面图

酒泉高善穆塔　　酒泉程段儿塔　　敦煌沙山塔　　敦煌三危山塔

北凉小石塔

题，非徒一塔一时一事也。然而要探讨这些问题，首要者当先明确嵩岳寺塔的建造年代。年代不明，一切便无从说起。反之，年代一事也与塔的形制及其渊源紧密相关，只有把这二者结合起来，才有利于完成我们的探讨。

近拜读曹汛先生大作《嵩岳寺塔建于唐代》（载本刊1996年第6期），颇感兴味。曹文用功颇勤，从多方面扒剔梳理，包纳巨细，给读者以不少启发。曹文认为，说现存的嵩岳寺塔建于北魏，是"建筑史上天字第一号的错案大案"，断言"嵩岳寺塔建于唐代，建筑史上应该重写"。此文由建筑学界权威刊物、向来并不多刊发建筑史文章的《建筑学报》发表而更显重要，相信已引起建筑界尤其是建筑史学界的巨大兴趣。但经过再三仔细拜读学习，终对曹文"建于唐代"的结论仍颇有怀疑，对于我更关注的嵩岳寺塔乃至密檐塔的缘起及其文化意义等问题更未得要领。兹事体大，不得不再细考辨。为此，乃草成此文，无非为讨论再提供一点材料和观点，希图将问题推进一步而已。曹先生说："学术乃天下之公器，求真，不求胜也"，此言极是，愿共勉之。

此文大致分为两部分，一循曹文之序，索求塔的建造年代；一展时空之迹，辨证塔之渊源。史学研究，有时免不得有点烦琐，此乃学术性质使然，非敢故为枝蔓也。

一、嵩岳寺塔建于北魏

曹文是以李邕碑开始论说的，今也先以此为引。李碑开始即云：

嵩岳寺者，后魏孝明帝之离宫也。正光元年榜闲居寺。广大佛刹，殚极国财，济济僧徒，弥七百众。落落堂宇，逾一千间。藩戚近臣，逝将依止。硕德圆戒，作为宗师。及后周不祥，正法无绪。宣皇悔祸，道叶中兴，明诏两京，光复二所；议以此寺为观，古塔为坛，八部扶持，一时灵变，物将未可，事故获全。

曹意碑文在叙述北周武帝毁除佛教后，宣帝又即恢复。后来并有以此寺为道观，以"古塔为坛"之议。并认为"古塔为坛""应该是指以古塔旧基为坛，如果古塔全身尚在，就不好为坛了"，以此证明古塔在宣帝时即已不存，认为这是"非常重要"的一条史料。

但李碑明言"议以此寺为观，古塔为坛"，若塔已不存，只余塔基，就完全可以写成"议以此寺为观，塔基为坛"。故说这个"塔"字实为"塔基"，完全是曹文的揣测。曹文为何要作此揣测，似乎是认为若全塔尚存，因为塔和坛是两种完全不同的建筑，就不可能以塔为坛，只能是拆塔为坛。而在当时刚刚恢复佛法的气候下大动干戈去做这件事，却不大可以说得通。释为塔已不存而只余塔基，将塔基改为道坛，于佛教无多损害，就较可理解了。其实这个揣测甚无根据，只要了解周武毁除正法和宣帝"道叶中兴"的过程，就不难说通当时意欲拆塔为坛的缘由了。

碑文在"明诏两京，光复二所"和"议以此寺为观，古塔为坛"之间没有转折词，若只讲灭佛兴佛，不免会予人以突然之感：既然已光复了佛法，为何忽然又反其道而行之，要改佛寺为道观，佛塔为道坛呢？其实周武的毁佛，与历史上著名的"三武一宗"（北魏太武帝、北周武帝、唐武宗及后周世宗）其他三次毁佛都有所不同，即其他三次都仅是毁除佛教而不涉道教。甚至北魏太武帝在被封为国师的道士寇谦之尤其是寇的门徒大臣崔浩的鼓动下，于灭佛同时，为讨好道教，还将年号改为太平真君；唐武宗更是明显地抑佛扬道。而北周武帝所毁除的"正法"却不仅包括佛教，也包括道教，"断佛、道二教，经像悉毁，罢沙门、道士，并令还俗，并禁诸淫祠"。宣宗的"道叶中兴"也不只是佛教，同样包括道教，所以才会有大象元年（579年）在宫中"初复佛像及天尊像。帝与二像俱南坐"的事（《北史》卷十周本纪下），又在西、东二京（长安、洛阳）先光复了"二所"即两座佛寺[3]，作为恢复佛教的重要措施。恢复道教当然也要见于行动，准备把可能已遭到破坏的嵩岳寺改为道观即其之一。据李碑，只是后来因为有了佛教护法神"天龙八部"的护持，一时显示了种种"灵变"，此改寺为观，拆塔为坛的事才没能实行，而"事故获全"。当然"灵变"云云，只是一种臆说，但塔之得以保全却是事实。要注意，李邕此碑是专为嵩岳寺而撰，所谓"事故获全"应是指全寺包括全塔，若原塔已不存，只是保全了一座破塔基，大概是不用如此花费笔墨的了。

曹文又举李碑另一段文字，作为古塔唐时已早不存的"坚强雄辩的对证"。碑曰："其南古塔者，隋仁寿二年置舍利于群岳，以抚天下，兹为极焉。其始也，亭亭孤兴，规制一绝；今兹也，岩岩对出，形影双美。"曹文认为，这里第一个"其"字是指唐代重建的嵩岳寺塔。"古塔"为隋塔。"其始也"的"其"也是指隋塔，隋塔初建时北魏塔已经不存，故"亭亭孤兴"。"今兹也"指李邕撰碑时新嵩寺塔刚刚建立起来，这才可以与隋塔"形影双美"。其实这里面也有一个文字理解问题。我认为，这一段文字的两个"其"字指的都是北魏所建唐代并未重建而遗留至今的嵩岳寺塔，"其始也"以后的大意是：当其北魏建造嵩岳寺塔之初，只是亭亭孤立的一座，以后在它的南面又造了一座隋塔，所以在今天看来，才"岩岩对出，形影双美"了。关键是曹文认为隋塔至李邕撰碑时只有130几年，若北魏正光之塔仍在，有210多年，隋塔就不该称"古"。这却不太令人信服。古与今对应，就是过去，也是久远，210多年北魏的塔与130几年隋代的塔都在李邕的时代之前上百年，都不是今，也都不是唐代，为何只有北魏可以称"古"，隋代就不可以呢？所以对于李邕来说，两塔都可称古。如此，方不致发生北魏之塔早已不存的误读。

曹文认为第三个有力的证据是现嵩岳寺塔的地宫。曹先生断定地宫建于唐开元二十一年（733年），认为"北魏正光年间所建的塔不可能建造在唐开元年间所造的地宫上，唐开元年间也不会到北魏建成的古塔下开挖建造地宫，这都是显而易见的事情"。所以现存嵩岳寺塔必于唐开元二十一年与地宫一次建成。关于塔下地宫，早已有报告发表[4]，报告的意见与曹文不同，认为现塔仍建于北魏正光间，地宫"有可能"与塔"同时建造"，现存情况"主要保留了唐代整修后的面貌"。

虽说二文一主北魏，一主于唐，但都同样认为是与塔一次或同时建成。

地宫是在塔的下面建造的一间小室，以埋藏舍利和陪葬物品。关于地宫，考古学家徐苹芳在《新中国的考古发现和研究》一书《唐宋塔基的发掘》一文中进行了综合研究。杨泓在比较了已发掘的诸多从北魏到唐宋塔基的情况以后指出：北魏还没有出现地宫，只是将内有舍利的瓶、罐装入石函，直接埋入塔基夯土中。隋仁寿四年宜君神德寺舍利塔是隋文帝命全国三十州建立的舍利塔之一，才开始在石函外四周砌护石和砖墙，出现地宫雏形。唐代才正式出现砖石修建的地宫，仿墓室成方室状。唐延载（延载只一年，即694年）以后，石函中并有银撑、金棺，以盛放舍利。从直接埋入地下的石函到建造地宫，从瓶罐到银撑金棺，表现了瘗埋舍利的制度从印度传入以后逐渐中国化的过程⑤。

从这个过程，再结合现嵩岳寺塔地宫形制和石构件上的线刻所表现的明显的唐代风格，可姑且认定建于唐，但这也无妨于现塔仍建于北魏的论断。曹文认定唐开元年间不会到北魏建成的古塔下开挖建造地宫，事实却未必如此肯定。

我们知道，塔有不少是实心的，如藏传佛教的瓶形塔和许多密檐塔，在这样的实心塔下也可能建有地宫。据情判断，要在这样的塔已经建成以后再去开挖地宫，确实不大可能。但嵩岳寺塔却是空心的，塔身下层外廓12角形，外对距10.6米，内室仍为12角，塔壁厚2.5米，内对角距约5.3米。地宫坐北朝南，南面有甬道，甬道壁即塔身下层南门洞东西壁的向下延伸。地宫居于塔内近中央，方形，边长2.04~2.08米，高1.3~1.5米，即使加上宫墙，也只约2.7米见方，约为塔室对角距的一半。所以唐代在北魏已建成的嵩岳寺塔的底层塔室中央，加建这样一座地宫，无论就施工还是受力，都完全没有什么问题。事实上，地宫上面除了不厚的一层回填土，并不承受什么重量，施工空间也绰绰有余。曹先生到过发掘中的地宫现场，不是已亲眼看见，暴露的地宫并没有使全塔发生安全之虞吗？

而原北魏塔下，当初也并非全无设施。据《清理简报》："宫室中部有一不规则的扰坑，东西长100厘米、南北宽61厘米、深125厘米，上部略大，下部内收，坑底为建塔前的地面，露出三块大石。绝大多数遗物出于坑内。"可以认为，此"扰坑"原来正是北魏塔下埋藏石函的地方，石函即置于三块大石之上，盗宫人在盗走唐物以后，又继续开挖北魏坑，并将不要之物扔在坑内，致成"扰坑"。从《清理简报》我们又注意到，出土物中有一件残释迦像，不大，头至腹部完好，腹部以下断失，残高11厘米。像背光后刻发愿文，中有"大魏正光四年"纪年，正与塔初建时间相符，可能正是北魏初建塔时随同舍利一同置于石函的，也可为塔原建于正光四年提供一点重要消息。出土物中还有交脚弥勒青石像，只存交脚以下，残高14厘米。交脚弥勒是十六国至北朝常见而独有的菩萨像，应也是同置于北魏石函中之物。

曹文又从塔的层数上进行了论证，在引述了北魏大量资料后得出结论说："北魏佛塔最高九层，嵩岳寺塔密檐13层，不可能是北魏所建。"据曹文自称，其中所引或"都是木塔"，或"应该是楼阁式砖塔"。我们知道，无论就现存辽建应县木塔实例或图像或文献，多层木塔都是楼阁式。所以曹文的北魏资料，实际都是楼阁式塔，而楼阁塔的楼层层数与密檐塔的密檐檐数却是不可比的两码子事。梁思成先生就认为，密檐塔实在只能算是单层塔，而不管它有多高，有多少层塔檐。谈到嵩岳寺塔时又指出"然后世单层多檐塔，实以此塔为始型。"⑥更明言嵩岳寺塔是单层塔，不过"多檐"而已。所以，从北魏只能建造3、5、7层最高9层的楼阁式塔，并不能得出当时不可能造出有13层（应为15层）檐的密檐塔的结论。

楼阁式与密檐式在造型上的最大区别就是，前者两檐之间有一段塔身，高度约当一层楼；后者两檐之间没有塔身或塔身极低，层层密檐相接，所以才以"密檐"称之。故密檐塔的塔檐层数一般会多于或大大多于同样甚至更大规模的楼阁塔的楼层层数。比如辽建应县佛宫寺释迦塔，为现存唯一一座全木结构楼阁式塔，高达67.31米，外观却只有5层。而同为辽建的北京天宁寺塔，为砖建密檐式，高仅57.8米，低于应县木塔约10米，却有多达13（应为15层）层密檐；唐代法王寺塔高40米，更有15层密檐；唐大理千寻塔高59.6米，较应县塔低7米多，密檐竟达16层。见于记载的洛阳永宁寺塔，是中国有史以来最伟大的一座建筑，建于北魏熙平元年（516年），为木结构楼阁式，《魏书·释老志》记其高40余丈，按北魏尺约合今尺0.255~0.295米计，超过102~118米（《洛阳伽蓝记》记其"合去地一千尺"，更高达255~295米，恐夸张过甚。《水经注·谷水》记此塔"自金露盘下至地四十九丈"，也有至少125米），却只有九层。在比正光元年还早4年的熙平元年已能造起如此惊人的木楼阁塔，为何正光时却不能造出比它低得多（高度不到40%），小得多（体积不到6%）、技术也简单得多的嵩岳寺塔呢？

曹文也从塔的形制上对现塔进行了驳难。其实关于塔的形制，李碑已说得很明白，在明言"十五层塔者，后魏之所立也"以后，他形容此塔曰："发地四铺而耸，陵空八相而圆，方丈十二，户牖数百。"现塔12角，以塔身外对角距10.6米为直径，得圆周长33.3米，以唐尺每尺合今0.28米折算，合唐尺11.89丈，故谓"方丈十二"。现塔檐间辟门窗凡490余，也合乎"户牖数百"的说法。"发地"句的"四铺"恐系泛指东南西北四个方位，描写拔地而起高耸孤立的气势。"凌空"句的"八相"则实指塔身八个斜面的八个方塔状完室。"四铺"加上"八相"，全体十二角，也正与现状合。十二角可以认为其实是一个圆形，故谓"陵空八相而圆"。所以刘敦桢先生认为记载与现状"大致符合"，并据李碑判定它是正光年物，并没有什么错误。

问题是出在"八相"上。"八相"是佛教语言，即"八相成道"，所指是释迦生前生后的八个生活阶段。佛塔常有以八座小塔象征八相者，或附在一座大塔塔身各面，或附于八角塔之各隅，还有以八座独立的塔而群置者。据曹先生考证，"八相成道"之说最早传入中土并译出的时间已在北魏正光年间嵩岳寺塔建成以后，所以"北魏正光年间初建的闲居寺塔不可能有八相成道的表现"，由此证明现存有此八塔的嵩岳寺塔必然不是原建[7]。

关于八相成道之说是否即如曹先生所称其传入时已在正光之后，唐代才得盛行，在此不拟深论，因为据我看来，八相之说其实与嵩岳寺塔一点关系也没有，是李邕搞错了。曹先生相信李邕此一说法，以致一错再错而已。

关于这个问题，我们将在下节中结合塔的形制再加详论。总之，若先按下"八相"不表，曹先生驳难的几条，都还不能令人信服。

二、嵩岳寺塔源于北凉

为说明嵩岳寺塔的渊源，这里想多费一点笔墨谈谈有关塔的来源的一些基本知识，以及早于嵩岳寺塔的几座北凉小石塔的情况。

塔的原型及其宗教含意都是从印度传入的。"塔"是梵文stupa的汉文音译之缩略，原意是坟墓，早在佛教出现以前古印度吠陀时期（约公元前1500年到公元前600年）就有所建造，在当时的宗教圣典《梨俱吠陀》中已有stupa之名。据说释迦死后，他的遗骨曾分葬于八座stupa中。孔雀王朝（建立于公元前322年）时，stupa已形成一定的规制。印度现存最著名的佛教stupa是中印度博帕尔东北桑契（Sanchi）的一号塔，称桑契大塔，我曾有幸亲自拜访过它。桑契大塔坐落在一座大约100米高的小山顶上，其核心初建于孔雀王朝第三代君主阿育王（约元前273～前232年在位）时，体积只有现在大塔的一半。公元前2世纪巽伽王朝时加以展拓，成为现在的规模。大塔由四部分组成：最下是一座圆形基台，基台边沿有一圈石栏；台上为石砌实心覆钵状半球体，直径36.6米、高16.5米；在覆钵顶上竖立石栅栏，围成正方形，称"平头"；栅栏正中立一根石竿，竿上串连三层伞盖。这种竿上串连的三层伞盖，就是以后中国佛塔的所谓"相轮"，在印度起源于古达罗毗荼人的圣树。原来，早在吠陀时代以前，居住在印度河流域的原始土著达罗毗荼人从事农耕，盛行对母神、公牛、兽主和圣树的崇拜，这一风俗被佛教继承，并加进了新的内容，如圣树被认为是菩提树，以纪念佛在菩提树下诞生和成道。伞盖三层，则喻指佛、法、僧三宝。伞盖的正下方通常埋藏尸骨火化后留下的舍利子。古印度人习惯于在圣树或圣迹外建一圈围栏，先是木制，后改为石。桑契大塔的"平头"就是一圈围栏。同时，围绕全部大塔，又有一圈圆形围栏，公元前1世纪安达罗王朝时，在这圈圆形围栏四面加建了四座砂石门，标志着宇宙的四个方位。信徒从东门入，顺时针绕行大塔一周，与太阳运行的方向一致，被认为与宇宙的律动和谐相应，可以超升灵境。婆罗门教和契那教也有Stupa崇拜，却没有相轮，因此相轮的有无是区别佛教Stupa的标志。

从中国早期佛塔即十六国至北朝的佛塔中，我们应该着重注意的是古代匠师吸取外来形式并将其溶入本民族传统的卓越才智。这时的塔大致有窣堵波式、重叠窣堵波式、楼阁式、密檐式和金刚宝座式等数种[8]。其中楼阁式和密檐式以后成为中国佛塔最基本的两种型式。这种种形式，体现了中国人一开始就对塔倾注了很大的热情，和匠师们对之民族化的多样思路。

据近年考古收获，若不论大小，中国现存最早的塔还不是嵩岳寺塔，而是几座高仅数十厘米的小石塔，见于报道者共12座，其中酒泉出土者6座、敦煌4座、吐鲁番2座[9]。它们多有纪年，最早为公元426年，最晚是436年，可知大约都是十六国与北朝之交时即北凉晚期物。其中较完整的4座都是窣堵波式，如酒泉程段儿塔、高善穆塔和敦煌的三危山塔、沙山塔。不完整者除个别为重叠窣堵波式外，绝大多数也可见出是窣堵波式。1972年酒泉之塔刚出土不久，我曾对之进行过测绘。

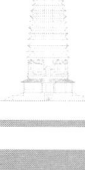

它们的形制非常相近，由下至上为八角柱形基座，由圆柱形经柱和覆钵组成的两段塔身，以及最上的相轮。基座分八面刻男女供养天人各一身，四男四女，代表父、长男、中男、少男、母、长女、中女、少女，并按方位对应分刻八卦符号；塔身下段刻反映小乘思想"十二因缘观"的《增一阿含经》之"结禁品第四十六"和发愿文；上段是塔身主体，刻为半球形覆钵，表面除敦煌□吉德塔一例外，全都镌有八个拱券佛龛，龛内各有一座造像；覆钵以上除少数稍异外，大都是六或七重相轮和最顶上的华盖。相轮轮廓呈抛物线型，圆润饱满，比例颇大。华盖扁圆，颇似印度北方希呵罗型"天祠"塔庙顶上的"阿摩落伽果"，有的在朝上的圆面刻北斗七星。

这是一批十分接近桑契大塔的塔，只是较印度原型有明显的向竖高方向拉长的倾向。

这一批小石塔具有十分重要的意义，在宗教史上有助于说明十六国晚期至北朝佛教在河西流行的情况，建筑史上则可以为以嵩岳寺塔为代表的密檐塔形制的来源提供有价值的资料[⑩]。

据我的看法，嵩岳寺塔的出现，若没有这批小石塔，确有似突如其来，但观其各部交接之裕如，造型之完美，轮廓之美丽，应该说已经十分成熟，实在并不是草创期的作品，只不过同时之塔多已不存而已。现在我们有了这一批北凉小石塔，庶几可以为这个问题下一个结论了。只要我们把嵩岳寺塔与这批小石塔对比一下，立刻就可以找到它们之间息息相通之处。可以认为，嵩岳寺塔最令人注目的密檐实即小石塔比例颇巨的层层相轮，其抛物线轮廓，与小石塔的相轮非常接近；它近于圆形的平面也与小石塔最相接近；嵩岳寺塔塔身分为上、下二段及上段所辟八座小室，与小石塔也皆相通。

现在我们就要接触到"八相"的问题了。小石塔塔身的八个佛龛分别有刻有一尊造像。敦煌□吉德塔虽然已残，却是唯一一座在像侧刻有佛名者。据与佛经对照，所刻是过去七佛和未来佛弥勒（弥勒大都作交脚式，只有一例为坐佛），皆出自《七佛八菩萨所说大陀罗尼神咒经》，属于杂密经典。但□吉德塔与其他各塔塔身覆钵上都有八座佛龛不同，只有七龛，所以将其中一像改刻在塔身下层经柱上，仍有题名，总体仍是七佛一弥勒。又值得注意的是北凉诸塔中，有八件在基座上刻有八卦符号，反映了早期汉地杂密佛教往往与道教相混的情形。其中除一件残损外，另七件的弥勒像都刻在八卦符号"艮"的方位。《周易·说卦》云："艮，东北之卦也。"疏曰："东北在寅丑之间，丑为前岁之末，寅为后岁之初，则是万物所成终而所成始也。"之所以这样安排，是暗示代表未来的弥勒在八像中既可以说是终了，也可以说是开始[⑪]。寓意过去以后必有未来，未来也会过去，未来过去以后还有新的未来，往复循环，无始无终，以示佛法流转，长生长存。

所以说，被李邕错以为代表"八相"的嵩岳寺塔塔身的八座塔形龛室，其实正是七佛一菩萨之所谓，与"八相"毫无瓜葛。八室中原来必定会有造像，不过早已无存了。

顺便可以提到，从北魏起，敦煌石窟壁画中就出现了许多佛传故事画，有八相也有四相（降生、成道、降魔、涅槃）同时各地又出现了在一座大塔的四隅，或独立或作为隅柱，立有四座小塔的构图。如原藏于山西朔县的北魏曹天度小石塔、云冈石窟第六窟中心塔柱之上层，以及永宁寺塔遗址、敦煌石窟第428窟（北周）金刚宝座塔壁画等。其中可能有的与"四相"有关。有的也没有什么关系，如金刚宝座式塔主要就只与成道有关，并显出了印度"曼荼罗"观念与中国"九宫"观念的契合。它说明，不是所有具有四塔或八塔构图的单塔或群塔，就必与四相成八相有关，而就嵩岳寺塔而言，其八座塔形龛室，应肯定与八相无关。

曹文在比较唐代荐福寺塔、法王寺塔和现存嵩岳寺塔的造型以后，得出结论说这三座的"年相差不多"，根据是"一层塔檐以上的部分，体形轮廓极其相似，简直像是一个模子里扣出来的一样"。但却未提及一层塔檐以下。说实在，嵩岳寺塔与两座唐塔最大的不同，除了具有特有的近乎圆形的12角平面外，就是分为两段的塔身了，包括八个塔形龛，真正"年相"相差不多的只能是嵩岳寺塔与北凉小石塔。

若同意曹文，那么，几乎同时在唐代出现的几座密檐式塔，就更是突如其来，无所明其始了。但若联系到北凉小石塔，则可清晰地看到它的渊源。

那么，北凉的佛塔又是如何传入中原的呢？

北凉于北魏太延五年（439年）被北魏吞灭。其时正值太武灭佛，太延四年已诏"罢沙门年五十以下者"，太平真君五年（444年），又下诏"自王公以下至庶人，私养沙门、巫及金银工巧之人在其家者，皆遣诣官曹。限今年二月十五日，过期不出，巫、沙门身死，主人门诛"。七年更下诏"诸州坑沙门、毁诸佛像"，开始了对僧人的全面屠杀。这批小石塔就是在如此恐怖的灭佛政策和国破家亡的气氛下，匆匆埋入地下的。

但太武灭佛只实行了七年。先是崔浩被诛，继之太武驾崩，其孙文成帝即位，就立即恢复了佛教。时河西已在北魏治下，比中原更为发达的河西佛教反而促成了中原佛教的加速发展。《魏书·释老志》就说："凉州自张轨（301年任凉州刺史）后，世信佛教。敦煌地接西域，道俗交得其旧式，村坞相属，多有塔寺。太延中，凉州平，徙其国人于京邑（即平城，今大同），沙门佛事皆俱东，象教弥增矣。"对河西佛教的发达情况，应充分重视，敦煌石窟、麦积山石窟、炳灵寺石窟……，皆起于十六国五凉时期。在这"佛事皆俱东"的过程中，先是促成了北魏首都平城佛教的发展，开凿于北魏兴安至太和年间（452～499年）的云冈石窟正是其突出表现。493年北魏迁都洛阳，又促进了河南佛教的发展，洛阳龙门石窟（始于北魏太和十九年，即495年）的开凿又是一个突出表现。而在复法过程中起过最大作用的两个人昙曜和师贤，都是来自凉州的高僧。云冈石窟的开凿即由昙曜主持。大德师贤在罢佛法时，假为医士还俗，复法日还为沙门，帝亲为下发，并封为道人统（后改沙门统，统管全国佛教）。师贤卒，昙曜继之。在这种态势下，正光年间（520～524年）酝酿出嵩岳寺塔，是完全可能的。还有一个略可一提的情况，即北凉小石塔塔身下层所刻《增壹阿含经·结禁品》，内容是鼓励"善男子善女人"不舍精进，追求佛法，中有句曰："乐闲居之处静寂思维，莫舍头陀之行"。所谓"头陀之行"是指僧人的十二种苦行，如住空闲处、乞食、穿百衲衣……等。其"闲居"一语正与嵩岳寺原名闲居寺同。连寺名也与北凉塔所刻经文同，北凉塔与嵩岳寺塔的关系应该更加明确了。

现在剩下的最后一个问题就是：既然层层密檐已是相轮，为何现嵩岳寺塔塔顶的塔刹又有一套相轮，岂非意象重复？感谢考古工作者的努力，发现塔刹并不是北魏之物。塔刹砖较大，使用白灰浆，而仰莲以下包括塔身的砖较小，以红泥土粘接，"说明仰莲以上为后世整修的，仰莲以下则与原塔体较一致"。在塔刹内还发现两座小室，称"天宫"，据宫内遗物风格，《登封嵩岳寺天宫清理简报》称："建造天宫的时代应在唐末宋初之际"。此结论与对相轮砖所作热释光年代测试结果也大致相同，距今约1000年左右[12]。而塔体用砖年代，据《地宫发掘简报》，用热释光测定，距今1580±160年，正包含正光年间在内，而远在唐开元以前。

推测原塔塔刹，应该也同于北凉石塔，是呈扁圆状类似印度"阿摩落伽果"的华盖。密檐式塔将窣堵波式塔的层层相轮代以层层屋檐，正如楼阁式塔也有多重屋檐一样，都取则于中国重楼的多檐。在重楼上加建大大缩小的窣堵波，以成楼阁式塔；参以重楼多檐的意匠，将之代替相轮，以成密檐式塔，是印度佛塔转变为中国佛塔的两大途径。

到此为止，我们还只是探讨了嵩岳寺塔的近源，若再追寻一步，将目光更转向西域，那么，对于嵩岳寺塔的远源，可能还会增加一些思考的线索。实际上，北凉小石塔与刘敦桢指出的公元二世纪开始出现的形体瘦而高的印度窣堵波就很有相通之处[13]，常青对此也颇有研究，指出"卷杀的叠涩穹窿是天祠的主要特征……叠涩穹窿的最佳曲线，显然是一条抛物线……"[14]。常青还提出：从结构源流上看，与其说以嵩岳寺塔为代表的中国密檐式塔与印度天祠关系密切，毋宁说与时代更早的、许多也被类称之为"天祠"的波斯中亚祆教塔庙和佛精舍的关系更有关联。

我认为，很可能以上几种建筑都是嵩岳塔的远源，正是它们的合力影响，促成了北凉小石塔的产生，再加上中国的重楼，才最终出现了嵩岳寺塔。不管怎样，北凉小石塔都是印度或波斯中亚与嵩岳寺塔之间的过渡环节。

1993年，中国艺术研究院接受了八五国家重点项目《中国建筑艺术史》的研究任务，本人忝为主编，已邀请十几位专家正进行中。同仁们在力求解决一个对象"是什么"问题的同时，尽量也解决一个"为什么"的问题，即希望变描述式史学为阐释性史学。关于嵩岳寺塔的以上认识也都写进了文稿，现先披载于此，期望得到前辈和广大读者的教正。

总之，学术最贵在存真，讨论最重在宽容，相信通过学界的共同努力，关于嵩岳寺塔及密檐塔的渊源，最终一定会取得更深入的认识。

注释：

① 梁思成：《中国建筑史》，《梁思成文集》第三集，中国建筑工业出版社，1985年。
② 萧默：《魏晋南北朝建筑史》，《中国美术通史》第二卷，山东教育出版社，1987年。
③ 可能指两京的两座陟岵寺，长安的一座以后在隋文帝即位之初改为大兴善寺。
④ 河南省古代建筑保护研究所：《登封嵩岳寺塔地宫清理简报》，《文物》1992年第1期。
⑤ 杨泓：《法门寺塔基发掘与中国古代舍利瘗埋制度》，《文物》1988年第10期。

⑥ 梁思成：《中国建筑史》，《梁思成文集》第三集，中国建筑工业出版社，1985年。
⑦ 又，曹文曾举济南九顶塔为例，说"因塔顶有多座宝塔"，所以又可称为"多宝塔"。此说虽与本题无关，仍可附带一提，即"多宝塔"另有宗教含意，并非"多座宝塔"之略，九顶塔也并非多宝塔。
⑧ 萧默：《魏晋南北朝建筑艺术史》，《中国美术通史》第二卷，山东教育出版社，1987年。
⑨ 王毅：《北凉石塔》（《文物资料丛刊》第1辑，文物出版社，1977年）报道了酒泉的5座；董玉祥、杜斗城：《北凉佛教与河西诸石窟的关系》（《敦煌研究》1986年第1期）提到了酒泉的第6座；殷光明：《敦煌市博物馆藏三件北凉石塔》（《文物》1991年第11期）报道了敦煌的3座；向达：《记敦煌出六朝婆罗谜字因缘经经幢残石》（《现代佛学》1963年第1期）谈到了现藏于敦煌研究院的第4座。吐鲁番的2座系德国人格伦威德尔和勒考克于1902~1905年在高昌遗址掘得，现藏柏林，宿白：《凉州石窟遗迹和"凉州模式"》（《考古学报》1986年第4期）和黄文昆：《十六国的石窟寺与敦煌石窟艺术》（《文物》1992年第5期）提到了它们。
⑩ 此外，这批小石塔还同时是以后被称为喇嘛塔的窣堵波式塔的远源。
⑪ 殷光明：《敦煌市博物馆藏三件北凉石塔》，《文物》1991年第11期。
⑫ 河南省古代建筑保护研究所：《登封嵩岳寺塔天宫清理简报》，《文物》1992年第1期。
⑬ 刘敦桢：《中国古代建筑史》第二版，中国建筑工业出版社，1984年。1980年第一版因故对刘先生1964年的原稿有所删削，第二版时恢复原文。
⑭ 常青：《西域文明与华夏建筑的变迁》，湖南教育出版社，1992年。

（原载：《建筑学报》1997年第4期，第49~53页）

******

论嵩岳寺塔唐代重建说不成立

朱永春

摘要：文章对曹汛先生嵩岳寺塔唐代重立说提出商榷，指出曹先生断代主要依据《嵩岳寺碑》有误读，5个主要论据多有失当之处。据现有史料，将嵩岳寺塔断为北魏，是审慎可靠的。

关键词：嵩岳寺塔；观；坛

曹汛先生所撰《嵩岳寺塔建于唐代》[1]一文对嵩岳寺塔断代提出了新见解。鉴于此塔为中国现存最古老的佛塔，尤以在十分难得的隋以前建筑实物中，它颇具分量。曹先生的文章当然引起我们关注和思考，产生了和先生很不相同的看法。

从李邕《嵩岳寺碑》所述："重宝妙妆，就成伟丽"看，唐开元年间嵩岳塔当属维修。但曹先生认定，北魏所立的嵩岳寺塔"在周武帝灭法时毁去，……这次'重宝妙妆，就成伟丽'，正应该是重建宝塔，即现在的十五层塔，原是在'后魏之所立也'的古塔旧基上重建起来，而不是重修起来的。"[1]对此，先生陈述了五条论据：

1. 李邕碑文中"议以此寺为观，古塔为坛"句的解诂，是将此寺改作道观，古塔的旧基作道家仙坛；
2. 嵩岳寺塔以南曾有一建于隋仁寿二年的古塔，若嵩岳寺塔是后魏所立，李邕碑文就不该称隋仁寿塔为"古塔"了；且从碑文"其始也，亭亭孤兴"看，其时嵩岳寺塔已毁，才有隋仁寿塔的亭亭孤兴；
3. 嵩岳寺塔下有唐开元地宫；
4. 北魏佛塔最高九层，嵩岳寺塔密檐十五层，不可能是北魏所立；
5. 嵩岳寺塔表现的"八相成道"，不可能出现在北魏。

我认为，这些论据多有失当之处。兹按次，加以阐述。

一、李邕碑文中"议以此寺为观，古塔为坛"句，究竟何意？

不妨先解读一下李邕碑文：嵩岳寺者，后魏孝明帝之离宫也。正光元年，榜闲居寺。广大佛刹，殚极国财。

济济僧徒，弥七百众；落落堂宇，逾一千间。藩戚近臣，逝将依止；硕德圆戒，作为宗师。及后周不祥，正法无绪。宣皇悔祸，道什中兴。明诏两京，光复二所。议以此寺为观，古塔为坛。八部扶持，一时灵变。物将未可，事故获全。隋开皇五年，隶僧三百人；仁寿一载，改题嵩岳寺，又度僧一百五十人。

曹先生将"议以此为观，古塔为坛"解释为此寺改作道观，古塔的旧基作道家仙坛。并补注，如果古塔全身尚在，就不好为坛了。道家的仙坛，也不可能将就使用佛家现成的古塔。表面看来，这个论断似乎不无道理。但我们知道，中国古代文论用语缺乏科学性，同语歧义屡见不鲜。最好串讲一下全章的大意，免得望文生解。训诂学（中国古代语义学）称此为章句。稍检上下文，疑窦便生。碑文先谈及北魏正光年间，闲居寺佛寺兴盛。但后周出了"正法无绪"的"事故"。宣皇登基后，要光复藩臣和寺僧的两处所，使正法有绪。事故最终得以解决。倘若此寺真改为道观，佛塔化作道家仙坛，何以能称"光复"、谈得上"事故获全"呢？此释有悖文意，为其一；佛道相轻，先看几例：北魏太平真君六年（445年），有道士寇谦之劝太武尽诛沙门，毁经像寺观之事；唐神龙元年，又有中宗令佛道两教不得互辱，道观毁除化胡成佛之像，僧寺毁除老君之形。史籍此类记载颇丰，不烦赘举，足见佛道二教相争之激烈。李邕是为佛家立碑。退一步，即便有改佛寺为道观之事，此处也应讳莫如深。对改建后的光复又没有理由不加以渲染。现却反其道，此为二；从周恢复佛法（579年）算起，至隋开皇五年（585年）仅6年之隔。弹指间，道教祠观便不明不白地隶僧三百众，岂不疑哉，此为三。

问题出在"观"和"坛"词义的正确辨析。众所周知，"寺"的本义并非指佛寺。一般文献认为，它原为古代官署名。如大理寺、鸿胪寺。《说文》释："寺，廷也，有法度者也"。可见解作官署基本上是不错的。同样，在唐以前文献中，"观"的词义也不是道观。用"观"来表示"道观"比用"寺"表示"佛寺"还要晚。至今，道教建筑名称仍是祠、观、宫、殿兼用。初期道教建筑称"祠"。汉代佛教刚传入中国时，中国佛教信奉者认为它和道教黄老之术差不多，佛教建筑便也一度称祠。史书载："诵黄老之微言，尚浮屠之仁祠"（《后汉书·楚王英传》）、"又闻宫中立黄老浮屠之祠，此道清虚"（《后汉书》卷60下），盖由此生发。《说文》释："观，谛视也。"也就是说，观的本义是对事物的审视。应当指出，佛教传入后，"观"又是梵文Vipasyana的意译，指佛教对特定对象或义理的观察思维活动，并由此引申出"智慧"义。佛家将"止"与"观"并称。"止"是使所观察对象"住心于内"，不分散注意力。坐禅便是这方面的训练。"观"则是在"止"的基础上，集中观察和思考预定对象，得出佛学观点、智慧或功德。智岂页以"止是禅定之胜因，观是智慧之由借"（《修习止观坐禅法要》）言简意赅地阐述了佛家对止观的认识。总之，"观"作为一个重要的佛教用语，在汉唐文献中使用频率，远超过狭义的"道观"。也因"观"字与佛家这丝因缘，其时常以"寺观"表示佛寺。弄清了"寺"与"观"的本义，需进一步廓清"坛"与"塔"义。"坛"字虽如曹先生所考，为"坛"字的别体，但这不等于说就是道家仙坛。佛家也有佛坛、香坛、《坛经》。究竟什么意思，应由全文文意所决定。至于唐以前，有没有风水塔之类的"俗塔"，李邕碑文第一句便是："凡人以塔庙者，敬田也，执于有为禅寂者，慧门也。"大意是，常人用塔祈谷（或恭敬鬼神）[①]，佛门弟子却用它作佛教的禅定。这段文字太重要了，它可一箭三雕：第一，它明确地告诉我们，唐以前便有了风水之类的俗塔。当时，"塔"（或称"塔庙"）与"浮屠"（"浮图""佛图"）是有区别的。有理由相信，塔的历史远比汉末才传入中国的浮图久远；第二，在佛塔起源上，中国学者大都不同意西方学者所作的印度苏堵坡演变说，但苦于史料匮乏。无疑，土生土长的中国塔存在，为此添上一块很有分量的砝码。且对它源流的研究，最终会帮我们结此悬案；第三，在碑文中，这段文字是一个章旨，将它与相呼应的"议以此寺为观，古塔为坛"句合起来看，顿时变得明朗起来：原来，在唐以前，"寺"和"塔"都不是佛教建筑的专有名词。周武帝禁断佛道二教后，寺塔当然已非佛用。"议以此寺为观，古塔为坛"，讲的是商议将此寺还给僧徒研习佛学，古塔供佛徒膜拜。无非是光复佛寺和佛塔的一种文辞表达。

得出此结论，还有如下考量。李邕碑文中有"八部扶持"句。"八部"可作为两种解释：（1）鲜卑早期"八部大人"的部落兵制；（2）佛教天神，所谓"天龙八部"。从李邕碑文中"灵变""物将未可，事故获全"记述，从碑文通篇佛学气息，加之李邕谙悉佛理的背景，当指天龙八部。佛家天神扶持的只能是光复佛寺佛塔，不可能是改寺为道观，化塔为仙坛。这印证了我们的阐释。还有一个细节。周武帝下令禁断佛道二教时，嵩岳寺尚处北齐版图内。待577年2月周兵破北齐，将禁令扩至此地，第二年（公元578年）6月周武帝崩后便中止，影响力十分有限。特别是，从史书记载，周武帝禁佛时将"三宝福财散给臣下，寺观塔庙赐给王公"（《广弘明集》卷八，《叙周武帝集道俗议佛法事》）。可知当时禁断佛教的做法是将寺塔赐给王公，而不是毁灭寺塔。这为我们的诠释提供了有力的旁证。

还需指出,《文苑英华》所载李邕碑文,作"议以此事为观,古塔为炫"。《文苑英华》比清代学者所编撰的《全唐文》应当说可信度高得多。但"事"是否为"寺"字的避讳等,不及详考。有一点显而易见,以"事"替"寺"的一字之更,便根本否定了佛寺改为道观之解释,佛坛化作道家仙坛更难以立足。但"事"字和文中恢复佛法一事的承接关系,该句可释为:商议以光复佛寺之事作个样子,古塔用于佛徒膜拜。其意并无重要变化。表达的仍是光复佛寺塔。既如此,版本考订,就留给考据学家去做吧。

二、关于仁寿古塔引出的两条对证

从李邕碑文:"其南古塔者,隋仁寿二年置舍利于群岳,以抚天下,兹为极焉。其始也,亭亭孤兴,规制一绝;今兹也,岩岩对出,形影双美。"曹先生得出嵩岳寺塔为重建的"坚强雄辩的对证",是这样论证的:"这里'其字'承上文是指'十五层塔'即今嵩岳寺塔,这里所称的'古塔',是仁寿二年(602年)所置,至李邕撰碑时,仅存一百三十多年的历史,如果十五层塔真的是'后魏之所立也'的当时原造,碑中这一段就不该称隋仁寿塔为'古塔'了。'其始也'指仁寿二年舍利塔初建之时,北魏所立的闲居寺塔已毁去不存,所以是'亭亭孤立'。'今兹也'指李邕撰碑时十五层塔刚刚重建起来,这才与仁寿舍利'岩岩对出,形影双美'。"[1]

这里实际涉及两个问题:(1)嵩岳寺塔若北魏所立,能否在碑文中称隋仁寿塔为古塔;(2)碑文中"其始也"的"其"字,作何解。现分述之。不难看出,先生第一个问题的诘难缺乏逻辑说服力。能否称仁寿塔为古塔,取决于仁寿塔到撰碑文时的时间跨度,与嵩岳寺塔的建造年代无关。既然仁寿塔离李邕撰文已一百三十载,无论就其绝对年代,还是其时塔的外观,或古人崇古怀古之文风,都甚为相契。打个比方也许能把问题辨得更清楚一点:北京妙应寺白塔建于元至元八年(1271年),大正觉寺塔为明成化九年(1473年)所立。妙应寺白塔先大正觉寺塔二百余年(正巧与嵩岳寺塔先仁寿塔时间约略相同),但这并不妨碍我们今天称:妙应寺塔西北有座古塔,叫大正觉寺塔。更不能以此便推断,妙应寺白塔为明成化九年后重建。

第二个问题,症结在曹先生将代词"其"指代错了。"其始也"的"其"字,仍承接上文,指嵩岳寺塔而不是仁寿塔。嵩岳寺塔刚立的时候,仁寿塔尚未建,所以"亭亭孤兴"。"今兹也"的"今"字指仁寿塔落成之时,便有了"岩岩对出,形影双美。"得出此论理由是:第一,从文章的宾主关系理解,碑文主题是嵩岳寺及其塔。该段文字是写嵩岳寺塔的环境,而不是写仁寿塔。"其"字在文中是主体的代词,仁寿塔是作为嵩岳寺塔的环境进入李邕视野的,作者始终是站在嵩岳寺塔角度观照它。将代词"其"换指仁寿塔,就变更了李邕的立场、视角乃至宾主关系,颇有"走题"之嫌。古人行文用词简括谨慎,那不大可能;第二,析章法。李邕在此"其"字之前,一连用了三个"其"字(原文较长,故不引),均指代嵩岳寺塔。从文章结构看,此处"其"字顺理成章地承接上文,与前三个"其"呼应;第三,号文脉,读古文讲究审其气,将碑文熟读几遍,它的腔调,遣词造句的姿态,便心领神会。从文气中不难体会此处"其"指嵩岳寺塔;第四,碑文中有"规制一绝"的描述。规制,外观,型制;一绝,独一无二。嵩岳寺塔12边型制可称为一绝,说仁寿塔规制一绝,却毫无根据。

三、关于塔下开元地宫

嵩岳寺塔下地宫,实在难得一见。笔者无此缘,当然无权就地宫本身评论,仅就曹先生判断谈几个疑点:

第一,地宫中有唐开元年间安灵题记,局部唐代纹饰,不足以得出地宫本身建于唐代。地宫中不也有清雍正和乾隆题记吗,并无人以此认为它是清代地宫。何况唐代题记与李邕碑文所述"六代禅祖,同示法牙,重宝妙妆,就成伟丽"甚合。曹文中也谈到,地宫施工人员告知,别人看了都认为是北魏地宫,后来唐人题记。能入地宫下断语的"别人",当然是专业人员。曹先生坚持认为地宫为唐代所建,但并没有提供可靠有力的论据。

第二,从曹先生对地宫的描述,并没给我们盛唐样式的印象。先看型制——"地宫设一个券洞门,门口两侧为石刻立颊,门顶下部为石刻横额,上部为半圆形石门楣。"[1]这立即使我联想到天龙山16窟,该窟建于560年;再看纹饰——鸟、人字拱、莲都是鼎盛于魏晋时期的装饰,风饰更较多出现在两汉建筑上,唐以后逐渐减少,因而被看作早期建筑的标志。

第三，北魏所立的塔，固然不可能建在唐代的地宫上。北魏塔的旧基，也同样不可能建在唐代地宫之上。唐代地宫说，显然和曹先生所提的嵩岳寺塔原址重建，保留了北魏古塔旧基说法相抵牾。

四、关于北魏佛塔最高九层

先暂不论北魏佛塔最高九层说的真伪。曹先生所据的《魏书·释老志》以及所征引的全部形象资料，均属楼阁式塔。北魏密檐式塔史料甚少，整体面貌尚不清。甚至，有无密檐式塔专有名称和层级分类法等基本问题，都难以回答。所谓"北魏佛塔最高九层"，至多只能讲北魏楼阁式塔最高九层。显然，以此来否定密檐式嵩岳寺塔的存在，缺乏足够的说服力。

一个重要问题是，怎样看待《魏书·释老志》。《魏书》是一部纪传体断代史，记述的是北魏及东西魏的兴亡。由北齐文人魏收（510~572年）所撰。《释老志》是此著十志之一，记述宗教源流。对我们研究该期宗教建筑，当然是不可多得的史料。但是，它不是一部建筑术书，更不是法式规范，其记叙远达不到一部建筑技术著述所应有的科学程度。无论是该著编修宗旨，还是魏收本人的营造知识，都不堪此荷。缺乏这一基本认识，就难免夸大它的作用而出错。比如《释老志》云："自洛中白马寺，盛饰佛图，画亦甚妙，为四方式。凡宫塔制度犹依天竺旧状而重构之，从一级至三、五、七、九，世人相承，谓之'浮图'，或云'佛图'，晋世洛中佛图有四十二所矣。"显然，这只是一位史学家对出现不久的佛塔的记叙。魏收没有去过天竺。一座中国重楼或其类似物，装上塔刹，文人魏收可以毫不顾忌地称作"天竺旧状"。从该著要求来看，并无大错。如果我们据此得出佛塔型制为印度旧状，那就大错了，魏收所言的"宫塔制度"和我们理解的"佛塔型制"有着不同质的规定。遗憾的是，曹先生确实陷入了这种误区，将魏收所言宫塔制度理解成佛塔型制、法式，以致在引《南齐书》的《虞愿传》中的孝武帝欲建十层塔后，又毫无根据地宣布传中的"十层"应是"九层"之误[1]。庆幸的是，北魏十层之塔，今尚有实物可证，陕西耀县万佛寺石塔（1981年迁药王山）便是一例。魏晋南北朝不仅有九层以上的佛塔，还有相当可观数量的与魏收所言颇不合的四层塔，此类塔甚至一直延续到唐代。云冈石窟、龙门石窟、敦煌石窟都不乏形象资料可征引[2]、[3]，如敦煌117窟例[2]。魏收所言可信度可想而知。

何况，任何一部法式无论多缜密完善，都不可能包容涵盖全部建筑史实。否则，还要古建筑实地调查干什么。包罗万象的建筑实物才是真正的源头活水。从中可以体会型制和法式渊源，看到它丰富、发展、完善、变异。偶尔，也会见到相悖情况，这就是特例，法式并不能否定特例的存在。嵩岳寺塔12边型制已雄辩地证明它特例的身份。总不能因国内找不到第2例这种型制的塔，便拒绝承认它是中国的吧。

五、嵩岳寺塔与"八相成道"

曹先生认为：嵩岳寺塔是表现如来"八相成道"的，"八相成道"之说始见于《大乘起信论》，而该著传入中国并译出已在北魏正光年间始建嵩岳寺塔之后，所以嵩岳寺塔不是也不可能是北魏正光时的原样[1]。姑且先不论嵩岳寺塔是否表现"八相成道"。文化传播途径、方式、媒介是复杂多样的。为什么一定要循规蹈矩，沿着先传入佛经、再去阐释，而后表现这一途径呢？史书载，笮融"大起浮图祠，……垂铜盘九重，下为重楼阁道"（《三国志》卷49，《吴书·刘繇传》）。其塔刹垂铜盘九重，并非看了佛经才想起表现轮回之类的佛理。公元518年，胡太后遣人去印度实地考察佛教建筑，不是有印度匠人将北部大塔用铜铸以模型吗[4]。公元509年，洛阳便有西域僧三千众[5]。谁能肯定这三千西域僧中无人知晓《大乘起信论》，或者更直截了当些，对西域塔略知一二呢？

我还认为，所谓嵩岳寺塔表现八相成道一说，是站不住脚的。这一说法主要依据是李邕碑文中"陵空八相而圆"的描绘。李邕并不是嵩岳寺塔的设计者，而是阐释者。李邕离此塔始建已相去二百余年，据曹先生考证，李邕并未亲见此塔，只能算个不太合格的阐释者。现代"阐释学"（Hermeneutik）告诉我们，人们对文献原文的理解总是基于意识的"先结构"（Vor-struktur），说得通俗具体一点，阐释者总是根据自己的历史环境和先前理解来确定作品的意义。鲁迅言："看《红楼梦》就因读者的眼光而有种种：经学家看见《易》、道学家看见淫，才子看见缠绵，革命家看见排满，流言家看见宫闱秘事。"（《集外集拾遗》第177页）。西方俗语"有一千个读者，就有一千个哈姆雷特",讲得都是一个道理。笔者无意讨论多重阐释的价值,旨在说明:阐释本身尚会有失真曲解,以阐释者言论否定原文的真实性,何以可信。这和根据某一个读者的哈姆雷特之"考证",论出个《哈姆雷特》非莎翁所作一样不可思议。

在我看来,李邕"发地四铺而耸,陵空八相而圆"句,不过是一种文饰之辞,不足为训。"八相"是和"四铺"对偶的。如果将"八相"附会作如来成道八相,那么"四铺"又作何佛学解释呢?很清楚,"四铺"和"八相"基本语义是今天的"四面""八方"。这样说,并不排除李邕在使用这些字眼时,夹杂着这样那样佛学情绪或涵义。中国古典诗文,常有意含糊其辞、模糊其义,以期获得深远的"言外之意"。作为古典文学体裁之一的碑记,李邕面对的问题是怎样使辞藻华美、意境隽永和用典博洽。他可以不去,也没有必要去顾及对嵩岳寺塔型制细节的忠实。"发地四铺而耸,陵空八相而圆"句确实有气势,但用它描述任何一座算得上雄伟的塔都不为过,这便是文学的包容性与建筑史学精确性之分野。文学的铺陈描绘是不能作为科学记录的。重要的是实物分析。曹先生为了证明嵩岳寺塔为表现八相成道,引山东历城九顶塔为"对证",但两塔形态实在难以对证。在九顶塔,我们看到顶部以八个三级方塔、众星拱月地簇拥中部方塔而结束,其八塔形态不仅存在,且鲜明。而嵩岳寺塔,仅为一层墙面上,约略有墓塔状的龛。它不仅是平面的,是不是墓塔形式尚存疑点。即使模仿了墓塔形式,也改变不了它龛的功能。因此将它称龛,殆无疑义。但曹先生却认为:"刘敦桢先生《河南省北部古建筑调查记》称是'模仿当时墓塔形式'。梁思成先生《中国建筑史》说是'八面各作墓塔形佛龛一座'俱不确。"[1]查刘敦桢先生原文为:"其余八面,各在壁外施佛龛一座,大体模仿当时墓塔的形式,唯下部台座及所饰狮子,则非普通墓塔所有"[6]。显然,曹先生误解了刘敦桢先生原意。刘先生讲的是,大体模仿墓塔形式的佛龛,而不是墓塔或其他类似物。这和梁思成先生所说的墓塔形佛龛并无二致。将刘先生记述和实物参照,不禁肃然起敬。他既匡正了伊东忠太等人将佛龛误作窗洞的错误,指出其形式与墓塔某些相似性,也注意到佛龛的台座和狮饰为墓塔所无。一项短期考察,达到这般忠实、细致、深入的程度,非深厚学力加忘我敬业精神不可。

六、嵩岳寺塔断为北魏是审慎的

最初将嵩岳寺塔断为北魏的是欧洲学者。1927 年,英国人叶慈(W.P.Yetts)在一篇中国建筑论文中,谈及嵩岳寺塔建于公元 523 年,为中国现存最古老的砖塔,并附有一张照片。同时在注中,纠正了 D.Boerschmann 将白马寺塔当作中国砖塔之最的错误[4]。该文转载于《中国营造学社汇刊》第一卷第一册(1930 年),相信当时对国人有一定影响。叶慈未陈述断代的事实根据,但在注记中列举了很多欧洲人研究中国塔的专著和论文。塔,在西方人眼里是中国建筑的象征,自然著述颇丰。欧洲对中国建筑的研究,虽然可上溯到 18 世纪下半叶英国乔治时期建筑师钱伯斯(Chambers,1726~1796),但钱伯斯逝世后近百年,西方无继续研究中国建筑者[4]。直到 19 世纪末和 20 世纪初,出现了英国人叶慈、爱迪京、德人艾克、鲍希曼、瑞典人希仑、法国人德密那维尔等众多研究者。也只是此时,西人对中国建筑的研究,才算得上有价值。日本学者伊东忠太曾述评:"欧美诸家所为考察支那建筑之图书:数十年前,其说极稚,往往足喷饭,近渐进步,不无足观。"[7]

接踵而来的是日本学者,伊东、关野、藤岛等人都论及嵩岳寺塔。日本学者与欧洲学者不同,是为寻日本建筑的根而开始中国建筑史研究的。伊东曾回忆,当时"以为研究日本建筑者,首须研究其历史,既悟日本建筑之发达,所得于支那系建筑者,至非浅鲜;遂又转入支那建筑之研究"[7]。中日建筑的血脉联系,使得日本学者的研究一开始就较之欧洲学者深入细致,他们比较注重实地考察。其中伊东对云冈石窟、关野对天龙山石窟和朝鲜建筑的调查,都卓有成效。伊东认为:"嵩岳寺塔细部手法显示为六朝北方类型的作品,但这种奇异的十二边形塔,当时是如何设计和施工,颇有疑点。"[8]并审慎地作出结论性意见:"嵩岳寺孝明帝正光四年(523 年)改为佛寺。现有砖塔据为当时所立,已难以对此下定论,但将它作为中国最古老的砖塔,可以认可接受。"[8]

中国营造学社,将此研究推到一个崭新阶段。人们常说梁、刘二公是运用西方实证方法研究中国建筑,此说不尽然。早在宋代,中国金石学就已发达,对史籍的搜集、校勘、考订更源远流长。无征不信的谨严治学态度,与西方好作惊人之论风气适成对比。中国营造学社一脉相承了中国史学和金石学优秀传统,也吸收融化了西方美术考古运动以来的科学方法,形成了一种独特超然的研究方法。在嵩岳寺塔的断代中,刘敦桢显然对李邕《嵩岳寺碑》内容和可信度已斟酌。从他调查记的字里行间,可体会到刘先生对李邕碑文已深思熟虑。但他又不依赖这些文字史料，独立作实物的构造和详部分析。刘先生对嵩岳寺塔北魏所立的结论，是实物与文字史料综合得出的，并不像曹先生所言只根据李邕的《嵩岳寺碑》。

值得注意的是，刘致平教授对嵩岳寺塔的独立思考。刘先生认为：密檐式塔是印度楼阁式殿堂的变种。嵩岳寺塔很像印度的Sikhara，在他所做的一张中印塔庙比较图上，将嵩岳寺塔和印度Aihole某庙作对比[3]。据此，从型制演变关系上，只能得出嵩岳寺塔为唐代密檐式塔的鼻祖之结论。刘致平还思考了为什么北魏在木造楼阁式浮图盛行时突然出现密檐式塔，并提出"可能是另一宗派产生"的假说[3]。佛教史告诉我们，此假说和当时禅宗诞生甚合。

综上所述，嵩岳寺塔的断代，有西方学者、日本学者，特别是中国营造学社相对独立的研究。将其断为北魏，并非说不存在不确定因素或疑点，只是它和已知事实相比，是微不足道的。学者们是审慎的，若没有新史料发现，这一结论不应该也不可能推翻。

本文1997年4月寄曹汛先生商榷，蒙曹先生校阅，指出陕西耀县万佛塔应为金代重建，特此致谢。

注释：

① 田为阴。塔作为一种男根崇拜，立塔以示对阴田主宰，祈谷。但此处"田"，也可能为"田"字缺笔。《说文》释："田，鬼头也。"无论何解，此处讲的是一种非佛塔无疑。

参 考 文 献

[1] 曹汛. 嵩岳寺塔建于唐代[J]. 建筑学报，1996，（6）：40-45.
[2] 梁思成. 敦煌壁画中所见的中国古代建筑[A] // 清华大学建筑系编. 梁思成文集[C]. 北京：中国建筑工业出版社，1982：12-16.
[3] 刘致平. 中国建筑类型及结构[M]. 北京：中国建筑工业出版社，1987：19-22，133，184.
[4] W P Yetts. Writings on Chinese Architecture[J]. 中国营造学社汇刊，1930，1（1）：5-8.
[5] 任继愈. 汉唐佛教思想论集[M]. 北京：人民出版社，1973：333.
[6] 刘敦桢. 河南省北部古建筑调查记[A]. 南京工学院建筑系. 刘敦桢文集二[C]. 北京：中国建筑工业出版社，1984：399-410.
[7] 伊东忠太. 伊东忠太博士讲演支那之建筑[J]. 中国营造学社汇刊，1930，1（1）.
[8] 伊东忠太. 支那建筑装饰[J]. 东方文化学院刊（第二卷），昭和十六年：15-16.

（原载：《合肥工业大学学报（社会科学版）》第14卷第2期，2000年）

******

嵩岳寺塔的困惑

武 蔚

摘要：嵩岳寺塔的建造年代一直多有争议。本文以印度佛教建筑的发展历程和佛教在中国的传播为背景，论述了引发嵩岳寺塔和唐代密檐塔的不同的宗教建筑原型。文中针对嵩岳寺塔的形制孤例，以现有的历史史料进行了一些可能性推断。并通过对具体时代中特定历史背景的分析，提出嵩岳寺塔建造年代划属北魏的合理性和新的可能性。

关键词：密檐塔；窣堵婆；形制

"在登封嵩山南麓，有我国现存最古的密檐式砖塔，建于北魏正光四年（523年），塔顶重修于唐。塔平面为十二边形，是我国塔中的孤例……"

——《中国建筑史》

正方形平面的密檐式塔在中国的唐代不乏其例，但为什么在时光倒流一百多年的北魏，突现一个 12 边形平面的密檐孤例？其形制的奇特，从北魏至唐中断百年的形制空白，历来为中国建筑史界困惑（图一）。

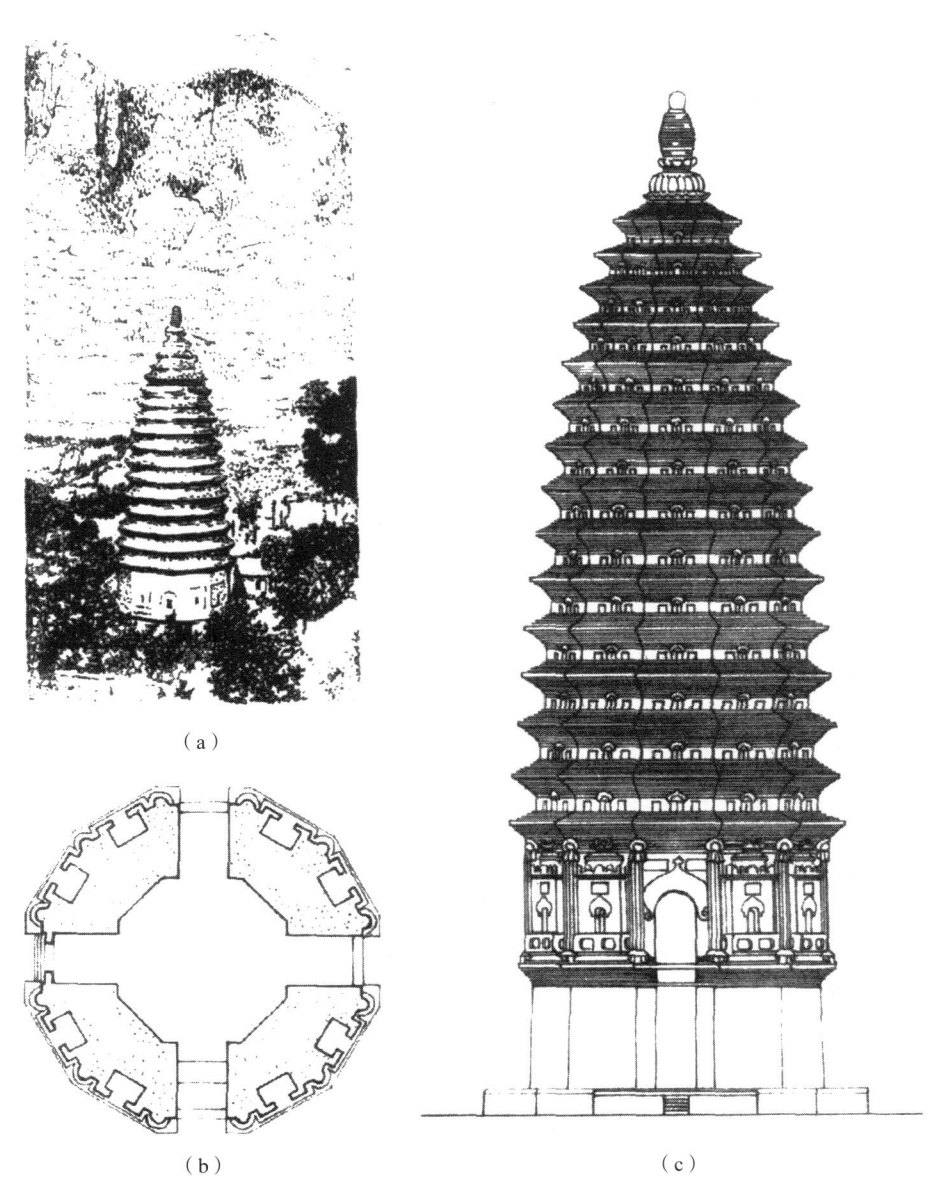

图一　河南登封嵩岳寺塔
（引自《中国建筑史》，中国建筑工业出版社，1993 年）
（a）外观　（b）平面　（c）立面

"嵩岳寺者，后魏孝明帝之离宫也。正光元年榜闲居寺，广大佛刹，殚极国财……十五层塔者，后魏之所立也。"[①] 昔日，在确定嵩岳寺塔的建造年代时，刘敦桢先生根据嵩岳寺碑文拟定嵩岳寺为"广大佛刹"时的建筑作品，正光元年是公元 520 年。然而，正光元年之前，嵩岳寺就已经存在了，其中有没有存在塔，至今未寻到任何确凿的有关文献记录。那么怎样理解唐代的正方形密檐塔，怎样理解嵩岳寺塔的建筑年代及形制的诸疑问呢？

任何建筑形制的出现都是有其深厚的历史背景的，建筑的真正含义必须走进历史去探究，而走进历史中的建筑也就是建筑历史学的使命与价值所在。那么，佛教建筑的原始历史背景是如何呢？

众所周知的，中国的佛教源于印度。我们的古文献中，塔的别称不仅叫作"浮屠"（即佛陀）[②]，还叫做"窣堵婆"（即梵语 stupa）。在印度，窣堵婆早在乔达摩·悉达多悟道成为佛陀之前就一直是雅利安人为掩埋部落头领的骨灰而垒起的泥石坟丘——这是作为圣地中的神圣加以礼拜的。公元前 5 或 6 世纪佛陀涅磐后[③]，被致以部落头领的最高礼仪埋葬于窣堵婆，自此，称作窣堵婆的神圣构筑物经佛教徒历代的宣扬和强化逐渐成为了佛教的专用词汇和宗教象征。

随着佛教的成长，窣堵婆的规模在公元前 3 世纪的阿育王时代达到了空前绝后的鼎盛。印度现存最古老的窣堵婆是建于公元前 1 世纪巽迦王朝的"桑其（Sanchi）大塔"，因塔内包裹着一个被鉴定为阿育王时代遗物的砖构塔芯而闻名于世（图二）。这是一种圆形平面，有鼓座、绕道，有巨大尺度的半球形覆钵体的实心构筑物。印度诸多如此的窣堵婆中埋藏着佛陀的骨灰舍利或是一段佛的本生事迹[④]。

图二　桑其（Sanchi）大塔（公元前 1 世纪）

（引自 Brown，Percy，Indian Architecture（Buddhist and Hindu Period），D. B. Taraporevala Sons&C0. Private W，1976）

之后，佛教中心从中印度、北印度转移到了印度的西北部——犍陀罗地区，并在公元 1～3 世纪贵霜王朝的统治下达到了第二个佛教高潮。该地区盛行的重要佛教建筑是其时独特的社会文化与地域文化造就出的希腊 - 罗马风格[⑤]的"楼阁式"窣堵婆（图三）。东汉初年，伴随着佛教的东渐，该形制的窣堵婆引发了中国木构楼阁式塔的形成。

图三　犍陀罗"楼阁式"窣堵婆（公元 2 世纪）

（引自 Grover，Satish，The Architecture of India，Buddhist & Hindu，Vikas PublishingHouse PVT Ltd，New Delhi，1980）

公元 1 世纪，大乘佛教兴起并迅速蔓延，塑造"救世主"的运动成为了激发佛教艺术飞跃发展的强大动力。在犍陀罗地区特有的希腊 - 罗马文化影响下，涌现了势不可挡的佛教造像热潮。而佛教造像的日臻繁荣不仅导致了后世佛教崇拜重心的偏移，而且导致了窣堵婆最终为另一种完全不同的建筑形制——精舍所取代。这里的"精舍"是专指的，在玄奘大师撰写的《大唐西域记》中屡见不鲜的是"石窣堵婆西渡大河三四十里，至一精舍，中有阿缚卢积低湿润、伐罗菩萨像，威灵潜被，法俗相趋，供养无替。"⑥ "菩提树西不远，大精舍中有瑜石佛像，饰以奇珍，东面而立。"⑦ "目支邻陈堵龙池东林中精舍，有佛夜瘦之像。"⑧ 精舍在这里指的是有一定室内空间以供奉佛像的佛教建筑。而这种"室内空间"是窣堵婆从来不曾具备的。贵霜王朝，佛像的迅猛发展使犍陀罗地区出现了第一批仓促而上的众多简易精舍，采用的都近乎是最便于信手拈来的民居式样。当时，佛像崇拜的势头还没有超过自古以来的窣堵婆圣地崇拜，窣堵婆仍然占据着至尊的宗教权威的地位，造像以及单层的简易精舍在犍陀罗是作为窣堵婆的陪衬与附属（如典型的窣堵婆院落）（图四）。

图四　犍陀罗地区的率堵婆院落（公元 2 世纪）
（引自 Brown，Percy，Indian Axrhitecdue（Buddhist and Hindu Period），D. T. Taraporevala Sons&CO.Private Ltd，1976）

公元 3 世纪后，印度进入了笈多王朝，直持续到公元 6 世纪。中国北魏的时间跨度是公元 4～6 世纪，正在此期间内。然而，历史上的笈多王朝是印度本土上印度教成长得花繁叶茂的季节，因为几乎历代的笈多王都崇信印度教，相形之下，印度的佛教则渐就式微，犍陀罗佛教中心涣散后，佛教徒向印度腹地迁移，佛教开始日益受到生命力旺盛的印度教的同化。同化是双方共同作用才形成的，一方面反映的是印度教的强消解力，另一方面则反映在印度佛教的日趋腐化与堕落上⑨。由于印度佛教在这一历史时期特别的生命状态，从佛教教义到佛教建筑几乎都无所作为。相反，此时为庇护印度教诸神祇造像的神殿建筑则伴随其宗教的繁荣和神祇造像的发达，大规模兴建起来，并很快成熟定型。著名的 Sihara（图五）就是在国家政权腹地的印度北半部盛行的印度教神殿形制。

Sikhara 神殿的平面是经婆罗门一系列周密的演算与推导后得出的以正方形为母题的多变化的星形平面。要保证多棱角的平面上巨大"金字塔"形的美好轮廓线，精确是至关重要的。史学家在古印度遗留下的建筑计算手稿中找到了明确的答案——一张分格绘成的近椭圆曲线的精致的几何放样图⑩。也就是说，Sikhara 的石块砌筑依照着这样的图从下至上竖直的高度逐层递减，而水平长度的收分逐层递加。正如我们看到的，图例 Deogarh 神殿呈十字形平面，像早期的印度神庙一样，它是一座单体建筑，坐落在象征着吠陀神坛的方形基台上。为了强调对曼陀罗主神位的契合，除了人口门廊外，在其他 3 面正方位上设置了假门廊，这 3 面门廊的墙上布满了雕刻。在印度北部的不同地区，Sikharra 的形制各有变化。除了 Deogarh 神殿这种有基台、有 4 面门廊的形制外，

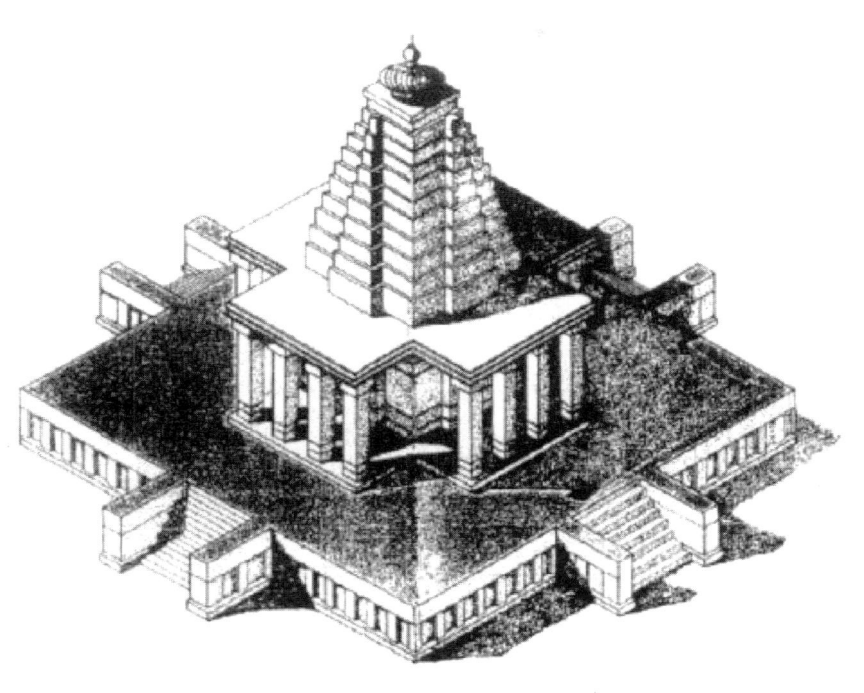

图五 Deogarh 的 Sihara 印度教神殿

（引自 Graver，Satish，The Amhitecttae of India，Buddhist & Hindu，Vikas Publishing House PVT Ltd，New Delhi，1980）

还有无基台（但一般都有基座）或只有单向入口门廊的早期单体式神殿形制。以后，印度教神殿逐步发展，出现了后世常见的神殿之前安置祭殿的布局形式，且祭殿的数目从 1 个到 4 个不等。

公元 7 世纪初期至中期，印度的戒日王时代（时正玄奘大师往印度"西天取经"）宽松的宗教兼举政策使得没落已久的印度佛教在恒河流域——印度北半部创造了日落西山前的最后辉煌。宗教建筑的业绩就是仿效 Sihara 印度教神殿完成了正方形平面，四向辟门，首层格外高大的显赫的"须弥山"[11] 精舍（图六）在建筑细部上，

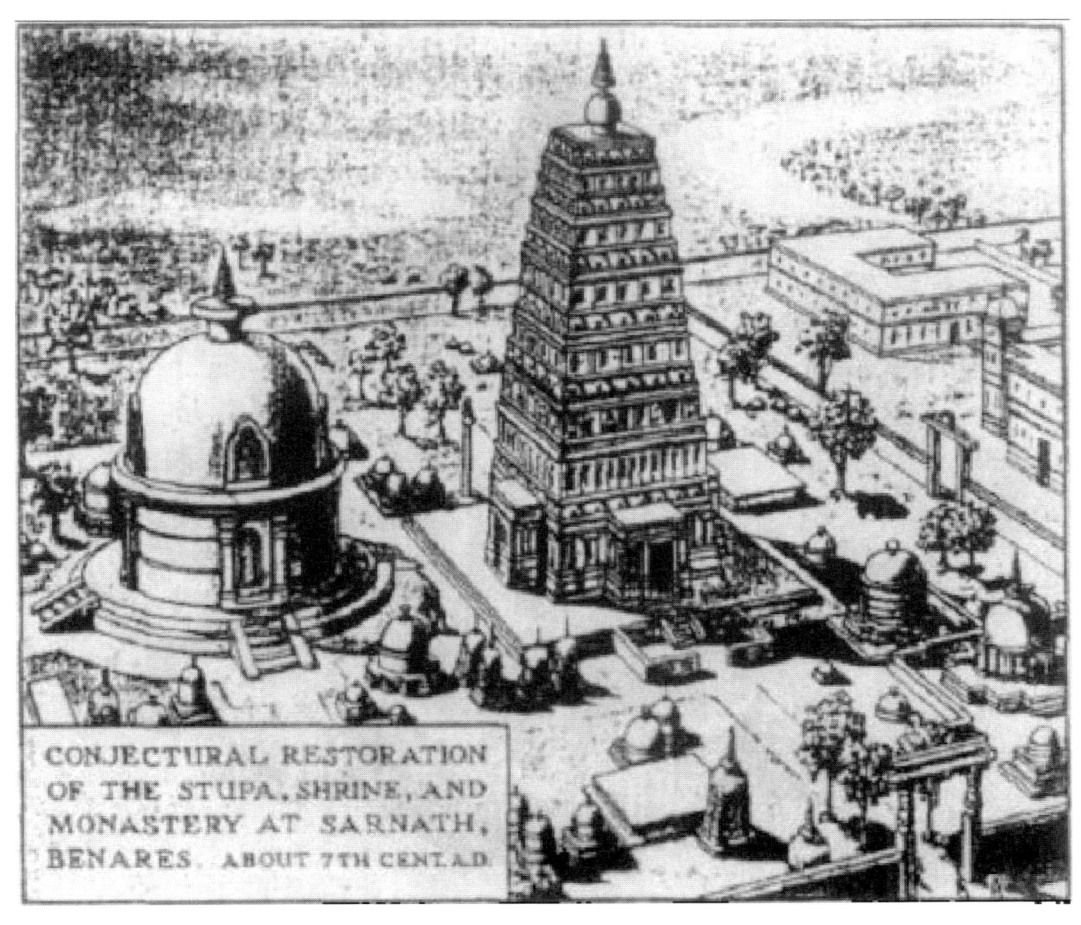

图六 鹿野苑（Sarnath）大精舍和 Phamek 窣堵婆

［引自 Brown，Percy，Indian Architecture（Buddhist and Hindu Period），D. B. Taraporevala Sons&Co. Private Ud，1976］

嵩岳寺塔

"须弥山"精舍延续了犍陀罗佛教建筑艺术重心——楼阁式窣堵婆的楼阁式样。这种具有雄伟体量的精舍形制是继窣堵婆之后印度佛教建筑的第二个峰点，也是最后的峰点。严格的"四方形"指代着以东、南、西、北为方位的一切范围和领域，金字塔形的高大建筑体量象征着由"四宝合成"的宇宙中心——须弥山，环绕须弥山的"四方"则意味着充满佛性的无限世界和宇宙。

现存建于公元 7 世纪的鹿野苑大精舍有着明晰的 7 层楼阁式建筑细部。首层高大，二层以上层高骤减，并从下至上高度逐层递减，宽度逐层收分。首层以上形成了有着平缓弧形棱线的锥台式"金字塔"。精舍高度达到 110 英尺（33.4 米）。在锥台式"金字塔"的顶部端坐着一个带有鼓座的小型窣堵婆，其上有显著的相轮。方形台基上，精舍体的 4 个正方位上都设置有外凸门斗，而只有其中之一是真正的入口。

戒日王时代正值中国的大唐，藉与印度往来交流的空前盛况，佛教在中国开展得如火如荼；公元 8 世纪初伊斯兰教徒闯入印度，捣毁了大部分的佛教寺院——这是对佛教建筑最原始的生命历程的简述，具体到某时代的某种形制的塔，逃离不了"佛国"佛教兴衰历程中种种最原始的宗教建筑蓝本之外，也必定为当时自身所处的国情、民情所塑造。正所谓"一方水土养一方人"，也养就了一方的建筑。

嵩岳寺塔现存唯一的 12 边形平面，独树一帜的造型式样，建造后中断百年的形制空白，一切都造成了这个"孤例"的不可理解。其实，"孤例"往往是历史中偶然机遇戏剧性的一蹴而就，而戏剧性的偶然机遇往往只造就"孤例"。

据古文献记载：

"嵩岳寺，在法王寺西一里许，元魏宣武帝建。于永平二年（509 年），令冯亮与沙门统僧暹，河南尹甄深等，同视嵩山形胜之处，创兴土木。"⑫

"亮既雅爱山水又兼巧思，结架岩林，甚得栖游之适，颇以此闻。世祖给其工力，令与沙门统僧暹、河南尹甄深等周视嵩高形胜之处，遂造闲居寺。林泉既奇，营制又美，曲尽山居之妙。"⑬

"永平二年冬十一月，魏主亲讲佛书，作永明闲居寺。时佛教盛于洛阳，沙门自西域来者三千余人，乞永明寺千余间处之。令处士冯亮于嵩山立闲居寺，极岩壑土木之美。"⑭ "时佛法经像，盛于洛阳，异国沙门，咸来辐辏……百国沙门，三千余人，西域远者，乃至大秦国（罗马）……"⑮

首先，建造嵩岳寺是魏宣武帝的亲旨，并为此指派专人勘察嵩岳"形胜之处""给其工力"进行寺院的营造。因此建造嵩岳寺的物力、财力以及寺院建筑的规格和要求是一般佛教寺院无法攀比的。

其次，被指派的建造统领——冯亮时因"巧思"和"结架岩林"的精道而闻名，并据文献记载冯亮又正是一名"笃好佛理"⑯的"逸士"，这不但为寺院建筑的高质量建造作了保障，而且为寺院建筑式样的独到和玄奥提供了良好的前提条件。

再次，嵩岳寺建立之时，恰逢来自西域的三千余数的"百国沙门"。时正印度的笈多盛世，印度北部既是当时的佛教中心，更是印度教鼎盛的中心。来自西域的 3000 沙门提供了获得当时流行的标准印度教神殿式样的充足而合理的渠道，这种机遇几乎是百年不遇的。这也许可以解释为什么嵩岳寺塔一直是"孤例"的原因。根据古文献的记述，以上就是造成嵩岳寺塔产生的历史上的巧合，极其偶然且具戏剧性。为了说明嵩岳寺塔和印度教神殿形制的亲缘关系，也为了澄清嵩岳寺塔和唐代密檐塔的区别，我们以图示对比的方式，将嵩岳寺塔和作为唐代密檐塔实例代表的西安荐福寺小雁塔与各自同时期的印度本土活跃着的宗教建筑热点进行比较，问题就更加一目了然了（图七）。

在对比图上，我们可以清晰地看到：从平面到立面，从洞口的开辟方式到分层的比例与排布，从外轮廓的梭形弧线到空腔式的砌筑方式，些许的地方性装饰题材的不同外，所有的本质性特征都一一吻合。

鹿野苑大精舍立面是根据 Brown，Percy，Indian Architecture（Buddhist and Hindu Period），D.B.Taraporevala Sons&CO. Private Ltd，1976 年中的有关图样绘制。

关于嵩岳寺塔的出现，光是历史的巧合是不够说明力度的，这种形制之所以会在中国的土地上建立，其更深刻的历史背景是：

（1）中国早期建造佛教象征物——塔的中心旨意是为佛陀立庙。

"塔，佛堂也。"⑰ "建宫宇谓为塔。塔亦胡言，犹宗庙也，故世称塔庙于后百年。"⑱ "庙"是中国的传统建筑，是中国人为祖宗和神祇建立的"堂"或"宫宇"，而此种"堂"或"宫宇"拥有着充足的室内祭拜空间。以塔比作"宗庙"并"世称塔庙于后百年"意味着中国人以自己的传统文化模式对佛陀进行着供奉与祀拜，这种

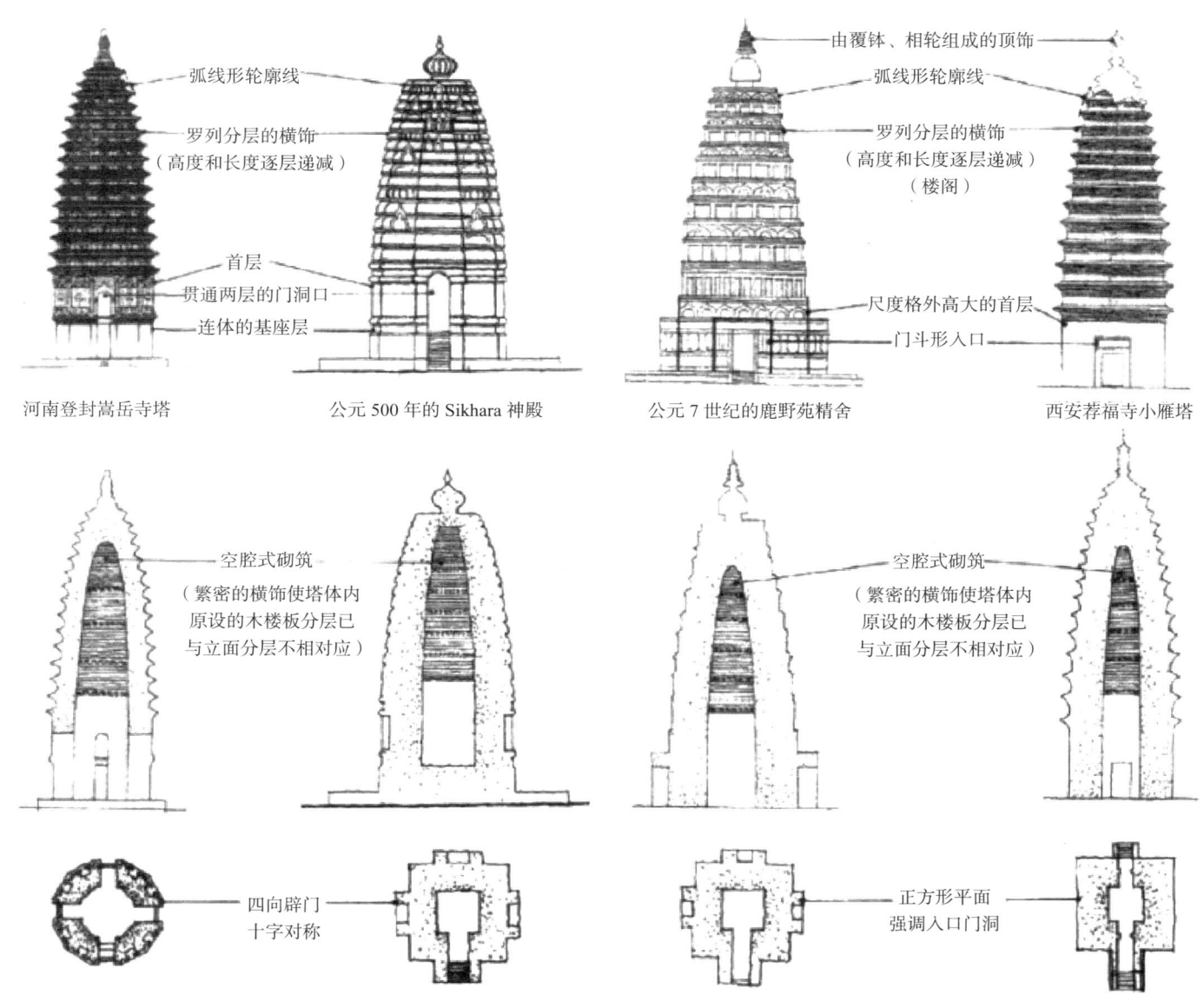

图七 岳寺塔、西安荐福寺小雁塔与同时期印度宗教建筑型制特征对比

[注：由于资料的缺乏，现有论著图形的不完整，公元500年的Sikhara神殿是根据文字记述以及公元500年的Aihole神殿（建筑下半部图样不详）和公元400年的Bhitargaon神殿的式样综合而成［参考Brown, Percy, Indian Architecture (Buddhist and Hindu Period), D.B.Tareparevala Sons & CO. Private Ltd, 1976］，而现存后世印度教神殿的外部雕刻中有对与之极其相似的建筑图样的刻画]

情势所要求的佛教建筑蓝本是"精舍"而不是印度的实心窣堵婆。所以，覆钵形的窣堵婆一经传入，便很快凝缩为塔上"刹"；而刹下的建筑主体则是分别以犍陀罗佛教单层精舍和楼阁式窣堵婆为蓝本的单层"堂"和多层的"中国式楼阁"。

从东汉到北魏，一度蓬勃的犍陀罗佛教建筑艺术一去不返，印度佛教走入低谷，对佛教精舍的建筑始终停滞在犍陀罗地区那种简易的、附属性的民居建筑式样上，除窣堵婆外没有出现其他的地位显要的佛教建筑形制。中国对佛塔内部空间的传统性追求，北魏高涨的佛教激情，印度佛教建筑的停滞，笈多王朝印度教神殿的声威显赫，所有的这些历史因素促成了中国Sikhara式样的佛塔的诞生。

（2）笈多时代，印度佛教正日益为印度教所同化，"堕落"时期的"百国"佛教徒并不介意在佛教东渐的鼎盛国，借用印度教的建筑形制以壮声威或以解燃眉之急。7世纪中叶，印度佛教神祇与印度教神祇的大融合，佛教精舍与Sikhara神殿肆无忌惮的混淆使用就是这种同化心态的极好的例证[19]。没落而又被同化着，正是此时期印度佛教这种特别的宗教状态，才导致了印度教神殿形制有时机在中国的土地上安家落户。

嵩岳寺塔纯正的Sikhara形制特点暗示着Sikhara在嵩岳寺塔建造的年代中在印度享有独尊的地位——没有其他匹敌的佛教建筑形制可替代。在正方形平面的佛教"须弥山"精舍未形成之前，圆形是佛教建筑古老而独尊的传统。包括兴盛在犍陀罗的楼阁式窣堵婆在内，圆拥有着绝对的权威。嵩岳寺塔奇异的十二边形平面正是圆与曼陀罗的十字对称星形平面的折衷。对纯粹正方形的回避，从另一个角度划定了嵩岳寺塔形制原型的传入年代和嵩岳寺塔的建造年代。

从印度佛教建筑演进的历史以及佛教东渐的历史来看，嵩岳寺塔的建造年代划属北魏应该是合理的，并且极有可能就是自"永平初年（509 年）"开始酝酿的戏剧性的建筑奇迹。至于之后，唐代兴起的数目少有规模的正方形平面的密檐塔，我们在上面也以小雁塔为例与印度佛教精舍做了相应的特点对比。

在季羡林先生校注的《大唐西域记》序言中，季羡林先生对初唐百年间中国与印度的往来交流做了一番统计，从这项统计上看，佛教交流占了当时交流总人次的百分之七八十，且大多数的印度僧人都来自"中天竺"，中天竺正是戒日王时代"须弥山"精舍兴旺的地区。大唐与印度直接而频繁的交往使得已发育成形的显赫的印度佛教精舍能够顺畅地、理直气壮地在中国大地上引入和传播。也正因如此，四方形的密檐塔才会在初唐建立得小有规模，成为唐代佛塔的典型形制之一。这恰好与偶发因素促成的嵩岳寺塔孤例形成了鲜明对比。

美国建筑历史学家 Spiro Kostof 认为，建筑历史的研究基础是由 4 个前提组成的："首先，对每个建筑的物质元素都应该放在它的整体中去看待。其次，应当把建筑放在一个更广泛的物质框架中去思考，而不是孤零零的一个单体。再次，过去所有的建筑，无论其尺度或地位或重要性如何，都是值得研究的。最后，我们应当考虑到所有影响建筑存在的非物质因素，它们对于建筑的外在形象都是不可或缺的。"[20] 置身于建筑历史去全面理解历史中的建筑，我们的诸多困惑才有可能寻到合理的解答途径。本文对嵩岳寺塔建造年代问题展开的研究，正是这种理论观念的实践。

注释：

① （唐）李邕. 嵩岳寺碑. 嵩书（卷之三）.
② 对"浮屠（图）"最早的诠释见于《魏书·释老志》："浮屠正号佛陀，佛陀于浮图声相近，皆西方言，其来转为二音。华言译之则谓净觉。言灭秽成明道，为圣悟凡。"
③ 史书对佛陀生辰和涅槃年代说法不一，大至寂灭于公元前 6 世纪末或 5 世纪初。
④ 指于佛陀圣迹处树立的、详见《大唐西域记》中的记述。
⑤ 公元前 4 世纪，亚力山大大帝的东征使西北印度成为希腊化地区，公元前 3 世纪至公元前 1 世纪罗马帝国对希腊化国家的征服和挟制使印度的西北地区又处于罗马文化的影响之下。
⑥ （唐）玄奘，辩机原著. 季羡林等校注. 大唐西域记校注. 中华书局，1985：288.
⑦ （唐）玄奘，辩机原著. 季羡林等校注. 大唐西域记校注. 中华书局，1985：679.
⑧ （唐）玄奘，辩机原著. 季羡林等校注. 大唐西域记校注. 中华书局，1985：686.
⑨ （英）查尔斯·埃利奥特. 李荣熙译. 印度教与佛教史纲. 商务印书馆，1982.
⑩ Anathalwar M. A. & Rea Alexander, Iyer A. V.Thiagaraja（Compiler），Indian Architecture，Vol. 2 Architectonics，Indian Book Gallery，1980.
⑪ 婆罗门建造诸如 Sihara 的弧线形金字塔式的神殿体量，象征印度教大神祇居住的喜马拉雅神山，常将神殿顶饰以白色象征山上的皑皑白雪。佛教精舍效仿了印度教的神殿形制和宗教象征。
⑫ （唐）李邕. 嵩岳寺碑. 嵩书（卷之三）.
⑬ 魏书·逸士传·冯亮.
⑭ 北史. 二十五史. 上海古籍出版社，1986.
⑮ （北魏）杨衒之. 范祥雍校注. 洛阳伽蓝记校注（卷四）·城西·永明寺. 上海古籍出版社，1978.
⑯ 魏书·逸士传·冯亮.
⑰ （东晋）葛洪. 字苑. 佛学大辞典（丁福保编纂）. 文物出版社，1984.
⑱ 《魏书·释老志》。隋唐之前又有如《一切经音义》卷六："宝塔：……正言窣堵婆，此译云庙，或云方坟，此义翻也"《法苑珠林》卷五十二："所云塔者，……西梵正音名为窣堵婆，此云庙，庙者貌也，即是灵庙也。"等诸多注释，引自萧默，《敦煌建筑研究》，文物出版社，1989 年。

⑲ （唐）玄奘，辩机原著．季羡林等校注．大唐西域记校注．中华书局，1985：288．
⑳ Spiro Nostof.A History of Architecture，Settings and Rituals. Second Edition，Oxford University Press，Inc.，1995，P8.

参 考 书 目

[1] 北史·二十五史．上海：上海古籍出版社，1986．
[2] 南史·二十五史．上海：上海古籍出版社，1986．
[3] （唐）玄奘，辩机原著．季羡林等校注．大唐西域记校注．北京：中华书局，1985．
[4] 任继愈主编．中国佛教史（卷1～卷3）．北京：中国社会科学出版社，1981．
[5] （印度）辛哈·班纳吉．张若达，冯金辛，王伟译．印度通史．北京：商务印书馆，1964．
[6] （英）查尔斯·埃利奥特．李荣熙译．印度教与佛教史纲．北京：商务印书馆，1982．
[7] Anathalwar M. A. & Rea Alexander，Iyer A. V. Thiagaraja（Compiler），Indian Architecture.Vol.2Architectonics，Indian Book Gallery，1980.
[8] Brown Percy. Indian Architecture(Buddhist and Hindu Period).D. B.Taraporevala Sons & Co.Private Ltd，1976.
[9] Bussagli Mario.translated by John Shepley，Oriental Architecture，Harry N. Abram，Inc.New York，1974.
[10] Fergusson James.A History of Indian and Eastern Architecture. Vol.2，London，Jone Murray，Albemarle street W.，1910.
[11] Kostof Spiro. A History of Architecture-Settings and Rituals. 2nd edition，Oxford University Press，Inc，1995.
[12] Grover Satish.The Architecture of India，Buddhist & Hindu.Vikas Publishing House PVT Ltd，New Delhi，1980.
[13] Tadgell Christopher. The History of Architecture in India-From the Dawn of Civilization to the end of the Raj.Architecture Design and Technology Press，London，1990.

（原载：《建筑史论文集》1999年00期，第123～131页）

******

塔中之塔——嵩岳寺塔形制探微

徐永利

摘要：本文通过关注嵩岳寺塔塔身单层塔形制的佛龛，同时列举单层塔形制的发展，从而解析除北魏正光年间之外，嵩岳寺塔是否有建于北朝其他时段的可能性。作者进一步通过研究邯郸、安阳等地的一系列实例与嵩岳寺塔塔身佛龛的相似性，指出北齐名僧僧稠可能是嵩岳寺塔形制创新的关键人物。

关键词：单层墓塔；形制；断代；僧稠

嵩岳寺塔位于登封市区西北6千米嵩山积翠峰下，为青砖、黄泥砌筑的十五层密檐塔，总高36.99米①。据同济大学测绘资料，外部由基台、塔身、十五层叠涩砖檐和塔刹组成，塔心室内作九层内叠涩砖檐。平面十二边形，塔心内壁二层以上为八边形（图一）。外立面塔身上半部除四门洞外其余八面各砌一单层塔龛，塔龛由塔基、塔身、叠涩檐、绶花、覆钵顶及刹座组成（图二），故有"塔中塔"之称①。

嵩岳寺塔"规制一绝"②，仅就这八座"塔中塔"的含义、形制由来也是颇多争论。在《嵩岳寺塔建于唐代》一文③中，曹汛先生就"八相成道"与此八塔的关系已经有所论述；在《嵩岳寺塔渊源考辨——兼谈嵩岳寺塔建造年代》一文④中，萧默先生就塔龛表达"七佛一菩萨"的可能性也有交待。其实早在梁、刘二公考察嵩岳寺塔（图三）之时，便已觉察到此八塔的形制为"灰身塔式之佛龛"⑤，惜曹汛先生在《嵩岳寺塔建于唐代》一文中直言"刘敦桢在《河南省北部古建筑调查记》中称是'模仿当时墓塔形式'。梁思成先生《中国建筑史》说是'八面各做墓塔形佛龛一座'。俱不确。"萧默先生就这一点也未作过多关注。那么这种"灰身塔式之佛龛"是否就没有可能性呢？本文试图对此进行一番梳理，当然梁、刘二公并未直称"塔中塔"就是墓塔，本文只不过是借题发挥罢了。

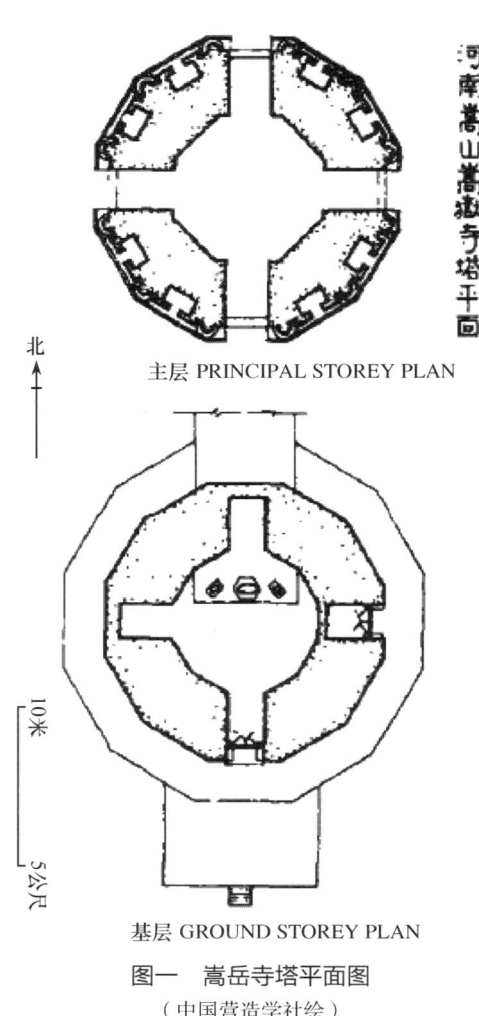

主层 PRINCIPAL STOREY PLAN

基层 GROUND STOREY PLAN

图一　嵩岳寺塔平面图
（中国营造学社绘）

图二　嵩岳寺塔龛
（引自《中国古建筑图典》，第 551 页；中国营造学社摄）

图三　嵩岳寺塔
（中国营造学社摄）

一、研究对象的年代限定

欲探究嵩岳寺塔塔龛的形制含义，必先对嵩岳寺塔的年代做一限定。学术界一般以"正光年间"为嵩岳寺塔的建造年代。据中国营造学社汇刊，最早提出"公元 523 年"这一明确年份的是 1927 年的一篇英文论文，作者是英国人叶慈[⑥]（W. P.Yetts），但文章并未说明根据何在。后世多以嵩岳寺塔地宫出土的刻有"大魏正光四年"的释迦残像作为"公元 523 年"的重要证据[⑦]。不过仍有疑点，以佛像年代判定建筑年代并不是十拿九稳的。山东历城神通寺四门塔，初以佛像"武定二年"铭记断定为北朝，后更定为隋代[⑧]。这都提醒我们若要准确断代仍须谨慎。

据《登封嵩岳寺塔地宫清理简报》[⑨]，地宫东北角砖热释光测定年代为距今 1560±160 年；塔基东南角砖为距今 1580±160 年。清理地宫为 1988 年，简报发表为 1992 年，我们以 1990 年为参照，塔基、地宫最早用砖年份在公元 250～590 年之间。塔身主体用砖的热释光年代测定结果尚未正式发表，但据笔者对张家泰先生的采访，主体用砖大多在距今 1400～1500 年，仍属上述年代范围之内。因闲居寺始建于永平二年（509 年），建塔年份当然在此之后，但却不可以此为考察"塔中塔"形制的上限。重要的是下限。根据以上讨论，造塔年代下限大致以公元 590 年为参照，即公元 589 年隋灭陈统一南北朝之前是合适的，而研究"塔中塔"形制例证的下限则同理可适当放宽。

二、单层方塔形制在北朝的发展演变

单层塔是我国佛塔的主要形式之一。"它们规模不大，看起来更像神龛，而不像通常所说的塔。在云冈石窟浮雕中，这种塔的形象甚多，其特征是一方形小屋，一面有拱门，上面是一或两层屋檐，再上覆以刹。"⑩图四可见云冈石窟第1、2窟的两座浮雕塔，年代为魏孝文帝太和年间⑪（477~499年），图五是太和七年（483年）第11窟西壁浮雕。时期约略相当的单层塔形象又见于某些北朝佛像背面雕饰，如侯□造释迦坐像（图六）（497年）、桓氏一族供养石佛立像（图七）（499年）。图八为敦煌莫高窟所见北魏浮雕单层塔，据萧默先生论述，本身即为墓塔之用⑫。

1窟中心塔　　2窟东壁

图四　云冈第1、2窟浮雕塔

（引自《云冈石窟文化》，第417页）

图五　云冈第11窟西壁浮雕塔

（引自《龙门石窟一千五百周年国际学术讨论会论文集》，第230页）

图六　北魏（497年）佛像背雕佛塔

（引自《中国历代纪年佛像图典》，图61）

图七　北魏（499年）佛像背雕佛塔

（引自《中国历代纪年佛像图典》，图67）

从这几幅图中可看出，太和年间单层塔的形制还不是很统一，但已可以看出日后单层塔的一些基本形制：方形平面、拱券状佛龛、塔刹下的覆钵状顶、檐口的绶花蕉叶装饰。在云冈石窟浮雕中，只能看到一面有拱门的情况，但当时也许本有单门塔与四门塔之分。因为如果是礼佛供养，旋佛仪式不可避免。无论覆钵状顶还是绶花蕉叶，形制上均只能四面互等，在北朝，四门单层塔应是最初形制。桓氏一族供养像背面佛塔主体也许不是四间小殿，而是象征四门塔的展开图[13]。

四门塔在稍后年代的佛像中一直有所表现，例如北魏正光年间（520~524年）的两座立像（图九、图一〇）、北齐天宝二年（551年）的半跏思惟像、北齐天宝九年（558年）的阳显姜造石佛三尊立像、北齐清河三年（564年）的孔昭弟造铜弥勒像、北齐清河四年（565年）的思惟菩萨并坐像、北齐天统九年（569年）的石佛立像、这些单层塔像均通过转角来表现均等的两面，只不过因为形象较小有的略去佛龛。四门塔在北朝之后继续发展，实例就是山东历城神通寺四门塔（图一一）。

图八　莫高窟北魏浮雕塔
（引自《萧默建筑艺术论集》，第13页）

图九　北魏佛像局部（1）
（引自《中国历代纪年佛像图典》，图114）

图一〇　北魏佛像局部（2）
（引自《中国历代纪年佛像图典》，图121）

图一一　神通寺四门塔
（引自《中国古建筑图典》，第533页）

四门塔供礼佛之用是确定无疑的。那单门塔呢？显然仍有礼佛之用，只不过多在浮雕之中。西魏大统八年（542年）的一座立像顶部，表现释迦佛、多宝佛双佛并坐的单层塔只刻正面，大约与双佛信仰的礼仪有关（图一二）；另一个北朝例子是北齐天宝十年（559年）的半跏思惟像（图一三），只刻塔身正面，而且略去佛龛，但形制上与前文一系列四门塔的浮雕形象类似，似乎是简化处理的结果。一个典型实例是南响堂山石窟第七窟东壁佛龛（图一四），属北齐。佛龛雕成单层塔的样子，而且与嵩岳寺"塔中塔"（图一五）有很多细微之处非常相像：塔基座设双狮，火焰形券门，覆钵状顶，砖叠涩出檐，尤其是檐上绶花蕉叶的图案几乎一模一样，只是两端跳出部分在"塔中塔"上省略。该龛仍为佛龛无疑。类似形象又见于北响堂山石窟第一窟、第六窟（图一六）。另外，同处河北邯郸的南、北响堂山石窟、小响堂（水浴寺）石窟尚有外貌模拟佛塔的窟前石雕仿木建筑，例如，南响堂山第七窟（图一七）。这种石窟类型流行的时间仅限于北齐。

图一二　大统八年立像局部
（引自《中国历代纪年佛像图典》，图167）

图一三　天宝十年立像局部
（引自《中国历代纪年佛像图典》，图202）

图一四　南响堂山第七窟东壁佛龛
（引自《中国古建筑图典》，第737页）

图一五　嵩岳寺塔龛现状
（笔者摄）

北响堂山石窟第一窟中的佛塔形象

北响堂山石窟第六窟中的佛塔形象

图一六　北响堂山第一、六窟佛龛
（引自《中国古塔》，图版八）

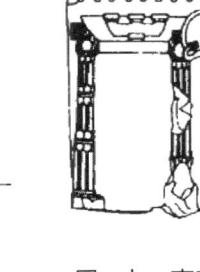

图一七　南响堂山第七窟入口立面
（引自《汉唐美术考古和佛教艺术》，第333页）

那么判定嵩岳寺"塔中塔"为墓塔形制是否就以偏概全了呢？来看一下单层塔作为墓塔的发展。若论实物，"除一例外[14]，单层塔都是僧人的墓塔"[15]。最早的单层墓塔文献记录出现在北魏，据《魏书·释老志》，魏世祖初年（423年以后）沙门"惠始家上立石精舍，图其形象"，武蔚在《塔之探源——由少林寺古塔测绘引发的研究》中认为"这个'家上'的'精舍'应该就是梁思成先生描绘的'方形小屋'，也就是中国单层墓塔的开端"[16]。这一类型的实物未见于北魏，不过北齐以后得到了很大发展，并保持了形制的相对稳定性。河南安阳宝山灵泉寺塔林中保留一组北齐双石塔（图一八），在门额与檐间镌刻"大齐河清二年（563年）大论师道凭法师烧身塔"。该双塔与嵩岳寺"塔中塔"形制有很多类似之处，如正反叠涩的檐口、拱券状龛、覆钵状顶、檐口的绥花蕉叶、门额与檐间镌刻文字[17]等，尤为相似的是覆钵之上、相轮之下的卷草纹，几乎如出一辙。安阳宝山灵泉寺塔林另有以浮雕形式出现的单层"灰身塔""散身塔""支提塔""灵塔""碎身塔""像塔""影塔"达64座，均为高僧墓塔，塔内雕僧像，同于北魏"图其形象"的记载。虽然这64座塔均晚在隋唐两朝，但也足以证明以浮雕形式出现的单层塔大量作为墓塔使用，功能上同于前文所述的敦煌石窟浮雕塔。在唐永徽六年（655年）的墓塔[18]基座上还雕出双狮（图一九），可见双狮也不唯与佛像、菩萨像匹配。

值得注意的一点是北齐这些实例的火焰形尖拱券均不如嵩岳寺"塔中塔"的饱满，但嵩岳寺塔密檐之间窗拱形制与北齐实例的相似性可以解此疑问（图二○），而且窗拱火焰券面尚有彩绘痕迹，正与某些墓塔相仿。"塔中塔"的拱顶可能是因为佛龛较小，以外部券形代为表现佛像背光之故，也可能跟原初券面彩绘题材有关。

图一八　道凭法师烧身塔
（引自《文物》1992年第1期）

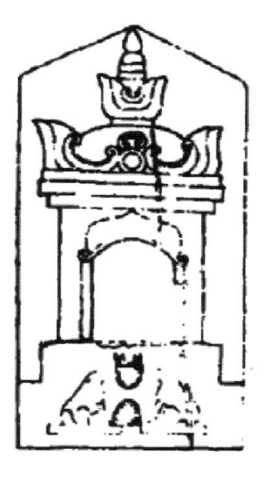
图一九　唐永徽六年墓塔
（引自《文物》1992年第1期）

图二○　嵩岳寺塔盲窗券现状
（笔者摄）

到北齐道凭法师双塔这一阶段，我们可以看出从北魏云冈石窟浮雕塔到北齐单层塔的典型形制转变。首先，有瓦垄、椽头的屋面、檐口消失，代之以叠涩檐口、檐口上富有变现力的绥花蕉叶、覆钵塔顶、相轮之下往往又设一层绥花（卷草或蕉叶），像龛一般设火焰状尖拱券，塔下可以设双狮（南北响堂山）。而这些，都成为嵩岳寺"塔中塔"的典型特征。

通过上述实例分析，我们还可以发现，在一些形制细节上，嵩岳寺塔与北齐一些佛塔样式的建筑细部几乎相同。例如南响堂山石窟第七窟东壁佛龛檐上山花蕉叶的图案、同为第七窟正立面（包括檐上、檐下两个尺度类型）的莲花火焰宝珠柱头和多边形柱身，以及南响堂山石窟第三窟立面绥花蕉叶之上的卷草纹（图二一）。莲花火焰宝珠柱头在上海博物馆所藏北齐石像（图二二、图二三）中也有发现，这都为我们考虑嵩岳寺塔建于北齐的可能性提供了启发。

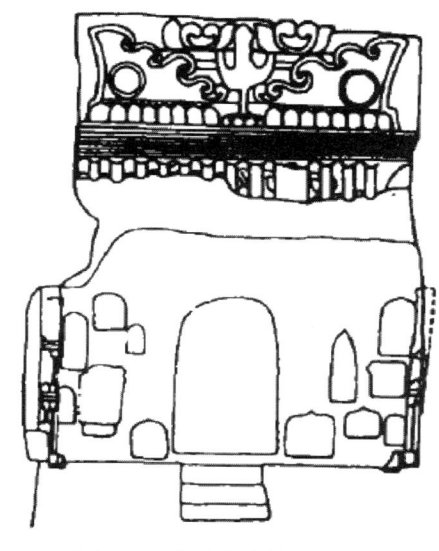
图二一　南响堂山第三窟立面
（引自《汉唐美术考古和佛教艺术》，第334页）

图二二　北齐佛像石碑
（上海博物馆藏）

图二三　马仕悦等造佛像石碑
（公元572年）（上海博物馆藏）

三、嵩岳寺"塔中塔"可能的功用

嵩岳寺塔是一座单层密檐塔，内部虽有内叠涩的九层塔檐，但无楼板划分[19]，不供登临，仍属单层。如果略其密檐形制，实乃一座单层的"四门塔"，内部供四面佛[20]，建造初期必有旋佛之用。嵩岳寺"塔中塔"就是这座"四门塔"上浮雕形制的八座单门塔。与其形制细节相近的有南响堂山石窟第七窟东壁佛龛和安阳宝山灵泉寺道凭法师双塔。两个实例均属北齐，与它近似的其他例子也在北齐之后。

"塔中塔"到底做何功用？首先，这八座小塔既附属于供旋佛之用的嵩岳寺塔，在旋佛的前提下，龛内当供佛像或其他教内倡导礼拜之像。龛内或为"八相"或为受北凉小塔影响的"七佛一菩萨"，或者其他，且不去管它。其次，从中国古代此类形制单层塔的数量和功用上看，作为僧人墓塔是主体；而且在嵩岳寺塔建造之初，因为有"惠始石精舍"之类的存在，主持者不可能不知道这种单层塔形制可以作为墓塔使用。"塔中塔"的墓塔形制并不说明龛内一定供的是僧像，毕竟这是北魏的皇家寺院，即使到唐代也级别不低[21]。但也不要忽略一种可能性，就是皇家对于国家级高僧大德的"起塔供养"。如果我们鉴于前文实例形制细节上的相似，而考虑嵩岳寺塔建于北齐的可能性，那么一位北齐乾明元年（560年）圆寂的"大禅师"——僧稠便有可能与嵩岳寺"塔中塔"墓塔形制有所对应。

北魏太和十九年（495年），孝文帝为安顿印度高僧跋陀落迹传教而依山敕建少林寺[22]。跋陀有弟子道房，道房又有一弟子，便是对北魏、北齐禅法影响甚大的僧稠。僧稠俗姓孙，祖籍今河北昌黎，二十八岁时，在钜鹿景明寺从僧实法师出家，并从道房禅师受行止观禅法。约在孝昌二年（513年）僧稠到嵩山少林寺拜见跋陀[23]，跋陀禅师赞曰："自葱岭以东，禅学之最，汝其人矣！"随后僧稠移居太室山麓的嵩岳寺（闲居寺）[24]，约在正光元年（520年），僧稠接替跋陀，出任少林寺主[25]。

魏孝明帝、魏孝武帝与齐文宣帝均对其极为礼敬。据唐道宣《续高僧传》卷十六："魏孝明帝夙承令德，前后三召……魏孝武永熙元年（532年），既召不出。"北齐天保二年[26]（551年）北齐文宣帝诏释僧稠，僧稠说"三界本空，国土亦尔，荣华世相，不可常保"。"帝毛竖流汗，即受禅道……天保三年下敕于邺城西南八十里龙山之阳，为构精舍，名云门寺……兼为大石窟寺寺主[27]。两任纲位。"[28]齐乾明元年（560年）[29]四月十三日，僧稠于邺城[30]云门寺圆寂，享年八十一岁。僧稠是北朝禅法的主流之一，当时他的地位甚至比菩提达摩[31]一系还要显赫，其禅法一直到隋朝仍得到积极评价。

北齐皇建二年（561年），孝昭帝颁"为僧稠起塔诏"："故大禅师德业高迥，三宝栋梁，灭尽化终，神游物外。可依中国之法，阇毗[32]起塔，建千僧斋，赠物千段，标树芳迹，示诸后代。"诏书见于《续高僧传》卷十六，文中随后记载"仍于寺之西北建以砖塔。"该塔规模应较大。那么嵩岳寺是否也会同时起塔供养呢？

其实在建筑史学、考古学界之外，已有学者直呼嵩岳寺塔为"僧稠塔"，不过因其不属业内人士而不为关注，当然其严谨性也自当别论。除邯郸市文物局王兴《磁州窑画枕"僧稠降虎"》外，又如《北朝官禅领袖——僧稠》一文，作者赵荣响，洛阳老庄研究院院务委员[33]。笔者曾致电请教，赵先生回答"僧稠塔"之谓来自民间称呼。不过笔者在嵩岳寺考察期间只知此塔被当地居民称为"大塔"，称嵩岳寺为"大塔寺"。因笔者对嵩岳寺"塔中塔"的形制心存疑问，所以谨将此线索录于本文。另据安阳师范学院马爱民《从稠禅师及邺下定晋禅院考察看少林武术开端》一文，僧稠弟子们"分别在邺下龙山云门寺和嵩山少林寺建立'僧稠塔'纪念。"[34]

大约因为同属嵩山北魏皇家佛寺的缘故，从北朝至唐，似乎嵩岳寺（闲居寺）与少林寺之间一直存在一种互补的关系。例如僧稠离开少林寺之后，暂驻闲居寺，再回少林寺做寺主；魏宣武帝为冯亮造闲居寺，延昌二年（513年）冯亮移居道场寺，"数日而卒"[35]——而"道场寺"，可能正是少林寺最初的名字[36]；再如，少林寺在唐代神秀之时肯定已被认作禅宗祖庭，大概因为当时少林寺不属禅宗[37]，便在嵩岳寺辅山"中宗孝和皇帝诏于其顶，追为大通秀禅师造十三级浮图"[38]；同属唐代（武周）的《大慈恩寺三藏法师传卷九》记述玄奘申请译经之处时也是"少林伽蓝、闲居寺"并提。依照这种互补关系，本应在少林寺为故寺主立的"僧稠塔"因故改在他曾居止的闲居寺，成为带有局部墓塔形制的十五层浮图，也不是不可能的事。虽然塔这一类型本身就隐含有墓的含义，但嵩岳寺塔却不能单纯视之为墓塔，而应与神秀的"十三级浮图"性质相同；也因为神秀"十三级浮图"的存在，使得更早的嵩岳寺塔与僧稠扯上关系有了一定的合理性。

图二四 曹天度造千佛石塔
（《中国历代纪年佛像图典》，图 16）

从形制上说，嵩岳寺"塔中塔"与安阳北齐道凭法师双塔有相似性，而僧稠同在安阳的云门寺圆寂，时间上僧稠身灭的 560 年与道凭的 563 年相差无几，这便有了形制紧密传播的可能。另一处重要实例，"大石窟寺"所在的邯郸磁县南北响堂山，距云门寺也是咫尺之遥。如果说嵩岳寺塔意味着形制的探索与创新，那么嵩岳寺"塔中塔"则代表一种折衷的手段，既供礼佛，又用来纪念僧稠。

比闲居寺稍晚创立的嵩山另一座皇家寺院明炼寺（521 年建）在正光年间曾有"千佛二古塔"[39]"亭亭四照，疑疑遥空。龛室玲珑重光，回映其间。""亭亭、疑疑"均为高峻、耸立之意，参照北魏天安元年（466 年）曹天度造九层千佛石塔（图二四），形制与嵩岳寺塔差别甚大。即便嵩岳寺塔建于正光年间立得住，也不妨碍曾居止闲居寺、时任少林寺主的僧稠对嵩岳寺塔的形制创新有所影响。刘致平先生曾判断嵩岳寺塔的创建可能和新的宗派产生有关[40]。如果该塔真的事关僧稠，那座孤例也许反倒和宗派的消失有干系。僧稠禅法传自跋陀，属小乘禅法，与大乘的达摩禅有极大不同。小乘佛教很快式微，隋文帝曾有诏书云"自稠公灭后禅门不开"[41]，受小乘禅法影响的、带有局部墓塔形制的"僧稠塔"当然不会有完全的继承者。

神秀之后，嵩岳寺而非少林寺成为禅宗（北宗）一派。曹汛先生在对李邕《嵩岳寺碑》的引用中，曾讨论"加之六代禅祖，同示法牙"一句。但这句实属疑文。曹汛先生根据的也许是（《全唐文·卷二百六十三》），但笔者在《嵩岳志》《嵩书》中发现有不同版本。《嵩岳志》录为"玄代禅祖，同示法牙"，而《嵩书》录为"六代禅祖，同示法身。"笔者以为，《嵩书》所录较为合理。因为依上下文："十五层塔者，后魏之所立也。发地四铺而耸，陵空八相而圆，方丈十二，户牖数百，加之六代禅祖，同示法身，重宝妙装，就成伟丽；岂徒帝力，固以化开。"讲的都是外观形制，包括"重宝妙装，就成伟丽"，重点仍应是"妙装""伟丽"，如果突然讲起地宫或天宫的"法牙"，似乎不合逻辑。另外舍利也不可能全是"法牙"，何况佛教相传达摩只履西归，何来"法牙"？如果"六代禅祖，同示法身"[42]确属外观装饰，那么"示"在哪里？"塔中塔"的佛龛自然是最合适的地方。龛内的佛像自然会有过更新，唐李邕撰《嵩岳寺碑》之际的这次重修或许将六代禅祖的法身像纳入佛龛，否则李邕也不会在文中强调禅宗（北宗）与嵩岳寺的关系，而且六代禅祖与"今和上寂，皆宴坐林间，福润寓内"。禅祖的法身像纳入佛龛也正说明"塔中塔"是墓塔形制，毕竟禅祖不是佛，而是圆寂的高僧大德。至于"塔中塔"的另外两座佛龛放什么，本文不做推测。按照疑文不用的原则，点到为止、早该打住。

综上，笔者讨论的单层塔形制主要以唐代以前的石垒塔、浮雕塔为主[43]，隋唐以后有大量的砖砌墓塔，形制变化很多，远超出本文研究范围，故略而不论。关于建筑断代，伊东忠太在《中国建筑史》中谈到嵩岳寺塔时，先引用关野贞的判断（断为北魏），之后谈到自己观点更倾向于北齐[44]，可见歧见早已有之。因此本文目的并非意欲否定嵩岳寺塔建于北魏的可能性，只是想依据热释光测年结果扩大年代的上下限，而不必拘泥于地宫北魏佛像之证。虽后学顽皮，"追思前人，仿佛旧贯"[45]，尚不敢自以为是，录文于此，但企求教于方家。

注释：

① 《郑州大词典》。
② 《嵩岳寺碑》，《嵩岳文献丛刊·嵩书》。
③ 《建筑学报》1996 年第 6 期。
④ 《建筑学报》1997 年第 7 期。
⑤ 《河南古建筑调查笔记》，《刘敦桢文集（三）》。
⑥ 转引自朱永春：《论嵩岳寺塔唐代重建说不成立》，《合肥工业大学学报（社会科学版）》2000 年第 2 期。
⑦ 河南省古代建筑保护研究所：《登封嵩岳寺塔地宫清理简报》，《文物》1992 年第 1 期。
⑧ 明文书局版《中国建筑图集建筑丛刊》，P21；《复艾克教授论六朝之塔》，明文书局版《刘敦桢文集》，P227。

⑨ 《文物》1992年第1期。
⑩ 《图像中国建筑史》，P126。
⑪ 《云冈石窟文化》，P12。
⑫ 《萧默建筑艺术论集》，P12。
⑬ 尚有许多北魏佛像刻于单层四阿单开间小殿形象之内，但其上既无覆钵也无塔刹。但也有不同看法，见同济大学硕士论文：《塔之探源——由少林寺古塔测绘引发的研究》。该文对此像断代有所不同。
⑭ 指山东历城神通寺四门塔。
⑮ 《图像中国建筑史》，P126。
⑯ 同济大学硕士论文：《塔之探源——由少林寺古塔测绘引发的研究》，P45。
⑰ "塔中塔"该处现状留空。
⑱ 此塔与道凭法师双塔、嵩岳寺"塔中塔"均有类似之处，因其年代较晚且与道凭法师双塔同处一寺，推测或为前者影响之故。
⑲ 杜启明：《登封嵩岳寺塔勘测简报》，《中原文物》1987年第4期。
⑳ 杜启明：《登封嵩岳寺塔勘测简报》，《中原文物》1987年第4期。
㉑ 河南省文化局文物工作队：《在嵩岳寺旧址发现的瓦件》，《文物》1965年第7期。
㉒ 一说少林寺建于496年，见张家泰《少林寺考》论述，《中原文物》1981年特刊。
㉓ 《少林访古》，P30。
㉔ 以上据道宣《续高僧传》卷十六。僧稠在嵩岳寺的活动在该卷有详细描述。
㉕ 少林访古，P30。
㉖ 一说天保元年，见《全北齐文·卷一》。
㉗ 据邯郸市文物局王兴：《磁州窑画枕"僧稠降虎"》，大石窟寺指北响堂山。2004.11.4网上资料。该文称嵩岳寺塔为僧稠塔，但据笔者采访，作者称根据不详。
㉘ 《续高僧传》卷十六。
㉙ 道宣《续高僧传》卷十六。又南宋宗鉴《释门正统》，为乾明四年，误，乾明无四年。
㉚ 今河北临漳，南临河南安阳。
㉛ 达摩由梁入魏的时间有多种说法，其禅法稍晚于僧稠。据曹汛先生《嵩岳寺塔建于唐代》一文，达摩于526年自南海入梁，529年入魏。
㉜ "阇毗"为火葬之意。(严耀中跋隋《故静证法师碎身塔》)
㉝ 据中国石窟艺术网及笔者本人采访。
㉞ 《体育学刊》第九卷第五期，2002年。嵩山僧稠塔之说又见于任继愈《中国佛教史》第三册，P513。
㉟ 《魏书·卷九十》。
㊱ 《洛阳伽蓝记》中有道场寺而无少林寺，以少林寺在北魏的地位，极不合理。其他文献中谈到跋陀居止多以"今之少林寺"称之，说明多半是后起之名。关于道场寺即少林寺的推断，见《少林访古》，P4～16。
㊲ 据清嘉庆二年少林住持文载所作《德心塔记》，少林寺重归禅宗在元代以后。《少林寺资料集》，P29～30。
㊳ 《嵩岳寺碑》，《嵩岳文献丛刊·嵩书》，P457。在句读上笔者略有不同。
㊴ 《永泰寺碑》，《嵩岳文献丛刊·嵩书》，P460。
㊵ 刘致平：《中国建筑类型及结构》，中国建筑工业出版社，1957：184。
㊶ 冉云华：《敦煌文献与僧稠的禅法》，《华冈佛学学报》第6期，1983：73-103。
㊷ 笔者认为，"法身"一词在李邕文中可作"影像"解。
㊸ 这将又牵出一个话题，即嵩岳寺塔形制与石窟寺形制的关系，本文暂且不议。
㊹ 伊东忠太：《中国建筑史》，中国画报出版社，2018：215。
㊺ 《嵩岳寺碑》，《嵩岳文献丛刊·嵩书》，中州古籍出版社，2003：457。

参 考 书 目

[1] 刘敦桢. 刘敦桢文集（三）. 北京：中国建筑工业出版社. 1957.
[2] 刘敦桢. 刘敦桢文集. 台北：明文书局. 1984.
[3] 梁思成等. 中国建筑图集建筑丛刊，台北：明文书局. 1981.
[4] 梁思成. 图像中国建筑史. 北京：中国建筑工业出版社，1991.
[5] 刘致平. 中国建筑类型及结构. 北京：中国建筑工业出版社. 1987.
[6] 林洙. 中国古建筑图典. 北京：北京出版社. 1999.
[7] 金申. 中国历代纪年佛像图典. 北京：文物出版社. 1994.
[8] 赵一德. 云冈石窟文化. 太原：北岳文艺出版社. 1998.
[9] 龙门石窟研究所. 龙门石窟一千五百周年国际学术讨论会论文集. 北京：文物出版社. 1996.
[10] 杨泓. 汉唐美术考古和佛教艺术. 北京：科学出版社. 2000.
[11] 刘策. 中国古塔. 银川：宁夏人民出版社. 1981.
[12] 萧默. 萧默建筑艺术论集. 北京：机械工业出版社，2003.
[13] 温玉成. 少林访古. 天津：百花文艺出版社. 1999.
[14] 无谷、刘志学. 少林寺资料集. 北京：书目文献出版社. 1982.
[15] 经书威. 郑州大辞典. 郑州：中州古籍出版社. 2002.
[16] 任继愈. 中国佛教史. 第三册. 北京：中国社会科学出版社. 1988.
[17] （日）伊东忠太. 中国建筑史. 北京：商务印书馆. 1998.
[18] （唐）道宣. 高僧传·二集. 台北：福智之声出版社. 1996.
[19] （清）严可均. 全北齐文·全后周文. 北京：商务印书馆. 1999.
[20] （明）陆柬. 嵩岳志. 嵩岳文献丛刊. 郑州市图书馆文献编辑委员会. 郑州：中州古籍出版社. 2003.
[21] （明）傅梅. 嵩书. 嵩岳文献丛刊. 郑州市图书馆文献编辑委员会. 郑州：中州古籍出版社. 2003.
[22] （北齐）魏收. 魏书. 二十六史. 海口：海南出版社. 1999.
[23] 武蔚. 塔之探源——由少林寺古塔测绘引发的研究. 同济大学硕士论文. 1996.
[24] 曹汛. 嵩岳寺塔建于唐代. 建筑学报. 1996（6）.
[25] 萧默. 嵩岳寺塔渊源考辨—兼谈嵩岳寺塔建造年代. 建筑学报. 1997（4）.
[26] 河南省文化局文物工作队. 在嵩岳寺旧址发现的瓦件. 文物. 1965（7）.
[27] 河南省古代建筑保护研究所. 登封嵩岳寺塔勘测简报. 中原文物. 1987（4）.
[28] 河南省古代建筑保护研究所. 登封嵩岳寺塔地宫清理简报. 文物. 1992（1）.
[29] 河南省古代建筑保护研究所. 河南安阳宝山灵泉寺塔林. 文物. 1992（1）.
[30] 朱永春. 论嵩岳寺塔唐代重建说不成立. 合肥工业大学学报（社会科学版）.2000（2）.
[31] 张家泰. 少林寺考. 中原文物（特刊），1981.
[32] 冉云华. 敦煌文献与僧稠的禅法. 华冈佛学学报. 1983（6）.
[33] 马爱民. 从稠禅师及邺下定晋禅院考察看少林武术发端. 体育学刊. 2002，9（5）.

评语： 河南登封的嵩岳寺塔在我国建筑史研究中是一个充满悬疑的孤例。论文在贯通前人学说的基础上，通过聚焦塔身单层塔形制的佛龛，探讨塔的功能用途，试图揭示建造隐秘，同时将嵩岳寺塔与周边地区的诸塔进行类型比较，大胆地提出该塔的建造年代以及塔形制创新的独到看法。

（原载：杨鸿勋：《建筑历史与理论》（第十辑），科学出版社，2009 年）

从北魏皇室佛教活动看嵩岳寺塔的形制准备

徐永利 李靖

摘要： 该文分析了北魏皇室的佛塔建筑，同时参考了皇室成员的宗教活动，由此推测北魏正光年间（520～525年）及其以前佛塔建筑的发展是否已为形制的创新做好准备。《皇唐嵩岳少林寺碑》《中岳嵩阳寺碑》《永泰寺碑》成为分析的起点，北魏胡灵太后作为正光年间的关键人物受到关注。

关键词： 正光年间；皇室；佛塔；形制

中国传统文化中，嵩山历来是一座神山，与洛阳一起组成"嵩山文化圈"[①]的中心。北魏太和十八年（472年），魏孝文帝祭拜中岳，其《祭嵩高山文》篇幅硕长，凡264字；而同为太和十八年的《祭恒岳文》只有78字，到次年的《祭岱岳文》96字，《祭河文》128字，《祭济文》125字[②]。仅从字数对比中即可看到北魏皇室对于中岳嵩山的重视。纵观北朝，虽偶有灭佛之举，但皇室在大多数时间里仍是笃信佛教。照理说，与宗教活动密切相关的皇家佛塔很早便应在嵩山出现。但从现有北朝遗存来看，仅嵩岳寺塔一座（图一），某种程度上还身世不明[③]。一般认为，现存最早的空心密檐塔——嵩岳寺塔建于北魏正光年间（520～525年），如此说属实，那么在正光前后，北魏佛教建筑的发展应该对此形制的出现已经有所准备。由此，对文献中提及的北魏嵩山皇家佛塔作一梳理，同时以北朝皇室佛教活动作为背景参照，对于厘清嵩岳寺塔形制的由来或许不无裨益。

图一 嵩岳寺

一、四处北魏皇家佛塔

正光之前的北魏，嵩山至少曾有两座皇家寺院有过佛塔。据唐开元十六年（728年）裴漼的《皇唐嵩岳少林寺碑》："沙门跋陀者……来游国都……太和中，诏有司于此寺处之。净供法衣，取给公府。法师乃于寺西台造舍利塔，塔后造翻经台。香水成涂，金绳为约，苦心精力，俾夜作昼。多宝全身之地，不日就工……西缘长涧，夹松柏之萧森，北距深岩，覆筠篁之冥密……空乐跋陀，息心兹地，乐静安居。"[④]关于此塔形制，所知不多，既称"舍利塔"，又与"翻经台"南北相对，想必较为高耸，但材质不详。在《说嵩》卷二十一中，称该塔为"中国建塔之始"。其实还有更早的。据东魏天平二年（535年）《中岳嵩阳寺碑》（图二）拓文："有大德沙门生禅师……浮沉嵩岭，道风远被，德香普熏，乃皇帝倾心以师资，朝野望风而屈膝。此山先来未有塔庙，禅师将欲接引众生……卜兹福地，创立神场，当中岳之要害，对众术之抠耳；乃北背高峰，南临广陌，西带浚涧，东接修林，于太和八年岁次甲子，建造伽蓝，筑立塔殿，布置僧坊，略深梗概……司空公裴衍……为寺檀主。"[⑤]按《说嵩》卷三："(唐)奉天宫……故嵩阳寺也，寺建于元魏，司空裴衍尝为寺主。浮屠大者，高数十仞。"则此寺名为嵩阳寺，正与《中岳嵩阳寺碑》名称相符，从其等级上说，应属于皇家佛寺的范畴。太和八年（484年）早于少林寺的初创年代[⑥]，其说"此山先来未有塔庙"似有一定道理，据《说嵩》卷二十一，汉明帝永平十四年，嵩山建大法王寺，号称中国建寺之始，但未记有无建塔，下文反提到该寺"后魏建佛图"。由此至少可以认为，嵩山皇

图二 中岳嵩阳寺碑

家佛塔，以嵩阳寺塔为始。

这座塔是何形制？《中岳嵩阳寺碑》记载："禅师乃构千善灵塔一十五层，始就七级，缘差中止。而七层之状，远望则迢亭巍峨，仰参天汉；近视则崔嵬俨巚，旁魄绝望，自佛法光兴，未有斯壮也。禅师指麾，成之匪日。禅师之后，虽复名工巧匠，无能陟其险峭。禅师大弟子沙门统伦、艳二法师……以师遗功，成兹洪业，分𥳵□砖，更罩两塔，并各七层，仰副师愿。"以"七层之状"，而能"仰参天汉""旁魄绝望""高数十仞"[7]，虽有夸张，也能推测出此塔应为砖楼阁式塔，而且是个半成品；弟子"更罩两塔"，应该也是楼阁式。最初本意是修成楼阁式十五层砖塔，"缘差中止"，指的是生禅师圆寂。"禅师之后，虽复名工巧匠，无能陟其险峭。"——原因是技术上达不到，也根本没有经验，因为北魏熙平元年（516年）洛阳城内"营建过度"[8]，极为高大的木楼阁式永宁寺塔也不过九层，十五层砖楼阁塔的自身荷载问题可能都无法解决；另外说明当时并不缺砖（至少皇家工程），否则"名工巧匠"不会在生禅师圆寂后还试图建完如此大规模的工程。"伦、艳二法师""更罩两塔，并各七层，仰副师愿"，指的是两塔相加的十四层象征着十五层塔的"师愿"，变相完成。生禅师自身如何保证造塔实验的成功就不得而知了，不过这暗示着我们嵩山皇家佛塔尤其是砖塔的建造本身就是一个形制和技术创新的过程。

嵩岳寺塔的形制似乎突如其来，不过我们在此可以发现至少"十五层塔"[9]，这一点上它是不孤单的，早有先例。虽未必很有深意，但可以相信"十五"也并不是一个偶然为之的数字，不过即便是多达十五层的砖塔，也还是要尽力建楼阁式的，说明当时（太和年间）尚未创制出密檐塔这一新类型。

嵩岳寺旧称闲居寺，建于北魏永平二年（509年）。嵩山另一座皇家寺院——明炼寺创自北魏正光二年（521年），供孝明帝之妹出家居止。相关碑文（图三）记载"千佛二古塔者，昔明炼之所起，亭亭四照，巍巍遥空。龛室玲胧重光，回映其间。"[10]"亭亭、巍巍"均为高峻、耸立之意，参照北魏天安元年（466年）曹天度造九层千佛石塔（图四），形制上应有类同之处，如果对比云冈石窟中较为高耸的中心塔柱的样式（图五），后者这种仿木楼阁的石雕塔，尽管每开间置一佛龛，但还称不上"千佛"，故"千佛二古塔"当为类似曹天度塔的石建或砖砌，而创建年代当为正光年间或稍后。这两座塔有没有可能是密檐塔呢？嵩岳寺塔密檐间每面只设一门二窗，而非佛龛，自当不是"千佛"所愿。关于嵩山佛塔，尚有孝明帝神龟元年（518年）在嵩山地区建七层砖塔的记载[11]，推测也为楼阁式。这便带来些许疑惑，从太和年间到正光年间的上述五座皇家佛塔，至少有四座是砖石所造，形制却均为楼阁式，嵩岳寺塔若建于正光年间，当真突如其来了。

图三　永泰寺碑

图四　曹天度造九层千佛石塔
（资料来源：中国历代纪年佛像图典第16图）

图五　云冈石窟北魏塔柱
（资料来源：中国古建筑图典，P721）

二、正光年间事

北魏正光年间是多事之秋。正光元年（520年）七月，胡灵太后妹夫元叉、宦官刘藤限制魏孝明帝于显阳宫，幽禁太后于北宫。待太后复位从而剪除元叉已在孝昌元年（525年）。这一时间段难免让人怀疑皇家的寺庙建设活动是否会受到影响，因其正好涵盖了一般认为的嵩岳寺塔的建造年代。其实不然，例如在龙门石窟古阳洞南壁（正光三年，522年）、西山老龙窝（正光五年，524年）、西山莲花洞北壁（孝昌元年，525年）迄今都还可见到与胡灵太后及其家族有关的题记[12]。从这段时期的宗教活动来看，至少仍包含着佛塔形制创新的可能性。

正光以前，魏孝明帝年幼，朝政为胡灵太后所把持。"太后性聪悟，多才艺，姑既为尼，幼相依托，略得佛经大义。"胡灵太后好佛，带动了北魏佛教建筑的发展——"寻幸永宁寺，亲建刹于九级之基，僧尼士女赴者数万人。""后幸嵩高山，夫人、九嫔、公主已下从者数百人，升于顶中。废诸淫祀，而胡天神不在其列。"[13]这"胡天神"即是释迦牟尼。

正光五年，幽禁中的胡灵太后得到与魏孝明帝见面的机会，谓群臣曰："隔绝我母子，不听我往来儿间，复何用我为？放我出家，我当永绝人间，修道于嵩高闲居寺。先帝圣鉴，鉴于未然，本营此寺者正为我今日。"[14]虽然这些话只是一种要挟手段，却可以看出在魏孝明帝时期闲居寺在皇家佛寺[15]中居于极重要的地位。该寺正光年间如果建塔，必与胡灵太后关系密切。

太后信佛并把持朝政，在北魏非只胡氏一人，又见于文成文明皇后冯氏。冯氏摄政献文帝、孝文帝两朝，在孝文帝承明元年（476年）尊称太皇太后，"复临朝听政"。孝文帝曾"为太皇太后经始灵塔……以其地为报德佛寺"。太后自己也好佛，"立文宣王庙于长安，又立思燕佛图于龙城"[16]。冯氏太和十四年（490年）崩，三年后孝文帝迁都洛阳，标志着北方文化中心向"嵩山文化圈"转移。

据魏收《魏书》卷十三，冯氏自选陵地"永固陵"于"方山"[17]，而胡灵太后欲"修道"的嵩山在《禹贡》中即被称为"外方"。虽然此"外方"对应的并非冯氏"方山"，却提醒着我们冯氏与胡灵太后作为两个具有相似地位的北魏皇室人物，其对寺庙建设的影响应有一定相似性。冯氏有"报德佛寺"，对应的胡灵太后欲"修道于嵩高闲居寺"。那么是否胡灵太后也可以"经始灵塔"呢？再看正光二年公主出家，建有明炼寺和"千佛二古塔"，为胡灵太后在闲居寺内建塔也是有可能的。不过有两点值得注意，一是正光年间胡灵太后修道之说只是权宜之计，而非计划内的，真正被迫打算出家是在兵乱的武泰元年（528年），而且随即为尔朱荣所害；第二，如果正光年间闲居寺起塔，有可能是明炼寺塔形制的楼阁式。

那么正光年间是如何认识佛塔建筑的？是否出现创建密檐式塔的端倪呢？正光年间崔光的主张可能为密檐塔的出现作了认识和舆论上的准备。崔光，胡灵太后时曾任太保，精通儒释，"有德于灵太后"，殁于正光四年十一月。据《魏书》卷六十七及李延寿《北史》，神龟二年（519年）八月，"灵太后幸永宁寺，躬登九层佛图。光表谏曰：伏见亲升上级，仵跻表刹之下，衹心图构，诚为福善，圣躬玉趾，非所践陟。臣庶怔惶，窃谓未可。按《礼记》，为人子者，不登高，不临深……"除以儒家典籍劝止外，尚有"宝塔高华，堪室千万，唯盛言香花礼拜，岂有登上之义？独称三宝阶，从上而下，人天交接，两得相见，超世奇绝，莫可而拟。恭敬拜跪，悉在下级。远存瞩眺，周见山河，因其所昞，增发嬉笑。未能级级加虔，步步崇慎，徒使京邑士女，公私凑集。上行下从，理势以然，迄于无穷，岂长世竞慕一登而可抑断哉？盖心信为本，形敬乃末，重实轻根，靖实躁君，恭己正南面者，岂月乘峻极，旬御层阶。今经始既就，子来自劝，基构已兴，雕绚渐起，紫山华台，即其宫也。伏愿息躬亲之劳，广风靡之化，因立制防，班之条限，以遏嚣污，永归清寂。下竭肃穆之诚，上展瞻仰之敬。勿践勿履，显固亿龄，融教阐悟，不其博欤？"

其中，"宝塔高华，堪室千万，唯盛言香花礼拜，岂有登上之义？""恭敬拜跪，悉在下级"等表明了北朝部分知识分子对待礼塔的态度，无疑为不供登临的密檐塔的兴起埋下了伏笔。崔光等人还反对因佛事活动的铺张浪费、劳民伤财，表现在对同年胡灵太后临幸嵩山佛寺的劝止上，这些都为减少高大的多层楼阁式塔的建造制造了舆论基础，高层佛塔出现了转型的需要。另外，皇家佛塔若建在嵩山，除供僧人和皇家礼拜外，应无旅游观光登临之用。何况意欲远望登山即可，何须登塔。大体量的木或砖楼阁塔在山地显现不出优势，即便对于前述嵩阳寺塔，应该也是如此。高耸的佛塔依附于山地特征，必然要发生形制上的转变。可以认为，在正光及其以后的诸年中，层数较多而规模远逊于永宁寺塔的密檐塔正逢其时[18]。

三、正光以前的佛教交流

汉代以来，中原与西域的佛教交流持续发展。跋陀、达摩均为北魏时来汉地传法的胡僧。宣武帝时，"佛教

图六 嵩岳寺塔

盛于洛阳，中国沙门之外，自西域来者三千余人，魏主别为之立永明寺千余间以处之。处士南阳冯亮有巧思，魏主使与河南尹甄琛、沙门统僧暹择嵩山形胜之地立闲居寺，极岩壑土木之美。由是远近承风，无不事佛，比及延昌，州郡共有一万三千余寺"[19]。在这则文献中，一同创建的两座佛寺——洛阳的永明寺与嵩山的闲居寺，成为509年佛法弘扬的两件大事。可以推想，寓居永明寺的三千西域沙门，必将对随后北朝佛塔形制的创新产生影响，其中很可能包括本文所讨论的嵩岳寺（闲居寺）塔（图六）。

另外，为了光大佛法，胡灵太后于神龟元年（518年）派遣崇立寺沙门惠生、敦煌人宋云入印度求取真经。详细记载见杨衒之《洛阳伽蓝记》第五卷，不赘述。北魏西行求法的陆路与丝绸之路的陆路一致。此二人到了正光三年（522年）冬天才回到洛阳。共带回大乘佛经170部，摹写了犍陀罗佛图之仪状大小，详记了天竺佛迹佛塔之方位所在，对于随后佛教在中原内地的发展、佛典翻译以及犍陀罗佛教造像、雕刻、绘画艺术的传播起到了十分重要的作用。

522年，嵩岳寺塔很可能尚未建成，则宋云、惠生的西行求法成果、见闻对皇家寺院嵩岳寺（闲居寺）的建筑形制也应会产生重要影响。不过仍要结合前文的疑惑来看，为什么同属皇家的明炼寺塔还是楼阁式呢？也许密檐塔形制还不流行，也许正光年间这一形制尚未创立，真正的试验与创新可能还在等待稳定与蓬勃的时代背景[20]。

四、结语

通过以上分析，仅从北魏太和元年至正光年间这六十余年的历史看，嵩山皇家佛塔已经到了形制一变的临界点，皇室的佛教活动也为嵩岳寺塔的酝酿奠定了一定的基础。根据热释光年代测定结果[21]，无论创建年代最终确定于何时，嵩岳寺塔仍属北朝佛塔形制创新的珍贵遗存。

注释：

① 文物考古界认为，嵩山在中原古文化形成中起到发动机与孵化器的作用，故有"嵩山文化圈"的提法。见周昆叔等：《论嵩山文化圈》，《中原文物》，2005年第1期。
② 《初学记》五、六，转引自《全后魏文》，第78～81页。
③ 北京大学曹汛先生认为此塔建于唐代。
④ 《少林寺资料集》，第425页。该文随后有"赡言灵塔，峭然独存"一句，应指的是另一座跋陀"遗身定塔"，是一座较为高耸的木塔，见《少林访古》，第23页。
⑤ 转引自《全后魏文》卷五十八，第574页。
⑥ 太和十九年或二十年，即公元495或496年，见张家泰《少林寺考》论述。
⑦ 据《古代汉语常用字字典》，一仞为七尺或八尺。
⑧ 《洛阳伽蓝记》，第10页。
⑨ 中岳嵩阳寺碑现存嵩阳书院。《说嵩》卷二十一引此碑文字，误为"二十五层塔"，如果真是二十五层，"七层之状"就谈不上"中止"了。
⑩ 《永泰寺碑》，《嵩岳文献丛刊·嵩书》，第460页。明炼寺在唐代重修，易名为永泰寺。
⑪ 《中国的佛塔》，第31页。类似记载见于乾隆丁未年《登封县志》，记为神龟三年，P425。
⑫ 以上据国学网，杨富学，程晓钟。庄浪石窟的开创及其历史文化背景，佛学研究。
⑬⑯ 以上均见《魏书》，卷十三。
⑭ 《魏书》卷十六。

⑮ 时有少林寺、闲居寺、明炼寺、会善寺。

⑰ 今山西大同城北的梁山。

⑱ 无论塔的大小、材料如何，在早期佛经中认为功德是一样的，所以笔者认为密檐塔实质象征着楼阁式塔的缩形。

⑲ 《资治通鉴》卷一百四十七。类似记载见于《洛阳伽蓝记》。

⑳ 笔者在第四届中国建筑史学国际研讨会论文《塔中之塔——嵩岳寺塔形制探微》中试论了该塔建于北齐的可能性。

㉑ 河南省古代建筑保护研究所：《登封嵩岳寺塔地宫清理简报》，《文物》1992年第1期。

参考书目

[1] 金申. 中国历代纪年佛像图典. 北京：文物出版社，1994.
[2] 林洙. 中国古建筑图典. 北京：北京出版社，1999.
[3] [北宋] 司马光. 资治通鉴. 北京：中国华侨出版社，2003.
[4] [北魏] 杨衒之撰，韩结根注. 洛阳伽蓝记. 济南：山东友谊出版社，2001.
[5] [清] 景日昣. 说嵩. // 郑州市图书馆文献编辑委员会. 嵩岳文献丛刊. 郑州：中州古籍出版社，2003.
[6] [明] 傅梅. 嵩书. // 郑州市图书馆文献编辑委员会. 嵩岳文献丛刊. 郑州：中州古籍出版社，2003.
[7] [清] 严可均. 全后魏文. 北京：商务印书馆，1999.
[8] [北齐] 魏收. 魏书，二十六史. 海口：海南出版社，1999.
[9] 周昆叔等. 论嵩山文化圈. 中原文物. 2005（1）：20.
[10] 无谷，刘志学. 少林寺资料集. 北京：书目文献出版社，1982.
[11] 温玉成. 少林访古. 天津：百花文艺出版社，1999.
[12] 全佛编辑部. 中国的佛塔. 北京：中国社会科学出版社，2003.
[13] 河南省古代建筑保护研究所. 登封嵩岳寺塔地宫清理简报. 文物，1992（1）：33.
[14] 张家泰. 少林寺考. 中原文物，1981（特刊）：23.
[15] 河南省登封县地方志编纂委员会整理. 清乾隆丁未年登封县志. 1990.

（原载：《华中建筑》第25卷，2007年第11期，第101～103页）

******

由嵩岳寺塔看密檐式塔分型

徐永利

关于中国古代佛塔，建筑史学界常见观点是按照形制分为阁楼式、密檐式①、单层塔、喇嘛塔、金刚宝座等五种主要类型。梁思成先生在《图像中国建筑史》中总结到②："密檐塔的特征是塔身很高，下面往往没有台基。上面有多层出檐。檐多为单数，一般不少于五层，也鲜有超过十三层的。各层檐总高度常为塔身的两倍……从结构或建筑的意义上说，这类塔的出檐一层紧挨一层，中间几乎没有空隙，所以我们称之为'密檐塔'。"

现存实例中，密檐塔以十五层的嵩岳寺塔为发端，但这一常见佛塔集群的后期实例在形制上与嵩岳寺塔有明显差别。故此，笔者认为这一佛塔集群非"密檐塔"一词所能妥善概括。

一、关于密檐塔类型的争议

上述疑问，已为前辈学者所关注，例如张驭寰先生在《中国塔》一书中按照形制不同将中国佛塔分为15大类③，包括楼阁式塔、内部楼阁式外部密檐式塔、密檐式塔、过街塔、造像塔、幢式塔、无缝塔、异形塔、金刚宝座式塔、宝箧印塔、经塔、法轮塔、多宝塔、喇嘛塔、五轮塔等。本文谨以张驭寰先生提出的"内部楼阁外部密檐式塔""密檐式塔"两种佛塔类型和《中国建筑史》教材中的"密檐式（塔）"这一概念为例做一比较。

《中国建筑史》教材对"密檐式（塔）"的解释是"底层较高，上施密檐五至十五层（一般七至十三层，用单数），大多不供登临眺览，意义与楼阁式塔不同。后来有的虽可登临，但因檐密窗小，又没有平坐栏杆，观览效果远不如楼阁式塔，建塔材料一般用砖、石。"④ 相比之下，关于"密檐式塔"，张驭寰《中国塔》一书的定义为"塔的外表有层层檐子密接，人们称之为密檐塔。这种密檐塔的特征是：除第一层有塔室外，其他各层再也没有塔室了，而是一个实心体，人们不能进塔登临，只具有塔的式样。因此，在没有塔层的情况下，可以随意做出塔檐。"依照该书，这种塔实例以辽金实心密檐佛塔为主，并包含个时代实心密檐墓塔；关于"内部楼阁外部密檐式塔"，《中国塔》一书定义为"我国塔中的一个类型，若从式样划分它仍属于密檐塔的范畴。这种塔的特点主要是，外檐层数增多……密檐楼阁式塔，是密檐式塔与楼阁式塔结合而产生出来的一种新形式。所以此类塔既具有密檐式的外形美，又具有楼阁式塔的内部使用价值及室内的装饰美。它汲取两种塔的长处，扬弃两种塔的短处，成为一种优点最多的塔，真可谓独具特色"。该书把嵩岳寺塔、唐代密檐塔归入此类。可以看出在《中国塔》一书中，这两种建筑类型涉及的佛塔实例要合并起来方可基本对应高校教材所言"密檐式（塔）"范围。不过由上述《中国塔》引文似乎可以推出"内部楼阁外部密檐式塔"的这一称谓实际上难以涵盖嵩岳寺塔、嵩山永泰寺塔这一类外部密檐、内部从未设置楼板的空筒大塔。可见"密檐塔"的定义确有再次厘清的必要，或者干脆再细加划分。

在笔者博士论文写作过程中，关于上述问题曾请教过曹汛先生。与张驭寰先生类似，访谈中曹先生也倾向于界定一种"密檐楼阁式塔"，但这一名称难以形容登封永泰寺塔这样内部既无叠涩更无楼板的塔形。不过，以上讨论说明将唐代典型密檐塔与辽金典型密檐塔分开为两种类型已是许多学者的共识。

二、由嵩岳寺塔看"外来密檐塔"的典型特征

笔者在《外来密檐塔形态转移及其本土化研究》一书中提出"外来密檐塔"一词来命名以登封嵩岳寺塔、永泰寺塔为代表的这一类空筒形密檐塔，试图划定一个相对有限的主体范围——不但满足"底层较高的塔身"和"上部逐层高度递减的密檐"两点，而且若是大塔，则以空筒结构为典型结构形式，并且体现出空筒结构相应的典型技术表征——塔体外观呈抛物线形（如是个别实心大塔，仍旧会保持空筒结构的外观特征）；另外，虽然可能出现楼板，但基本不起结构作用，而且内部如有楼层划分，内外层数不对等；至于层数，因为反例诸多，则不必限定为"单数"或"五至十五层"这一断论。总的来讲，由此独立划分出来的"外来密檐塔"是以嵩岳寺塔为发端、在形制演变过程中保持了最初密檐塔基本形制特征的建筑类型，而不仅仅是"密檐"而已。

嵩岳寺塔形制中含有明显的外来因素，梁思成先生在《中国的佛教建筑·佛塔》一文中提出："虽然没有文献可证，但我们可以大胆肯定地说它是模仿印度的一些塔形的"⑤。以嵩岳寺塔为开端、以西安荐福寺塔、登封永泰寺塔为成熟期代表的这一密檐塔类型，因其性质起源带有明显的外来因素，故可以概括地称之为"外来密檐塔"。关于形制的外来特征与本土化转译过程，在《外来密檐塔形态转译及其本土化研究》一书中有详细论证，不再赘述。

三、北朝型密檐塔与辽金型密檐塔的概念

但"外来密檐塔"这一概念似乎过于关注这一塔型的外来特征了，对本土化的客观事实强调不足。虽然嵩岳寺塔近乎圆形、四向开门的空筒平面与印度的"天祠"、早期中土石窟的旋佛空间确有不同程度的继承，但这些外来特征在唐代及以后的密檐塔中已基本消失，大多呈现为南向辟门的正方形空筒加叠涩密檐的形制，这也是上文强调过的"外来密檐塔"的通属特征。在此，本文尝试用"北朝型密檐塔"来代替"外来密檐塔"这一概念，并以"辽金型密檐塔"来与之对应。之所以提出这一对概念，是基于以下考虑：

（1）明确区分两种密檐塔，认定两者不是一个塔形；

（2）这一对术语注重起始朝代和该朝代的宗教、制度等文化背景，暗含该朝代宗教、制度文化的持续性影响；

(3）以"北朝"对"辽金"，称呼上对仗工整，便于记忆、交流，比笔者曾使用的"外来密檐塔"对"辽金实心密檐佛塔"，张驭寰先生使用的"内部楼阁外部密檐式塔"对"密檐式塔"，都要清晰合理，也更方便使用。

关于上述第3点，在此略作讨论：

"北朝型密檐塔"之"北朝"指的是南北朝时期的北方政权，包含北魏、分裂后的东、西魏，以及继起的北齐、北周，文化体制的根基在于北魏迁都洛阳之后有所汉化的鲜卑制度。如详加探讨，则北齐政权稍显特殊，皇族属于汉族，汉人地位有所上升，并组建汉军；另外北周体制的汉化也很明显。虽然与北魏比，北齐北周体制汉化程度均有所深入，但并未打破北朝文化的整体连贯性。隋唐体制出于北周，唐代前期完全是北周文化的延续，而这段时期也是密檐塔发展的全盛时期。因此除了佛教传播自身之力，该类型密檐塔的发生与北朝制度的影响密切相关。在《外来密檐塔形态转译及本土化研究》一书辑录的现存64座该塔型大型实例中[6]，宋代及以后共出现35座，虽占一半强，但考虑到五代之前佛塔完整保留至今的概率要远远小于宋代之后，仍旧可以认为"北朝型密檐塔"流布主体时期在五代之前。

"辽金型密檐塔"分布于辽代、金代的中国北方。这一类型经过唐、宋华夏文化的洗礼，与北朝时期并没有文化上的直接连贯性，体现出契丹、女真自己的佛教信仰特征，也有明显的汉化成分。

四、两种塔型的形制区别与教派异同

"辽金型密檐塔"与"北朝型密檐塔"在形制上有明显的区别，已属于大多数学者的共识，本文仅简略归纳前者特征如下（以大塔为代表）：底层仍旧较高，下部为须弥座，底层及基座装饰华丽，密檐之间以砖仿木楼阁形制；结构上基本为砖砌实心（有的底层有塔室，或上部暗藏小室或天宫），塔身基本沿直线收分。简要地说，"辽金型密檐塔"虽或外观上具有"较高底层+密檐"的特点，但在结构与形制上均已丧失了嵩岳寺塔所发端的基本类型要素，本文认为此类实心密檐佛塔实际表征了"北朝型密檐塔"形制的解构。

关于"辽金型密檐塔"研究，学术界已完成的若干博士、硕士论文值得关注，并对辽代密檐塔有详尽的调查目录，如华南理工大学杨楠的《辽代密檐式塔形制特色研究》（2005年），但对金代密檐塔的辑录以及辽、金两代的密檐塔的详细区分也见于此文；另外相关学位论文对佛塔形制本身探讨较多，对其背后的宗教文化力量言之甚少；在关于辽代、金代密檐塔的研究中，往往笼统地将"辽代密檐塔""金代密檐塔"作为一个时间性或地域性的整体对待，而非佛塔类型研究，辽金时期特定形制的密檐塔并未被独立看待。但"辽金型密檐塔"与"北朝型密檐塔"也并非毫无关系。"北朝型密檐塔"发端在先，"辽金型密檐塔"扬弃在后，二者的兴起、衰落与中土佛教教派的赓续一脉相承。

佛教宗派是推动密檐塔演变的重要文化力量。《外来密檐塔形态转译及其本土化研究》一书指出密教、华严宗与五代以前的密檐塔形制关系密切。除了经典佛教史著作，近年辽金佛教教派研究成果也较多，总的来说：辽代佛教以华严、密教为胜；金代则以禅宗盛行，华严等也得到很大发展。近年密檐塔形制与宗教事件、宗派文化力量的关系在国内学术界逐渐受到重视，可分别以2012年《外来密檐塔形态转译及其本土化研究》一书以及同年中国建筑史学会年会暨学术研讨会学术论文《辽代佛塔形制特点形成原因及背景》为代表。但将所有密檐塔实例笼统归为一类的观点仍旧流行，学界对五代前后教派兴衰对不同密檐塔形制的影响也未做深究。

关于佛教宗派与佛塔形制的关系，国外研究则多限于佛塔整体研究部分。日本学者的早期调研已广为人知，从1893年到1935年，冈仓天心、鸟居龙藏、伊东忠太、常盘大定、关野贞、竹岛卓一、村田治郎、前田俊雄、琢本靖和伊藤清照等从不同研究角度普查了中国各地文化史迹。1935年鸟居龙藏发表《东蒙古现存的金刚界曼荼罗的砖塔》一文，论述东蒙地区辽塔与金刚界曼荼罗的关系；1943年前田俊雄出版《满洲的古塔和故城》一书，对辽代八角十三层塔与《四分律》《大般涅槃经》的关系做了推测。20世纪末日本学者野上俊静《辽金的佛教》等文，强调华严、密宗在辽道宗时的兴起，以及金代经学以华严为重，而实践上注重禅学的情况。

综上所述，"辽金型密檐塔"与"北朝型密檐塔"虽然分属不同的塔型，但均在不同程度上与密教、华严的仪轨要求相关。

五、提出"北朝型密檐塔"与"辽金型密檐塔"分型的意义

本文密檐塔分型观点的提出，便于以下探索的展开：

（1）关注"北朝型"和"辽金型"密檐塔形制背后的教派渊源，通过研究佛教在中国各朝代、地区的不同发展特征来探索两种密檐塔的形制源流，从宗教学的角度揭示佛塔造型艺术发展规律。

（2）"北朝型密檐塔"发端于六朝时期北方民族区域，但后来在北方、西南的汉文化地区广泛流行，"辽金型密檐塔"主要流布于辽、金疆域之内，由此可以从民族文化人类学的角度来补充阐释这两种佛塔类型的形制关联和发展规律。

（3）"辽金型密檐塔"和同时期另一种佛教建筑——经幢在八角形平面形制上应有相关性，但目前学界缺乏准确论证；其他塔型发展到宋代（含辽、金），也出现八角形平面实例，理清两种密檐塔以及佛塔与经幢间的形制关联有利于完善佛塔形制规律的建构，有助于充分认识佛教建筑类型之间的关联性。

六、余论

密檐塔分型中有两座关键佛塔。

1. 登封嵩岳寺塔

以嵩岳寺塔为代表的北朝佛塔开创了以密檐象征楼阁的形制特征，并通过"北朝型密檐塔"的传播为"辽金型密檐塔"所继承，并还原了木构楼阁的具象特征。后者不但完全扬弃了嵩岳寺塔的外来形制特点，而且将"北朝型密檐塔"的本土化趋势更加推进一步。但这些变化，都孕育在最初嵩岳寺塔形制探索的大趋势之内，嵩岳寺塔离"辽金型密檐塔"既远且近。

2. 南京栖霞寺舍利塔

从形制上看，可以确认南京栖霞寺五代舍利塔是"辽金型密檐塔"的已知最早实例，但其不属该类型的常见分布范围。这是目前"北朝型密檐塔"与"辽金型密檐塔"这一对概念在时间、空间上未能充分涵盖的缺憾。所以，一个有待深入研究的课题是：判断栖霞寺舍利塔是否确属第一批甚至第一座"辽金型密檐塔"，并深入发掘这座塔在"北朝型"和"辽金型"密檐塔形制变迁中的意义，以便在佛教艺术史上为这座著名佛塔建筑的影响准确定位。

注释：

① 学术交流中，有时可以看到"密檐塔""密檐式塔"两种不同称谓，为同义词。
② 梁思成：《图像中国建筑史》，百花文艺出版社，2001年，第358页。
③ 张驭寰：《中国塔》，山西人民出版社，2000年，第85～94页。该书94页表中，又增加"墓塔"，则呈16大类。张驭寰先生在《中国古代高层砖石建筑——嵩岳寺塔和其他》一文中，将塔形归纳为两类，一类为实心塔，一类为楼阁式塔，后者又分为四种，嵩岳寺塔属于其中的密檐楼阁式塔。该分法可能属于张驭寰先生早期观点。自然科学史研究所：《中国古代科技成就》，中国青年出版社，1978年，第598～602页。
④ 《中国建筑史》编写组：《中国建筑史》，中国建筑工业出版社，1993年，第114、115页。
⑤ 梁思成：《梁思成文集（四）》，中国建筑工业出版社，1986年，第194页。
⑥ 徐永利：《外来密檐塔形态转译及其本土化研究》，同济大学出版社，2012年，第144～147页。

参 考 书 目

[1] 梁思成：《图像中国建筑史》，百花文艺出版社，2001年。
[2] 张驭寰：《中国塔》，山西人民出版社，2000年。
[3] 自然科学史研究所：《中国古代科技成就》，中国青年出版社，1978年。

[4]《中国建筑史》编写组：《中国建筑史》，中国建筑工业出版社，1993年。
[5] 梁思成：《梁思成文集》（四），中国建筑工业出版社，1986年。
[6] 徐永利：《外来密檐塔形态转译及其本土化研究》，同济大学出版社，2012年。

（原载：《文物建筑》第10辑，北京：科学出版社，2008年）

※※※※※※

嵩岳寺塔塔体曲线的研究

丛 文

摘要： 本文基于我国古代其他结构建筑与木构建筑之间密切的内在联系，从我国古代建筑匠师们对曲线形态的把握即做法入手，对嵩岳寺塔的塔体曲线进行分析研究，从而发现了其准确的做法规律。

关键词： 嵩岳寺塔；塔体曲线；梭柱；三瓣卷杀法曲线

佛教建筑是构成我国古代建筑史的一个重要组成部分，而在佛教建筑中，又以塔的形成与发展对中国古建史的影响为最大；因此，作为目前国内现存最早的佛塔——河南登封嵩岳寺塔，长期以来一直备受史学界人士的瞩目。对其进行多角度深入细致的研究，对探究中国密檐式塔建筑形态的形成与演进，具有极为重要的学术意义。

笔者在赞叹嵩岳寺塔塔体平面及立面构图的完整性及艺术性的同时，更被其充满表现力的塔体曲线所深深吸引。然而，现有资料仅限于"塔身外轮廓有柔和收分，呈一略凸曲线"等形象性描述，而如何才能将其客观、准确地描绘出来，却无任何规律可循。怀着对这一问题的疑问与好奇，笔者开始了对其深入细致的分析与研究，最终发现嵩岳寺塔的塔体曲线与我国古代木构建筑中梭柱的三瓣卷杀法曲线竟完全吻合。

兴建于北魏正光四年（523年）的嵩岳寺塔，是国内现存最早的佛塔。此塔为密檐式砖塔，塔体平面为12边形（这在我国佛塔建筑的平面型制中也是独一无二的孤例），塔体总高39.8米，底边直径10.6米。其塔体下部分为上、下两段，外廓基本为直线；上部为5层密檐，外廓呈一柔韧饱满的抛物线形，这条优美的曲线与间距向上逐渐加密的横向密檐，从两个方面共同加强了嵩岳寺塔向上高耸的视觉效果，并由此构成了一组美妙的韵律，从而造就了嵩岳寺塔挺拔秀丽、生机勃勃的建筑形象。其绰约的风姿，完美的造型，在我国古建史上堪称一绝。有关嵩岳寺塔与建于唐代的现荐福寺小雁塔、河南登封法王寺塔在塔体曲线方面相互关系，正如曹汛先生指出的那样："一层塔檐以上的部分，体形轮廓极其相似，简直像是一个模子里扣出来的一样。"这就表明：嵩岳寺塔的塔体曲线并非一塔之事，其做法在当时就已十分成熟。那么，这一优美的塔体曲线又是缘何而来的呢？

中国传统木构建筑形式几千年来一脉相承，在数千年的发展进程中，逐步形成了一套完备的做法与标准。仔细研究北宋将作监丞李诫所著的《营造法式》及清工部颁布的《工程做法则例》这两部我国古代建筑匠师们几千年实践经验及相传经久的可行性做法的文字总结，我们会发现这样一个规律，那就是在我国传统木构建筑中，凡涉及曲线轮廓的形态，均是由直线做法而形成的。大到构成我国传统木构建筑形态显著特征的曲线屋面中举折（清称"举架"）及庑殿推山的做法，小到檐下斗栱中翘头的做法，均是由各直线步架的内切线及直线卷杀的内切线而形成的。这表明我国古代建筑匠师们对曲线形态的把握，均是通过直线做法的内切线来实现的。那么，嵩岳寺塔的塔体曲线是否是由某种直线做法而形成的呢？

在此思路下，笔者联想到我国传统木构建筑中梭柱的做法（图一）。

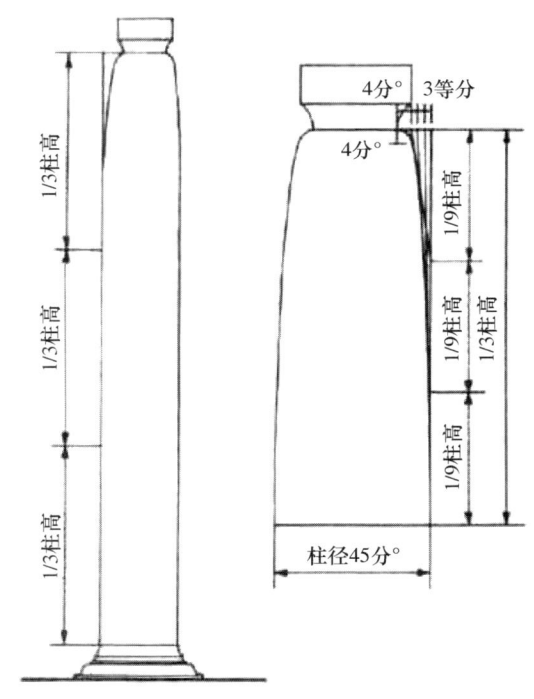

图一 宋《营造法式》梭柱做法

柱子是我国传统木构建筑构架中唯一的竖向承重构件，且高细比例大；而密檐式塔也是竖向受力的高直体。仅从这一点来看，柱子与密檐式塔在总体比例及受力方式上就存在着共同点。此外，嵩岳寺塔塔体上段为曲线，下两段基本为直线，类似"三段式"的立面处理手法，亦与宋《营造法式》中将柱竖向三分、上段卷杀、中下段平直的梭柱做法，存在某些形态上的相似性。

至于梭柱的做法，至今发现最早的形象出现在河北定兴北齐义慈惠石柱柱顶部的石屋形象中，这表明早在北齐之前梭柱的做法就已经存在了。且据史料记载，梭柱的做法在元代以前一直是重要建筑中柱子的常用做法。为此可以推断，梭柱的做法完全有可能出现于北魏时期的重要建筑之中。

基于以上分析，笔者隐约地感到：我国古代建筑匠师们极有可能会在密檐式塔的形态塑造上应用梭柱这一非常符合竖向受力特征的木构件的形态做法。于是笔者就以《营造法式》中梭柱上段的卷杀法——三瓣卷杀法，对嵩岳寺塔的塔体曲线进行了验证，结果发现其优美的曲线竟与卷杀内切线吻合很好（图二）。

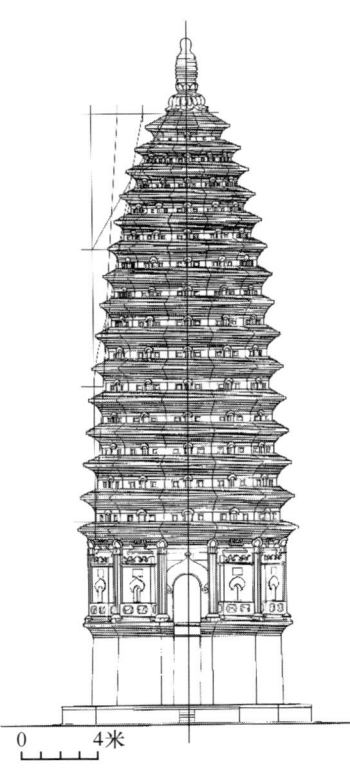

图二　嵩岳寺塔塔体曲线分析图

掌握嵩岳寺塔塔体曲线这一做法规律，使我们在欣赏塔体的绰约风姿、赞叹塔体曲线之优美、奥妙的同时，能将其客观、准确地描绘出来，并成为现实；同时亦为我们提供了一个将木构件外廓做法应用于砖塔外廓的生动范例。并且从另一个角度进一步证实，中国密檐式塔的独特造型是源于我国传统木构建筑而发展的，其与木构建筑之间的深厚关系密不可分。由此可见中国传统建筑是一个完整的体系，它在各类建筑形式及其构件的具体做法上都存在着一致性，而这种一致性正是我国传统建筑之所以能够形成一整套程式化做法的根本原因，亦是我国传统建筑虽类型众多，但均能和谐相处、完美统一的奥妙之所在。

参　考　书　目

[1] 中国建筑史编写组. 中国建筑史. 北京：中国建筑工业出版社，1993：121.
[2] 梁思成. 中国建筑史，梁思成文集（第三集）. 北京：中国建筑工业出版社，1985.
[3] 梁思成. 清式营造则例. 北京：中国建筑工业出版社，1981.
[4] 曹汛. 嵩岳寺塔建于唐代. 建筑学报，1996（2）.
[5] 萧默. 嵩岳寺塔渊源考辨——兼谈嵩岳寺塔建造年代. 建筑学报，1997（4）.
[6] 武蔚. 嵩岳寺塔的困惑. 建筑史论文集（第11辑）. 北京：清华大学出版社，1999.

（原载：《建筑史论文集（第12辑）》2000年第1期，第88～90页）

******

嵩岳寺塔：中国现存最古老的砖塔

任　伟　宋文佳

嵩岳寺塔位于嵩山南麓的嵩岳寺内，背靠太室山，西傍西灵台山，东依东灵台山，南面山坡漫缓开阔，数十里之外，即遥遥可望。寺东溪水潺潺，是极尽山野之妙的胜景之地。

塔是佛教产物，起源于古印度，自汉代随佛教传入中国。中国佛塔自东汉末年始建，大致可分为两类：一类是建在寺院内外作为供佛、佛事纪念或标志的塔，通称为佛塔；另一类是安葬高僧、大法师灵骨及有关佛经、袈裟、法器等遗物的墓塔。嵩岳寺塔则属于前一类，是为纪念佛祖释迦牟尼所建。嵩岳寺塔始建于北魏，距今已有近1500年的历史，是我国现存最古老的砖塔，也是我国今存唯一的十二边形密檐式塔。

据唐北海太守李邕撰写的《嵩岳寺碑》记载："嵩岳寺者，后魏孝明帝之离宫也。正光元年，傍闲居寺。广大佛刹，殚极国财。济济僧徒，弥七百众，落落堂宇，逾一千间……隋开皇五年，逮僧三百人。仁寿一载，改题'嵩岳寺'。……十五层塔者，后魏之所立也。拔地四铺而耸，陵空八相而圆。"北魏永平二年（509年），宣武帝诏冯亮与僧暹及河南尹甄琛等，在嵩山山岭幽胜处营建离宫；正光元年（520年），孝明帝元诩舍宫为闲居寺，并在寺内建嵩岳寺塔及堂宇千余间；隋仁寿元年（601年）更名为嵩岳寺。唐高宗、武则天游嵩山时曾经以此寺为行宫，并造无量寿殿、定光佛堂等，其后又建有逍遥楼、凤阳殿、八极殿等建筑。自金元时期，嵩岳寺开始走向衰落，寺院内木结构建筑今已无存，惟嵩岳寺塔岿然屹立。清代时，又重建了山门、大雄宝殿、伽蓝殿和白衣殿。现存建筑除嵩岳寺塔外，还有大雄宝殿、伽蓝殿和六祖殿，嵩岳寺塔是该寺留存至今最具建筑艺术和景观价值的代表性建筑。

我国塔的建造是从木塔开始的，东汉末年笮融曾建木塔。砖塔的出现略晚于木塔。砖塔是我国古代建筑技术发展的一个重要标志。据《洛阳伽蓝记》中记载，西晋太康六年（285年），太康寺已建成二层砖塔。由于我国早期古建筑以木结构为发展主流，而砖结构在材料与建筑技术诸方面都处于初级阶段，所以木塔占据了优势。在长期的历史进程中，木质建筑易引起火灾，不宜久经风雨，而砖的耐久性、材料的易取性等优点逐渐凸显，加上砖石建筑技术的提高，砖塔从北魏时期开始得到了快速的发展。

我国早期的塔，都做成方形平面，南北朝时期亦以方形为主。嵩岳寺塔为十二边形密檐式砖塔，这种密檐形式是继楼阁式塔与亭式塔后又一种新的塔型，是建筑造型设计和建筑技术的杰出范例和现存标本，其初创与典范的地位充分体现出人类杰出的创造力，因此学术界称其为中国密檐式塔的鼻祖。

嵩岳寺塔总高36.78米，用青砖和黄泥浆垒砌而成，外表呈柔和的米黄色。塔的外部，由基石、塔身、宝刹组成，塔心室作八角空筒状。塔身中部砌一周腰檐，把塔身分为上、下两段。腰檐下段为素壁，东、西、南、北四面各辟一券门通向塔心室。券门采用两伏两券的砌筑方法，门上有尖拱形门楣和卷云形楣角，尖拱门楣顶部置三瓣莲花组成的饰物。腰檐上部除辟门四面外，其余外壁八面每面砌一座单层方形塔龛。龛上部砌出叠涩檐，正面嵌铭石1方，铭石下辟半圆拱券门，用一伏一券法券砌，有尖拱状门楣和卷云形楣角。门内为长方形小室，室后壁尚存佛像背光图案。龛下部为长方形须弥座，座的正面辟壶门二。门内各有砖雕护法狮子1个，共16个，正、侧、蹲、立形象各异，昂首挺胸，直竖长尾，写实性强，与龙门石窟等中原地区北朝佛教石刻中的护法狮子风格特征相同。腰檐上部各转角处均砌一八边形倚柱，柱头饰火焰宝珠与覆莲，柱下为砖砌覆盆式柱础。

塔身上部有叠涩密檐15层。由于诸层檐叠出的砖数不一，叠涩檐弧度各异，各层檐间的壁高自下而上递减，檐宽逐层收分，使之外轮廓呈现优美的抛物线造型。叠涩檐间的塔壁上均辟有门窗。每面正中砌筑板门两扇，门上皆有尖拱状门楣，楣角呈卷云形。多数门楣下施垂幔。有的两扇板门紧闭，有的则一扇稍开。除11个小门为真门外，其他皆为假门。叠涩檐间共砌门窗492个。塔刹通高4.745米。自下而上由基座、覆莲、须弥座、仰莲、相轮及宝珠等组成，皆为青灰条砖平顺垒砌后砍磨而成。

嵩岳寺塔中心构成一个空筒，以木楼板分成各层塔室，宋代战乱时楼梯毁于战火。登封当地还流传着一个"大火烧蟒"的故事。传说当年嵩岳寺中曾有一老一小两个和尚。小和尚每天在塔下打坐时总有飞翔的感觉。有一天，他把这件事告诉了师父，师父觉得奇怪，就让他试试。果然，不一会儿，小和尚就离开地面，越升越高。老和尚觉得蹊跷，往上一看，竟看到塔顶有一条巨蟒。老和尚急忙大喝一声，大蟒受惊，小和尚这才落下。老和尚于是一把火将大蟒烧死，而塔内楼梯也一同被烧毁了。

嵩岳寺塔是在公元6世纪初西域沙门大规模迁入中原的背景下建成，是佛教鼎盛时期的北魏遗物，其空筒结构成为高层筒体结构的先驱，堪称世界上最早的筒体结构建筑。塔的整体结构完美统一，典雅古朴、气势磅礴，达到了高度的艺术水平。该塔在佛塔的类型上有极大的开创性，可作为佛塔中密檐式塔的重要例证。从整体造型到细部雕饰均有明确的宗教文化内涵，是佛教文化的传播和演变在建筑上的重要体现。而且塔身各部做"宝箧印经塔"（阿育王塔）式样，明显具有古印度犍陀罗艺术风格；塔身上段的抛物线形轮廓，下段塔门采用火焰券形门洞和壶门狮子的装饰等，是中国建筑艺术与西域、印度交流的产物。

嵩岳寺塔所在的山水环境景貌极佳，是古代寺院选址和环境处理的优秀范例。塔身用小青砖垒砌，青砖高质细腻，耐压和耐腐蚀性都很好；砖层间采用黄土泥拌糯米汁作为黏合材料，非常强固。建筑材料简单之极，却历经将近1500年的风雨侵蚀，仍巍然屹立、不酥不碱，充分证明了我国古代能工巧匠的高超技艺。

嵩岳寺塔远观
（摄影：郑泰森）

塔刹
（摄影：李卫国）

嵩岳寺塔
（摄影：郑泰森）

嵩岳寺塔对后世砖塔建筑影响深远，持续时间可从南北朝至明清，影响范围遍及中国以及亚洲地区。此种类型的砖塔在我国古代砖塔中占有相当大的比重。少林寺塔林的唐塔尤受影响，法王禅师塔的叠涩檐就是仿嵩岳寺塔的构建。著名建筑学家刘敦桢在《河南省古建筑调查笔记》中说："后来的唐代方塔，如小雁塔、香积塔等，均脱胎于此……塔之内部，无塔心柱，足证唐砖塔平面，早已肇源北魏矣……自第二层以上，内室平面为八角形，足证八角形之建筑物，不始于唐。此于建筑史上，极为重要。"也正是因为在中国乃至世界建筑史上独特而重要的地位，1961年被国务院列入第一批全国重点文物保护单位名录。

（原载：《中国文化遗产》2009年第3期）

******

嵩岳寺塔（《河南省北部古建筑调查记》节录）

刘敦桢

嵩岳寺俗称大塔寺，位於县城西北十里嵩山南麓。北魏永平间（508～512年），宣武帝命冯亮与河南尹甄琛等，就山陵幽胜处，营建离宫。孝明帝正光元年（520年），舍为闲居寺，内有十五重砖塔及堂宇千余间，僧众七百余人。隋仁寿元年，改题嵩岳寺。唐高宗幸嵩山，武后以此为行宫，其时砖塔东面的七佛殿，即北魏凤阳殿，而寺北逍遥楼，亦系北魏遗物。塔西有定光佛堂，北为无量寿殿，武后所建，用以置镇国金佛像者。中宗时，因魏八极殿故址，建西方禅院。复于寺南辅山上，建灵台；其巅，又为大通禅师构十三级浮屠。而西岭双阜，建凤凰台及粧台，皆以武后得名。然此寺自唐以后，寂然无所表异。现在寺中碑碣，除清雍正、乾隆、咸丰诸碑以外，唯山门内，有唐萧和尚灵塔铭残石，与门西围墙内，嵌有宋崇宁元年嵩岳寺感应罗汉记残石一方而已。

寺的现状，山门外，存经幢一基，幢身刻佛顶尊胜陀罗尼经，无年代铭刻。山门三间，极简陋。门北即为北魏砖塔。塔后侧的塔基上，置二石狮，其西北又有方塔残段，据华纹观之，疑都是唐物。再北为大雄宝殿，与西侧白衣菩萨殿，均三间南向。东垣外，杂列关帝殿、方丈杂屋等等，胥晚近所构。

此塔平面作十二角形（插图三十七）。外部台基，是否原来旧物，甚难断定，但所用之砖，带有十字交叉文样，不似唐以后所制。塔身东西南北四面，各设入口，导至塔心内室。此内室自下而上，直达顶部，分为十层，并无塔心柱的结构（图版拾玖，己）。内室的平面，第一层仍与外廓一致，但第二层以上，改为等边八角形（插图三十八）。复自外壁内侧，用叠涩砖层，向内挑出，承托逐层收进的壁体与楼板。唐代同类型的砖塔，虽然将塔身与内室都改为正方形，但在结构上，仍然蹈袭此塔的成法。

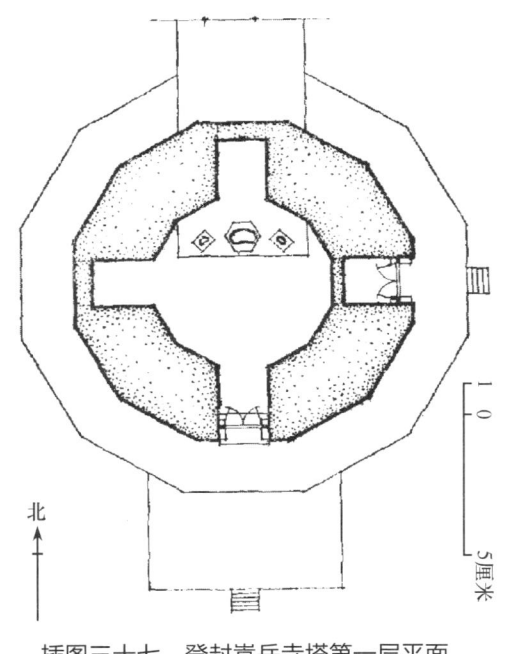

插图三十七　登封嵩岳寺塔第一层平面

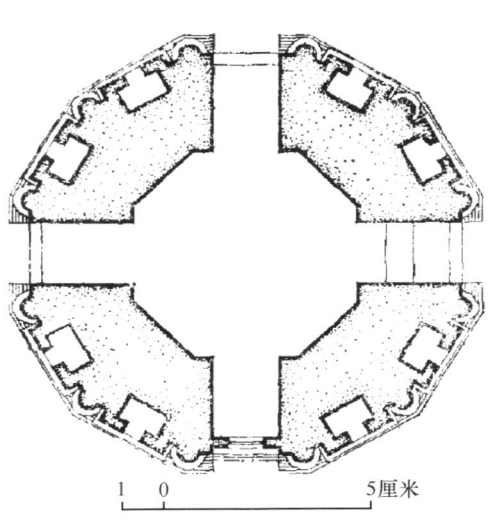

插图三十八　登封嵩岳寺塔第二层平面

此塔外观（图版拾玖，丁），在台基上，立有高耸的塔身。塔身分上、下二部。下为平坦壁体，其上施叠涩檐一层。

丁　登封县嵩山嵩岳寺塔

己　嵩岳寺塔内室仰视

戊　嵩岳寺塔详部

图版拾玖

上部各隅，各加倚柱一根；其露出部分，随塔身轮廓，作六角形。柱下磉石，砌出"平"与"覆盆"形式，惟柱头所饰垂珠式装饰，显非我国所有（图版拾玖，戊）。其东西南北四面门上，冠以半圆形发券，高二伏二券。券的表面，砌出尖拱形状；其顶部置三瓣莲花；下端两侧，更饰以漩涡形装饰，俱系印度式样。其余八面，各在壁外施佛龛一座，大体模仿当时墓塔的形式，惟下部台座及所饰狮子，则非普通墓塔所有。各龛内均辟有长方形小室（插图三十八），无疑地，从前曾安设佛像于内。伊东关野藤岛诸人著述，皆指为塔的窗洞，实在是很大的错误。

塔身以上，施叠涩檐十五层，构成很轻快秀丽的外轮线，为此塔外观最主要的特征。其局部式样与塔身不同处：（一）各层转角处无倚柱；（二）自第二层至第十四层，俱于每面中央施尖拱，两侧配以直棂窗各一，但最上层，每一面只有直棂窗一处；（三）所有尖柱与窗，仅第十五层的正东南面，和五、七、九、十一、十三等层位于正南面中央者系真窗，其余皆是浮雕的假窗；（四）叠涩式出檐，挑出较深，其上复以反叠涩砖层，向内收进。

上部分之刹，在极简单的须弥座上，置比例高耸的覆莲一层。其上为束腰。再上以仰莲承托相轮七层。相轮的中部，微微向外凸出，略如鱼肚形。最上施宝珠一枚。全体形范，十分雄健，而局部比例，亦能恰到好处。

塔外部原皆涂有白垩，但大部分已经剥落，露出浅黄色的砖层，与背面沉静阴遂的山色十分和谐。

塔的建造年代，除前述结构上和式样上各种特征以外，唐李邕嵩岳寺碑，又谓："嵩岳寺者，后魏孝明帝之离宫也。正光元年膀間居寺，广大佛刹，碑极国财。……十五层塔者，后魏之所立也。发地四铺而耸，陵空八相而圆。方丈十二，户牖数百"。

与现状大致符合，故断为正光元年（520年）所造，殆无疑问。同时在现在知道的范围内，当然要推塔为我国单层多檐式塔的鼻祖了。

（原载：《中国营造学社汇刊》第六卷第四期，第96～99页）

******

嵩岳寺塔（《塔概说》节录）

梁思成　刘敦桢

单层多檐式砖塔属于南北朝的，现在只存嵩岳寺塔一处。它是国内现存最早的砖塔，平面用等边十二角形，与内部第二层以上使用八角形内室和各层木构的楼板——虽然现在自第二层以上业已凋落——都是国内最宝贵的例证。塔的外观，在塔身下部，先构平坦的壁体，四面辟门；其上各隅施有十二角形柱，而柱头上的雕饰和门窗上的尖拱，窗下蹲伏的狮子等等，无一不充满着异国情调。自此以上，再构叠涩檐十五层，如重叠无数相轮于一处。同时出檐的外线构成很秀丽，绝非时代稍早的云冈诸窟，和龙门莲花等洞内浮雕的木构式塔所能见到。此种新式样出现以后，当然刺激当时造塔的方法，产生一种新作风，故无论在全体轮廓或出檐结构的手法，以及内室结构的方式上，都很影响唐代各种砖塔的式样。此种塔到宋辽以后，虽然平面变为八角形，局部结构也受木建筑的影响，略有变改，但是塔的外形，仍然大体保持原来的形状。

关于此塔的来源，在敦煌云冈龙门诸窟内，俱未发现，其出现如异军突起。印度遗物中，如佛陀加耶精舍，及附近发现的公元1世纪或2世纪印泥上表示的"塔庙"，虽也是外轮廓线具有，而且顶部施有相轮的多层塔，但是各层之间却无向外挑出的"檐"，仍与嵩岳寺塔的外观相差得很远。在这点上，我们虽不能断定单层多檐式塔不是由这种加上"檐"演变出来的，但是我们还有一种理论上的推测，认为可能性比较更大，就是这种单层多檐塔，是用中国固有的单层重檐（或多檐）的建筑物来代表印度窣堵波之一部分——"刹"，所产生的形制。单层塔身代表平头，以上层层的密檐，代表相轮。"刹""塔"本同义，在训诂方面亦可此说的佐证。至于后世常见的多重斗栱檐，乃因这种概念经过"木构化"所产生的结果。在源流上，我们以为向此路追溯，也大有可能。

（原载：《塔概说》）

******

嵩岳寺塔（《中国建筑简史》节录）

梁思成

　　塔在河南登封嵩山南麓，是我国最古的密檐式塔，它的平面作十二角形，是后代所少见的。嵩山在北魏是处很重要的禅僧聚处，寺院很多。北魏宣武帝时令冯亮与沙门僧暹、河南尹甄琛选嵩山形胜的地方造閒居寺。北魏正光四年（公元 523 年）又将寺扩大，有堂室千余间，僧众六、七百人。原寺在十五层砖塔之东尚有七佛殿，西有定光佛寺，现在只存砖塔。

　　塔的底层平面作十二角形，内为八角，高约四十米。下层的倚柱及佛龛等形式尚具有印度风格，密檐出檐用砖叠涩向外挑出，呈凹形曲线，甚是柔和。也很适合于砖材料结构的性能。塔身又有半圆窗洞与叠涩出檐相陪衬，使塔身极为华丽生动。

　　整个塔身有柔和的收分，使砖塔建筑毫无生硬的感觉，是一个成功的作品。

　　塔身内部用楼板分为十层，在塔身内用楼板的做法也是此期砖塔特点之一。塔迄今已一千四百余年，仍未大坏，可见砌砖的高度技术水平。

（原载：《中国建筑简史》，第 70 页）

******

嵩岳寺塔（《塔的人情味》节录）

王世仁

　　河南登封嵩山有一座北魏正光四年（523 年）建造的砖塔——嵩岳寺塔还留存到现在。它是佛塔史上一个非常重要的典型。塔身十二边形，下层特高，每个角上有砖砌的倚柱，柱头和柱基带有印度建筑装饰手法，各面的门和龛上也都有印度式火焰纹拱券。塔身以上是十五层密排的砖檐，最上是一个砖雕的窣堵婆式的刹（现已判明此刹为唐物）。塔身是富于异国情调的，密檐部分呈现出丰满柔和的抛物线。它的创作构思，既摆脱了汉魏传统的楼阁，也不拘泥于印度形式，而是把印度窣堵婆和婆罗门教密檐式的"天祠"或"大精舍"[①]结合起来，又加以夸大，尽力在追求一种宗教的内在力量。它的外形非棱非圆，朦胧浑厚，密檐与塔身对比强烈，各部尺度富有夸张感，丰满的曲线体和密密层层的砖檐又仿佛包含着无穷无尽的外张力量，弥漫着宗教崇拜的非理性的浪漫气息[②]。北魏自孝文帝迁都洛阳，贵族豪强腐化到极点，人民痛苦异常，边镇军心不稳，社会上充满一触即发的矛盾，混战迫在眉睫。而贵族们则把全部的希望寄托在佛的保佑上，广修功德，大建寺塔。传统的礼制又受到致命的冲击，大乘空宗的般若说摆脱了对礼制的依附，成为虔诚的宗教徒新的精神寄托。嵩岳寺塔大概就是某一位狂迷于佛教的宗教建筑师的杰作。密檐的曲线体是空前的，它那闪烁着宗教光辉的情调，在当时大概确实让人领收到了无限深邃又朦胧莫测的神佛法力。不过，中国人在造型艺术上大多保持着清醒的实用的理性观点，崇尚明确、秩序、逻辑、机能，所以它那夸张浑厚的线条组合也成了空前绝后的昙花一现。密檐大多形式保留下来了，但那种夸张的浪漫的内在精神却在以后越来越淡薄了。

注释：

① 印度在公元 3 世纪时出现了和婆罗门教的"天祠"相类似的密檐塔，平面方形或"亚"字形，玄奘《大唐西域记》称为大精舍。

② 黑格尔把中世纪哥特式（Gothic）教堂作为浪漫型建筑的代表，以为这种类型的建筑已经超越了理性的界限，充分表达了人的内心情感。（详见黑格尔著，朱光潜译：《美学》第 3 卷上册，商务印书馆，1982 年）

（原载《美学》1982 年第 4 期）

登封嵩岳寺塔（《中国古塔》节录）

罗哲文

唐代诗人白居易游嵩山时，曾写了一首题为《夜从法王寺下归岳寺》的五律："双刹夹虚空，绿云一径通。似从忉利下，如过剑门中……"诗的开头一句所说的双塔，就是著名的法王寺舍利塔和嵩岳寺塔。而嵩岳寺塔比法王寺塔更早，为我国现存大型古塔实物中年代最早的一个。其建筑结构、艺术造型又称绝响，从古塔的各个方面讲，都是堪称第一的。塔所在的寺院名叫嵩岳寺，是中岳嵩山的一座历史悠久，规模宏大的寺院。始建于北魏宣武永平二年（509年），原来是宣武帝的离宫，后来才舍建为寺院。到孝明帝正光元年（520年），改名为"闲居寺"，并大加增建，殿宇达一千多间，僧众七百余人。隋文帝仁寿二年（601年）才改名为嵩岳寺。唐朝武则天和高宗游嵩山时，曾把嵩岳寺作为行宫，楼阁相连，亭殿交辉，极一时之盛。然而自唐以后，佛教活动中心逐渐分散到了少林寺和其他寺院，这所古刹逐步衰落下来。现在除山门三间和一些残碑断刻之外，仅这一古塔尚存，为我国古建筑中的一个瑰宝。

嵩岳寺塔的建筑年代，与闲居寺同时，据唐朝李邕所撰嵩岳寺碑上记载："嵩岳寺者，后魏孝明帝之离宫也。正光元年膀闲居寺广大佛刹……十五层塔者，后魏之所立也。拔地四铺而耸，陵空八相而圆。"这一段记载与现存的塔甚为吻合。所说的"十五层塔者"，在全国是绝无仅有。"陵空八相而圆"的塔，在唐以前也更无二处。

嵩岳寺塔的形制为密檐式砖塔，是我们现在所知的第一个密檐塔。自汉、魏以来的许多文献记载中，塔大多为木构楼阁式，但后来逐步为砖石材料所代替。而嵩岳寺塔即是在这一转化过程中的早期实例，甚是可贵。塔的外形和下层平面为十二边形，也是现存塔的实物中唯一的例子。

塔的总高约39.8米，底层直径10.6米，内径5米余，壁体厚2.5米。全塔除塔刹和基石之外，均以砖砌筑，所用的砖略呈灰黄色，以黏土砌缝。塔身下的基台低矮而简朴，台上建第一层塔身。第一层塔身特别高大，这是所有密檐塔的特点。第一层塔身又以叠涩平坐分为上、下两段，在四个正面开辟贯通上、下两段的塔门。门顶作半圆拱，上饰尖状装饰。下段的其余八面均为素面平砖，没有任何装饰。而塔身上段，则为整个塔的装饰最为集中之处，除四个拱门顶上装饰之外，在其余八个面上，各砌出单层亭阁式方塔壁龛，刻壶门和狮子装饰。龛门之间的十二个转角上，砌出角柱，柱下雕作莲瓣形柱础，柱头雕作火珠、垂莲。第一层塔身以上，叠涩出密檐十五层，每层塔檐之间，距离甚短，几乎分辨不出塔身的形状。塔檐之间每面各有小窗一个，龛门旁又隐出直棂小窗。一些龛门与原来内部楼层相配合，作为少量通风和采光之用。有的则只作为装饰，象征塔身层数而已。两旁的小窗则纯为装饰性质。

塔刹全部为石制，在外形上明显的分作刹座、刹身、刹顶三部分。刹座是巨大的仰莲瓣组成的须弥座。须弥座上承托七重相轮组成的刹身。刹顶冠以巨型宝珠。这种形式的塔刹，一直为后来许多砖石密檐塔所采用。

嵩岳寺塔及塔刹

塔内的结构为空筒式，直通塔顶，有挑出的叠涩八层。原来的楼层当是木制的，现已无存。塔身内部下层与外表一致，同为十二角形，但自一层以上则改成了八角形。这种内部形状改变的情况，在后来各时代的砖塔中也是常见的。

整个塔的外形，呈现圆和的抛物线，不仅具有巍峨挺拔之雄，而又具有婉转柔和之秀，设计艺术水平极高。

（原载：《中国古塔》，第 227~230 页）

******

嵩岳寺塔（《河南古塔研究》节录）

杨焕成

河南古塔研究——砖塔为登封嵩岳寺塔，建于北魏正光年间（520~525 年），高 37.05 米，系 15 层 12 角中空呈筒状的密檐式砖塔。不仅是我国现存最早的砖塔，其 12 角形还是现存古塔中的孤例。塔后建有清代殿宇，塔前建有山门，东西两侧绕以寺院围墙，这种塔居中的平面布局，表现出中心塔型的寺院布置遗制。

（原载：《中原文物考古研究》，大象出版社，2003 年）

******

嵩岳寺塔和其他（《中国古代科技成就》节录）

张驭寰

我国现存最古的高层砖石建筑——嵩岳寺塔，是世界名建筑之一。

我国建塔是从佛教传来开始的。南北朝时期以来的历代王朝，建塔工程一直没有间断，并有创造性的发展，保存到今天的数量仍然很多。古塔按构造式样大致分做两大类。

第一大类是实心塔，是用砖石等材料砌出的实心体，不能登临远眺，只是作为一种象征性的纪念物。实心塔又有四种式样：一是"阿育王塔"，五代十国和宋代这种塔最多，主要分布在江苏、浙江、福建等地。二是密檐式塔，以辽代最多，它分别建在辽宁、河北以及山西北半部。三是喇嘛塔，从元代到明清各时期都有建造，它大多数都分布在我国西南部、西北部和北部边疆佛教盛行的地方。四是金刚宝座塔，元、明两代都有建造，数量比较少。

第二大类是楼阁式塔，它是继承我国固有的楼阁建筑技术发展起来的。我国古塔大部分都属于这一大类。也分做四种：一是密檐楼阁式塔，从北魏嵩岳寺塔开始到唐宋大量发展起来。这种塔内部是楼阁，外部采用密檐结构，主要分布在陕西、河南、云南、四川等地。二是楼阁式塔，内外楼层一致，实际上和第一种同属一个类型。三是砖木混合式塔，基本上都是砖结构，但是斗栱、栏杆等用的是木结构，宋代建造较多，主要分布在江苏、浙江一带。四是砖石混合式塔，宋、明两代发展最多，分别建在浙江和湖南等地。

嵩岳寺塔就是楼阁式塔中最早的一个代表作，建筑在河南登封县嵩山南麓。嵩岳寺起初是北魏宣武帝（483~515 年）的离宫。孝明帝元诩（？~528 年）舍宅建寺，正光年间（520~525 年）改名"闲居寺"。塔就建立在寺院的中心。塔东有千佛殿，塔西定光佛堂，南边是山门，北边大佛殿。到隋代开皇年间（581~600 年）改名嵩岳寺。今天在塔前有一简单的山门，塔后有大殿，两面回廊，仍然成为一个塔院。

塔的平面呈十二角形，内部建有八角形塔室，塔室宽九米多，砖砌的塔壁厚五米。东西南北四面开门，门口宽 2.5 米。塔里构造采用"厚壁空心式"木板楼层结构，壁体砌到楼层处，用砖叠涩和楼板相交，楼板架在木梁上。共有十个八角形塔室，上上下下用木扶梯，外部做密檐十五层，塔高 41 米。砖塔第一层塔身特高，上部加一道腰檐，腰檐以上塔身，各角砌出八角形倚柱，采用方墩柱础，束莲柱头。塔面除四个券门外，每面砌有"阿育王塔"作塔身的装饰。砖塔第二层以上，塔身逐层缩短，每面开一个小窗，各层都用砖叠涩出檐，第十五层以上置塔刹，相轮七层以收顶部。全塔外表涂白灰，外形轮廓，具有刚柔结合的线条，给人一种轻快秀丽的感觉。

嵩岳寺塔的结构、造型和装饰，是我国古代砖塔建筑的一种开创性的尝试。一千六百多年以前没有钢筋也没有水泥的情况下，仅用砖结构建成高达四十多米的高塔，经受了长时间风雨的剥蚀，依然雄伟屹立，这说明当时我国在高层建筑技术方面，已经达到了相当高的水平。

嵩岳寺塔以后，我国砖塔建筑有过三个大的发展阶段。

第一个大的发展阶段是在唐代。唐代国家统一，经济繁荣，在商周秦汉固有文化传统的基础上，又吸收了外来艺术，建筑技术和建筑艺术有了发展。在这一时期选用砖石材料建造了大量楼阁式高塔，平面以方形为主，塔的层数增加到十三层，塔高达五十多米，最高的有六十多米，塔的内部结构都受到嵩岳寺塔的启示和影响，用黄土做胶泥，四周砌出厚壁，内部成为空心式，各层的塔层地面采用木过梁承担楼板的结构，用木扶梯楼按层折上，塔室四面开窗。

从唐代开始，在砖塔上逐渐模仿木结构建筑式样，第一层塔身直接砌出地面，不做台基和基座。塔身较高，各层都以素面为主，不做任何装饰，个别的仅在塔檐做出简单的斗栱，各层用砖叠涩出檐。唐代用砖砌塔方法，按长身平砌，每隔五层加一层丁头平砌。砖块尺寸一般长 36 厘米、宽 18 厘米，厚 7 厘米，外形整体轮廓同样收成刚柔结合的曲线，给人以优美的感觉。现存唐代楼阁式塔很多，散布在陕西、河南、山西等地。其中西安小雁塔、香积寺塔、大理千寻塔、蒲城崇善寺塔都是很好的实例。

第二个大的发展阶段是在宋代。宋代经济文化得到进一步发展，在建筑方面已取得很高的成就，宋代砖塔也有重要的发展。宋塔由方形改为八角形或六角形，使平面增加稳定性。外观以楼阁式为主，第一层塔身较各层为高，各转角施用倚柱，每层各面为一间，每面中间开窗子，上下用槏柱，左右施壁带，斗栱较简单，常做替木檐枋椽飞等。在各层中普遍砌出平坐、栏杆。塔身基本上都是用砖雕出木结构的形象，成为宋塔显明的特征。宋代塔砖尺寸一般长 33 厘米，宽 16 厘米，厚 6.5 厘米。宋代砖塔内部结构方式有两种：第一种底层辟塔室，上部各层是空心式；第二种各层都辟塔室，外壁、梯道、楼层三者结合在一起，全部改用砖砌。这样改变了空心式木楼层的结构，是构造技术上的一大进步。因为厚壁空心式木楼板，上下十三层，中间没有横向的拉力，塔壁极易开裂或倒塌，到宋代开始就有一部分砖塔做了这样改革，在空心之间增加横向结构，使砖塔更加坚固。宋代砌塔使用黄土胶泥，个别的开始使用白灰做胶泥，塔高可达八十多米，这又是一个大进步。陕西富县直罗宝塔、车张塔、甘肃宁县湘乐砖塔、山西中条山栖严寺塔、江西庐山东林寺塔，都是这个时期的代表。

第三个大的发展阶段是在明代。明代砖石建筑有大规模的发展。全国凡是包砖塔城墙，绝大多数都是明代的建筑。这种方法在砖石建筑技术上是一个进步。明代砖塔以六角或八角形为主，高度可以达到八十八米以上。内部结构主要采取外壁、楼梯、楼层三者相结合，全部用砖砌出一个整体，而且楼层建造塔宝，取消空心式结构，全部改为"壁内折上宝塔式"结构，结构上比唐宋塔前进一大步。明代塔砖尺寸增大，长 38 厘米，宽 17 厘米，厚 9 厘米。仍用长身平砌，全部改用石灰浆做胶泥，因而使塔体更加坚实。外观方面，常常在下几层的塔身和塔檐模仿木构建筑式样，转角部位施用垂莲柱，平板枋，大额枋的表面雕刻了一些花纹，斗栱的各种构件上的雕刻都很细致。这一整套手法成为明代砖塔的固定式样。山西永济万固寺塔、安徽芜湖东江塔、延安宝塔山宝塔、陕西高陵砖塔，都是这一时期的建筑。

在古代，仅仅使用砖、木材、黄土等简单的建筑材料，建造出大量雄伟的高层古塔，体现了我国古代劳动人民聪明才智和我国古代建筑技术的高超水平。

（原载：《中国古代科技成就》十三·建筑，青年出版社，1978 年）

登封嵩岳塔是一座什么样的塔（《中国古塔》节录）

张驭寰

在河南省境的登封县城之正北为太室山，在这个太室山的南麓在北魏正光时代建设嵩岳寺，寺院附近地势略平，建寺时间比较早，当时这一座佛寺，还是比较简单的。据笔者考证，此寺四面有殿房，惟独嵩岳寺塔建在寺的中间，寺院主要的房屋外，建造嵩岳寺塔。塔的南面谓五间前门殿，北部也做五间，东侧同样做五间为东门殿，西面同样作五间为西门殿，四个转角成为方形用地，因此建设角园四个。寺院房屋四个门，殿都做前廊，东西南北四面各面都通向外部，这也可以说一寺四大门。

寺院之当中为塔院，中心建造嵩岳寺塔，这个塔的平面作十二个角形，这个塔共高十五层，从外观来看，第一层划分两段，第一段是基座，这个基座是平面墙面没有任何装饰，也不做任何基座方面的式样。上段即是第二段，在每个面砌筑八个宝箧印塔，四个塔门，也就是说从每个塔门入内都可以登上塔顶，每个门之间墙面做两个塔，这两塔即是"宝箧印塔"。用墙砌筑，使塔的形象特别清楚，基座，做矩形，在座的表面上砌出两个壸门，壸门之内，即雕出石狮子，塔身方型，开券门做古印度券龛，其上留有矩形方块，塔檐部，做三重砖叠涩。象征是一重檐子，檐子之上则砌出"山花蕉叶"，因为是方形塔，所以山花蕉叶并不做弧形，也不做曲线，中心部位砌出一个方形、圆形、扁形包，实际上这就是塔上的"窣屠婆"。"窣屠婆"之上砌出塔刹，即是三重

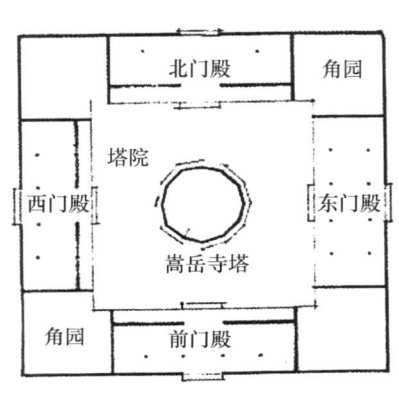

（北魏）嵩山嵩岳寺塔平面图

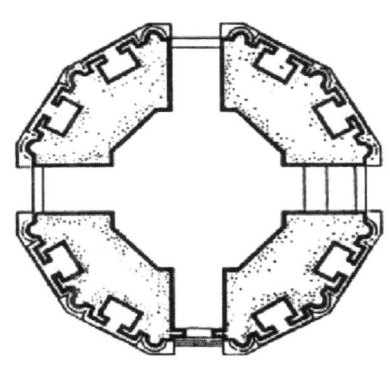

（北魏）嵩山嵩岳寺塔平面图

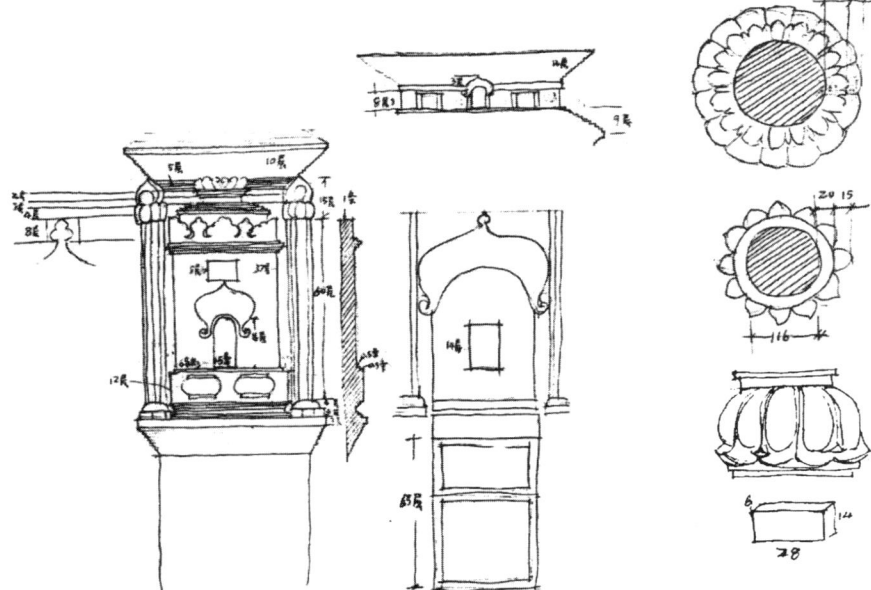

嵩山嵩岳寺塔第一层、砖砌图案

（北魏）嵩山嵩岳寺塔外观图

叠涩砖层，上部即刹花。嵩岳寺塔的第一层塔檐，做十四垂叠涩砖层。以上十四层，层层做密檐，塔身只现一颗炮弹形。此塔外观收分甚锐，几乎逐渐成为圆形，而且塔檐也越往上越密，关于塔刹，在小基座之上有绶花一层，再上为七重相轮，最上端设一宝珠，这座嵩岳寺塔不仅仅是北魏正光年间所建，它是我国最早的一座塔，因为北魏的塔都已烧光，唯独此塔尚保存完好，我们应当继续予以保护这个塔。因此这座塔是一座典型的密檐式塔，但是塔内部结构均为楼阁式。因为年久失修，楼板已烧光，尚存有横梁以及一些楼板，塔的木材也都烧光。笔者已进入塔中，从塔内观看，只留下支离破碎的如斜拱，过梁等一些构件。笔者到此塔进入塔内之后，觉得这座塔应该是："内部楼阁式，外部为密檐式"的塔。

（原载：《张驭寰文集》第 5 卷《中国古塔（一）》，中国文史出版社．2008 年，第 163~165 页）

******

河南省登封市北魏嵩岳寺塔（《中国古代城市规划、建筑群布局及建筑设计方法研究》节录）

傅熹年

在河南省登封市嵩岳寺内。此地在北魏时为离宫，520 年舍为闲居寺，三年后，于正光四年（523 年）建此塔。塔平面正十二边形，下为台基，台基上为塔身。塔身分上、下两段，下段为素墙，顶部叠涩挑出，承上段。上段转角处为柱础，上承壁柱，柱顶作莲花火珠状。上段四正面砌出券门，门上砌作火焰形券为饰；八个斜面砌塔形龛。塔身以上为十五层叠涩出檐，各层檐间夹以低矮的象征性塔身，逐层内收，形成弧线内收的密檐塔身，塔顶上砌仰覆莲和相轮火珠，构成塔刹。塔高 39.5 米，底径 10.6 米，全部用灰黄色和红色泥浆砌成。

此塔目前只有 20 世纪 30 年代中国营造学社的测图，虽是用经纬仪测得，不够精确，但也可利用来探讨其设计手法。

在对楼阁型塔的研究中，我们得知其设计模数有二，即以一层柱高和中间层面阔为控制塔高的模数，循此在嵩岳寺塔上探索，发现自一层塔身上段的地坪（即下段挑出叠涩的上皮）起，上到塔顶上皮（塔刹下覆莲下皮）止，恰为第八层塔身每面之宽 A 的 12 倍。又，塔之一层柱高 H_1 若自柱础上皮起，计至一层塔檐叠涩下皮，则自塔下台基上皮至塔顶覆莲下皮为 $9H_1$，这两个模数中，H_1 如自壁柱下脚起计至塔顶，就不是倍数，故可能有偶然性，但以 A 为模数时，12A 恰为塔之第八层——亦即十五层塔的中间一层的周长，即塔之高如自一层塔身上段起计，恰为塔中间一层之周长。以中间一层塔身之面阔为塔高之模数，在唐以后的诸塔中颇为常见，以中间一层塔身之周长为塔身总高曾见于日本奈良元兴寺极乐坊小塔，据此，则在北魏时已有此做法了。

塔身上部呈弧线内收，轮廓宛如炮弹形，与楼阁型塔作直线型斜收不同，这和塔之构造有关。此类塔均为砖砌单层塔壁，宛如烟囱，故称为空腔型。砌时塔身外部用叠涩挑出形成多层密叠的塔檐。内部也用叠涩砌法，逐层内收，最后封顶，上树塔刹，为了使塔内可以登上，内部除内收外，还叠涩挑出八道向内的挑檐，以供装设木楼板。由于塔上部为砖砌叠涩，所以有可能按一定的弧线轮廓砌造。

在立面图上分析塔之轮廓，发现自一至七层塔檐，其檐部连线为直线，有近 10° 的内倾角；七层以上至塔顶，其檐头连线为弧线。

把弧线分解为垂直和水平投影线。先把下部第七、八檐头之连线上延，与水平投影线相交，在图上可以看出，此点约为水平投影线的中分点。再把顶上第十五层檐至第十三层檐檐部之连线下延，与垂直投影线相交，此点大体也在垂直投影的中分点处，这就是说，此塔之轮廓若用卷杀的办法确定，则垂直线上各点应在中分点以下，而水平投影线上各点应在中分点以内靠塔顶的部分。把这两部分各均分为四方，按卷杀的画法在各相应之点间连以直线，诸线所形成的折线大体和塔之上部轮廓相合。用卷杀的方法求弧度逐渐加大之曲线是古老的传统做法，此塔上部弧线可用卷杀方法求得，则卷杀的方法可能至迟在此时已经出现了（图一）。

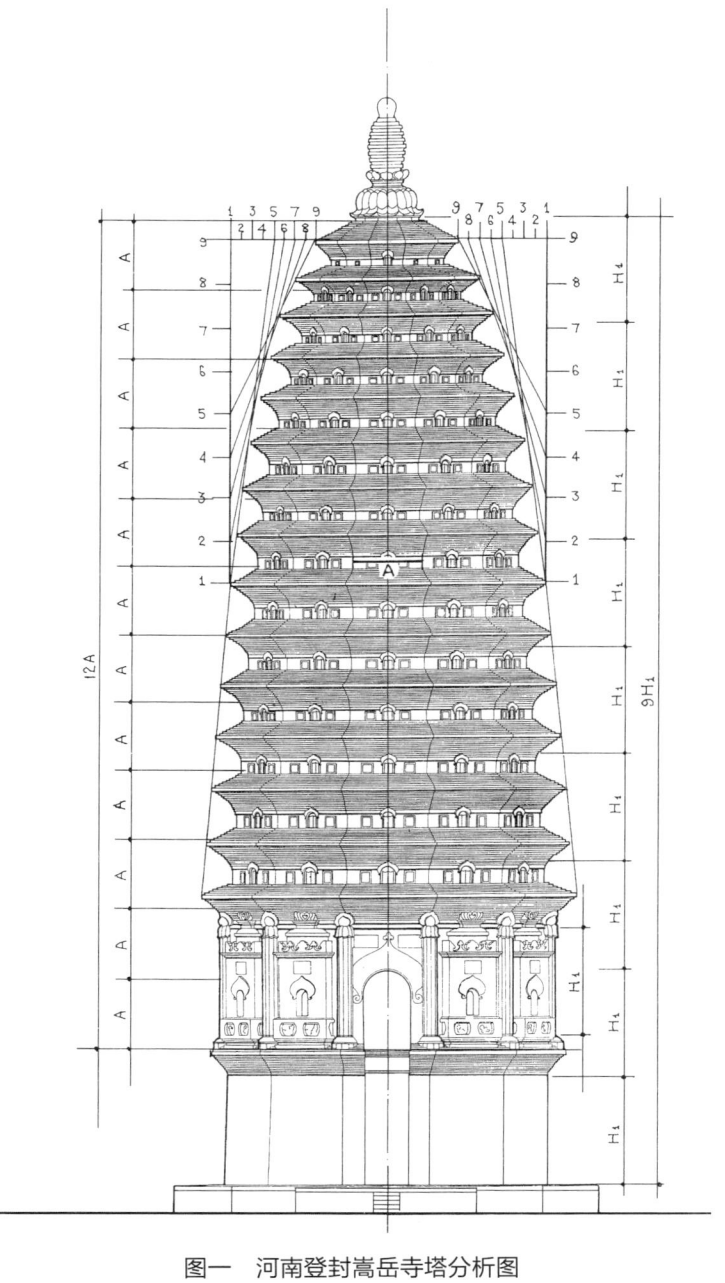

图一 河南登封嵩岳寺塔分析图

（原载：《中国古代城市规划、建筑群布局及建筑设计方法研究》2001年，第188~189页）

******

嵩岳寺塔（《中国佛教寺塔史志》节录）

孙宗文

嵩岳寺塔，塔在河南省嵩山南麓的嵩岳寺，从造型艺术上讲，此塔是中国佛教建筑上第一次，也是唯一的一次试用了十二角形的平面来代替印度窣堵波的圆形平面，用很高的基座和一段塔身来代表窣堵波的基座和覆钵（半球形的塔身），上面十五层密密的中国式出檐，代表了窣堵波顶上的"刹"。不但这是空前的创作，且在我国建筑艺术上也是第一个用砖所造的，高度几达四十公尺的高层建筑物，无怪乎要成为世界上古代建筑艺术的唯一珍品了。

嵩岳寺塔建于北魏正光元年（520年），据唐李邕嵩岳寺碑谓："嵩岳寺者后魏孝明帝之离宫也，正光元年膀闻居寺广大佛刹，殚极国财。……十五层塔者，后魏之所立也。发地四铺而耸，陵空八相而圆。方丈十二，户牖数百。"以上记载，核与现存塔的形制，尚属相符，不过除塔以外，其他佛殿等建筑全毁，今仅剩塔前极简陋之山门，塔后之大殿、白衣殿各三间，以及其他关帝殿、杂屋等近代建筑数间而已。

嵩岳寺塔的形制为十二角形十五层，惟第二层以上急骤低矮，在我国佛塔建筑上称作"密檐式塔"，是与白马寺塔的所谓"重楼式塔"作风完全不同。塔身外部原涂有白垩，虽已大部脱落，露出浅黄色的砖层，但其应用叠涩檐与柔和的抛物线所形成的秀丽挺拔的轮廓之美，实给人以难以磨灭的印象；十足地表示出我国六世纪中一种古朴的建筑风格。

塔除初层有门，南面一门可通塔的内室及窗外，其他各层虽极低矮，但仍设有门窗；所有门窗除第二层以上每面窗（应为门）之两侧为直棂窗，其他均冠以半圆形尖拱，拱的顶部置三瓣莲，下端两侧饰以旋涡形装饰，可说完全是一种印度拱的式样，初层之窗其内部有长方形小室，系供佛像之佛龛，佛龛之下尚有台座及狮子雕像。至塔顶的刹，用砖石所制，在简单的须弥座上有覆莲式的覆钵，上为束腰，再上以仰莲承托相轮七重。按相轮亦称九轮，据《晋书》卷九十五《佛图澄传》有"相轮铃音"之句，可见古代相轮之下有铃，系与前述永宁寺木塔的承露金盘同一情状。不过此塔遗物所示并非如此，其相轮中部作微微鼓出成梭形轮廓，最上面则施宝珠，全部形制，十分雄健，刹柱此塔不用，仅在初层内室的外壁内侧，用叠涩砖层向内挑出，承托以上各层逐层收进的壁体与楼板。塔的窗有真假二种，其第十五层的正东面和五、七、九、十一、十三等层位于正南面中央的系真窗，其他各层各面均是一种浮雕而成的假窗，俗称"盲窗"。

（原载：《中国佛教寺塔史志》，大乘文化出版社，1978年，第43~45页）

＊＊＊＊＊＊

中岳嵩山中的倩影（《中国古塔的历程》节录）

常　青

在河南省登封县城西北大约6千米的中岳嵩山南麓，有一座历史悠久的嵩岳寺。它原来是北魏宣武帝在公元509年建立的离宫，后来施舍改建寺院。北魏孝明帝的正光元年（520年）更名为闲居寺，并且增建了一座十五层的佛塔，"发地四铺而耸，陵空八相而圆"。到隋文帝仁寿二年（601年）将这座寺院定名为"嵩岳寺"。

嵩岳寺塔的确不同凡响，它具有优美圆和的抛物线轮廓，十二边形的平面，形成了轻盈秀丽的造型特征，这在中国古塔建筑中是绝无仅有的。这座塔的总高度在40米左右，底层直径16米，除了塔刹和台基为石质外，其余全部用砖砌筑而成。它是中国现存年代最早的一座砖砌佛塔。

这座塔的基台低矮而简朴，而基台上第一层塔身却特别高大，这也是以后所有密檐式塔的一般特点。在第一层塔身又以叠涩的平坐分成上、下两段，在四个正面开辟了贯通上、下两段的塔门。第一层塔身的上段在其余的八个面上各砌出了单层亭阁式方塔形的壁龛，龛下的基座上还刻了壶门与狮子装饰；在塔身的十二个转角处砌出了角柱，柱下雕有莲瓣形的柱础，柱头有火焰宝珠与覆莲瓣装饰。在第一层塔身以上叠涩砌出了十五层密檐，每层塔檐之间的距离不长，每面都开一个小龛门，在龛门两侧又各隐砌出一个直棂的小窗。塔顶的石制塔刹可以分为刹座、刹身、刹顶三部分；刹座是一个巨大的束腰仰覆莲台，台上承托着由七重相轮组成的刹身，刹顶是一个火焰宝珠。

嵩岳寺塔内的结构为空筒式，壁间有八层挑出的叠涩檐子，最下层的平面也是十二边形，但从第一层以上则为八边形。看来，这座砖塔的十五层外观并不代表它的实际层数，依据塔内结构应为九层，并建有木构的楼层与登塔阶梯。这也是以后密檐式塔的一个显著特征。

中岳嵩山另有一永泰寺，据靖彰《大唐中岳永泰寺碑颂》记载：永泰寺是北魏时期的明连寺，寺中有两座千佛古塔，是北魏孝明帝元诩（515~528年在位）为他的妹妹明练建造的，"亭亭四照，嶷嶷摇空"。如今的永泰寺内确实保存着两座古塔，但却呈现着唐代的风格，即经过唐代重修以后形成的。我们也由此可以看到嵩岳寺塔的珍贵之所在。

（原载：《中国古塔的历程》，陕西人民美术出版社，1998年，第53~54页）

※※※※※※

嵩岳寺塔塔基探测（《用物探方法解决文物保护和考古中的某些难题》节录）

钟世航

嵩山脚下的嵩岳寺塔是我国现存最古的砖塔，为对它进行维修、保护，需查明它的基石础状况。

（一）提出的问题

（1）塔是坐落在基岩面上还是在土层上？

（2）是否建有面积大于塔身的塔基础？文献及其他塔的发掘记录，均未发现在建该塔的北魏时代，存在有扩大的塔基础。

（3）塔中有无地宫？据已有资料，在建该塔时代，尚未发现塔中有建地宫的情况。

嵩岳寺塔是重点保护文物单位，在没有足够资料之前，不得进行发掘探查。塔周围的地面上覆盖着人工堆积的杂土，从周围的地窖中可以看到这些杂土有许多层，有含砂的土层、有黏土质层、有砖头瓦砾层、也有的层中含大量大块石。塔周围的基岩为片麻岩和石英岩。砖砌的塔身与土壤、基岩及不同的土层间，均有明显的电阻率差、介电常数差、弹性波波速差。因此，作者选择了电阻率法和地质雷达为主要方法，声波跨孔法作备用方法。

（二）具体思路

（1）塔基深度的探测。现有的地面是逐年堆积而成，建塔之后，嵩岳寺几经兴衰，每次修复，形成一个新地面。如果能查明基岩埋深，查出老地面的位置，就能判断建塔时基岩埋深，断定塔是否坐落在基岩上。

（2）是否存在扩大的塔基。如果存在砖或石砌的塔基，则它们与周围的土体相比是一高电阻体，有可能出现一个高阻接触带异常。砖或石砌塔基与周围土体介电常数亦有明显差别，有可能用地质雷达发现之。

（3）塔中若有地宫，可能呈高阻或低阻反映，有可能用电阻率法或地质雷达发现。

（三）塔基的探测

根据这一思路，布置了物探工作。在塔周围，以2~4米的点、线距作电测深。电测深曲线很好地反映了基岩的埋深，还反映了基岩面以上的多层老地面。电测深曲线的解释结果与验证钻孔和探坑吻合得很好。钻孔与探坑还搞清了基岩面上不同年代土层的构成成分（黏土、大块石、大小块石夹土、碎石夹土）。

地质雷达记录很好地反映了不同年代的老地面以及老地层被后期破坏的情况。图三是其中一份记武工作时雷达发射一个脉冲含两个周期，故每一反射面的反射波都反映为两个周期。图中近水平的虚线标出3个反射面，其深度分别为1.4、1.7、2.1米。在标注的近铅垂的两条虚线中间，深1.4米的反射面不连续，反映了这里土层曾被挖掘，深1.4米的层面亦被破坏。

根据电测深资料绘出塔周围的基岩等高线图，可以看到，塔建在基岩比较平坦的一小片地方，塔前基岩呈一陡崖状。综合电测深和地质雷达资料发现了几层不同年代的老地面。对比基岩及各层老地面的标高可知，建塔时塔周围部分地区基岩出露，其余地区紧靠塔的基岩埋深也仅1米左右，现地面已在基岩面上4~5米，是经历1500年沧桑后形成的。可以断定，古塔直接建在风化片麻岩之上，有坚实的基础。并可推测，塔坐落处基岩较平坦，有可能是经过了人工修整。塔建在陡峭的、深达7~12米的峭壁之上，更能显示塔的高峻。

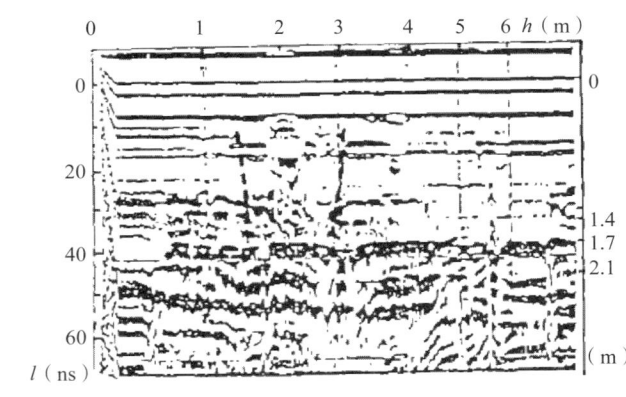

图三　一条地质雷达剖面

h-深度；l-雷达反射波走时

为探查地面之下是否有砖或石砌的扩大的塔基础，从塔身开始放射状地布置了多条剖面，用两个深度的三极剖面法作勘测，A、B分别为7米、14米。出露地面的砖砌塔身是一个低阻的旁侧屏蔽物，它使近塔身的部位ρ_s降低，而且越靠近塔身ρ_s越低。

由图四可见到离塔身后，σ_s急剧升高，再远离塔身，ρ_s又急剧降低，表现为一个由高电阻向低电阻变化的陡立接触带的曲线形态；基岩与土壤层的界限十分明显。由此，探查出一个埋在地下，并高出基岩的用砖或石砌的塔基，它的外边界可达塔身外5~7米。在它上方布置的电测深曲线反映出它的顶、底面目前的埋深，其顶面在基岩面上2~3米、即地面以下1.5米左右。

塔身周围，为了维修古塔，已搭好钢脚手架，地质雷达天线在塔身附近时，向上发射的雷达波被钢架反射，造成强烈干扰。但是，参考电剖面法资料，在距塔身5~7米的位置处，可以在干扰背景中清楚地辨认出一个台阶状边缘的反射信号，这就是塔基的反映。此反射物的埋深与塔基上方地面电测深曲线给出的埋深一致。地质雷达资料确定的塔基外缘平面位置比电剖面法更加准确。图五为其中一条地质雷达剖面记录。图中以虚线标示的1反射面十分清楚，以虚线标示的2反射面左方（箭头指示A点）有一明显的反射信号。2和A组合成一个明显的台阶状物，是塔基的外边缘，与图四所示电剖面发现的砖或石砌塔基情况是吻合的。虚线标示的3反射面与2反射面大致在一水平面上，但深度略大。电剖面曲线没有反映这一界面。它可能是在塔基建好之后回填的碎石土的表面。解释结果示于图下方。

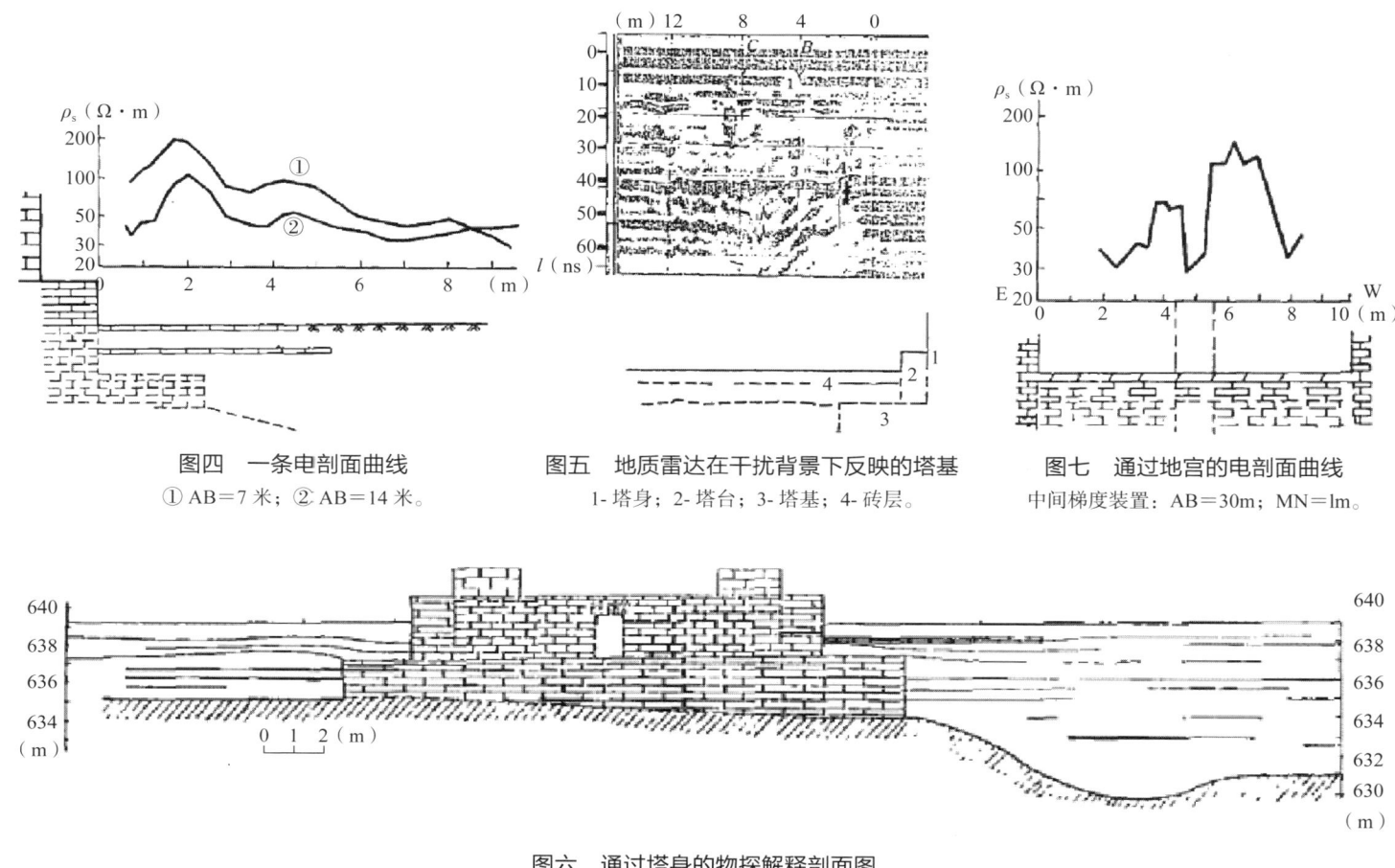

图四　一条电剖面曲线
① AB=7米；② AB=14米。

图五　地质雷达在干扰背景下反映的塔基
1-塔身；2-塔台；3-塔基；4-砖层。

图七　通过地宫的电剖面曲线
中间梯度装置：AB=30m；MN=1m。

图六　通过塔身的物探解释剖面图
图中细实线为老地面，砖墙状符号为用砖或石砌的建筑。

塔中也竖立了密布的钢脚手架，因此无法用地质雷达在塔中探查。为查找塔下是否有地宫，使用了电阻率法。采用中间梯度法装置，AB=30米，MN=1米，将电极布在塔中地面的砖缝或石板缝中，发现了一个1.5米×1.5米的低阻体，其位置恰好位于塔的中心。在它上面布置了电测深，发现其顶部在塔内地面下约0.9米处，深达2.5米，确认为锥形的地宫。经发掘证实它是一个已被充填了细土的地穴，其顶部在塔内地面下0.9~1米。

嵩岳寺塔四周地面部分铺有砖，塔中地面则由砖和石板铺成。本项工作中，同样用c-1低频交流电阻率仪，用大铁钉作电极，将电极设在砖缝或石板缝中，顺利地进行了电法测量。

根据物探资料及塔院内的验证钻孔和塔院外探坑揭示的资料，国家有关部门批准了试掘方案。试掘证实了物探的结论。

（原载：《地球物理学报》第 34 卷第 5 期，1991 年，第 635~642 页）

******

禅宗史上有一个"六祖"和"七祖"
（《读禅宗大师〈珪和尚纪德幢〉书后》节录）

李文生

闲居寺，即今河南省登封市城北 5 千米处的嵩岳寺，是中岳嵩山一座历史悠久、规模宏大的佛教寺院。初建于北魏宣武帝永平二年（509 年），原为宣武帝之离宫，嗣后舍建为寺院。按：罗哲文先生之《中国古塔》、河南省文物局之《河南文物名胜史迹》二书均持此说，但不知何据，且均未说明该寺当初之名。到孝明帝正光元年（520 年），才改名为"闲居寺"。唐李邕所撰《嵩岳寺碑》记载："嵩岳寺者，后魏孝明帝之离宫也。正光元年榜闲居寺广大佛刹。"据此，一则说明闲居寺在正光元年以前已由宣武帝离宫改为孝明帝离宫；二则说明闲居寺是在正光元年由官府发布文告赐的名，并正式公布为官寺。隋文帝仁寿二年（601 年）改今名嵩岳寺。唐武则天和高宗游幸嵩山时，曾把嵩岳寺作为行宫，佛寺宏大，盛极一时。唐朝以后，中岳嵩山佛教活动中心逐渐分散到少林寺和其他寺院，这座历史名刹衰落下来。现在除清代修建的山门、大雄宝殿、伽蓝殿、白衣殿和一些残碑断刻之外，惟有北魏古塔嵩岳寺塔岿然独存，为我国现存最古老的佛教砖塔。

考诸史籍，《洛阳伽蓝记》称"嵩高中有闲居寺。"该书成于东魏武定五年（547 年）。又《魏书·冯亮传》载："（冯）亮既雅爱山水，又兼巧思，结架岩林，甚得栖游之适，颇以此闻。世宗给其工力，令沙门统僧暹、河南尹甄琛等周视嵩高形胜之处，遂造闲居佛寺。"是书成于北齐天保五年（554 年）。这是迄今记载闲居寺最早的两部史籍。我们可以从中得知，闲居寺是北魏宣武帝元恪给其工力，命冯亮与河南尹甄琛、沙门统僧暹等于嵩岳形胜之处修建的一座佛教寺院，至于何时动工兴建，当初何名，目前尚不敢妄断，但至少说在东魏武定五年（547 年）至北齐天保五年（554 年）以前已有闲居寺了。

冯亮何许人也？据《魏书·冯亮传》记载，冯亮南阳人，原是南朝梁武帝萧衍"平北将军"蔡道恭的外甥，正始元年（504 年）八月，于北魏中山王元英攻打梁国义阳（今河南信阳市北）时被俘。元英素闻其名，以礼接待。冯亮性清净，到洛阳后，隐居嵩高（即中岳嵩山）。《魏书·冯亮传》又载："延昌二年冬，（冯亮）因遇笃疾，世宗敕以马舆送令还山，居嵩高道场寺（即少林寺）。数日卒。"这就暗示：闲居寺在延昌二年（513 年）冬以前尚未建成，故冯亮暂住少林寺而病卒。闲居寺创建时间，上为正始元年（504 年）八月北魏平义阳时冯亮被俘，下限为延昌二年（513 年）冬冯亮病卒的十年间。

无独有偶，除嵩岳寺的前身闲居寺外，还有一闲居寺，这便是今日的会善寺。会善寺位于登封市西北 6 千米的嵩山南麓积翠峰下。原系北魏延兴年间（471~476 年）为孝文帝所建离宫，后改宫为寺。北魏正光元年（520 年）复建闲居寺，殿宇千间，僧众千余。北周武帝废佛灭法，改寺为观。隋开皇五年（585 年）又改为嵩岳寺，开皇中赐名会善寺，后毁于兵燹。唐重建，久视元年（700 年），武则天幸中岳至此寺，拜道安禅师为国，赐该寺为安国寺。唐代会善寺规模宏大、高僧辈出，诸如元珪、净藏和天文学家一行和尚等皆出于此寺。五代至明清，屡废屡兴。现存建筑物有常住院、戒坛遗址和古塔，以及碑刻、石佛、铁钟等文物。

如上所述，自北魏正光元年起中岳嵩山已有两个闲居寺：一个是建于北魏孝文帝延兴年间（471~476 年）；另一个是建于北魏宣武帝正始元年至延昌二年（504~513 年）。二寺初名皆称闲居寺，时在北魏正光元年，前者居西，后者居东，故后者又称东闲居寺，两寺东西相距约 5 千米。

（原载：《敦煌研究》2004 年第 6 期，第 24、25 页）

******

嵩岳寺塔为啥能屹立千年

张家泰

在我国现存的古塔中，位于登封县城西北六千米嵩山南麓的嵩岳寺塔要算是最古老的一座了。据唐代李邕《嵩岳寺碑》载，嵩岳寺塔建于北魏正光元年（520年）前后，距今已有1460余年的历史。该塔平面为等边十二角形，这在全国古塔中是一个孤例。塔身之上，有十五层密檐，称为密檐式塔。塔由基台、塔身、密檐和宝刹四部分组成，通高约四十米。全塔用青砖砌成，黏合材料不是白灰、沙灰，而是黄土。基台之上的塔身特高，并以腰檐分为上、下两段，下段为素壁，无装饰；上段则富于变化，各角有仿木结构建筑的多角柱子。除东、西、南、北面辟有券门外，其余八面各砌一座神龛，龛外面呈塔形，其座正面各饰雕狮两尊，雄健生动，姿态各异。塔门贯通于塔身上、下两段，门额双覆双券，顶砌作尖拱状。塔室内部，下层为十二边形，而二层以上则改砌为八角形，塔心为空筒状。塔身上密檐的檐子由一层层叠砖造成，由于叠砖向外拔出的长短不同，使之形成柔美的弧线形，它和上下十五层塔檐外廓所构成的抛物线形十分协调。在塔檐之间的矮壁上，各壁都砌出尖拱小门和直棂窗，除几个内外通透者外，其余都是装饰性的假门窗。塔最上部，是三米多高的塔刹，其外形砌做宝珠、相轮和莲花状的覆钵。

嵩岳寺塔是我国古代建筑中的一件瑰宝。它虽经历了上千年风、雨、雷、震的考验，至今仍然巍然屹立。其原因是：第一，由于古代匠师们把它建筑在一个群山环绕、依岭临崖的山地上，基础坚实。第二，结构严谨。鉴于汉晋以来木塔易燃早毁的教训，改木构为砖构；为避免四面辟券门而影响塔下部之坚固，特意把各面墙壁加至两米多厚，形成了四个拐角的巨墩，以承受全塔的巨大压力；在塔之上部，尽可能不开洞窗，有利于整体的稳固。第三，在建筑材料上，使用质量较好的青砖，而且注意优选，把火候最佳的砖用于外壁；黏合材料虽然是黄土，但土质经过选择与加工，干固后仍十分坚硬。另外，塔身外壁的白灰皮，对整个塔体是一层良好的保护衣；塔檐的上面都用灰泥抿成斜坡，以利于排水、防渗。这一切都是形成嵩岳寺塔千载长存的重要因素。

（原载：《河南科技报》1983年10月27日）

******

中国第一塔——嵩岳寺塔

杜启明

在巍峨挺拔的中岳嵩山主峰太室山南麓，有一座举世闻名的古塔，它就是素有"中国第一塔"美称的北魏嵩岳寺塔。

北魏时期，上下崇佛成风。皇帝每行一处，首要大事即设拜佛之地。嵩岳寺塔，即为北魏孝明帝于正光元年间（520~524年）在他的避暑行宫中建造的一座佛舍利塔，塔高38米有余，以古砖、黄泥砌就。塔的平面为十二边形，这在我国现存古塔中绝无仅有。塔的立面为密檐式，低矮的台基之上，立着高耸的塔身，其上15层密檐渐次内收，使其外轮廓呈优美的抛物线形。塔之顶部，由硕大的覆莲、相轮和宝瓶组成宝刹。塔的180个檐角下，原各挂有风铎。在各级塔檐之间，砌有数百个门窗并施以彩绘。第一层塔身的东、西、南、北四面，各辟有一真门通向塔内，塔内中空，自下而上分为九层，除底层下部为十二边形，其余各层均为八边形。根据种种遗迹推测，塔内原有一八边形基座，其上立有佛像并上覆天花。塔的刹杆，原深入塔内上部并被牢牢固定。整座塔优美俊秀，富有韵律感，堪称中国古塔之杰作。

(原载：《河南日报》1990 年 11 月 17 日三版)

******

从地宫形制看嵩岳寺塔的建造年代

李 嵘

嵩岳寺塔位于河南登封嵩山南麓峻极峰下的嵩岳寺内，通高 37.05 米，为十五层密檐式砖塔。其平面呈十二边形，塔心内壁二层以上为八边形。其外部立面由基台、塔身、十五层叠涩砖檐和塔刹构成。嵩岳寺塔的轮廓线各层重檐均向内按一定的曲率收缩，轮廓线非常柔和丰圆，饱满韧健。

关于嵩岳寺塔的建造年代，学术界一直以来认为是北魏时期，其主要依据为唐代李邕撰文的《嵩岳寺碑》，碑中云："嵩岳寺者，后魏孝文帝之离宫也。正光元年傍闲居寺，光大佛刹，殚极国财……十五层塔者，后魏之所立也。发地四铺而耸，陵空八相而圆，方丈十二，户牖数百。"该碑文在《全唐书》《文苑英华》中均有著录。在 20 世纪 50 年代著名古建专家刘敦桢先生主编的《中国建筑史》中，介绍该塔"在登封嵩山南麓，有我国现存最古的密檐式砖塔，建于北魏正光四年（523 年），塔顶重修于唐。塔平面为十二边形，是我国塔中的孤例……"。虽然两说在年代上略有差异，但都在北魏正光年内，因此后来众多的建筑、考古和美术类书籍中，多沿用嵩岳寺为北魏建造的说法，并认为该塔为我国现存最早的地面砖构建筑。

在此之外，亦有学者持不同看法：在《塔中之塔——嵩岳寺塔形制探微》一文通过对嵩岳塔塔身佛龛的形制进行研究，并从佛教宗派演变的角度进行分析，认为该塔建造晚于北魏，可能建于北齐时期；在《嵩岳寺建于唐代》一文中，研究者通过对文献的详尽梳理，同时与唐中期的荐福寺塔、法王塔等类似佛塔进行比较研究，并结合塔基地宫内的开元时期墨书题记，认为该塔应建于唐代开元年间。

就目前看来，学术界对于登封嵩岳寺塔建造年代的相关论著，多从建筑、宗教、美术等方面的研究入手，且成果颇丰。相较之下，从考古学的角度进行研究则较为缺乏。现有的关于嵩岳寺塔的考古资料以勘测和清理简报为主，包括《登封嵩岳寺塔勘测简报》和《登封嵩岳寺塔地宫清理简报》。本文以《登封嵩岳寺塔地宫清理简报》为依据，对该塔塔基地宫情况进行初步的梳理，同时与北朝—隋唐时期出土的一系列佛塔地宫进行较为系统的比较研究，以期对嵩岳寺塔的建造年代进行比较深入的探讨。

嵩岳寺塔地宫的结构分为甬道、宫门、宫室三部分，以塔体轴线呈东西对称，自南向北分布。甬道砖砌，平面作梯形，里口宽 120 厘米，外口宽 140 厘米，长 220 厘米，甬道底至上口高 156 厘米。宫门门扉已失，门楣、门额、立颊、地衬（《登封嵩岳寺塔地宫清理简报》原文为枕）、门垫（原文为砧）均青石打磨，表面阴刻线画，线画为衔绶凤鸟、枝蔓石榴等花鸟主题。宫室位于塔基中部稍偏西北，墙体砖砌，平面近方形，边长 204～208 厘米，四面墙体略外弧，残高 130～150 厘米，其结构应为穹窿顶。

从建筑结构和布局来看，嵩岳寺塔地宫是较为典型的"甲"字形平面地宫，在唐代以后历代佛塔地宫多依此形制；从装饰风格角度分析，该塔地宫宫门、宫室石制构件上的衔绶凤鸟、枝蔓石榴等主题较为清晰，反映出唐代中期前后的时代特征。加之地宫壁上开元二十一年的题记，更支持了地宫的建造年代。在《登封嵩岳寺塔地宫清理简报》（以下称《简报》）中，作者认为"建塔时即有地宫，后人维修塔上部时，也整修了地宫"，"地宫保存情况，主要保留了唐代整修后的面貌"，认为现存地宫为唐代开元年间整修的面貌，隐晦地表明该地宫建造于更早时期，与现存嵩岳寺塔"为北魏遗物"相呼应。

现存嵩岳寺塔究竟是北魏时期原物，抑或为后代重建，在《简报》中其实可以找到相当重要的线索。在介绍地宫的甬道部分："甬道上部与塔体之间铺垫一层厚 6 厘米的红土，似是为找平铺垫的。由于甬道两壁作为塔体的一部分，塔体重量向中心集中，甬道里外两端受力不匀，同层砖里端较外端下沉5厘米，一些砖出现断裂。"在结语部分："地宫甬道墙和塔身相连，压在塔下，是塔基的一部分。因甬道是地宫的一部分，故原建应已有地宫。"因此，简报认为地宫的年代和其上的塔体同时建造，这是明确的。同时，《简报》中"宫室内墙缝间以红泥黏合，与甬道用料相同"，认为地宫内各部分亦为同时建造，确认了地宫各部分的共时性。因此，如果真如作者认为开元年间的整修前地宫已经存在，那么地宫的结构不应与目前所见有大的差别。在这种推测下，地宫的始建年代能前推到何时，回答这个问题，需要对北朝至隋唐时期佛塔地宫的演变进行一些梳理。

佛塔地宫一般位于塔基之下，用以瘗藏佛舍利和其他供奉物。我国目前发现的最早的舍利塔基位于河北定县北魏太和五年的塔基，塔基夯土筑成，内埋石函；洛阳永宁寺塔舍利塔基也是夯土筑成，为一1.7米见方的竖穴，四壁夯土整齐，显系瘗埋舍利石函所用。北魏时期的这两例直接于塔基夯土内埋藏舍利石函，应是佛塔地宫的最早形式。

隋代的开皇九年清禅寺塔基和仁寿四年神德寺塔基出土了舍利石函，与北魏直接埋石函于夯土中不同，石函外砌筑了砖（石）护墙。这种情况在唐代早期也没有大的变化，在陕西蓝田法池寺遗址中发现的初唐时期舍利石函，从残迹上看，似无地宫，只在石函外围砌方砖而已。这种舍利的瘗藏型式应该是佛塔地宫发展的第二阶段。

从唐代高宗晚期开始，舍利瘗藏制度发生重大的变化，该时期的舍利瘗藏从传统的印度式罂坛瘗埋向中国式的棺椁瘗埋进行了转变。不仅盛置舍利的容器增加了金棺银椁，而且埋藏场所也基本仿照了中原地区的墓葬型式：地宫平面普遍呈方形，砖砌，券顶，南壁宫门，门前有甬道，在甬道之外有的还设置坡道，一如当时的墓制。该时期的考古实例有甘肃泾川大云寺地宫、陕西临潼庆山寺地宫、陕西周至法王塔地宫等。这种佛教仪轨的重大变化在时间和空间上与唐代佛教的世俗化进程相一致，反映了佛教进入中国后经过长期的发展，在唐代武周时期基本完成了本土化的重大转变。

基于目前的考古资料，我国古代佛塔地宫的演化经历了夯土瘗藏→砖（石）砌瘗藏→宫室瘗藏的发展变化。其中从夯土瘗藏到砖（石）砌瘗藏的转变，其时间应发生于北朝的晚期，而从砖（石）砌瘗藏到宫室瘗藏的转变，学术界较为一致地认为发生于唐代武周（或稍前）时期，并在其后不断完善，陕西法门寺地宫的发现更让我们看到了地宫制度的巅峰状态，后代虽有变化，但基本结构未变，并沿用至近代。

嵩岳寺塔地宫以甬道、宫门、宫室三部分所构成的空间，结构布局完整，序列感强，与北朝至唐代早期北方地区以夯土和砖（石）砌瘗藏为特征的地宫形态差别甚大，而与甘肃泾川大云寺地宫、陕西临潼庆山寺地宫、陕西周至法王塔地宫表现出了较大的一致性，表现出地宫发展的成熟形态。泾川大云寺地宫年代为延载元年（694年），庆山寺地宫为开元二十九年（733年），法王塔地宫为开元十三年（717年），均为盛唐时期。考虑到嵩岳寺地处中原腹地，排除地域导致的文化传播滞后因素，其建造年代应与三者相近，年代区间定在7世纪晚期至8世纪前半期应不为过。因此，假如《简报》作者认为的开元年间整修前地宫真的存在，那这座地宫也不会超越这个时间范围。联系到《简报》中嵩岳寺塔地宫北壁的"开元二十有一年……"墨书题记，笔者推测开元二十一年可能即为地宫的建造年代，亦为现存嵩岳寺塔的建造年代，至于《简报》中述及的唐代开元年间整修之前的"地宫"，实际上根本没有存在过。至于正光年间建造的嵩岳寺塔及其地宫，因缺乏资料，更无法探讨。

综上所述，现存登封嵩岳寺塔应建造于唐代7世纪晚期至8世纪前半期，而非北魏正光时期。

（原载：《中国文物报》2014年8月15日第006版）

******

嵩岳寺塔：华夏第一塔

良 洪

塔作为中国古代建筑精品之一，体现了中国古代劳动人民的聪明智慧和能工巧匠的精巧设计和技能。中国四大名塔中的嵩岳寺塔，更是体现了这一精湛精艺，它巍然矗立多年，是中国现存最早的砖塔。

中国之最

嵩岳寺塔，位于登封市城西北5千米嵩山南麓嵩岳寺内。嵩岳寺始建于北魏宣武帝永平二年，原为宣武帝的离宫，后改建为佛教寺院；孝明帝正光元年改名"闲居寺"，并广为增建，殿宇达千余间，僧众700余人。隋文帝仁寿二年改名嵩岳寺，唐朝武则天和高宗游嵩山时，曾把嵩岳寺作为行宫。当时楼阁相连，亭殿交辉，盛极一时。据李邕《嵩岳寺碑记》载："广大佛刹，殚极国才，济济僧徒，弥七百众。落落堂宇，逾一千间。"现塔院内大雄殿及两侧的伽蓝殿、白衣殿均为清时所建。

嵩岳寺塔塔高37.6米，底层直径10.16米，内径5米余，壁体厚2.5米，由基台、塔身、15层叠涩砖檐和宝刹组成。塔基随塔身砌作十二边形，台高0.85米，宽1.6米。塔前砌长方形月台，塔后砌砖铺甬道，与基台同高。该塔底部在低平的基座上起两段塔身，中间砌一周腰檐作为分界。其中下段高3.59米，为上下垂直的素壁，比较简单，仅在四正面有门道；上段高3.73米，为全塔最好装饰。中部是15层密叠的重檐，用砖叠涩砌出，檐宽逐层收分，外轮廓呈抛物线造型，其意境显然来自中国的重楼，其内部则是一个砖砌大空筒，有几层木楼板。最高处有砖砌塔刹，通高4.75米，以石构成，其形式为在简单台座上置覆莲覆钵，束腰及仰莲，再叠相轮七重与宝珠一枚。该塔塔心室作9层内叠涩砖檐，除底平面为十二边形外，余皆为八边形。

嵩岳寺塔的轮廓线各层重檐均向内按一定的曲率收缩，轮廓线非常柔和丰圆，饱满韧健，是中国现存最古老的多角形密檐式砖塔，也是全国古塔中的孤例，同时也是世界上最早的简体建筑，被誉为"华夏第一塔"。2010年8月1日联合国教科文组织第34届世界遗产大会审议通过，包含嵩岳寺塔在内的"天地之中"历史建筑群入选世界文化遗产。

巨蟒传说

嵩岳寺塔，高大挺拔，雄伟壮观。因没塔棚木梯，游人走进塔去，却登不上塔顶，塔棚和木梯哪里去了呢？传说是寺里的和尚放火烧掉了。相传在很早以前，寺中和尚们住在一起，种菜、煮饭等事情都分工明确，那个最小的和尚专门负责清扫塔房，他每天把塔房打扫得干干净净。有一天，小和尚正在扫地时，突然感到自己的两只脚慢慢离开了地面升到了空中，然后又徐徐落到地上。以后，他每次去塔房清扫都要升空一次，而且一次比一次升得高。老和尚觉得奇怪，就和小和尚一起来查看，结果大吃一惊。原来塔棚口上，一条巨蟒正张开血盆大口，把小和尚往肚子里吸。于是老和尚招来众和尚，把情况一说明，当下一合计，决定用火烧来除掉巨蟒以绝后患。大伙说干就干，不到半天工夫就到山里砍了许多柴火。他们打开塔门把柴火堆得老高，熊熊大火烧死了黑蟒，也烧掉了塔棚和木梯，从此嵩岳寺中便只剩下一座没有塔棚和木梯的空塔了。

建筑奇迹

嵩岳寺塔是世界建筑史上的一个奇迹，建筑学界称它是"中国密檐砖塔的始祖"，是世界上第一个使用防雷电装置的建筑。

嵩岳寺塔塔高近40米，历经1500年，风雨侵袭，仍巍然屹立。在结构、造型方面是一座很有学术价值的古建筑。窥视全塔，挺拔刚劲，雄伟秀丽，不仅是一件完美的艺术品，而且该塔造型深受古印度佛塔的影响，塔身各部做"宝箧印经塔"（阿育王塔）式样，并做出火焰形尖拱等，明显具有古印度犍陀罗艺术风格。

嵩岳寺塔也有地宫，地宫的结构分为甬道、宫门、宫室三部分，以塔体轴线呈东西对称，自南向北分布。甬道砖砌，平面作梯形，里口宽120厘米，外口宽140厘米，长220厘米，甬道底至上口高156厘米。从建筑结构和布局来看，嵩岳寺塔地宫是较为典型的"甲"字形平面地宫，在唐代以后历代佛塔地宫多依此形制；从装饰风格角度分析，该塔地宫宫门、宫室石制构件上的衔绶凤鸟、枝蔓石榴等主题较为清晰，反映出唐代中期前后的时代特征。

嵩岳寺塔也是唯一平面为十二边形的古塔，在中国建筑史上具有无上崇高的地位。20世纪30年代，著名建筑学家刘敦桢来考察后，在其《河南省北部古建筑调查笔记》中说："后来的唐代方塔，如小雁塔、香积寺塔等均脱胎于此……"著名建筑大师梁思成向中央政府开列了一份必须重点保护的文物清单，根据重要程度，梁思成在其前面分别标上五个圈、四个圈、三个圈……而在嵩岳寺塔前赫然标上了五个圈。登封市文物局副局长宫嵩涛说，嵩岳寺塔用糯米汁拌黄泥做浆，小青砖垒砌，这种选材及用料在世界上是首创，也是独创。

嵩岳寺塔，以它在中国建筑史崇高的地位，永远屹立在人们心中。

[原载：《重庆科技报》2018年10月30日（第13版）]

附录四　嵩岳寺塔历史事件及大事记

- 公元 511～513 年（北魏永平四年至延昌二年）

北魏永平四年十二月至延昌二年十一月，开始营造嵩岳寺。《魏书·冯亮传》："世宗给其工力，令与沙门统僧暹、河南尹甄琛等，周视嵩高形胜之处，遂造闲居佛寺。"

- 公元 520 年（北魏正光元年）

北魏正光元年，嵩岳寺建造完成，孝明帝为其榜名，寺院由塔院、僧院、离宫、逍遥楼四部分组成，塔院内有嵩岳寺塔、凤阳殿、无量寿殿、石佛像等建筑。《嵩岳寺碑》："嵩岳寺者，后魏孝明帝之离宫也。正光元年，榜闲居寺。广大佛刹，殚极国财。济济僧徒，弥七百众。落落堂宇，踰一千间。……十五层塔者，后魏之所立也。发地四铺而耸，陵空八相而圆，方丈十二，户牖数百。规制一绝。……其东七佛殿者，亦曩时之凤阳殿也。其西西定光佛堂者，瑞像之戾止。……后有无量寿殿者，诸师礼忏诵念之场也。……逍遥楼者，魏主之所构也。引流插竹，上激登楼，菱镜漾于玉池，金虹飞于布水。食堂前古铁钟者，重千斤函二十石，正光年中寺僧之所造也。……西方禅院者，魏八极殿之余趾也。"《魏书·冯亮传》："林泉既奇，营制又美，曲尽山居之妙。"《嵩书》载："凤阳殿北魏离宫殿名。八极殿北魏离宫殿名。菱镜泉在太室嵩岳寺之后，旧无名称，按李北海碑有菱镜漾於玉池之语，遂引以为名焉。"《说嵩》载："逍遥台，魏主建逍遥楼於上，台下有泉。即寺僧诵经。菱镜泉，武后修之，金虹玉池。"

- 公元 524 年（北魏正光五年）

北魏正光五年秋，灵太后欲出家嵩岳寺。《魏书》："灵太后对肃宗谓君臣曰：'放我出家，我当永绝人间，修道于嵩高闲居寺。'"

- 公元 543 年（东魏武定五年）

东魏武定五年，杨衒之撰《洛阳伽蓝记》的书中记载有嵩岳寺。《洛阳伽蓝记》："嵩高中有闲居寺。"

- 公元 574 年（北周建德三年）

北周建德三年，武帝灭佛，波及嵩岳寺。《嵩岳寺碑》："后周不祥，正法无绪。"《周书》载五月"丙子，初断佛、道二教，经像悉毁，罢沙门、道士，并令还民。并禁诸淫祀，礼典所不载者，尽除之。"

- 公元 580 年（北周大象二年）

北周大象二年六月，曾欲将嵩岳寺改为道观，嵩岳寺塔改为道坛，但最后没有实施。《嵩岳寺碑》："宣皇悔祸，道叶中兴，明诏两京，光复二所。议以此寺为观，古塔为坛，八部扶持，一时灵变，物将未可，事故获全。"《周书》载："庚申，复行佛、道二教。旧沙门、道士精诚自守者，简令入道。"

- 公元 585 年（隋开皇五年）

隋开皇五年，嵩岳寺有僧人 300 人。《嵩岳寺碑》："隶僧三百人。"

- 公元 601 年（隋仁寿元年）

隋仁寿元年，将闲居寺改名嵩岳寺，又增加僧人 150 人。《嵩岳寺碑》："改题嵩岳寺，又度僧一百五十人。"

- 公元 602 年（隋仁寿二年）

隋仁寿二年，在嵩岳寺南辅山上建造舍利塔。《嵩岳寺碑》："其南古塔者，隋仁寿二年，置舍利于群岳，以抚天下，兹为极焉。"《广弘明集》载：隋仁寿元年（601 年）"十月十五日正午入于铜函、石函，嵩州于闲居寺起塔。"

- 公元 621 年（唐武德四年）

唐武德四年，嵩岳寺遭到兵乱，寺内塔、建筑、佛像等遭到破坏。《嵩岳寺碑》："逮豺狼恣睢，龙象凋落，天宫坠构，劫火潜烧。唯寺主明藏等八人，莫敢为屈，不暇匡补。且王充西拒，蚁聚洛师，文武东迁，凤翔岩邑。

夙承羽檄，先应义旗，挽粟供军，悉心事主"。《旧唐书》：唐武德四年五月"丙寅，王世充举东都降，河南平。"

- 公元 624 年（唐武德七年）

唐武德七年，傅奕谏李渊灭佛，嵩岳寺未受影响，还获得田碾四所。《嵩岳寺碑》："傅奕进计，以元嵩为师。凡曰僧坊，尽为除削，独兹宝地，尤见褒崇，赏典殊科，明勅洎及，不依废省，有录勋庸，特赐田碾四所。"《旧唐书》："七年，奕上疏请除去释教。"

唐朝时期，嵩岳寺塔院内凤阳殿改名七佛殿，在佛像的旧址建造定光佛殿，北魏八极殿遗址建造西方禅院。

- 公元 684～704 年（唐光宅元年至长安四年）

唐武则天光宅元年至长安四年时期，将嵩岳寺作为离宫，并送镇国金铜像置于无量寿殿，在西岭上建造凤凰台和妆台。《嵩岳寺碑》："后有无量寿殿者，诸师礼忏诵念之场也。则天太后护送镇国金铜像置焉。今知福利所资，演成其广。珠幡宝帐，当阳之铺有三；金络花鬘，备物之仪不一。皆光满秋月，色陵渥丹。穷海县之国工，得人天之神妙。"《嵩书》："武后每年幸嵩山，则以寺为行宫，送镇国金佛像贮焉"。《嵩山志》："唐武后以寺为行宫，嵩镇国金像置焉。则天后亦尝栖息此寺。"清·孙灏撰《河南通志》载："唐兴重为修复，武则天幸嵩山常以此为行宫。"《说嵩》载："唐时，武后扈从高宗幸嵩，以寺为行在。……西岭双阜，北曰凤凰台，南曰妆台，以武后称也。"

- 公元 706 年（唐神龙二年）

唐神龙二年十月，在南辅山古灵台之顶为神秀建造十三层塔和灵庙。《嵩岳寺碑》："中宗孝和皇帝诏于其顶，追为大通秀禅师造十三级浮图，及有提灵庙"，并说嵩岳寺塔"重宝妙装，就成伟丽"。《唐玉泉寺大通禅师碑铭（并序）》载："维十月哉生魄明，即旧居后冈定神起塔，国钱严饰，赐逾百万。"

- 公元 733 年（唐开元二十一年）

唐开元二十一年，修缮地宫，并重新绘制壁画。嵩岳寺塔地宫题记"唐开元二十有一载岁癸酉□□□月九日重庄写……"。

- 公元 739 年（唐开元二十七年）

唐开元二十七年李邕撰《嵩岳寺碑》。《集古录跋尾》载："嵩岳寺碑撰写于开元二十七年，唐淄州刺史李邕撰，胡英书"。

- 公元 1368 年（明洪武元年）

明洪武初，重修嵩岳寺建筑。清雍正孙灏撰《河南通志》载："明洪武初重修。"

明末经历战乱，嵩岳寺残毁严重，仅剩嵩岳寺塔和一两座建筑。（见寺内碑刻《重修茄蓝殿记》碑文）

- 公元 1705 年（清康熙四十四年）

清康熙四十四年重修白衣菩萨殿。（见寺内碑刻《重修白衣菩萨殿碑记》碑文）

- 公元 1727～1743 年（清雍正二年至乾隆八年）

雍正二年二月至六年十月，重修伽蓝殿，修缮大雄殿。（见寺内碑刻《重修大雄殿记》碑文）

清雍正六年，重装佛像，油画大殿，修缮韦陀殿。见寺内碑刻《金装佛像油画大殿修韦陁殿碑》碑文。

清雍正二年开启地宫，乾隆八年封闭地宫。嵩岳寺塔地宫清代题记："心愿、玉愿禅爱孙□佳，雍正二年开，乾隆八年此风，比丘垂□题名供养比起惠自供养。"

- 公元 1744 年（清乾隆九年）

清乾隆九年，重整大雄莲阁、禅室、山门、伽蓝殿。（见寺内碑刻《重修茄蓝殿记》碑文）

- 公元 1921～1923 年

1921 年，日本人常盘大定调查嵩岳寺塔。（见 1923 年出版《中国佛教史迹》）

- 公元 1936～1937 年

1936 年 6 月，刘敦桢先生、刘致平先生等勘察嵩岳寺塔，于 1937 年在《中国营造学社汇刊》第六卷第四期发表《河南省北部古建筑调查记》。

- 公元 1956 年

1956 年 8 月 28 日，河南省人民委员会公布嵩岳寺塔为省级文物保护单位。杨焕成先生对嵩岳寺塔进行调查和历史资料登记。

- **公元 1961 年**

1961 年 9 月 4 日，国务院公布嵩岳寺塔为第一批全国重点文物保护单位。

- **公元 1964～1965 年**

1964 年 12 月，河南省文化局拨款清理塔院环境，整修部分围墙。张家泰、吕品二先生对嵩岳寺建筑遗址进行调查，于 1965 年在《文物》第 7 期发表《在嵩岳寺旧址发现的瓦件》。

- **公元 1980 年**

1980 年修缮嵩岳寺塔院内大雄殿。

- **公元 1984～1991 年**

1984～1991 年嵩岳寺塔的修缮工作，是新中国成立至今规模最大的一次，历经 7 年，国家拨款 220 余万元。

1984 年嵩岳寺塔修缮工作开始启动。

1984～1985 年上半年，制定嵩岳寺塔修缮工作计划。

1985～1986 年，河南省古代建筑保护研究所对嵩岳寺塔进行现状勘察及修缮设计，于 1987 年在《中原文物》第 4 期发表《登封嵩岳寺塔勘测简报》。

1986 年 9 月 8 日，嵩岳寺塔整修方案首次论证会在北京举行，论证专家有祁英涛、杜仙洲、梁超、孔祥珍等。12 月，安徽滁县地区文物保护科学技术研究所及原铁道部科学研究院铁道建筑研究所和铁道部第三勘测设计院九队，对嵩岳寺塔及其周围地区进行地球物理勘测。

1987 年发现地宫。5 月 13 日至 7 月 8 日，河南省地矿局环境水文地质总站对嵩岳寺塔区进行工程地质勘察。6 月，河南省地矿局测绘大队协助对嵩岳寺塔的变形（倾斜）进行了实地观测。12 月，环境整修完工，完成《登封嵩岳寺塔整修工程技术报告》编写。

1987～1988 年，河南省古代建筑保护研究所对嵩岳寺塔塔基探察。

1988 年 3 月，河南省古代建筑保护研究所对嵩岳寺塔地宫考古清理，于 1992 年在《文物》发表《登封嵩岳寺塔地宫清理简报》。4 月，召开现场方案论证会。修订嵩岳寺塔修缮方案。

1989 年 7 月，河南省古代建筑保护研究所对嵩岳寺塔塔刹天宫清理，于 1992 年在《文物》发表《登封嵩岳寺塔天宫清理简报》。修缮方案获国家局批准，正式启动修缮施工。嵩岳寺塔划定重点保护范围和一般保护范围。

1990 年 6 月 14 日，嵩岳寺塔防雷工程竣工验收。12 月，嵩岳寺塔塔体修缮竣工验收。

1991 年 6～10 月，河南省古代建筑保护研究所编制嵩岳寺塔"四有档案"。12 月，嵩岳寺塔附属工程竣工。

- **公元 2003 年**

2003 年 10 月 21 日郑州市人民代表大会常务委员会公告公布《郑州市登封观星台嵩岳寺塔少林寺塔林保护管理条例》。

- **公元 2004 年**

2004 年，嵩岳寺塔划定保护范围和建设控制地带。

- **公元 2008 年**

2008 年"登封'天地之中'历史建筑群"启动申报世界文化遗产工作，政府拨款数十万元，对嵩岳寺塔本体进行杂草清除及周围环境进行治理。

- **公元 2010 年**

2010 年 8 月 1 日，联合国教科文组织第 34 届世界遗产大会，审议通过包含嵩岳寺塔在内的"天地之中"历史建筑群为世界文化遗产。

- **公元 2015 年**

2015 年 8 月，北京大学考古文博学院、郑州市世界文化遗产保护管理办公室与登封市文物管理局联合对嵩岳寺遗址进行了考古调查与勘探。

- **公元 2016 年**

2016 年 7 月，河南省文物局批复《嵩岳寺塔等工程资料整理和出版立项》（豫文物报〔2016〕129）。

- **公元 2017 年至今**

2017 年 3 月，河南省文物建筑保护研究院召开《嵩岳寺塔》编著启动会。2019 年 10 月完成初稿，当月我国著名文物专家谢辰生先生为本书题字并序。

后 记

为提高和增强文物建筑保护技术水平和科研能力，总结文物建筑保护工程修缮经验，近年来，我院组织人力对早期承担的重要保护工程修缮项目嵩岳寺塔的资料进行整理和研究，并将成果编著出版。嵩岳寺塔是我院1984～1991年承担的国家文物局重大保护修缮工程，修缮期间受到原文化部、国家文物局和河南省文物局的高度重视。国家文物局拨付专款修缮，并委派业内资深专家单士元、于卓云、傅连兴、姜怀英、杨烈、祁英涛、杜仙洲、梁超等亲临现场考察和指导，使修缮工作得以圆满完成。

2016年5月，在原河南省文物局局长杨焕成的倡议下，我院启动了《嵩岳寺塔》维修工程资料的整理、研究、出版项目，并得到省文物局立项批复（豫文物保〔2016〕129号）。2017年3月编著工作启动，至2019年10月完成初稿，历经2年7个月。前期准备工作主要是整理、扫描、录入单位现存嵩岳寺塔基础资料，收集、查阅与嵩岳寺塔相关历史和工程修缮资料，并重新进行现场勘察校核等，此项工作时间长达13个月。因嵩岳寺塔工程修缮项目时间较长，参加维修人员变动，部分资料分别保存等，收集整理难度较大，给《嵩岳寺塔》编写带来了不小的难度。直到2018年4月，方正式提笔编写，历时18个月完成初稿。编著期间，得到了领导、老师时常的鼓励、支持和肯定。虽然编写任务繁重，但是我们深感幸福和欣慰。在此书定稿付梓之际，我们深表感谢！

我国文物界著名专家、国家文物局原顾问、中国文物学会名誉会长，98岁高龄的谢辰生先生，坐轮椅审阅书稿，并欣然提笔为本书题字并序。我国著名文物建筑保护专家、河南省文物局原局长杨焕成先生，作为本书顾问，自始至终对《嵩岳寺塔》的编写倾心指导，在编写提纲的方向和内容上给出了重要指导意见，先生审阅本书初稿时，放下自己正编著的《河南古塔建筑文化研究》书稿，对书稿中错漏一一指出，并对后续研究方向提出要求。我国著名文物建筑保护专家张家泰先生，作为我院老所长和本书顾问，是1984～1991年嵩岳寺塔全面修缮的主要负责人，在本书编写过程中提供了大力支持和无私帮助。北京大学考古文博学院原院长、山西大学副校长杭侃先生，在繁忙的工作中，不辞辛苦审阅本书初稿，提出许多宝贵意见和建议。科学出版社闫向东副总经理，对相关章节编排提出了宝贵建议，为本书的顺利出版提供了诸多便利。河南大学土木建筑学院鲍鹏院长、中国圆明园学会园林古建分会副会长宋国晓先生，上海博物馆吴婧玮老师等，为本书编写也提出了很好的意见和帮助。河南省文物局局长田凯、原局长陈爱兰、副局长孙英民、文物保护与考古处处长张慧明，对本书的编著非常关心，在统筹、管理上给予了大力支持。登封市文物局宫松涛副局长及登封嵩岳寺塔文管所等诸多同行在勘察期间提供了大力帮助。我院全体领导班子及院各位同仁为本书的编写出版，给予了大力支持和帮助。院退休老领导郭天锁先生献出塔基探察日记并为第四章第一节的编写提供了大力帮助。杭侃副校长、北大考古文博学院赵献超博士、郑州市世界文化遗产保护管理办公室主任王文华及丁大涛同志提供了第四章第五节资料。院文物建筑调查研究所李银忠所长、文物建筑艺术研究所程曦所长、信息资料中心郭绍卿主任参加了现场调研，李银忠所长编写了第一章第四节。院信息资料中心亓艳芝、赵军同志完成了部分图纸和老照片资料扫描工作。院设计中心付力、刘重、李楠、王广建诸同志完成了三维激光扫描和空三倾斜摄影测量以及1989年测绘图纸和文中部分插图描绘。科学出版社吴书雷责任编辑，为本书编辑付出了大量心血。还有许多领导、专家和同行关心着嵩岳寺塔的资料整理研究和编辑出版工作并给予了大力支持和帮助，不再一一列举。我们在此深表敬意和由衷感谢！

本书不当之处，恳请指正。

编 者

2020年9月

图版

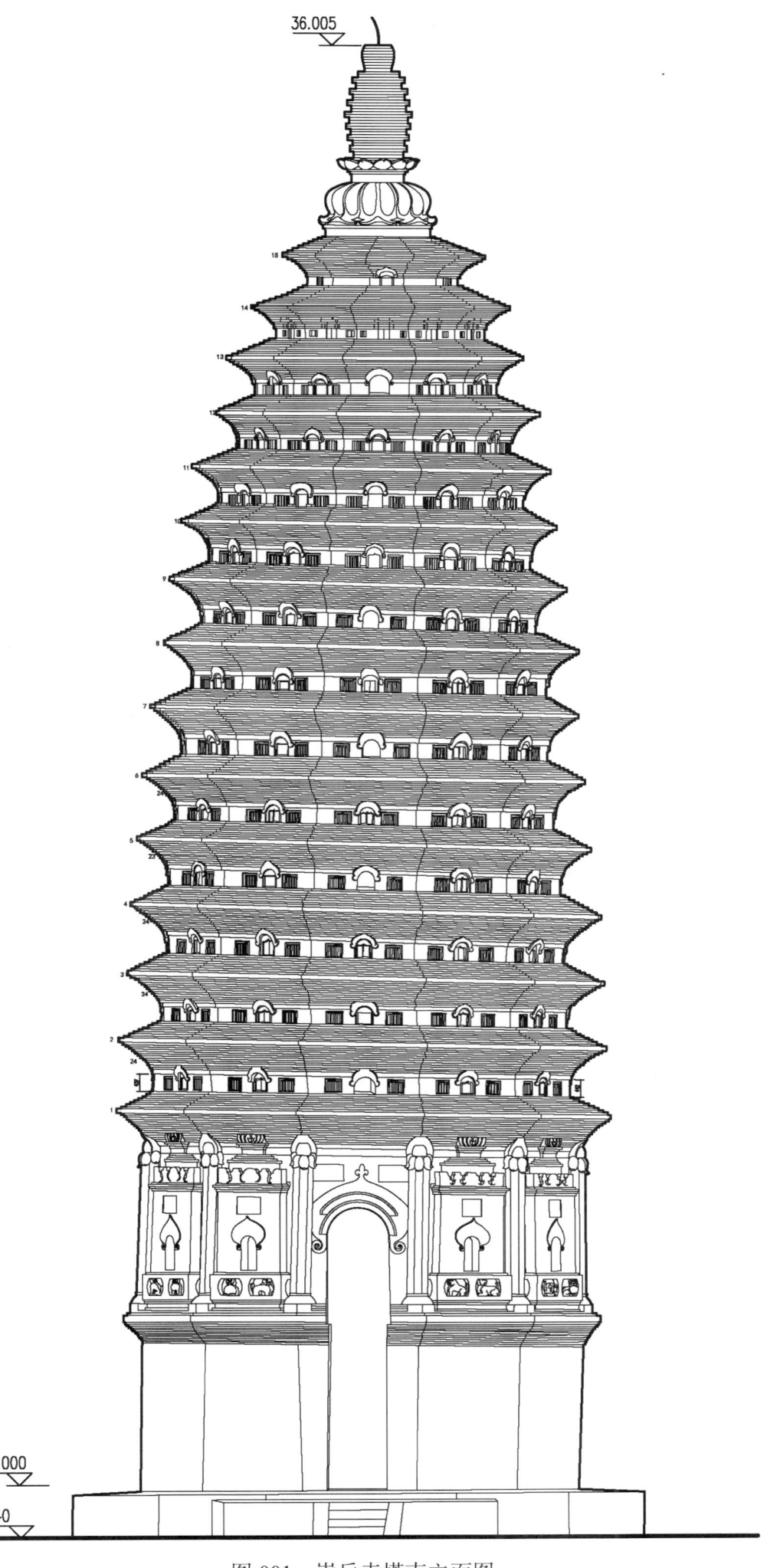

图 001　嵩岳寺塔南立面图

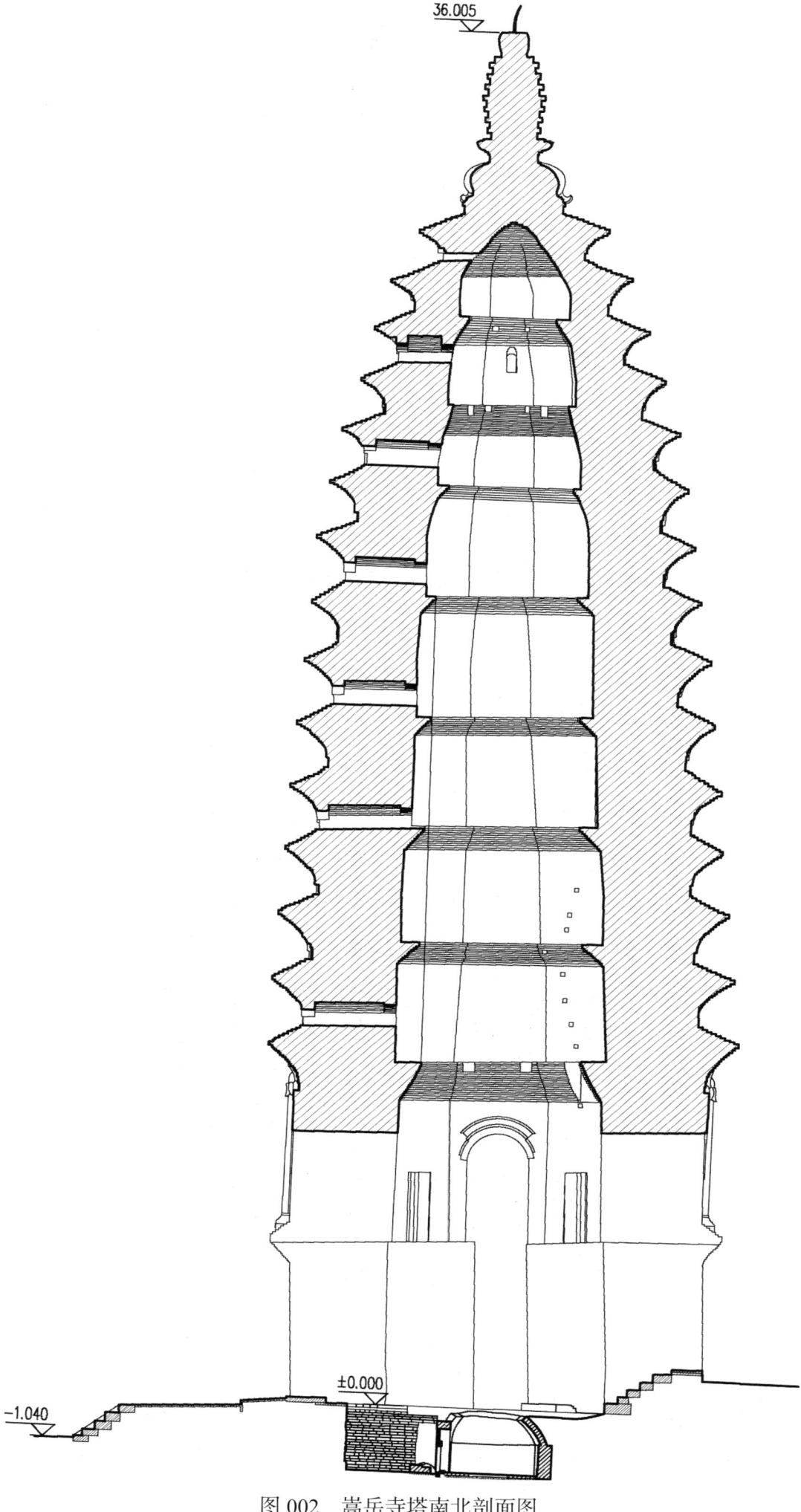

图 002　嵩岳寺塔南北剖面图

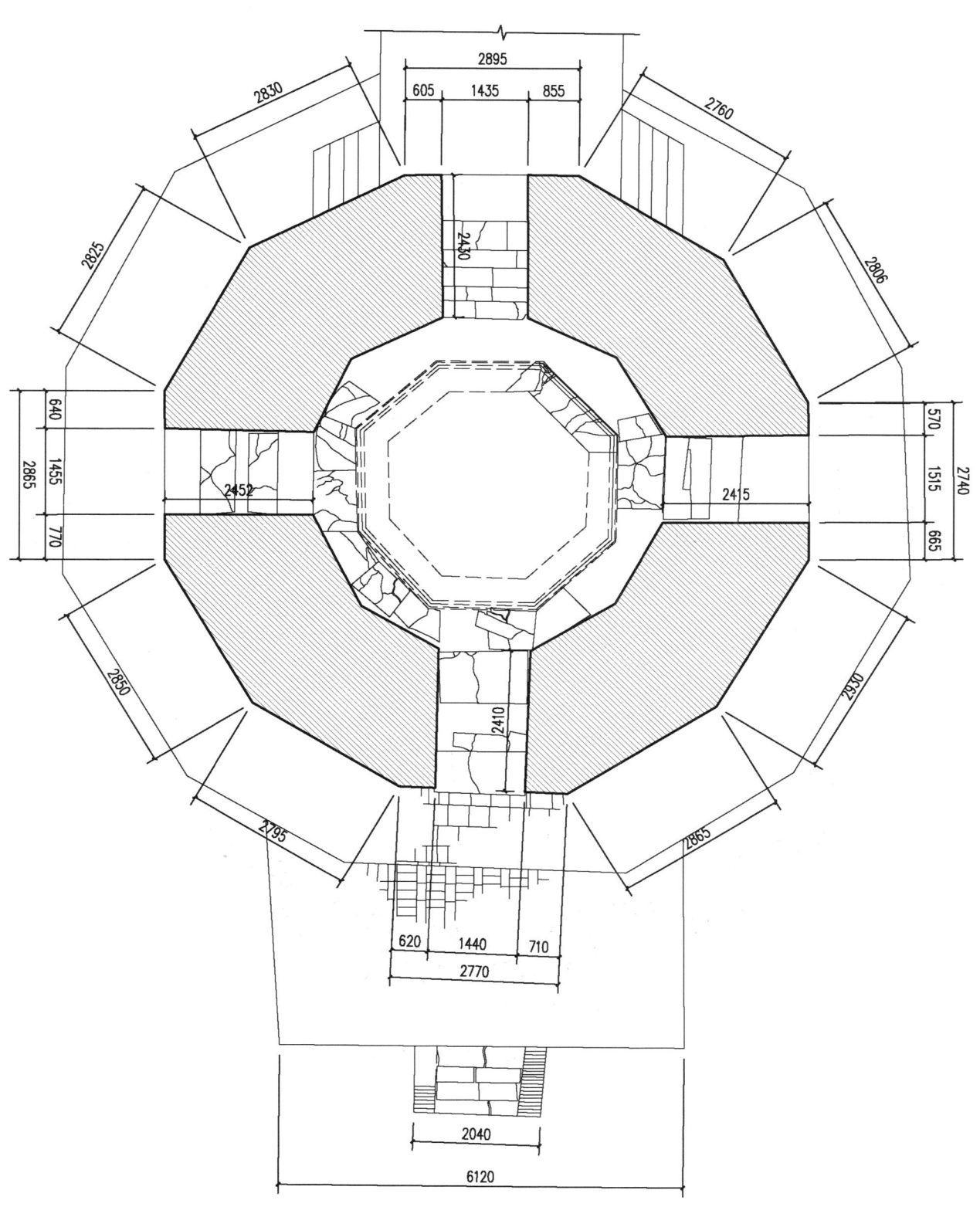

图 003　嵩岳寺塔基座平面图

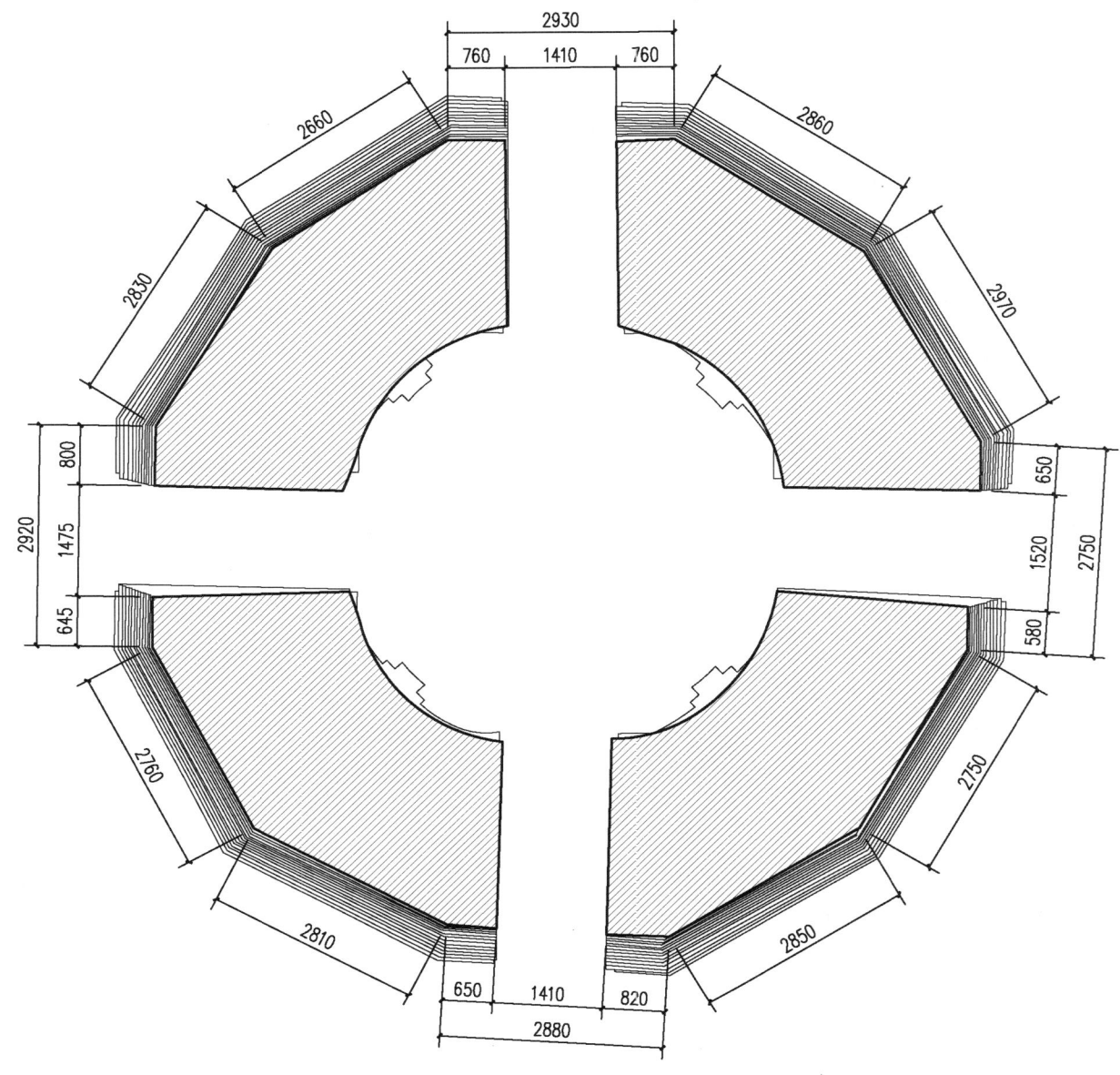

图 004　嵩岳寺塔基座仰视图

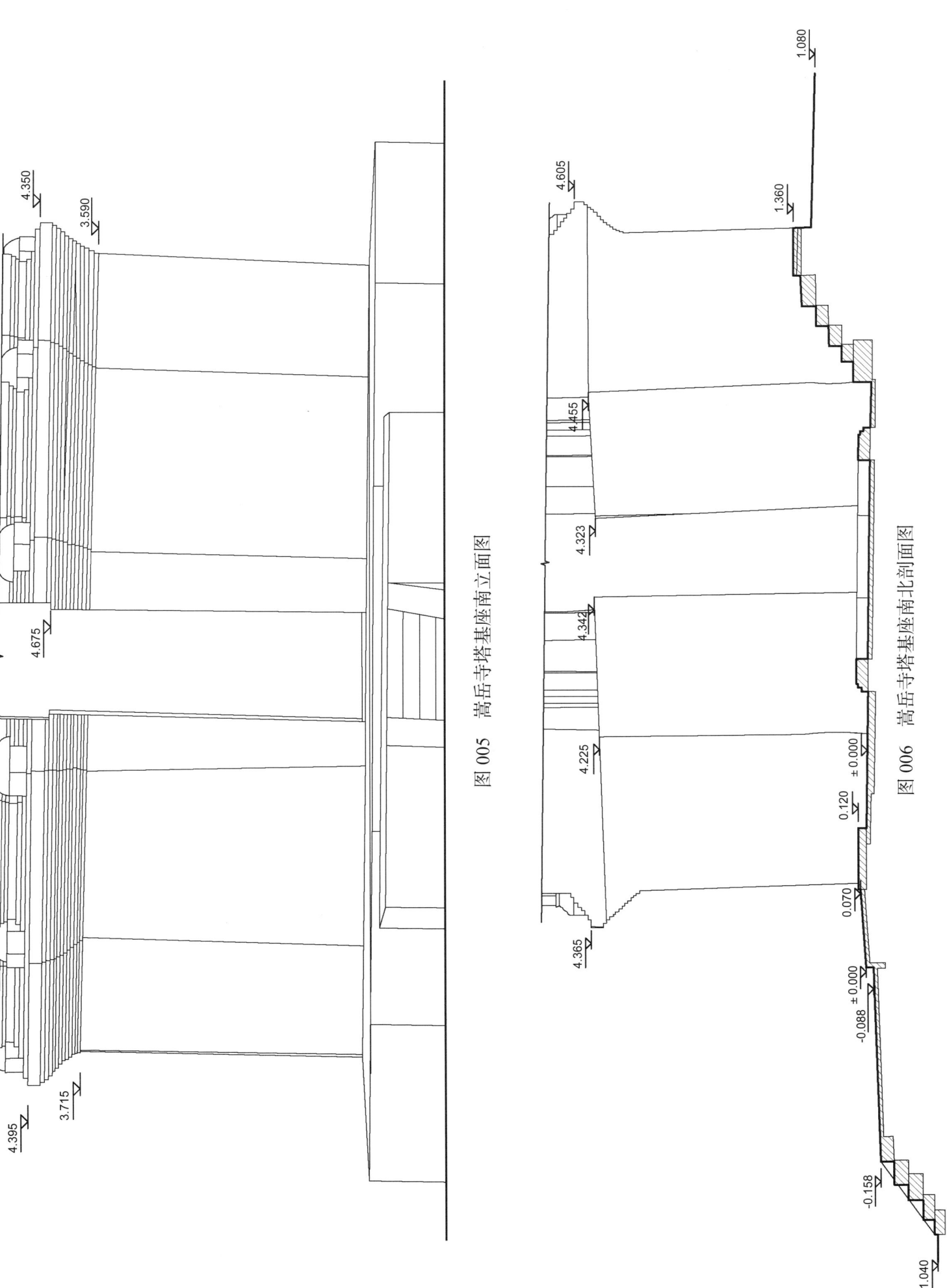

图 005 嵩岳寺塔基座南立面图

图 006 嵩岳寺塔基座南北剖面图

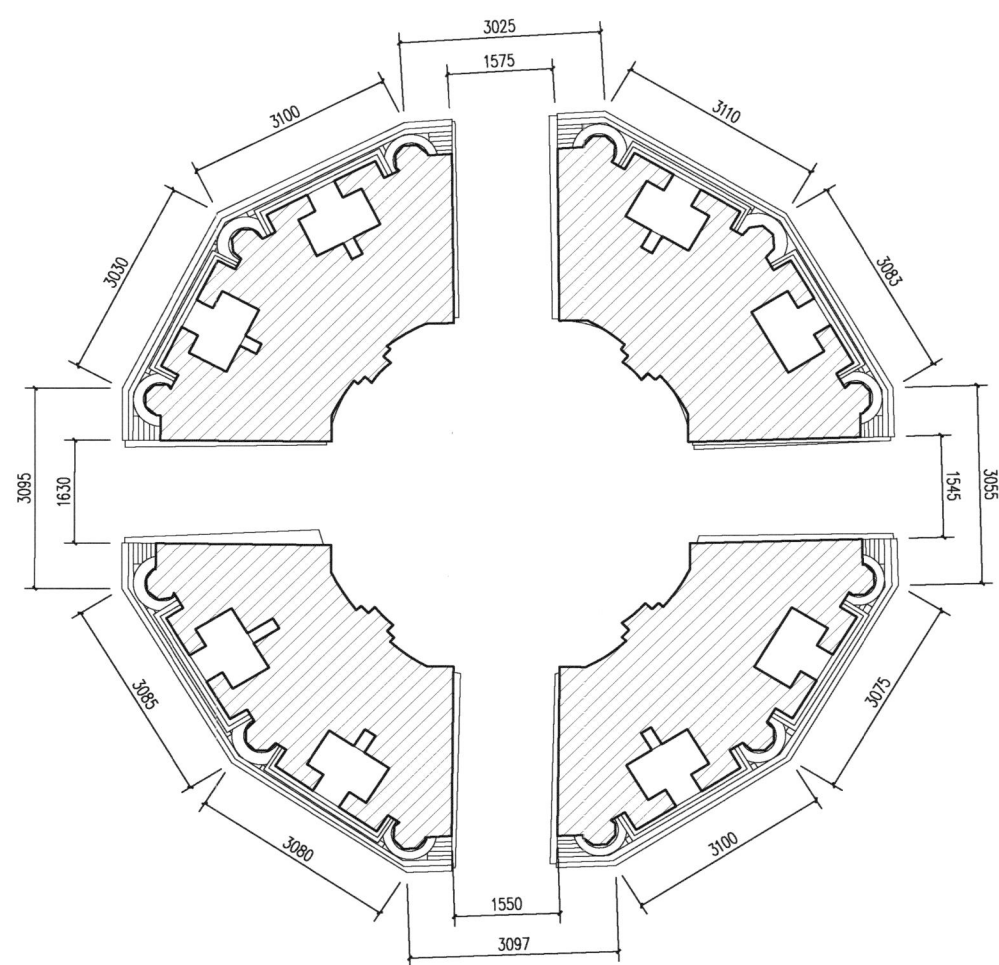

图 007　嵩岳寺塔外部第一层平面图

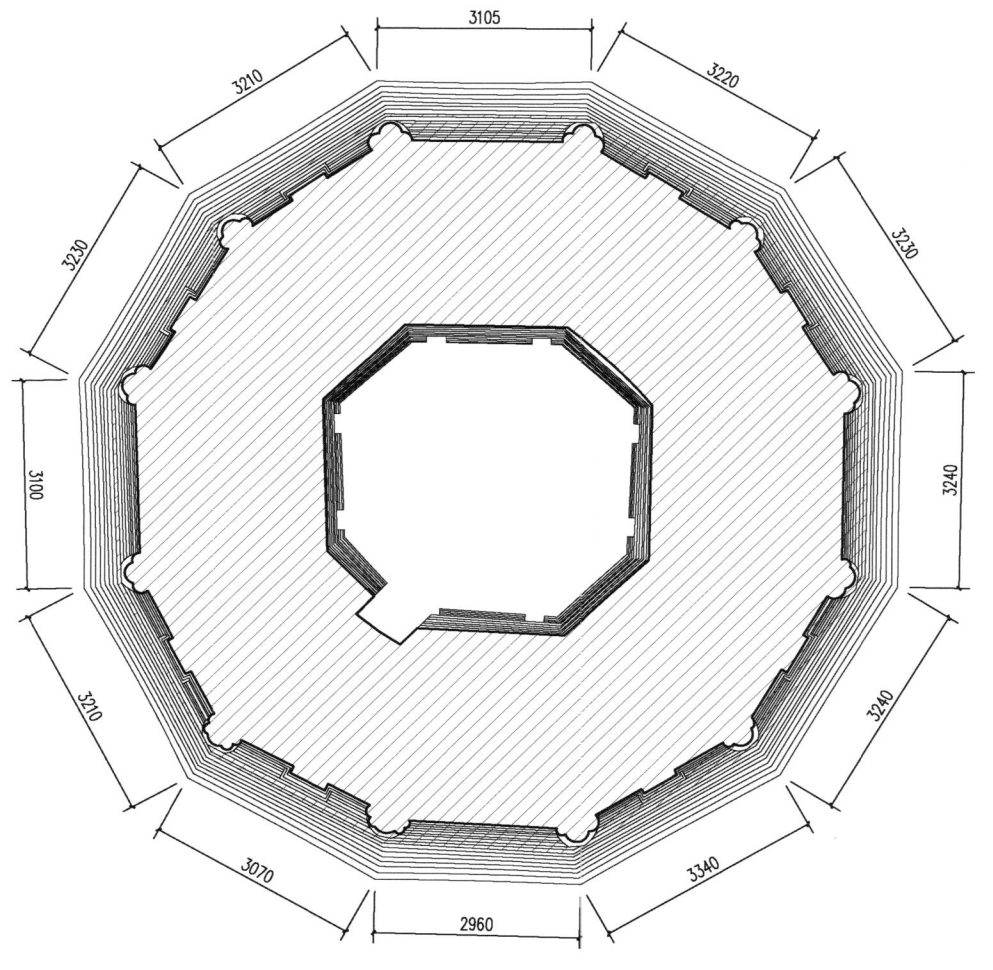

图 008　嵩岳寺塔外部第一层仰视图

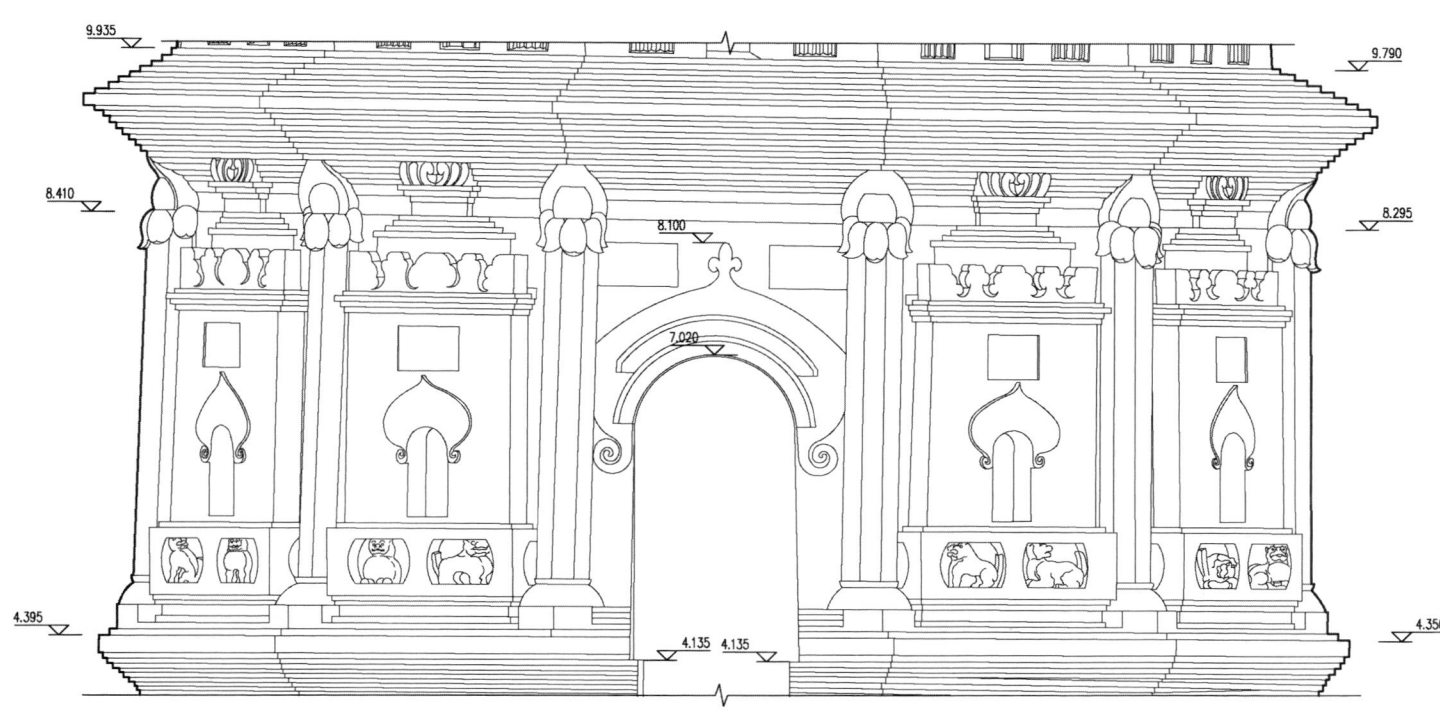

图 009　嵩岳寺塔外部第一层南立面图

图 010　嵩岳寺塔外部第一层南北剖面图

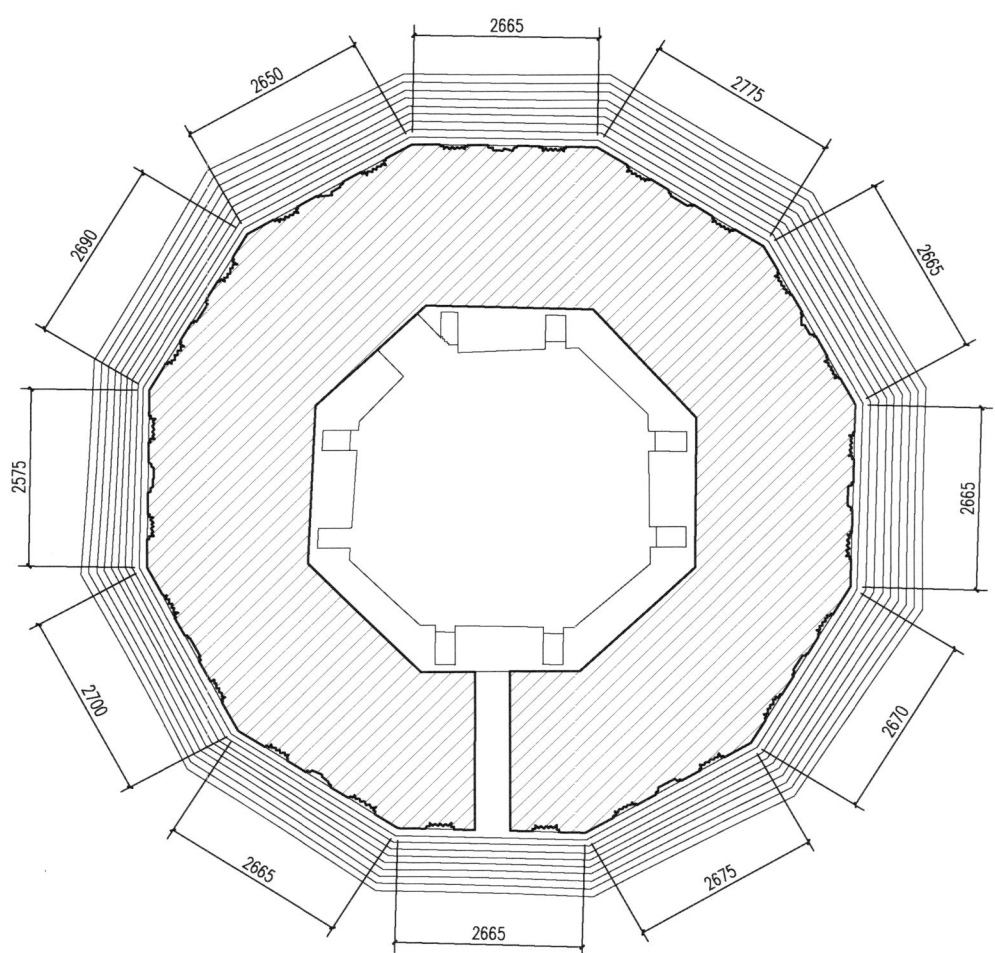

图 011　嵩岳寺塔外部第二层平面图

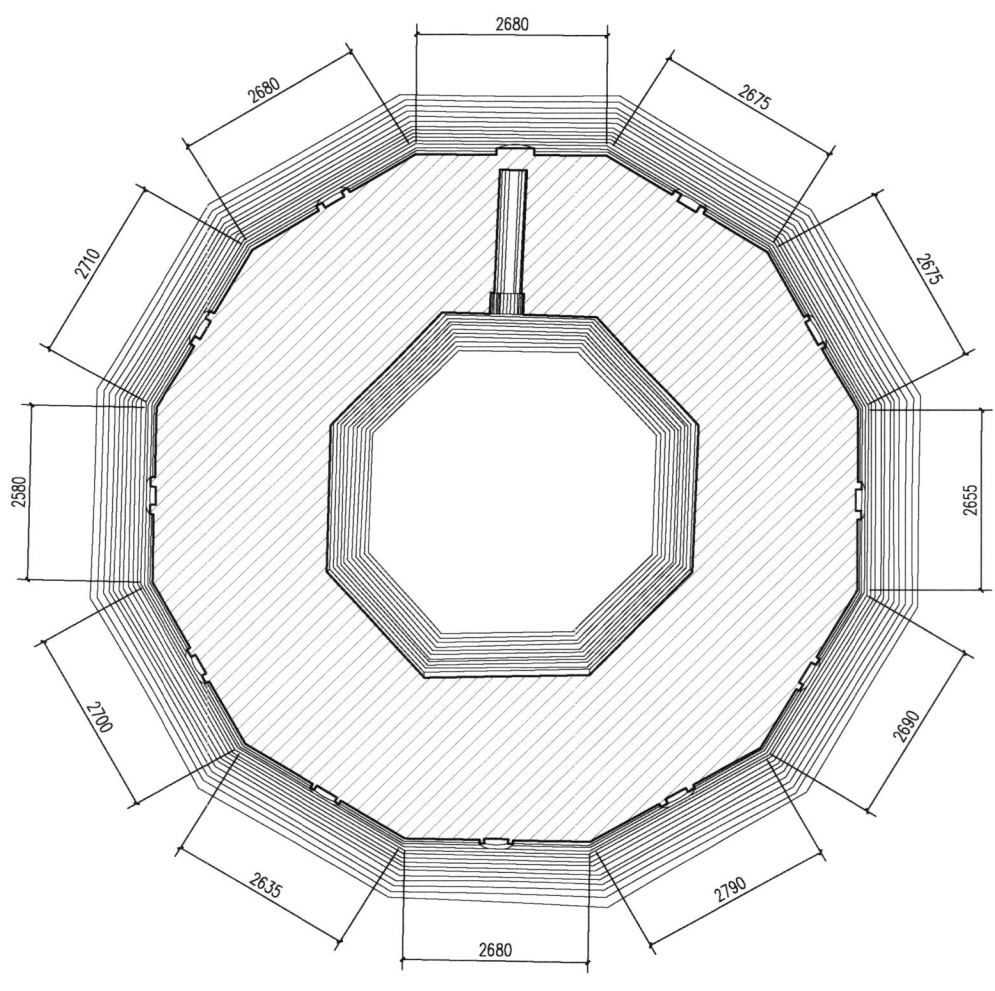

图 012　嵩岳寺塔外部第二层仰视图

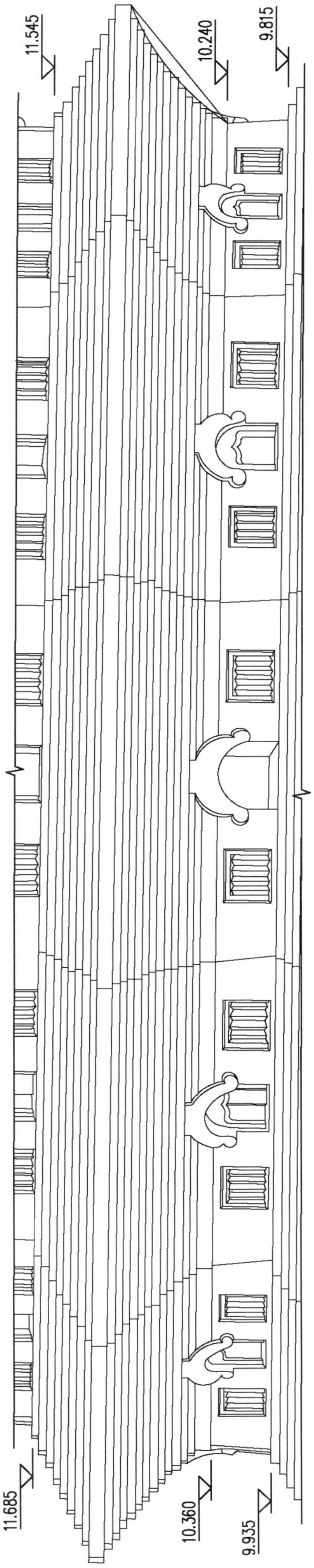

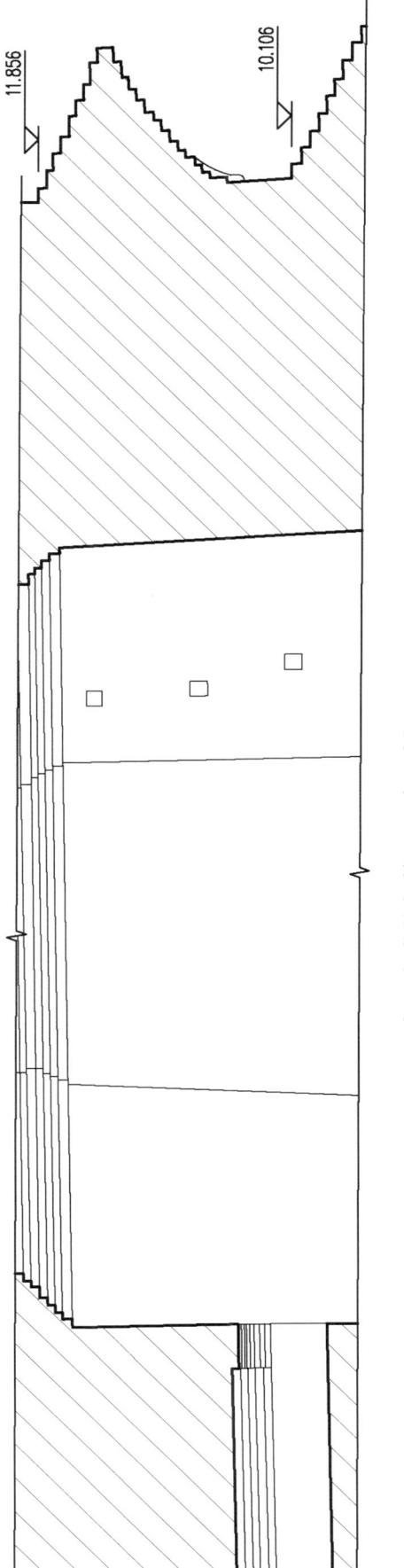

图 013　嵩岳寺塔外部第二层南立面图

图 014　嵩岳寺塔外部第二层南北剖面图

嵩岳寺塔　测绘图

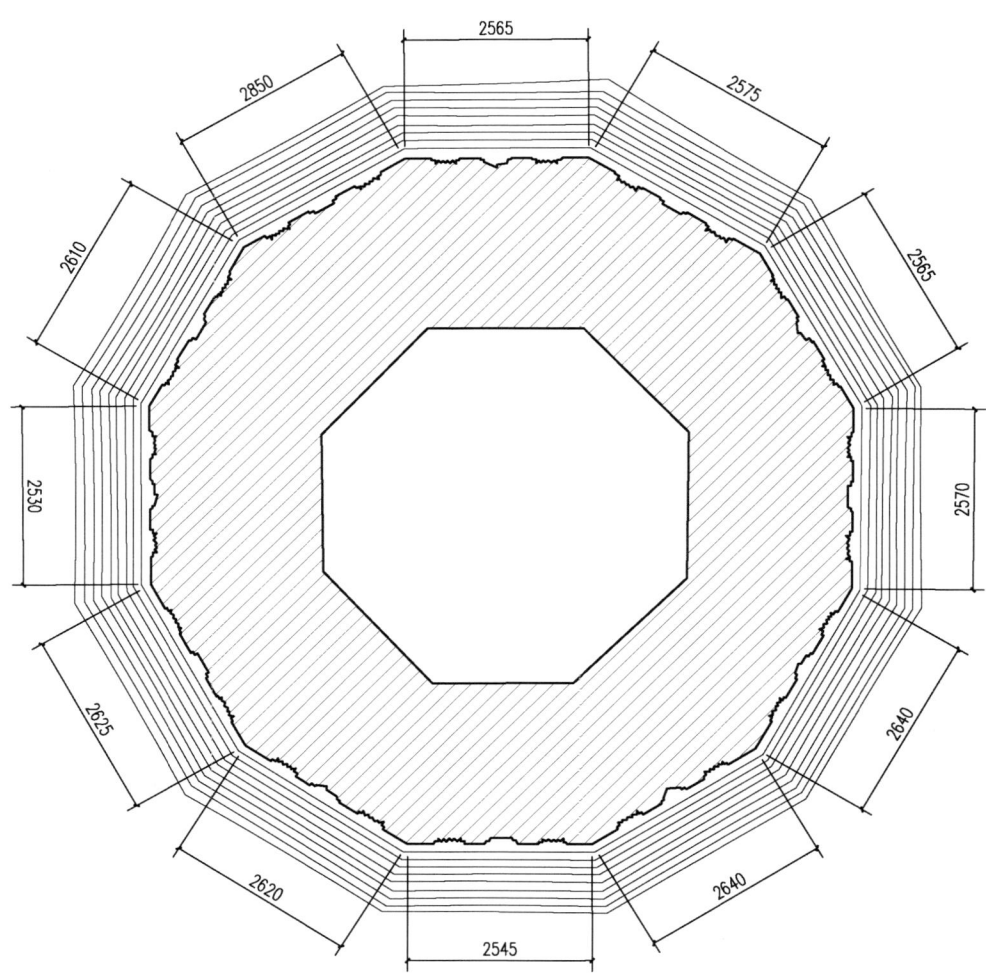

图 015　嵩岳寺塔外部第三层平面图

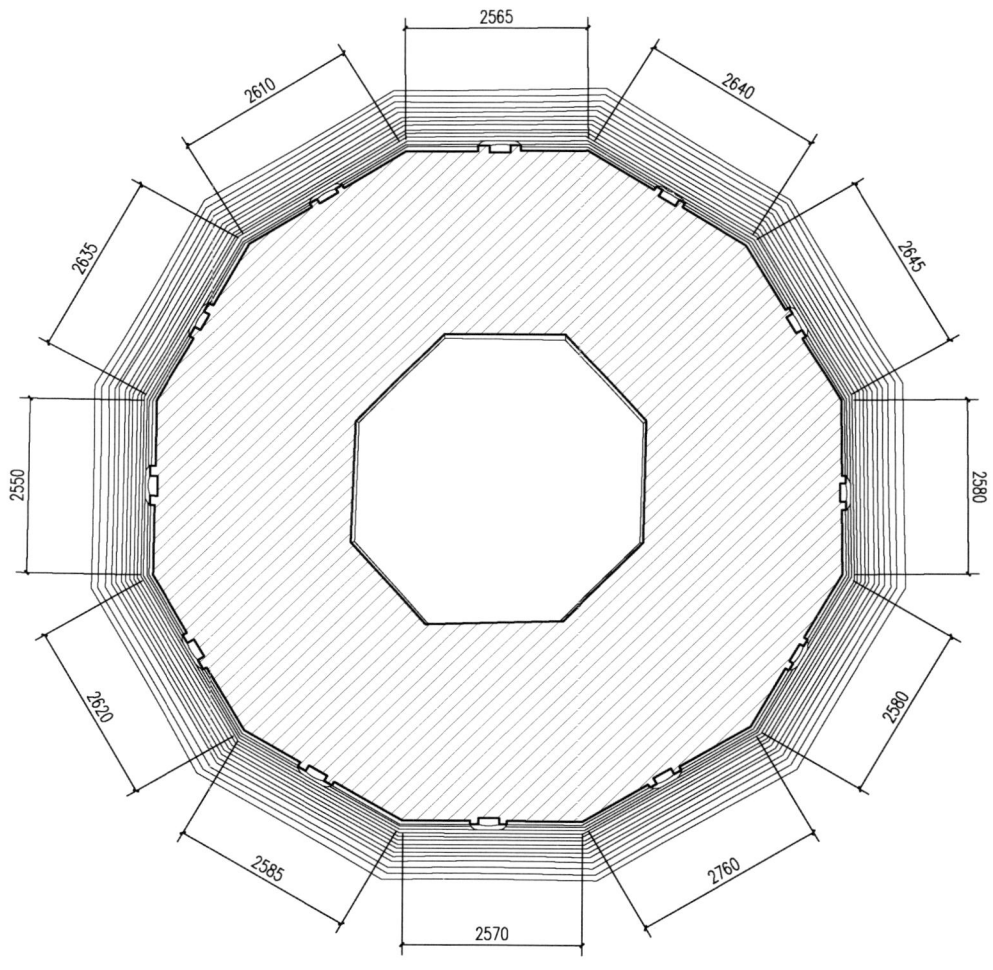

图 016　嵩岳寺塔外部第三层仰视图

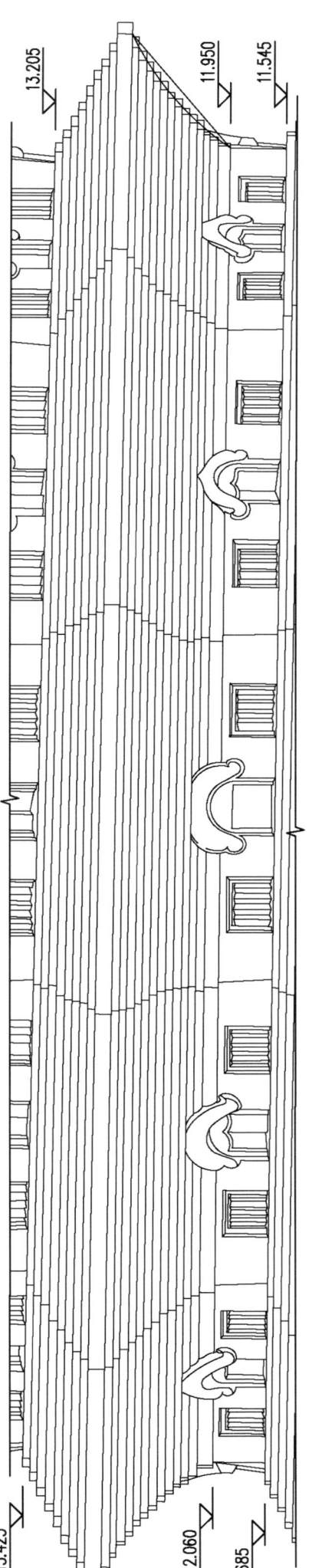

图 017 嵩岳寺塔外部第三层南立面图

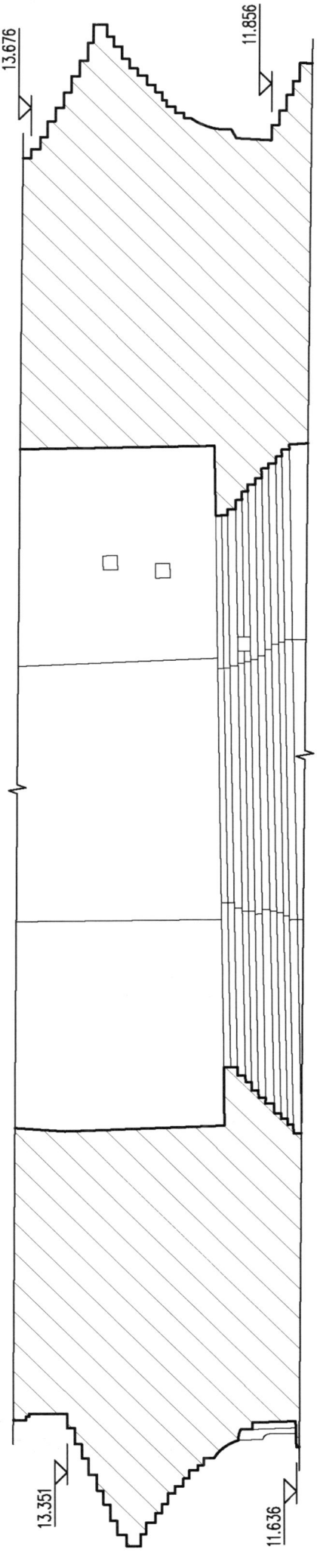

图 018 嵩岳寺塔外部第三层南北剖面图

嵩岳寺塔 | 测绘图

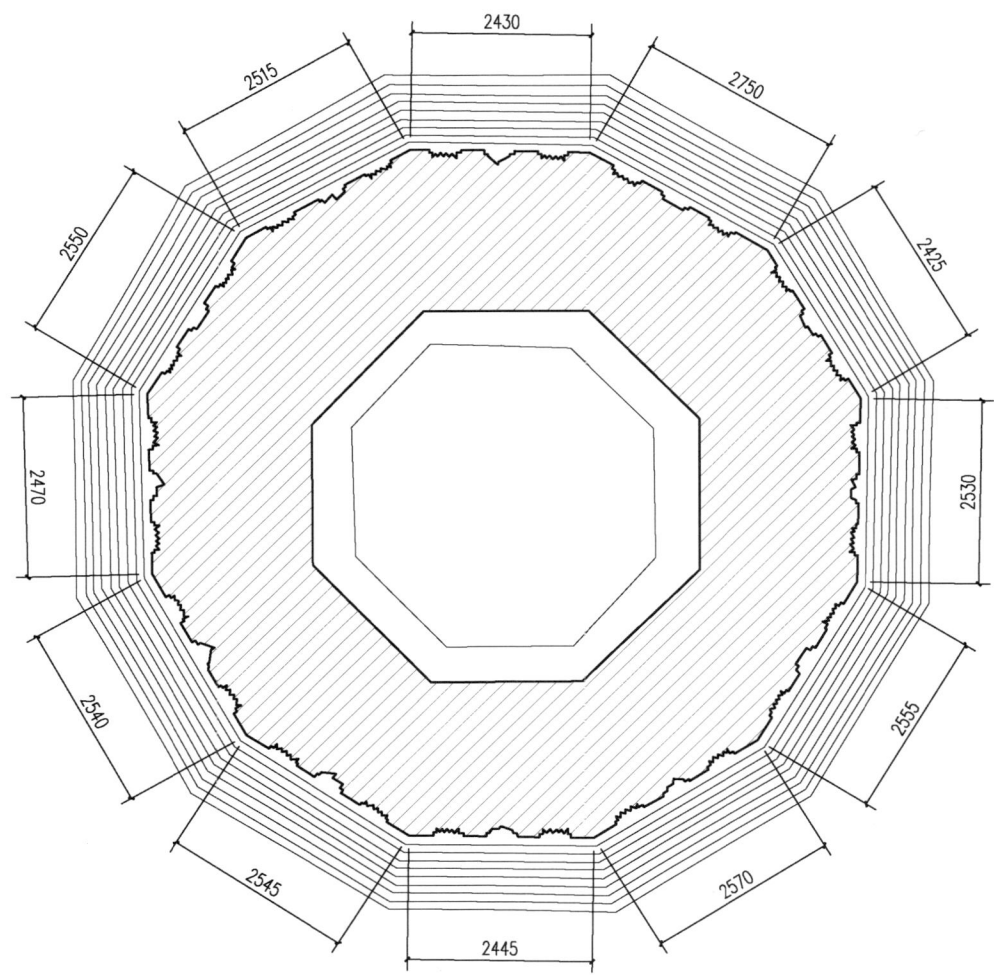

图 019　嵩岳寺塔外部第三层平面图

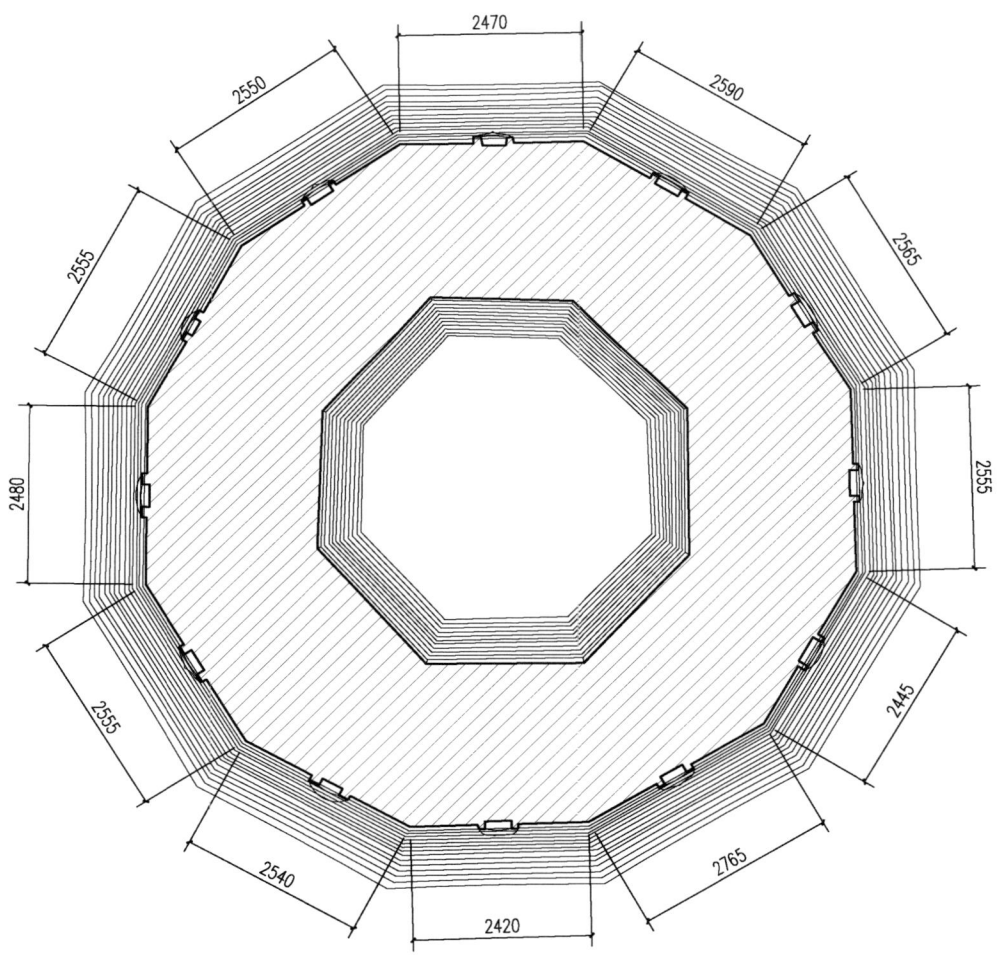

图 020　嵩岳寺塔外部第四层仰视图

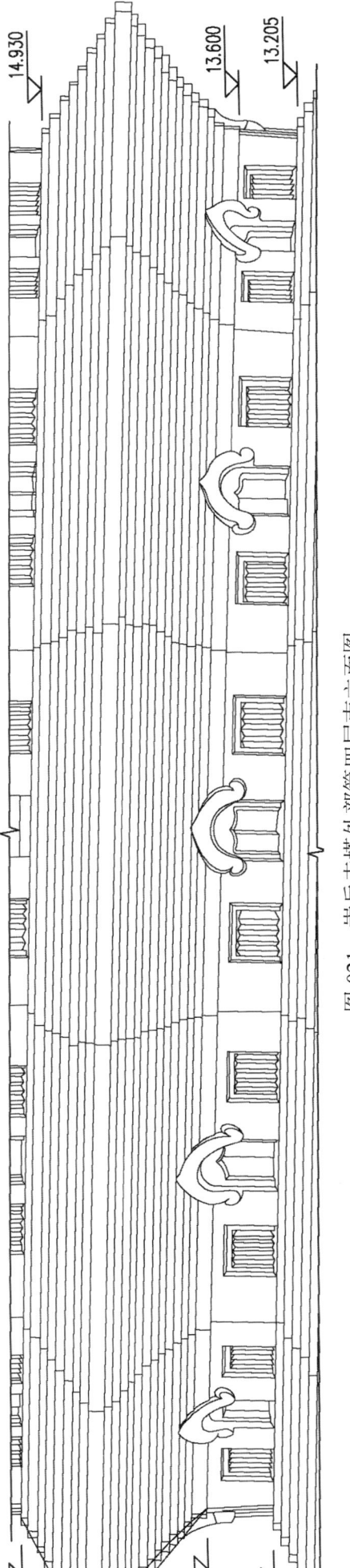

图 021　嵩岳寺塔外部第四层南立面图

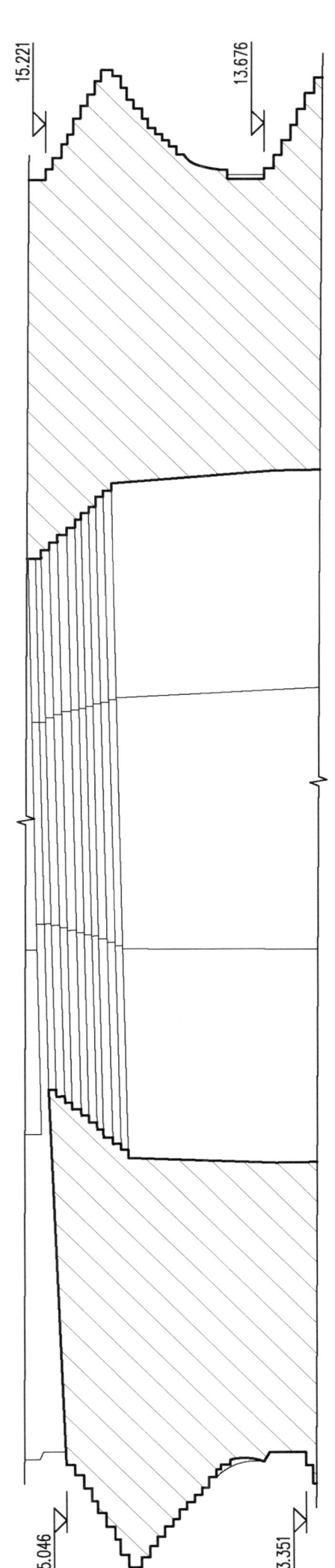

图 022　嵩岳寺塔外部第四层南北剖面图

嵩岳寺塔　测绘图

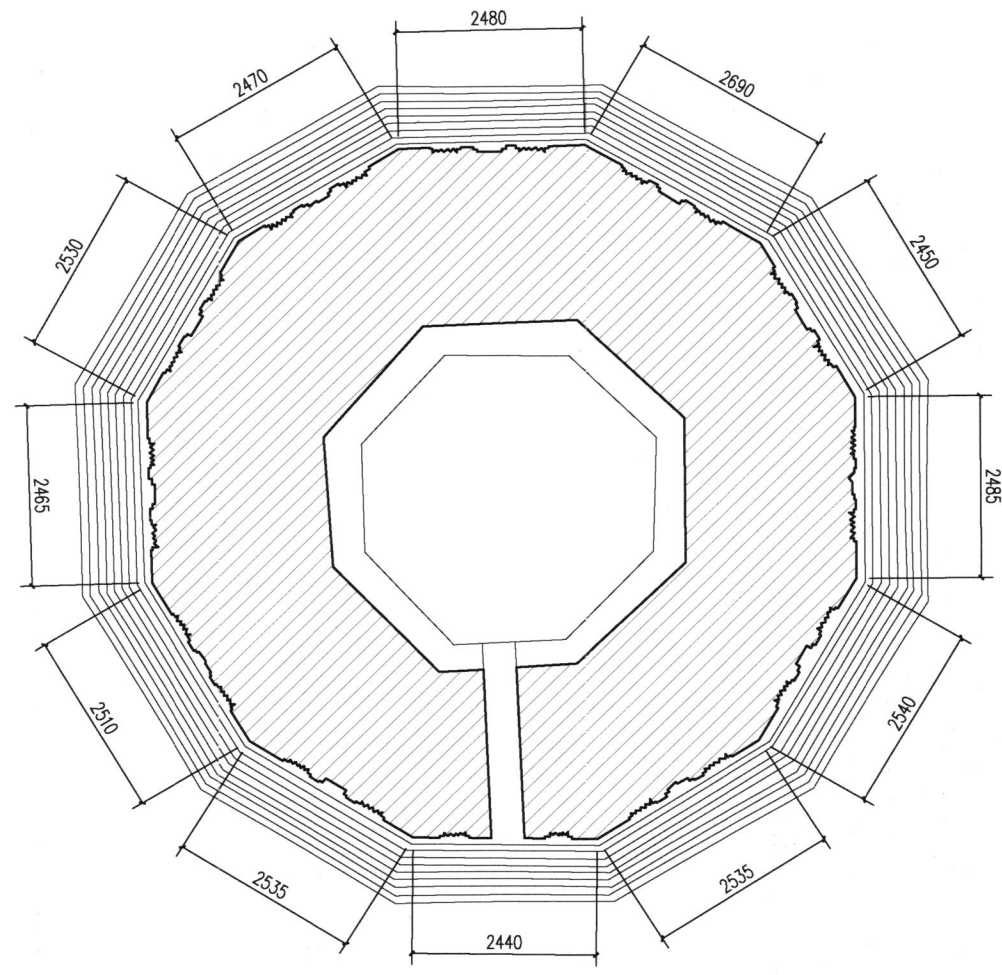

图 023　嵩岳寺塔外部第五层平面图

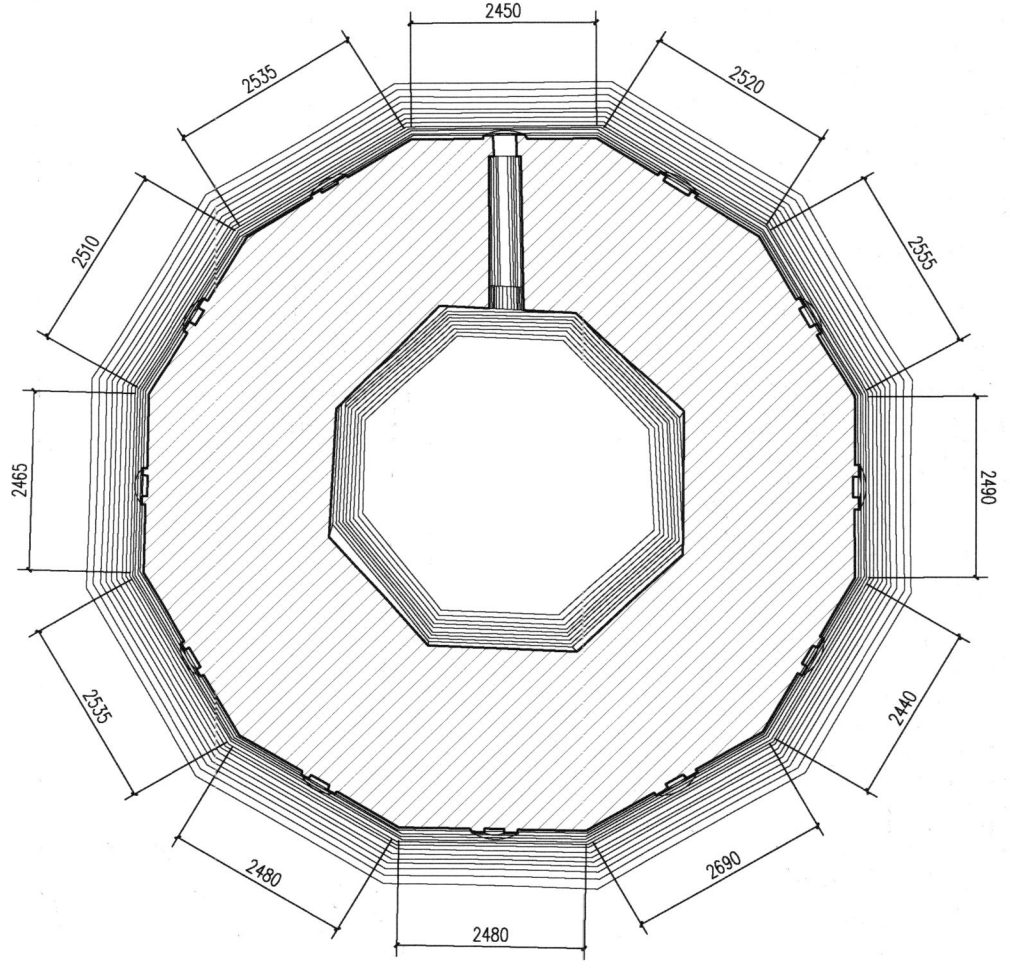

图 024　嵩岳寺塔外部第五层仰视图

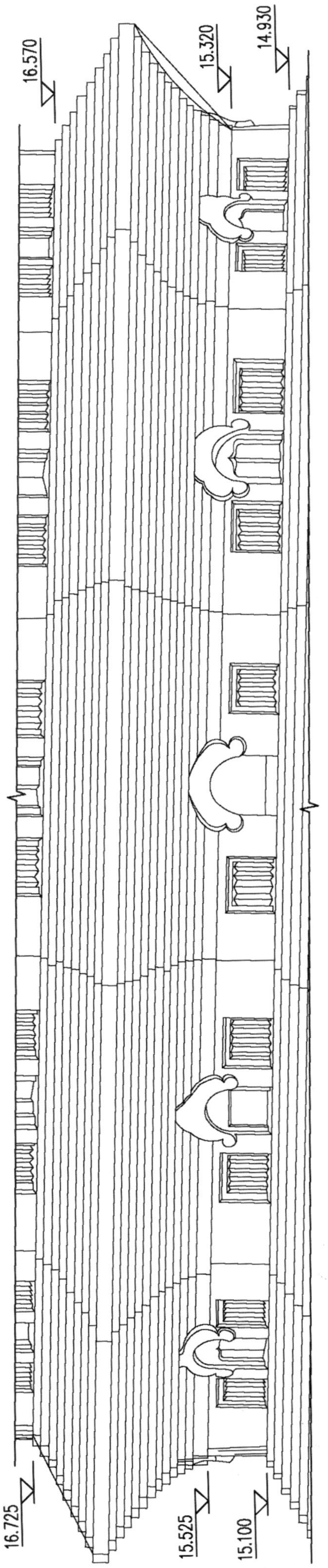

图025 嵩岳寺塔外部第五层南立面图

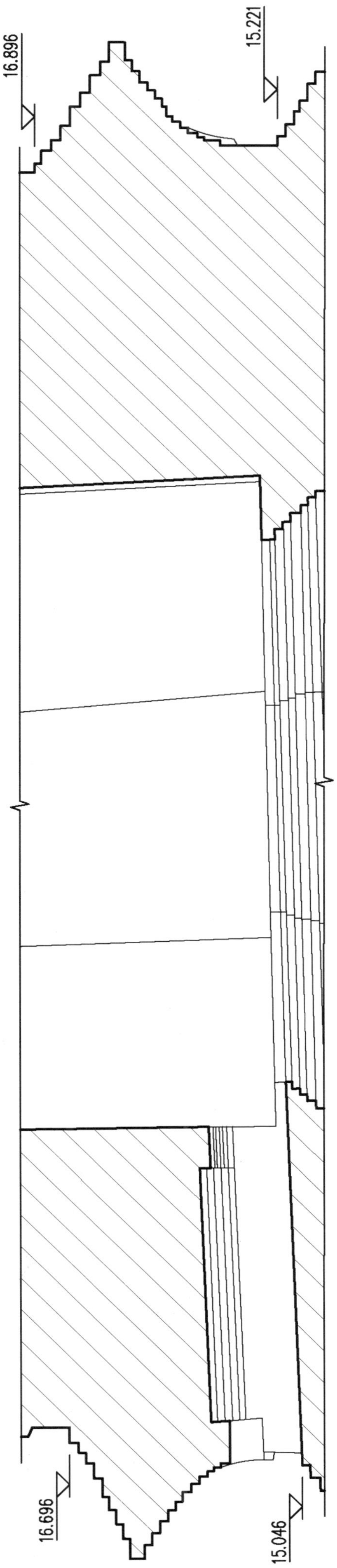

图026 嵩岳寺塔外部第五层南北剖面图

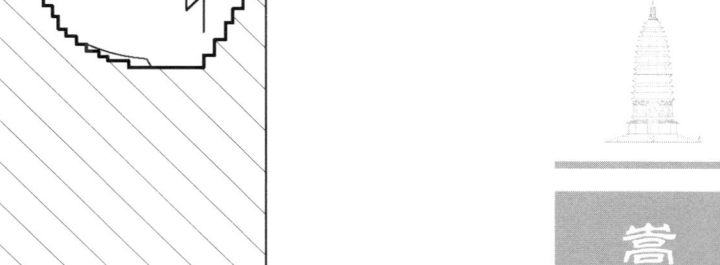

嵩岳寺塔 测绘图

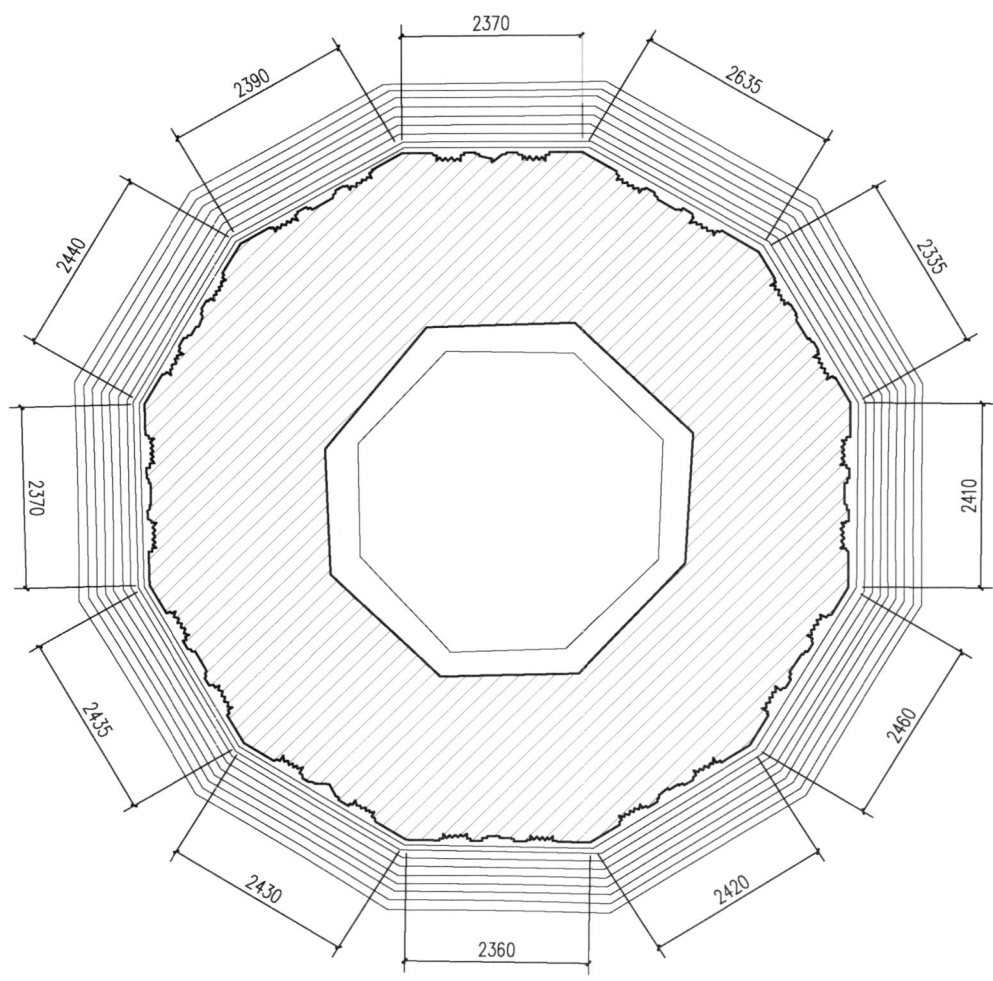

图 027　嵩岳寺塔外部第六层剖面图

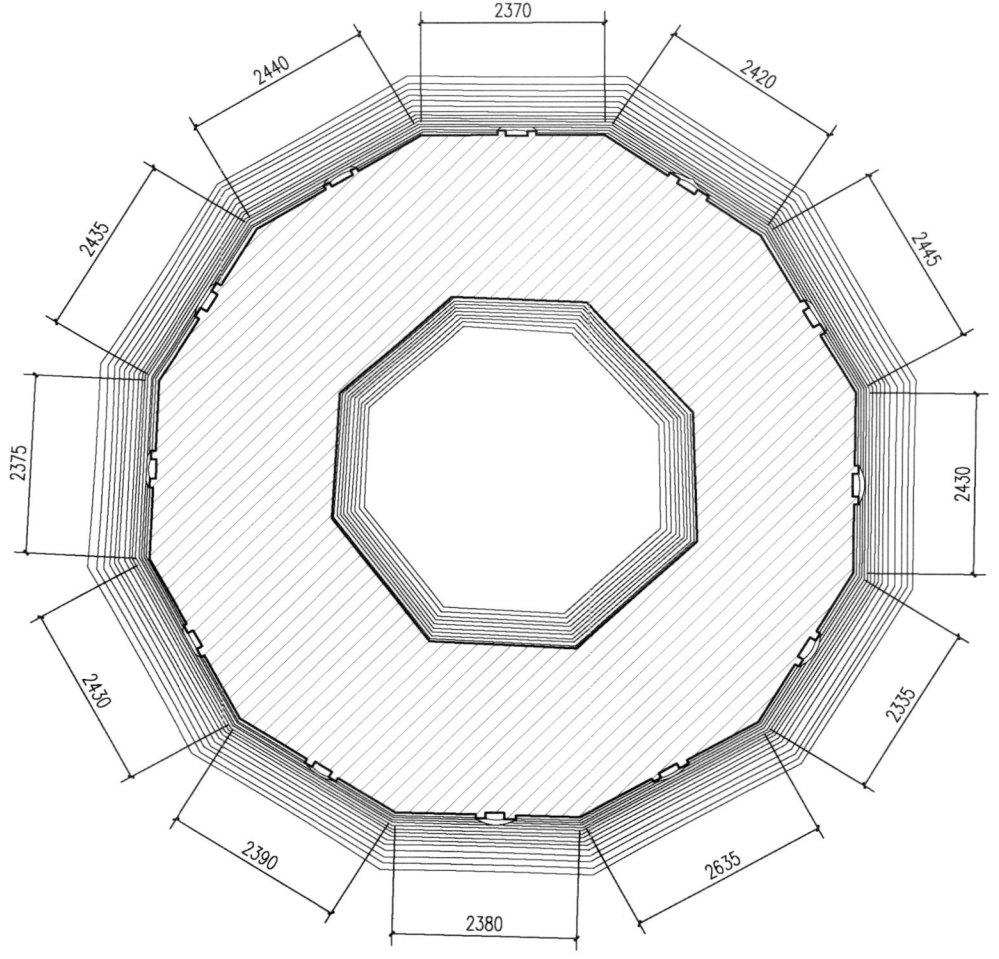

图 028　嵩岳寺塔外部第六层仰视图

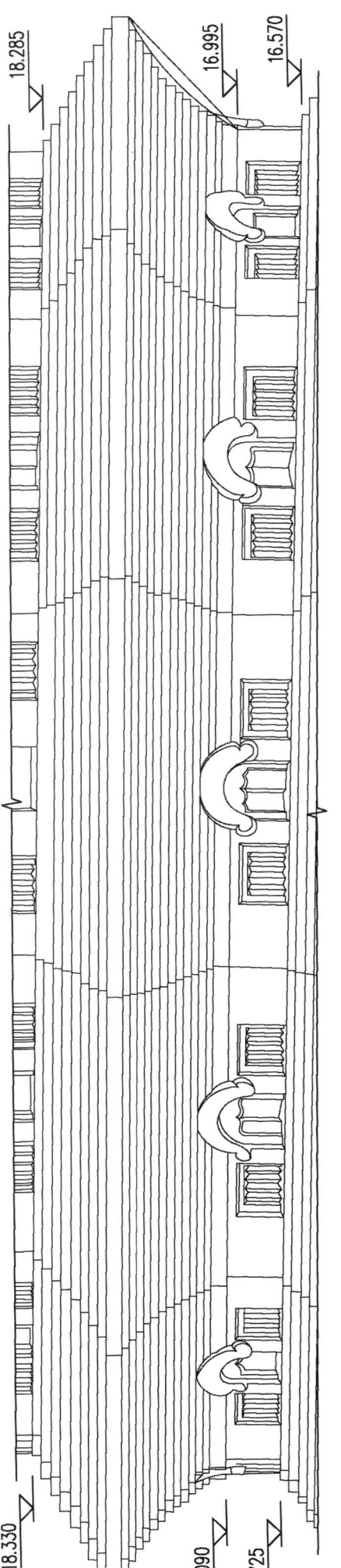

图029 嵩岳寺塔外部第六层南立面图

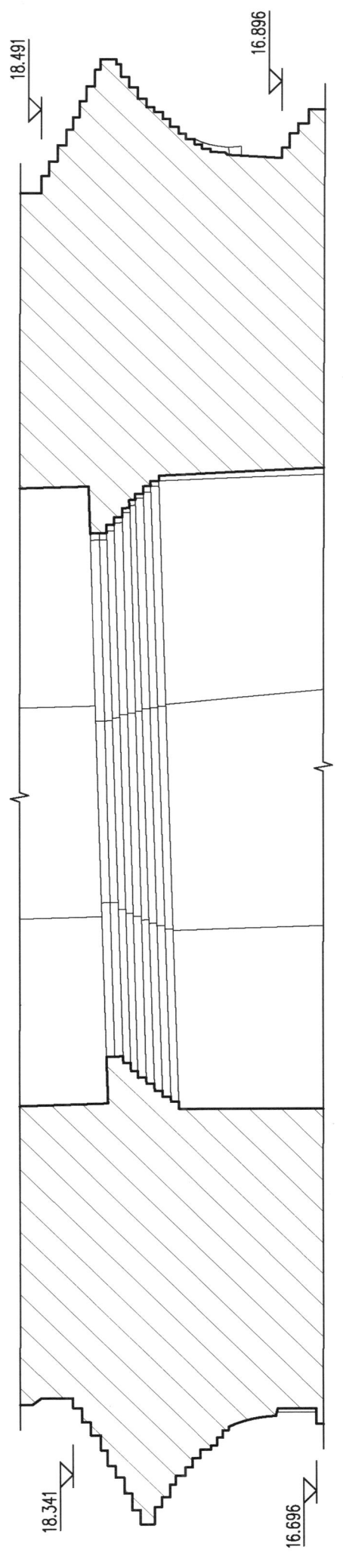

图030 嵩岳寺塔外部第六层南北剖面图

嵩岳寺塔 测绘图

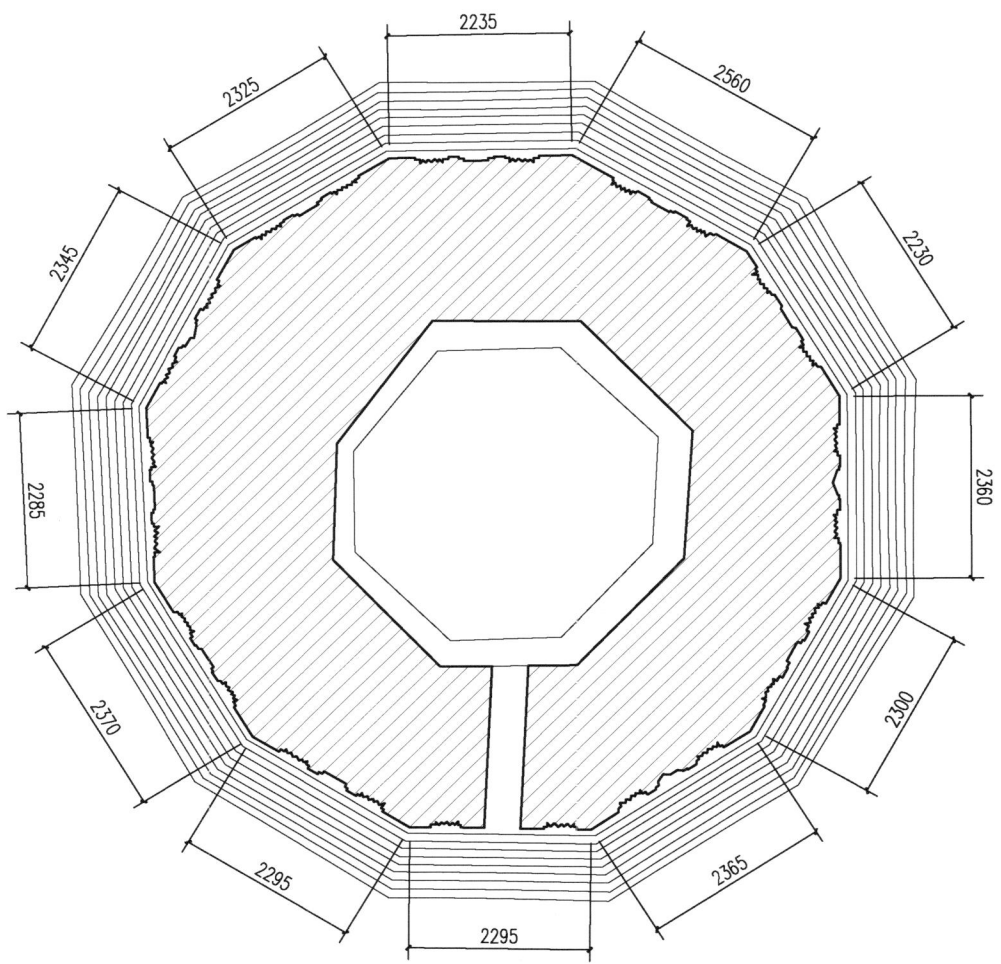

图 031　嵩岳寺塔外部第七层平面图

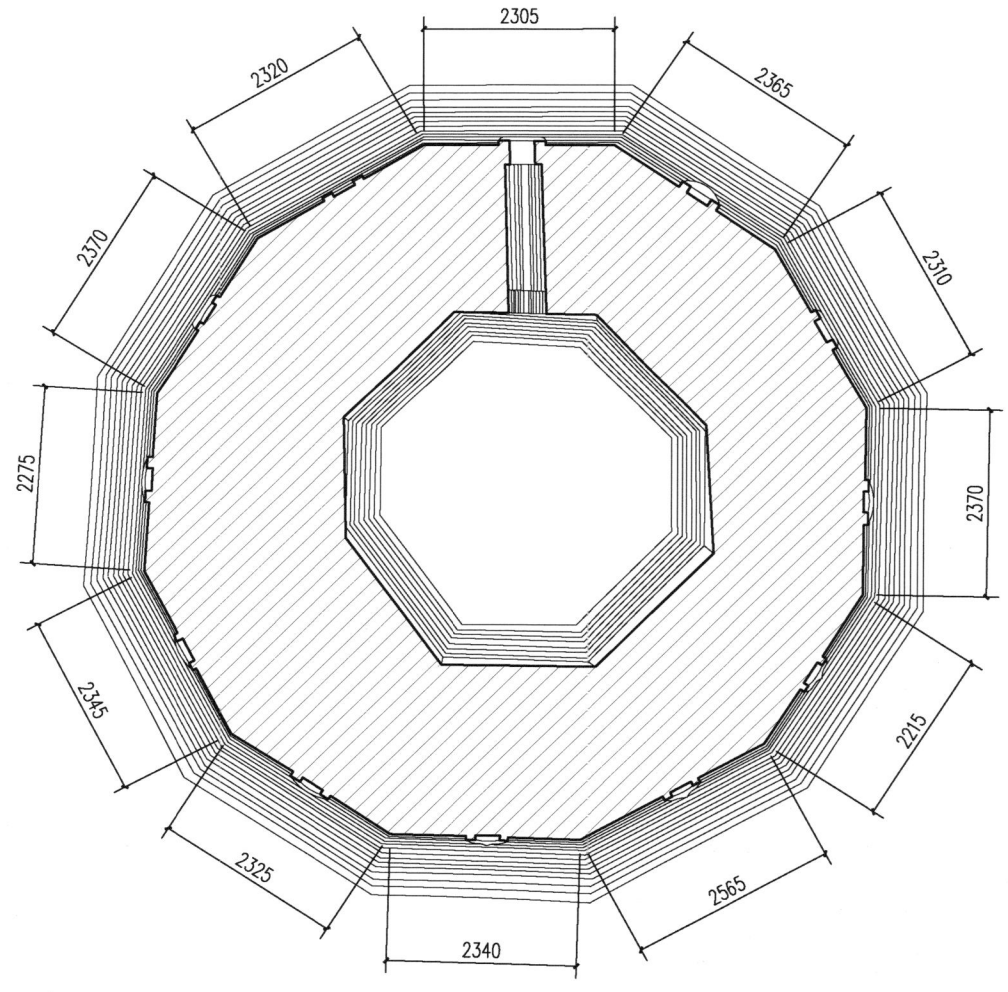

图 032　嵩岳寺塔外部第七层仰视图

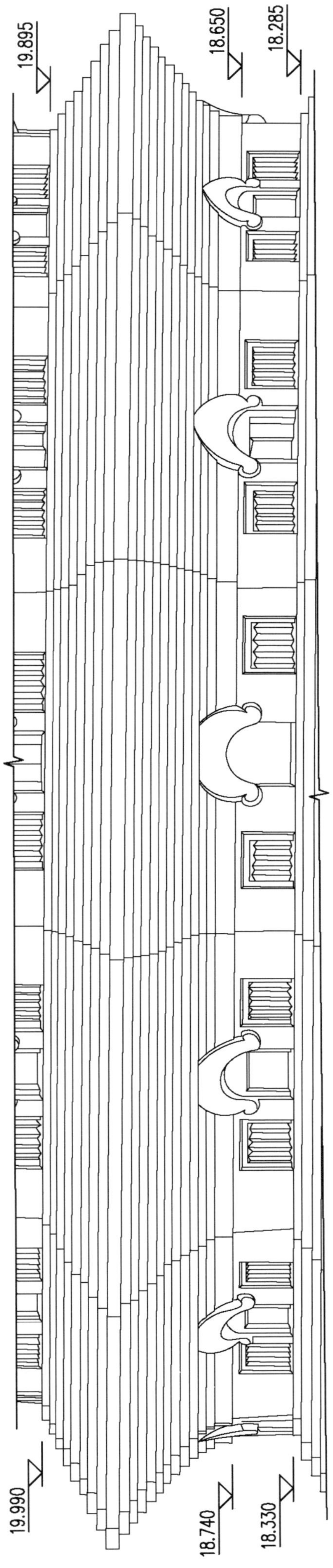

图033 嵩岳寺塔外部第七层南立面图

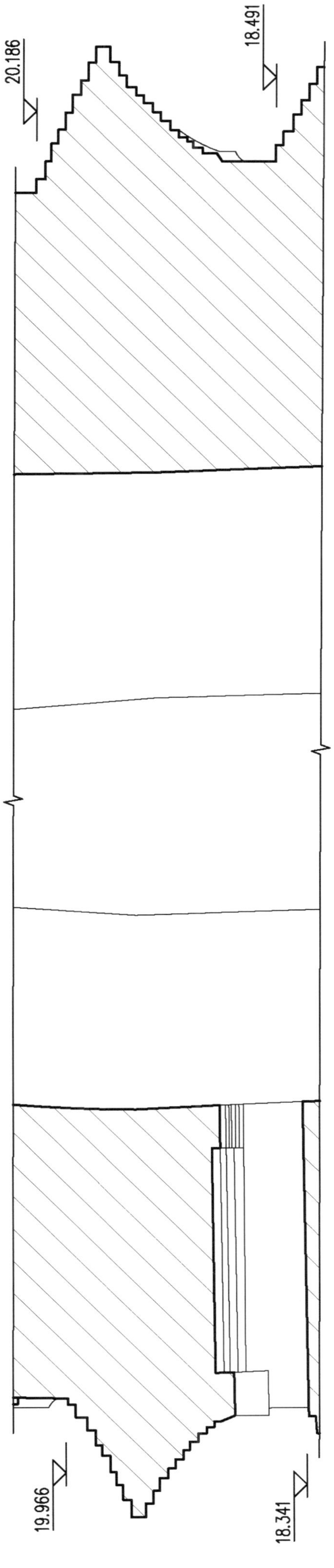

图034 嵩岳寺塔外部第七层南北剖面图

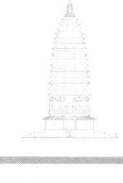

嵩岳寺塔 测绘图

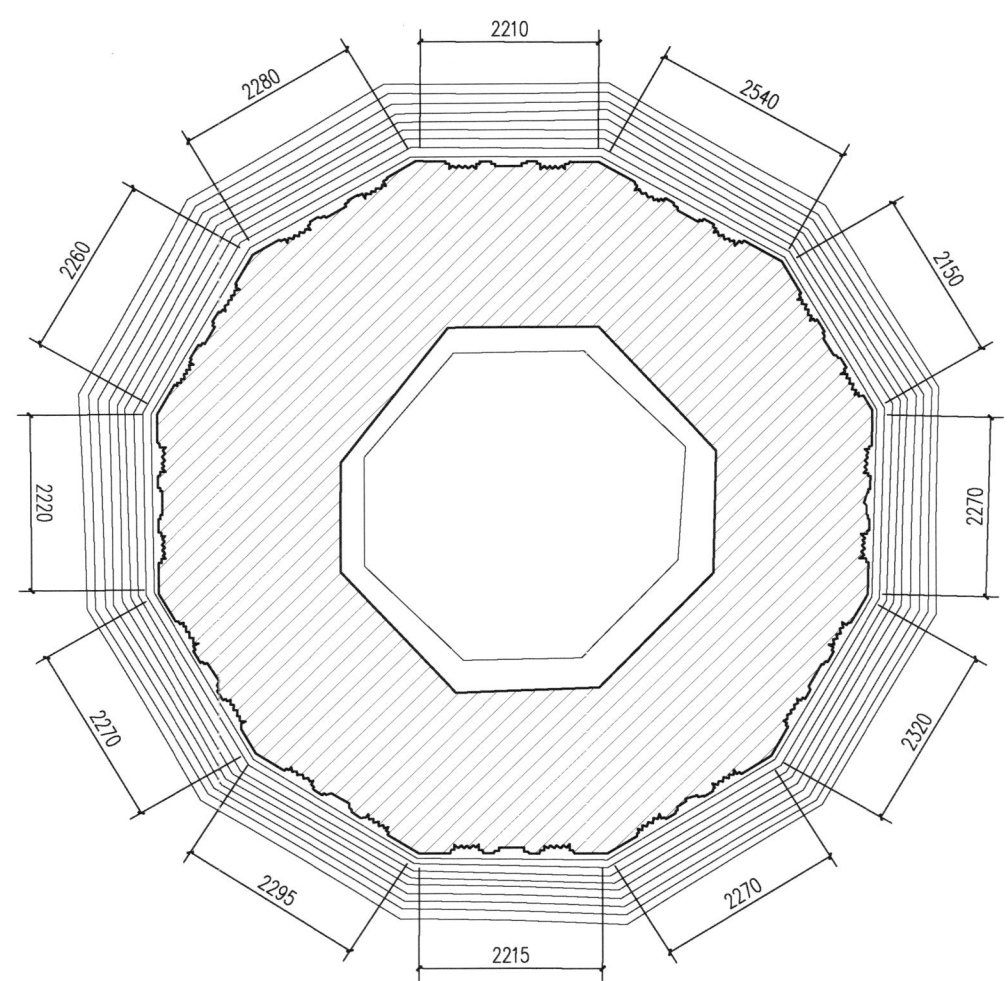

图 035　嵩岳寺塔外部第八层平面图

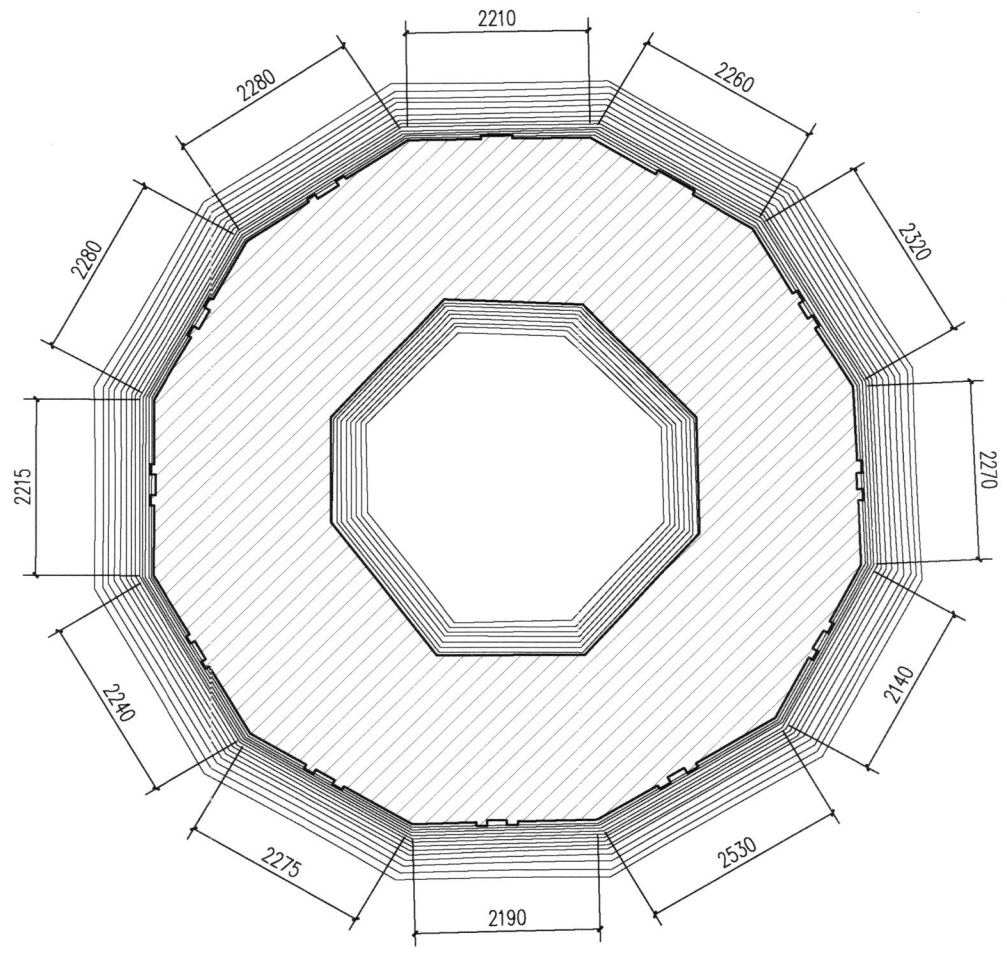

图 036　嵩岳寺塔外部第八层仰视图

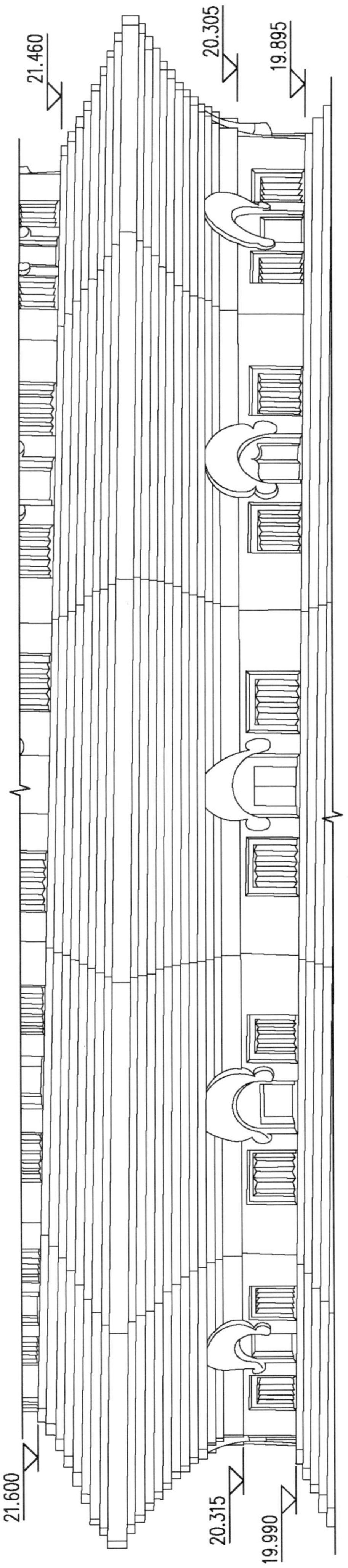

图 037 嵩岳寺塔外部第八层南立面图

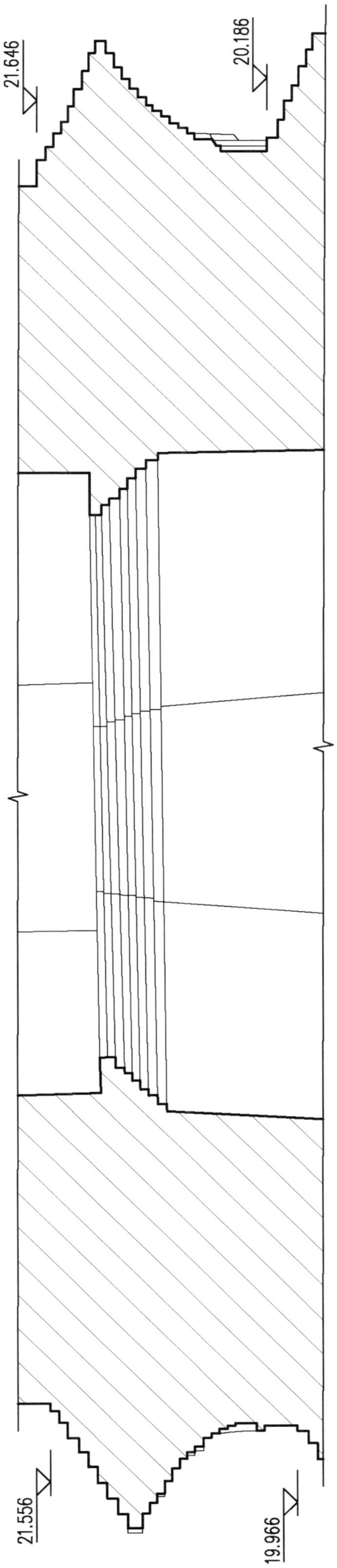

图 038 嵩岳寺塔外部第八层南北剖面图

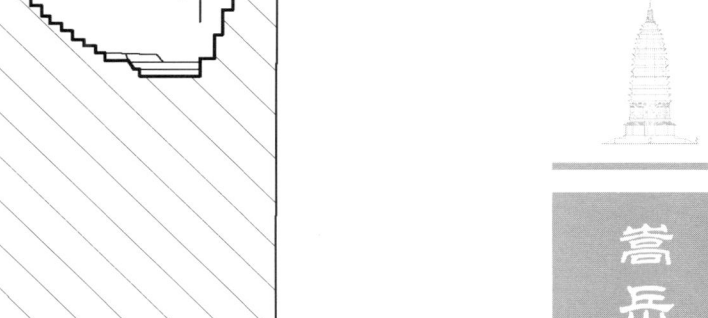

嵩岳寺塔 测绘图

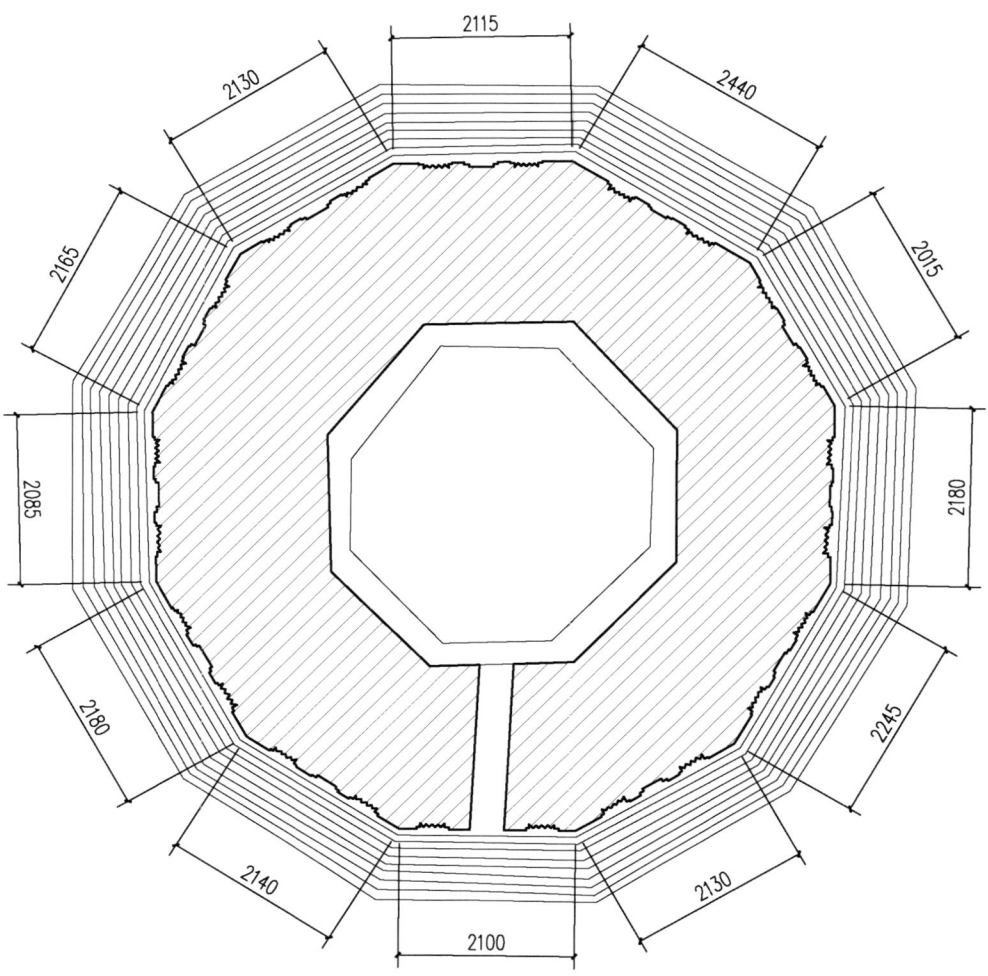

图 039　嵩岳寺塔外部第九层平面图

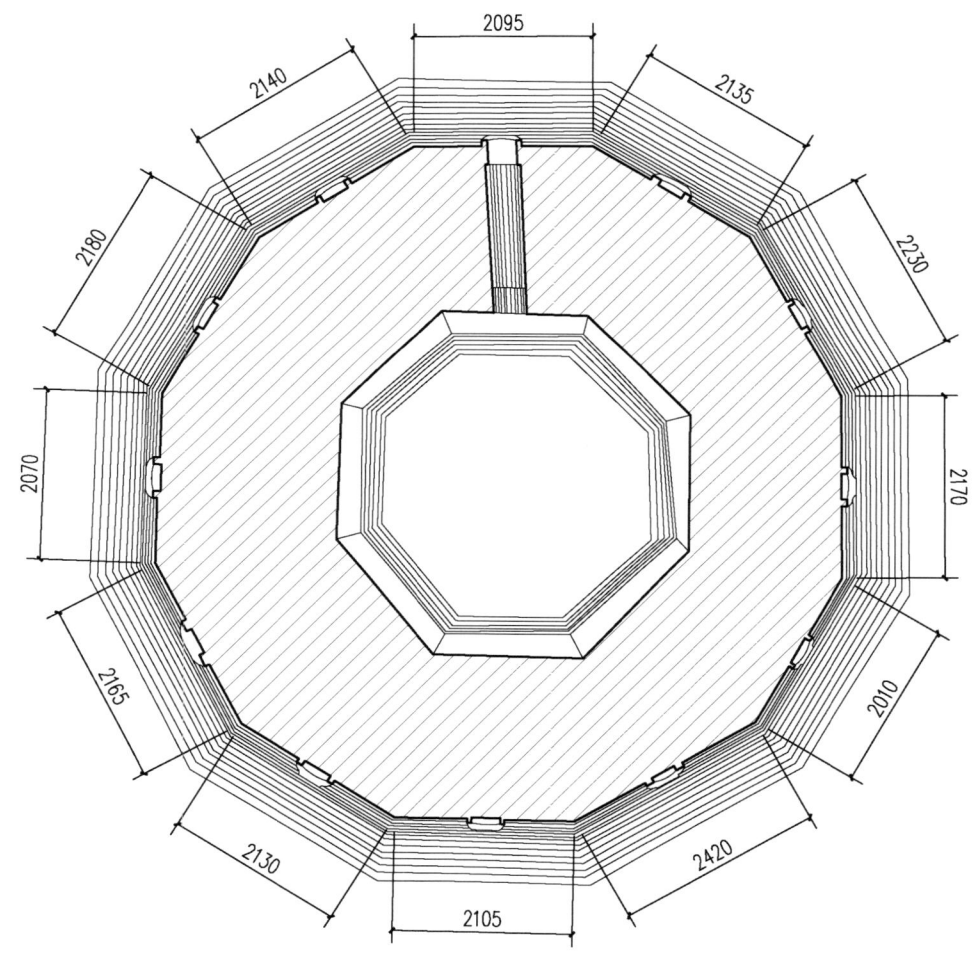

图 040　嵩岳寺塔外部第九层仰视图

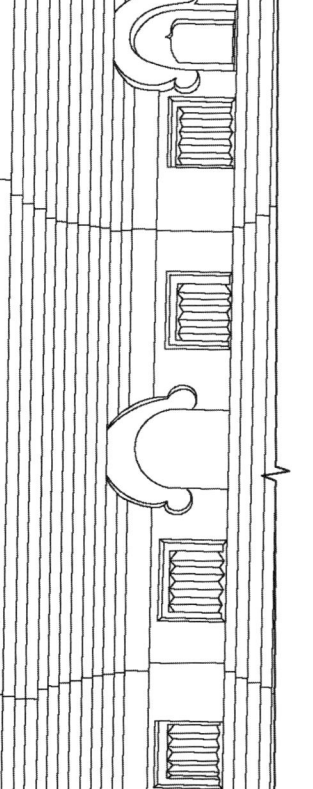

图 041 嵩岳寺塔外部第九层南立面图

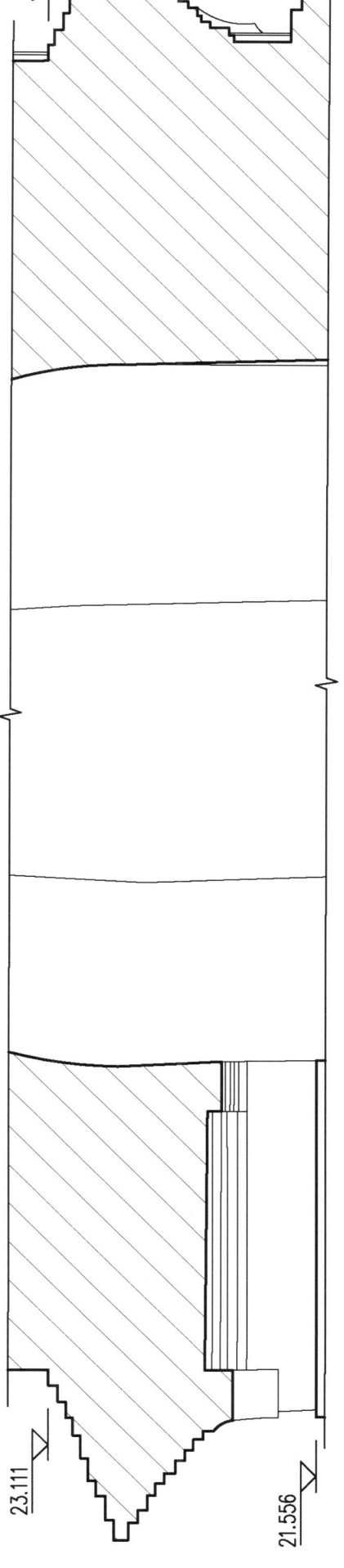

图 042 嵩岳寺塔外部第九层南北剖面图

嵩岳寺塔 测绘图

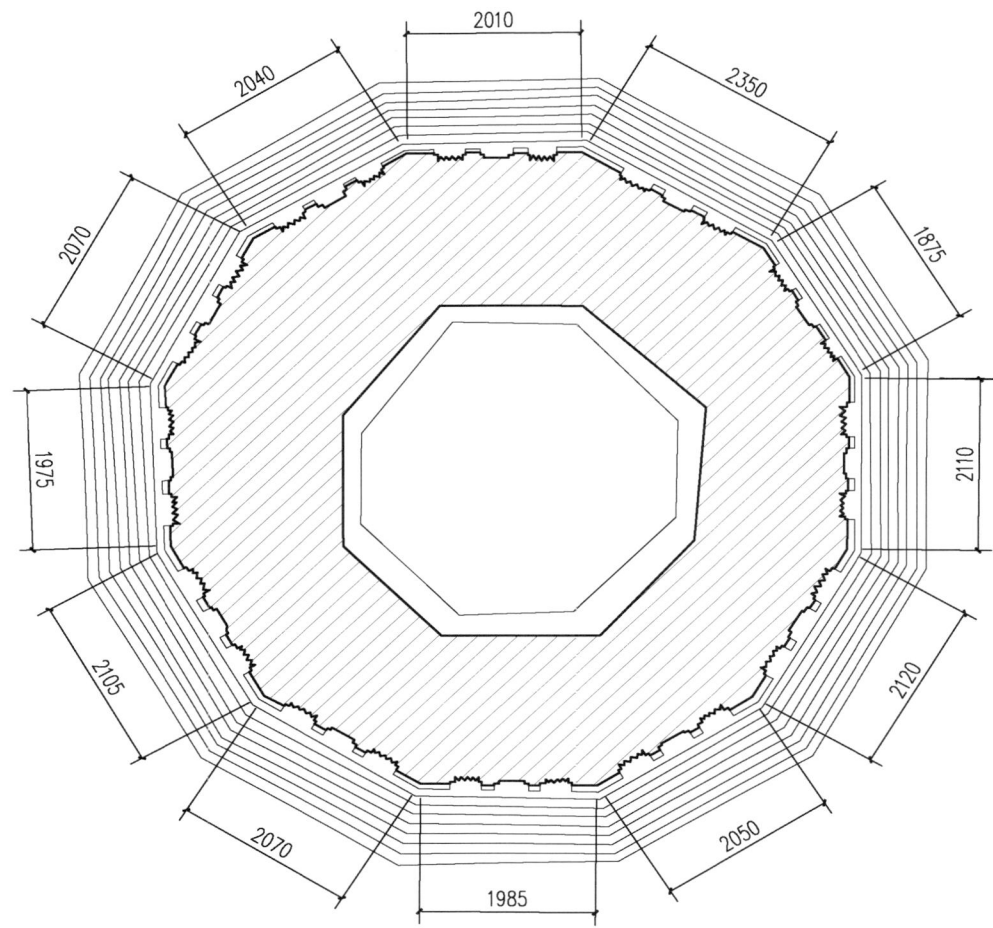

图 043　嵩岳寺塔外部第十层平面图

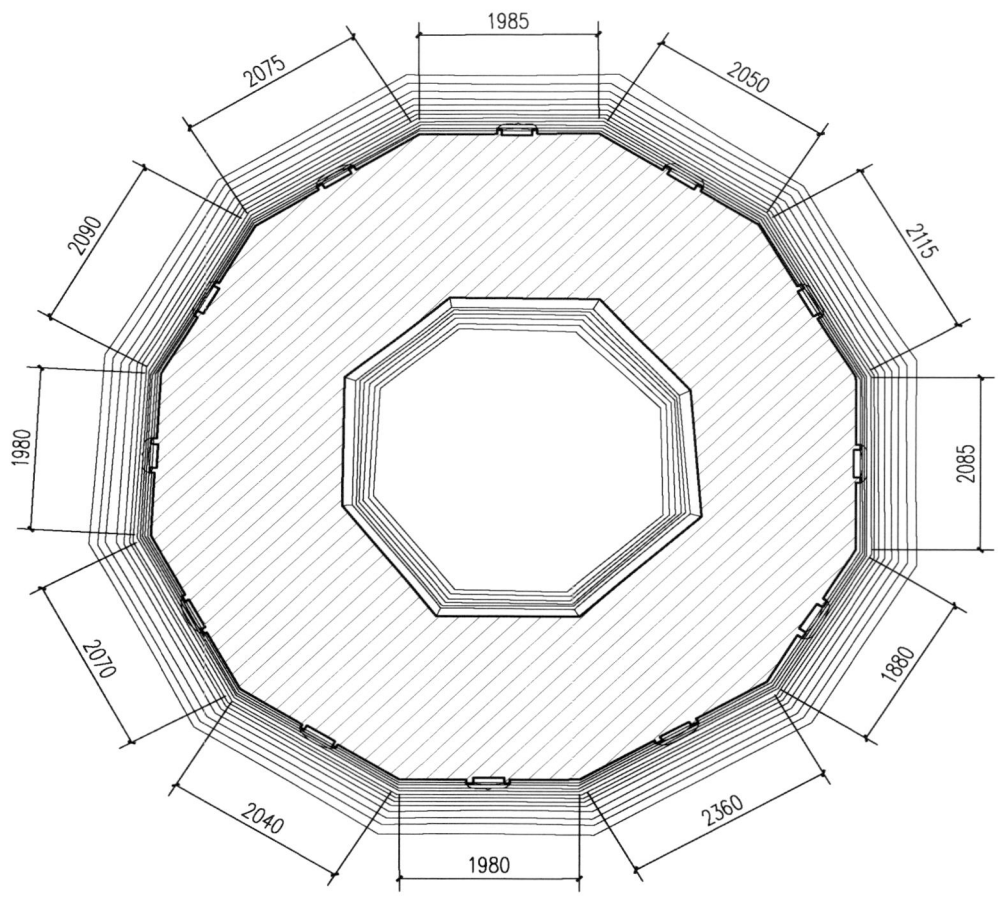

图 044　嵩岳寺塔外部第十层仰视图

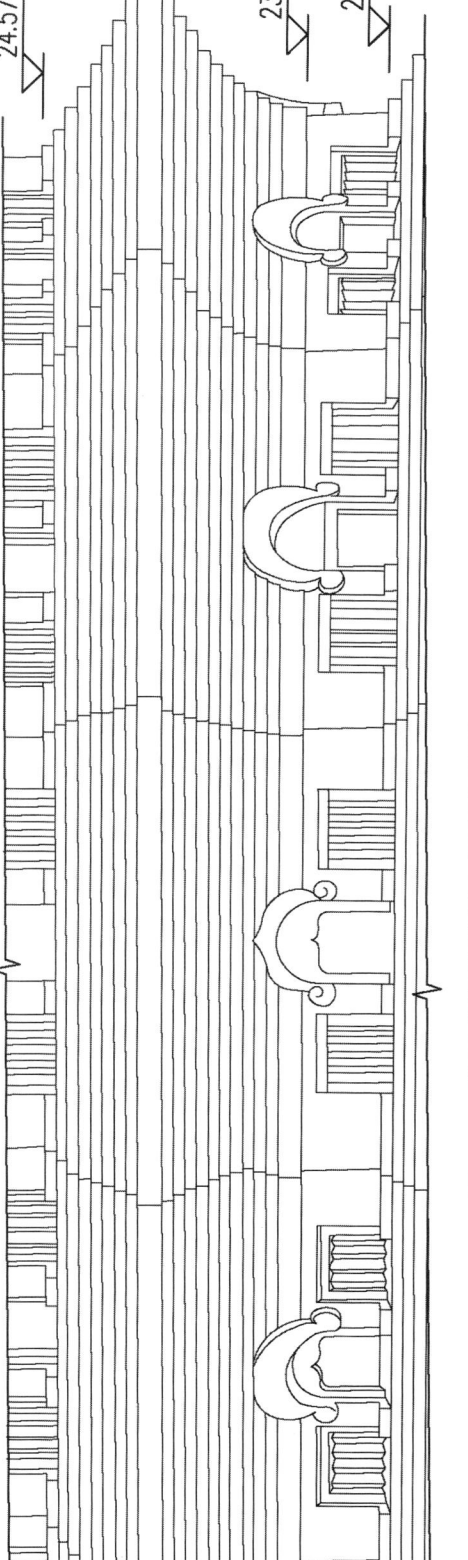

图045 嵩岳寺塔外部第十层南立面图

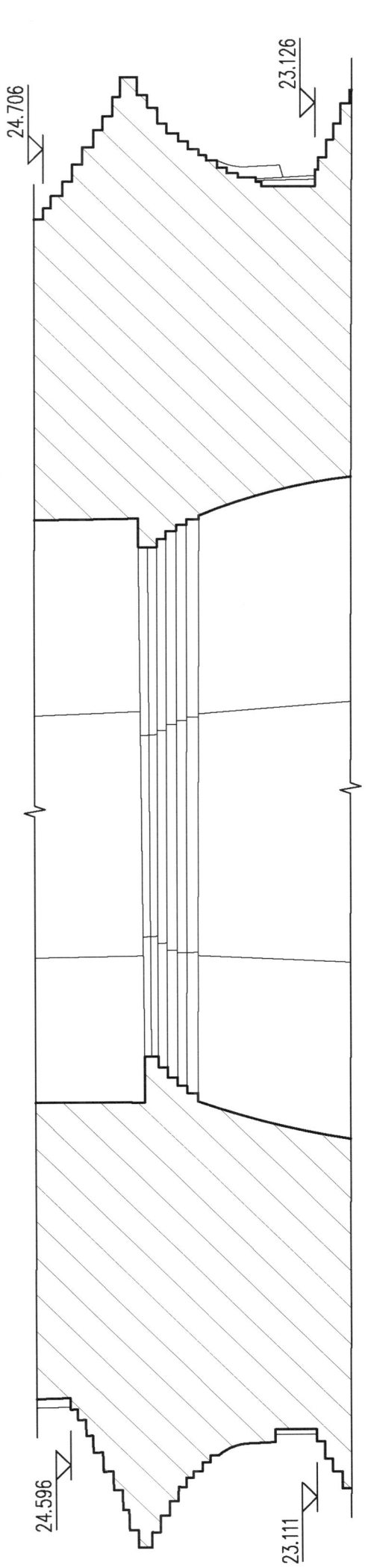

图046 嵩岳寺塔外部第十层南北剖面图

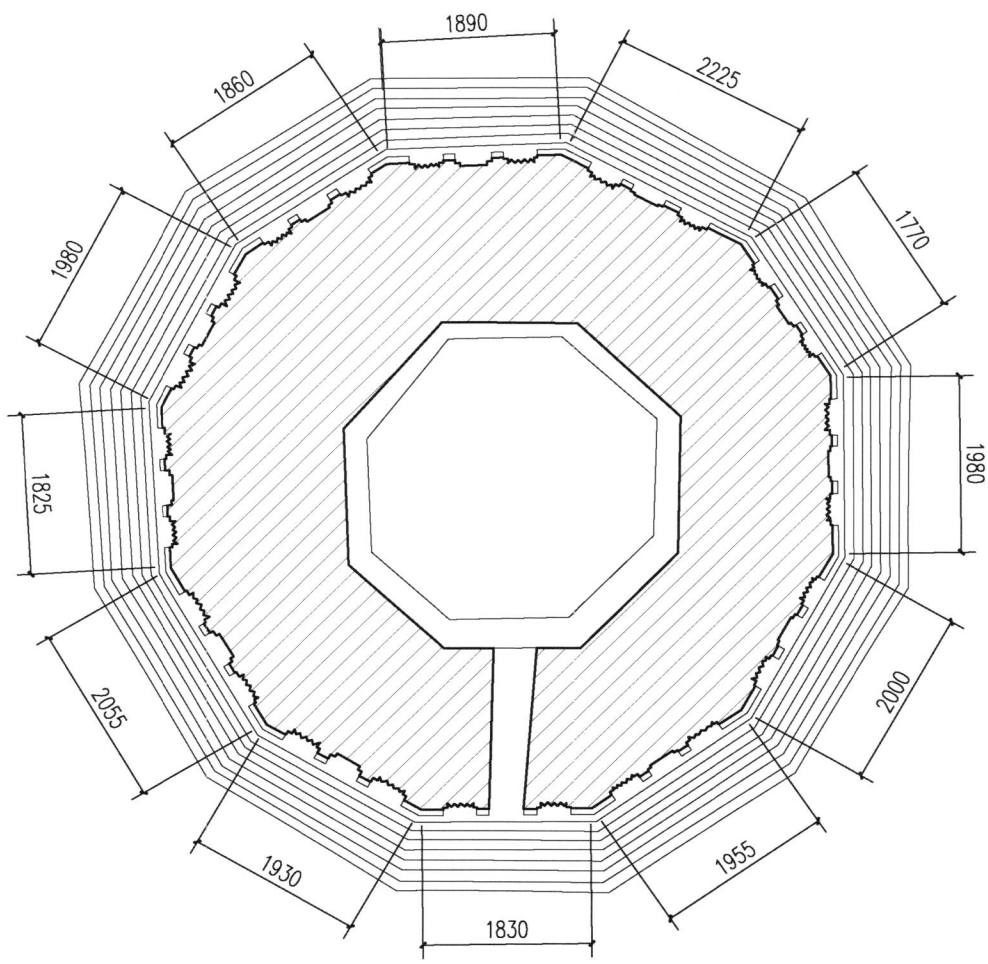

图 047　嵩岳寺塔外部第十一层平面图

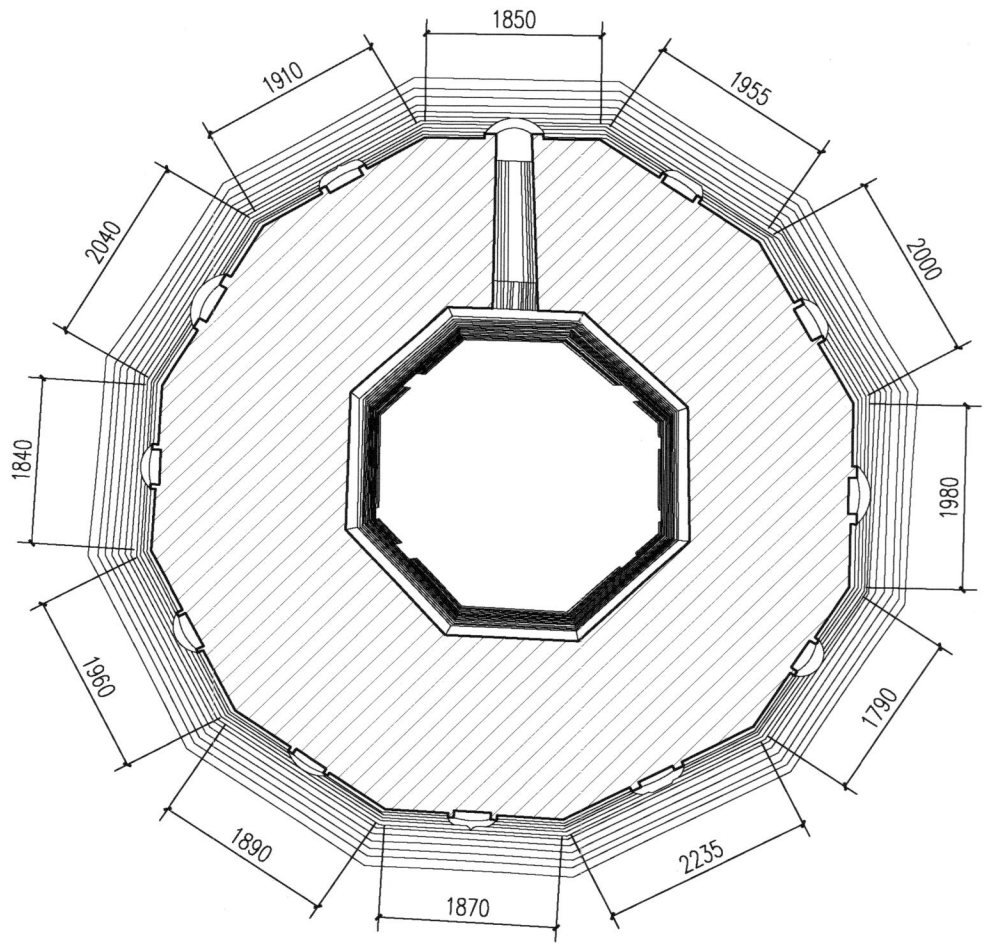

图 048　嵩岳寺塔外部第十一层仰视图

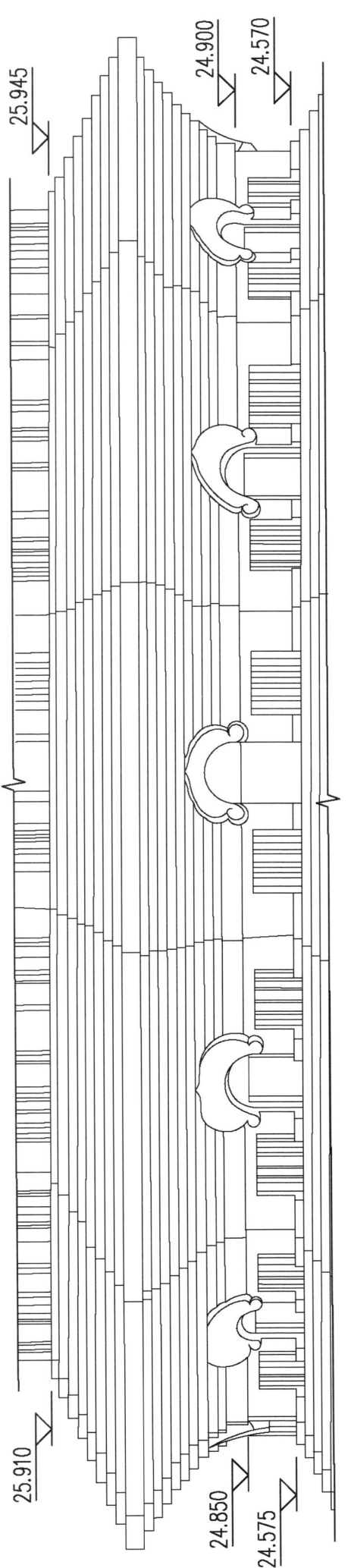

图 049 嵩岳寺塔外部第十一层南立面图

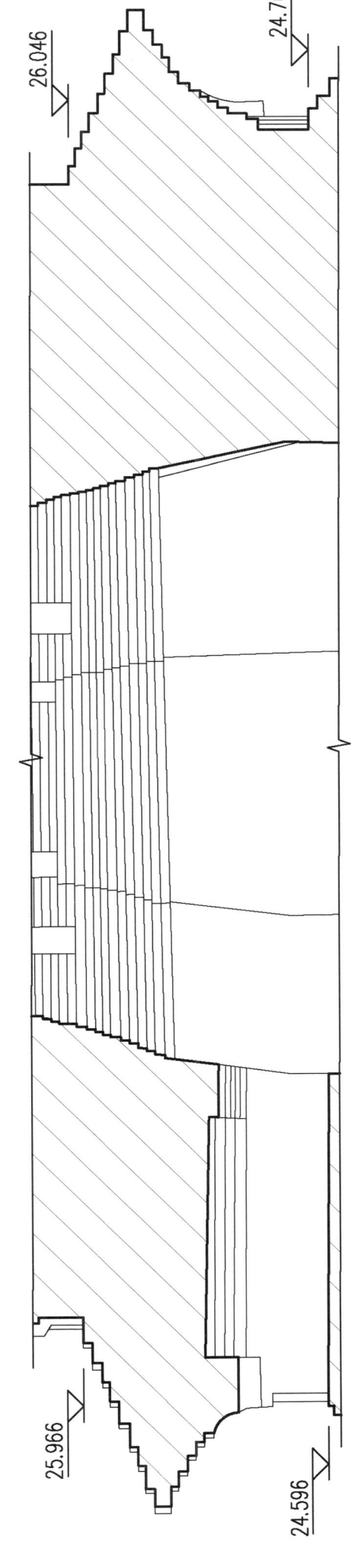

图 050 嵩岳寺塔外部第十一层南北剖面图

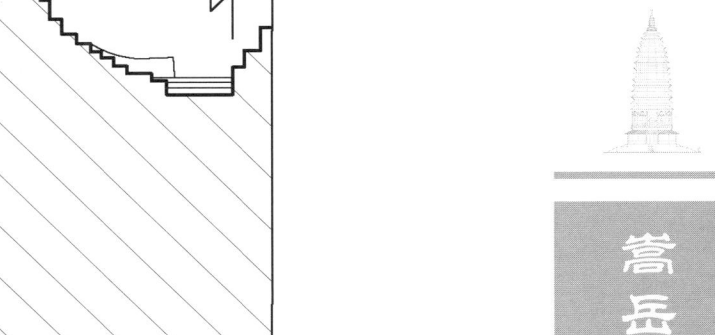

嵩岳寺塔 测绘图

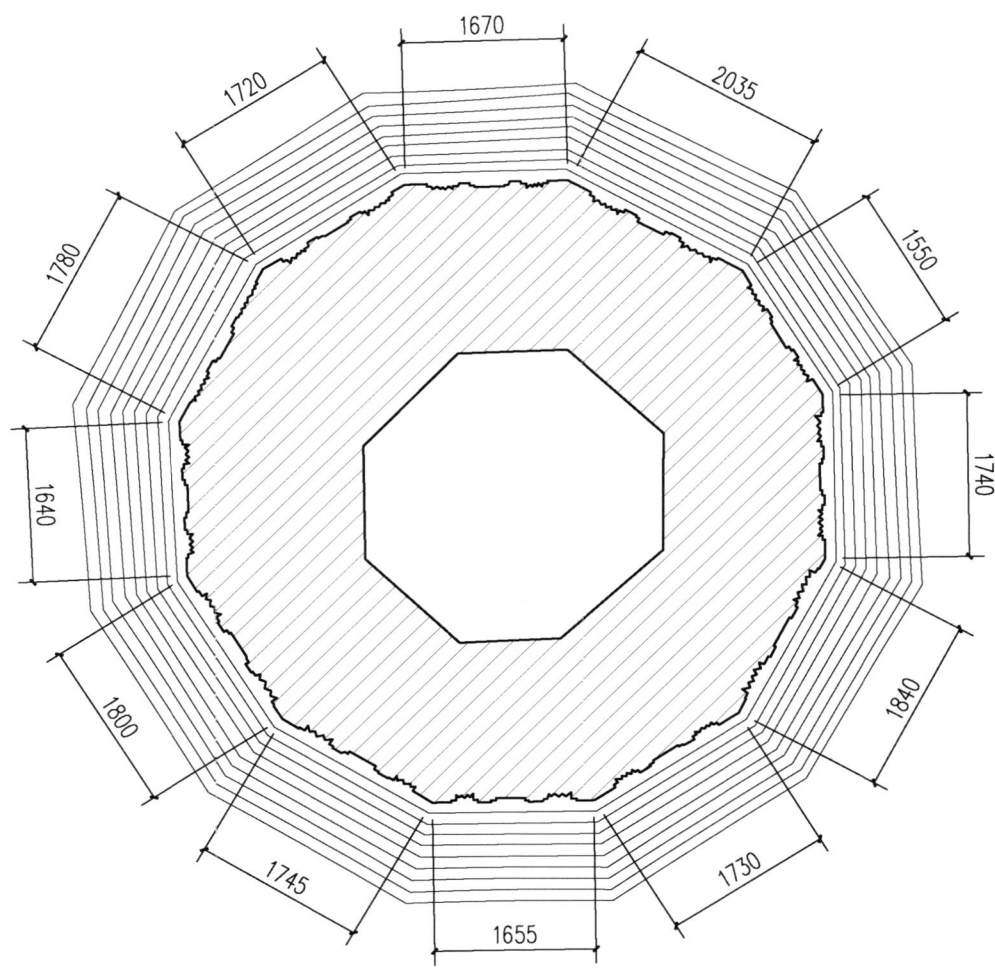

图 051　嵩岳寺塔外部第十二层平面图

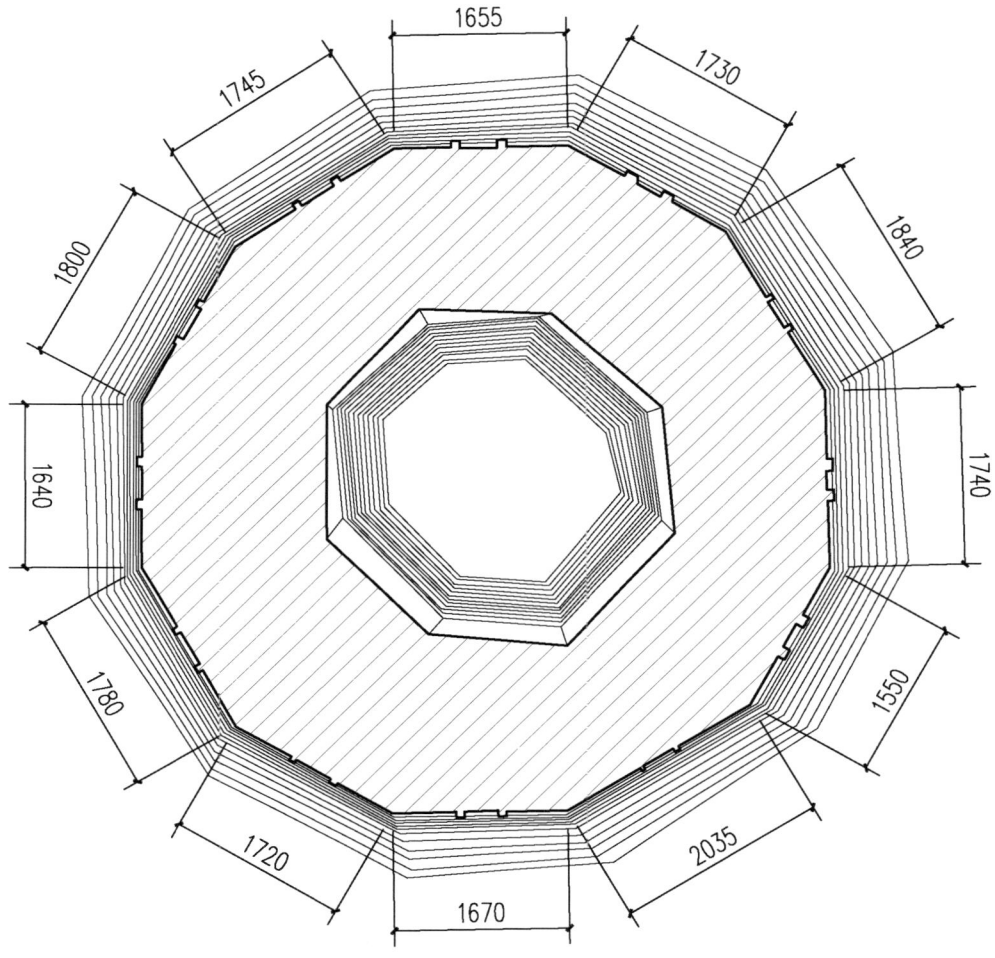

图 052　嵩岳寺塔外部第十二层仰视图

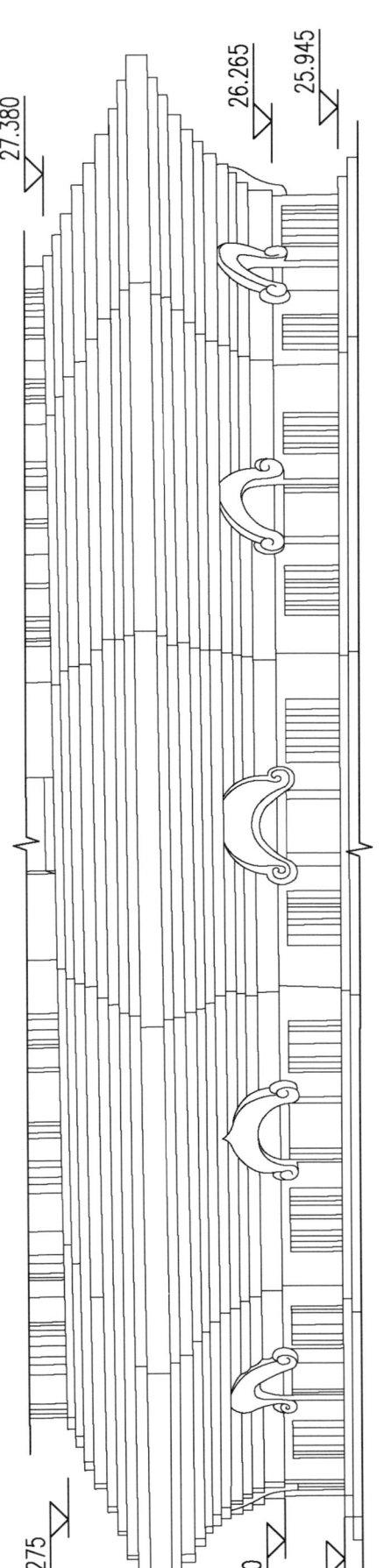

图053 嵩岳寺塔外部第十二层南立面图

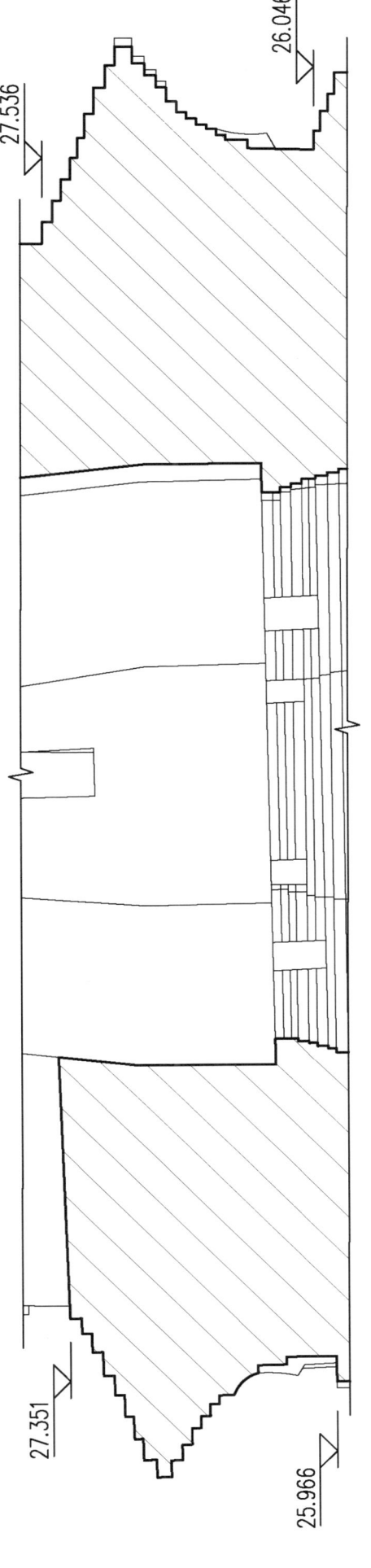

图054 嵩岳寺塔外部第十二层南北剖面图

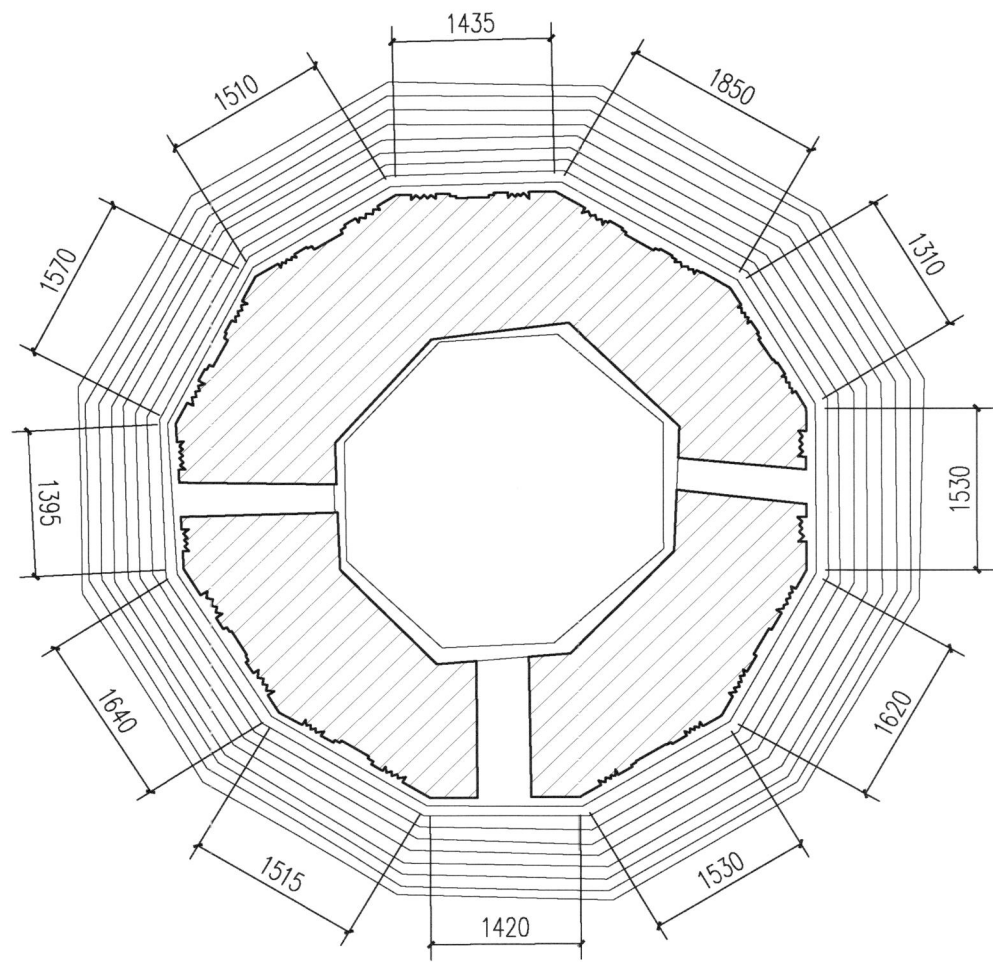

图 055　嵩岳寺塔外部第十三层平面图

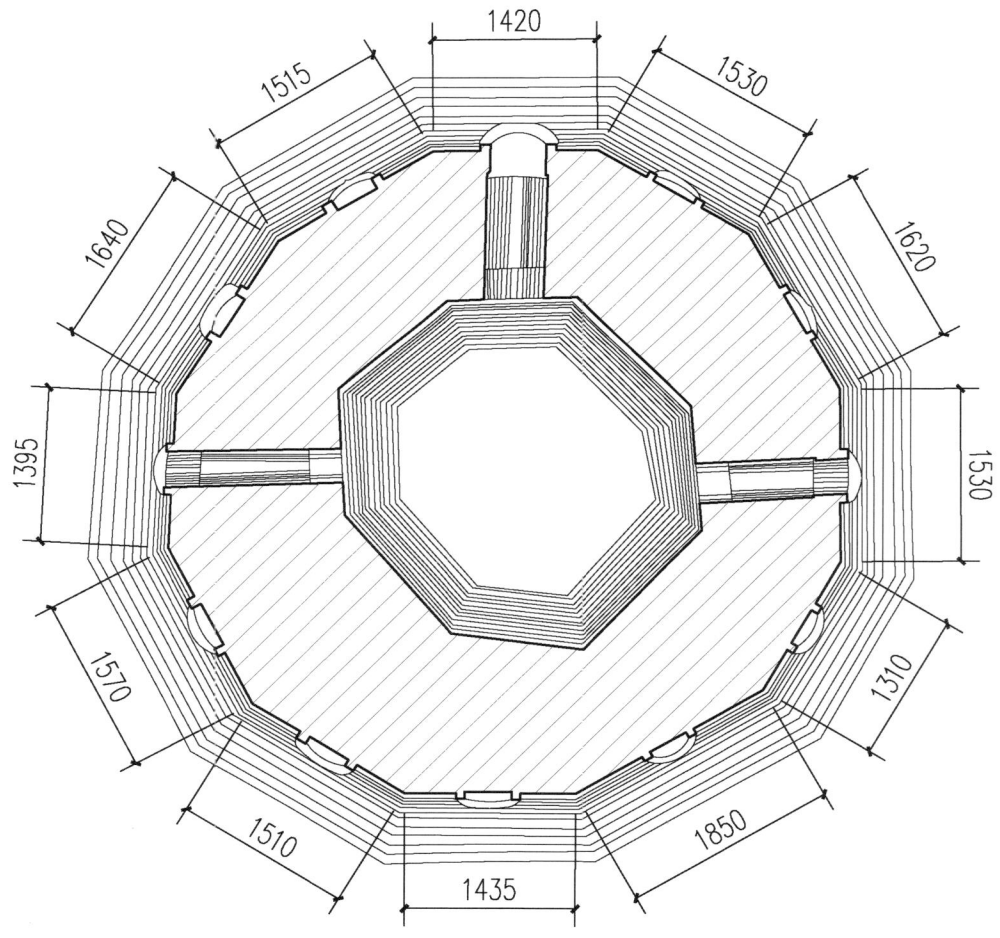

图 056　嵩岳寺塔外部第十三层仰视图

嵩岳寺塔 测绘图

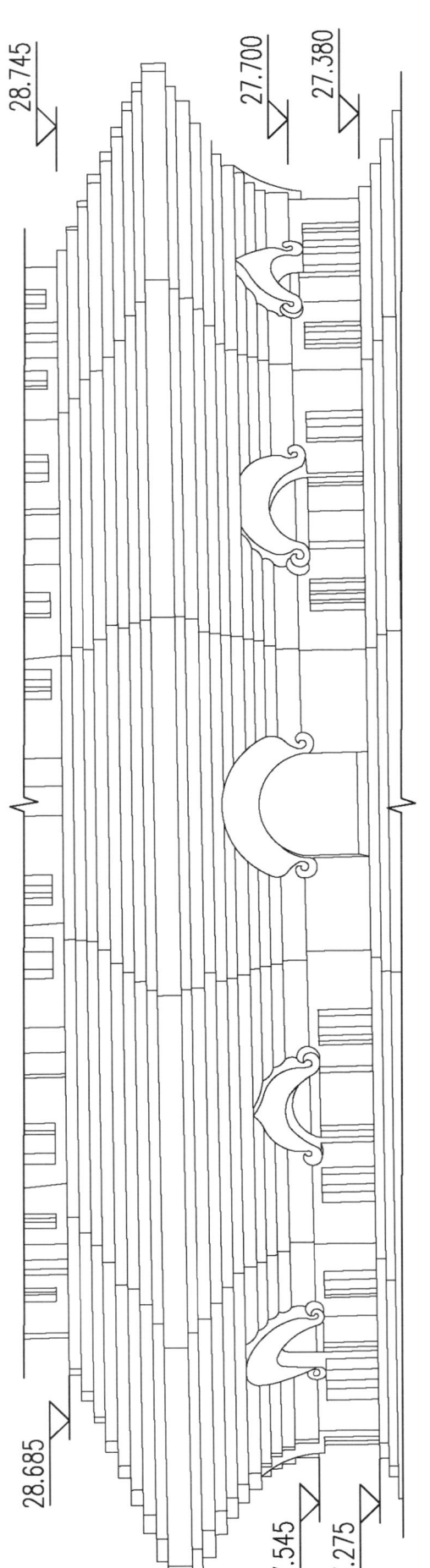

图 057 嵩岳寺塔外部第十三层南立面图

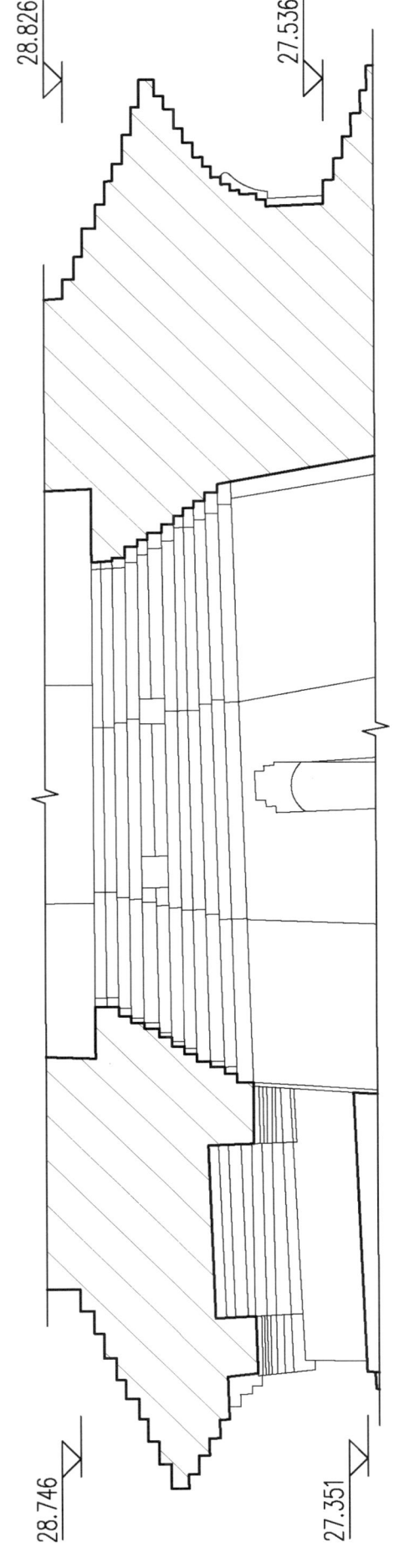

图 058 嵩岳寺塔外部第十三层南北剖面图

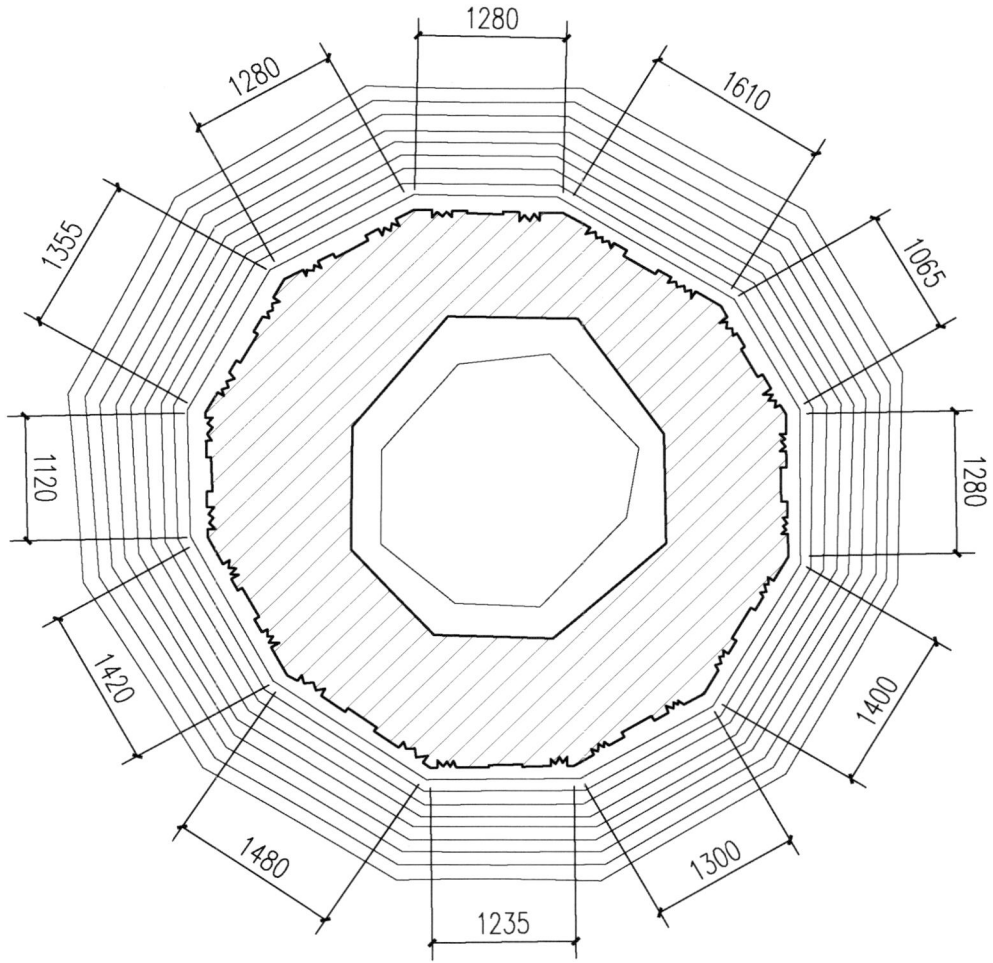

图 059　嵩岳寺塔外部第十四层平面图

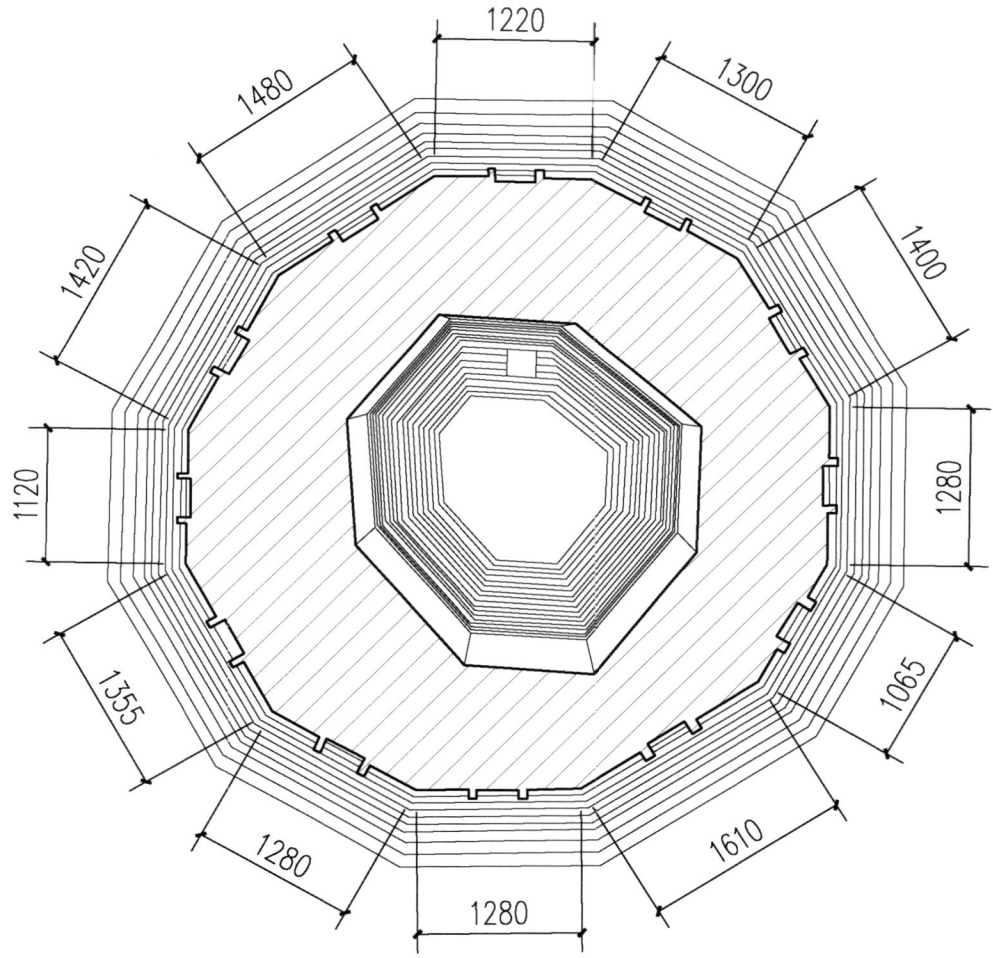

图 060　嵩岳寺塔外部第十四层仰视图

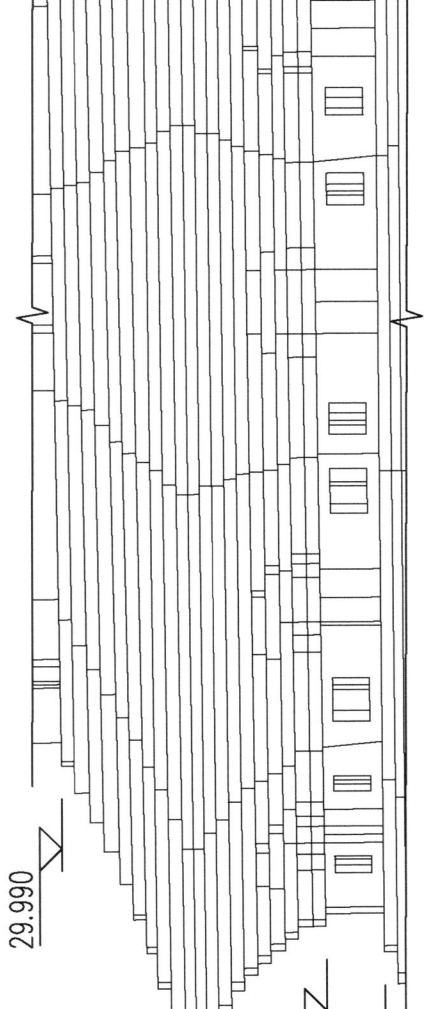

图 061　嵩岳寺塔外部第十四层南立面图

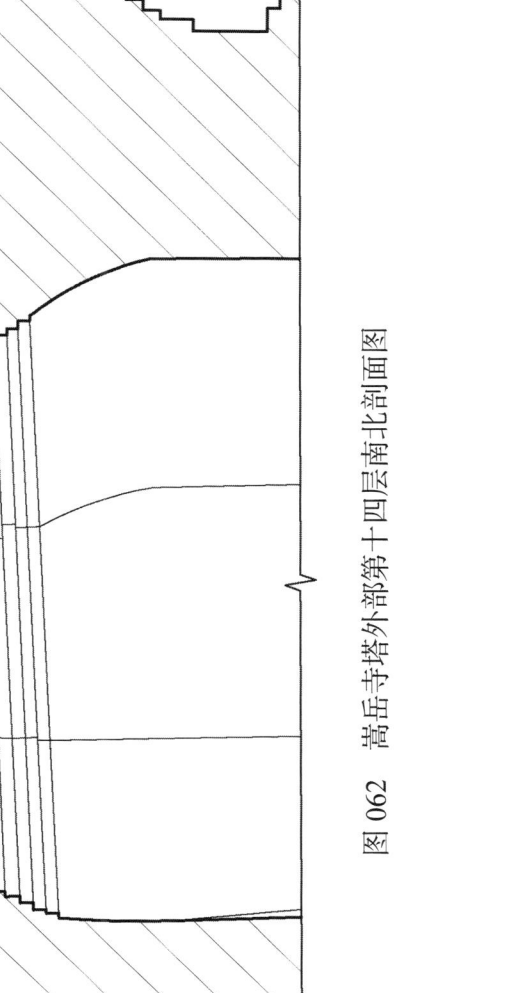

图 062　嵩岳寺塔外部第十四层南北剖面图

嵩岳寺塔

测绘图

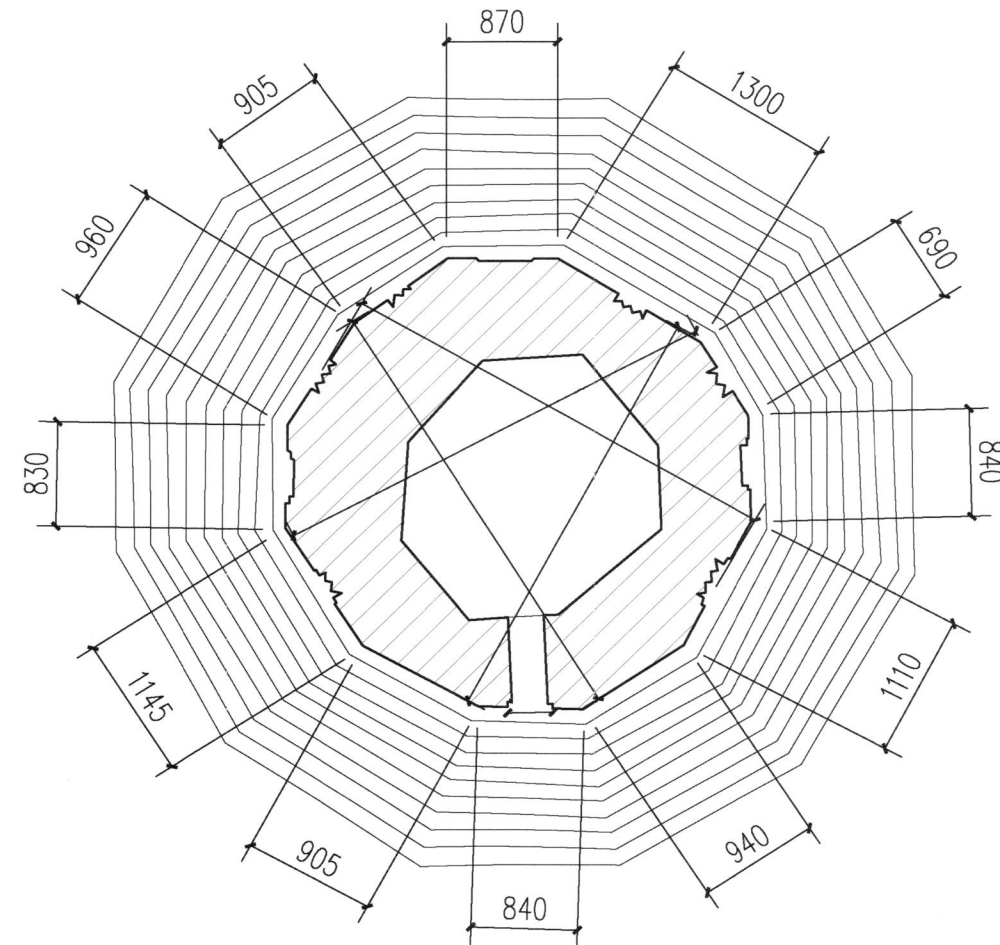

图 063　嵩岳寺塔外部第十五层平面图

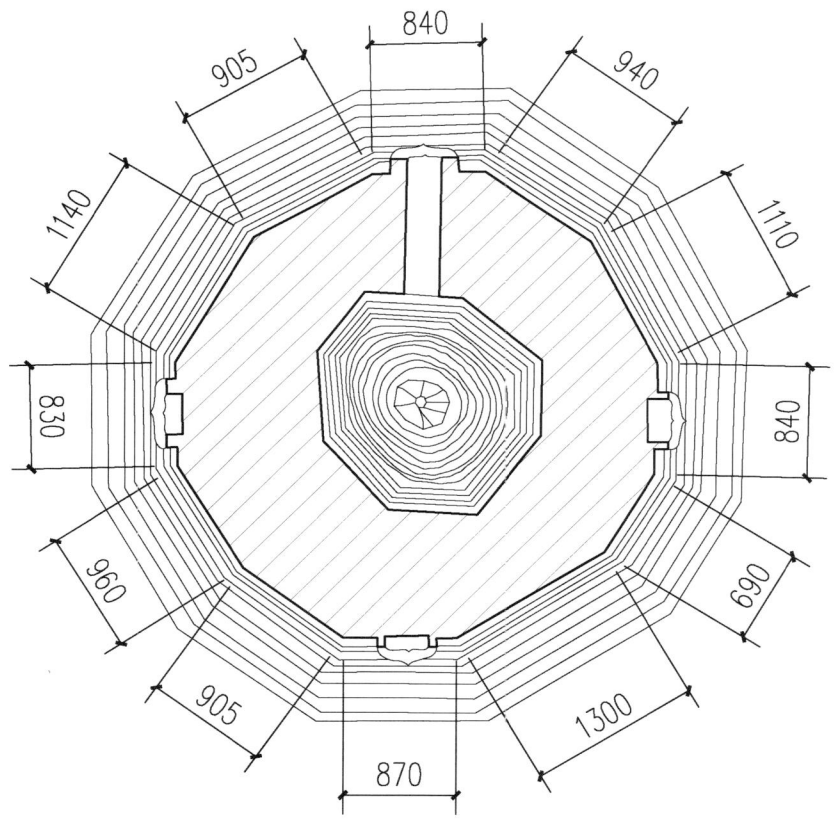

图 064　嵩岳寺塔外部第十五层仰视图

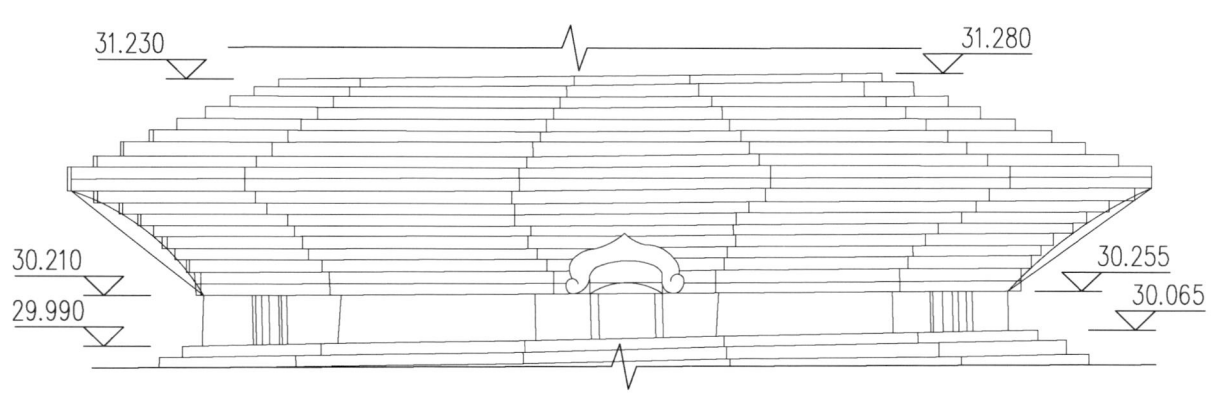

图 065　嵩岳寺塔外部第十五层南立面图

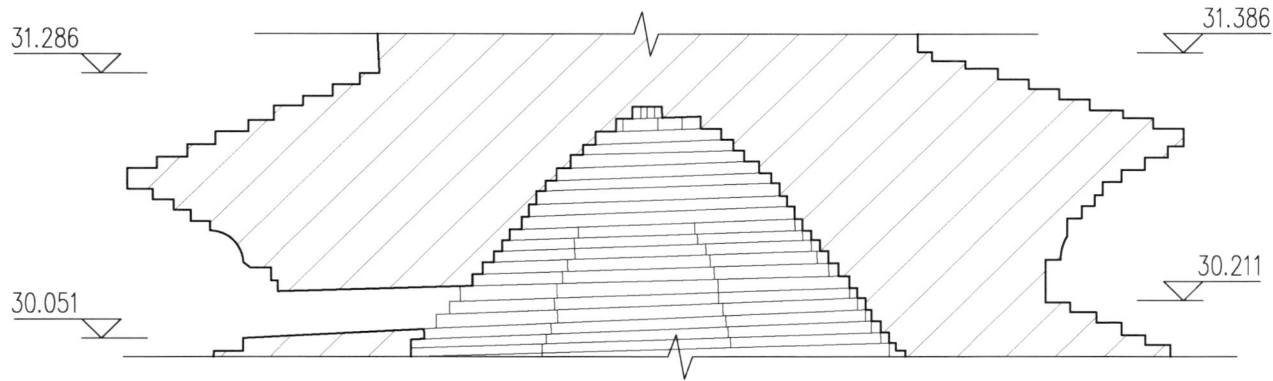

图 066　嵩岳寺塔外部第十五层南北剖面图

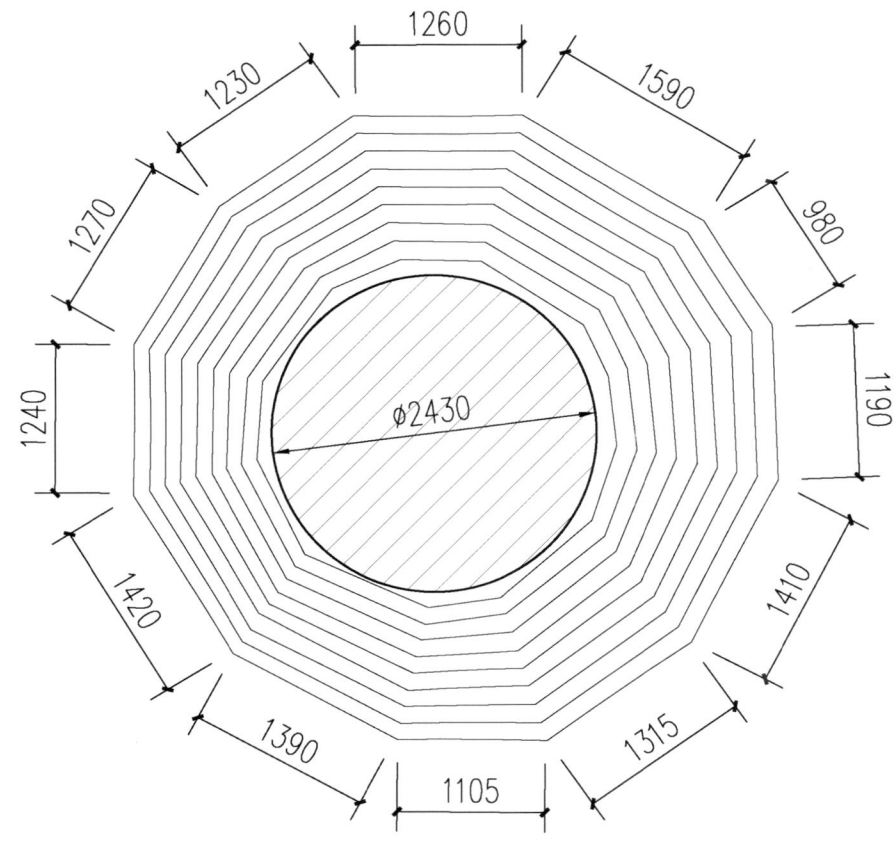

图 067　嵩岳寺塔外部第十五层俯视图

图 068　嵩岳寺塔塔刹立面图

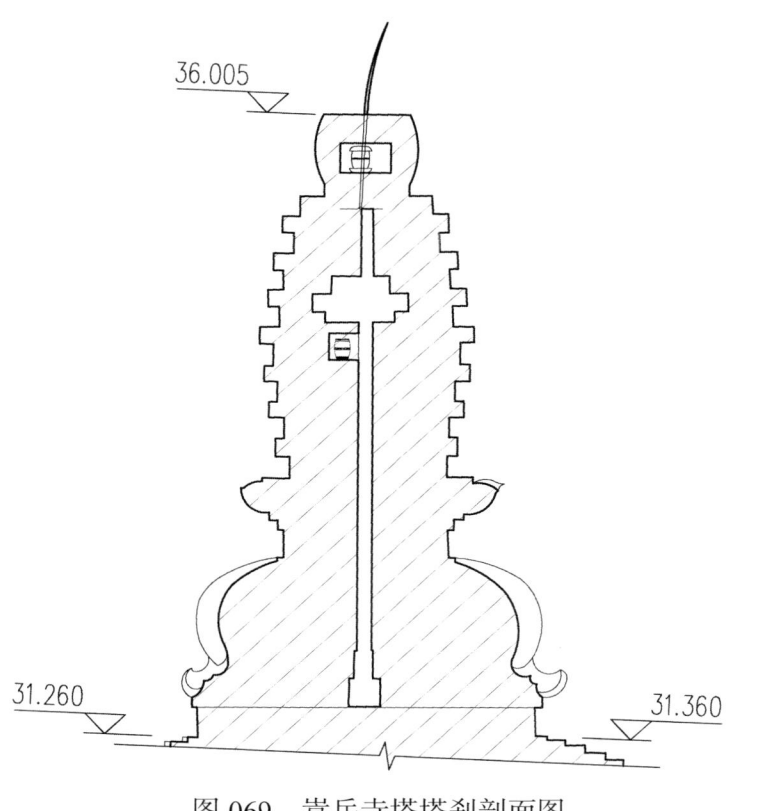

图 069　嵩岳寺塔塔刹剖面图

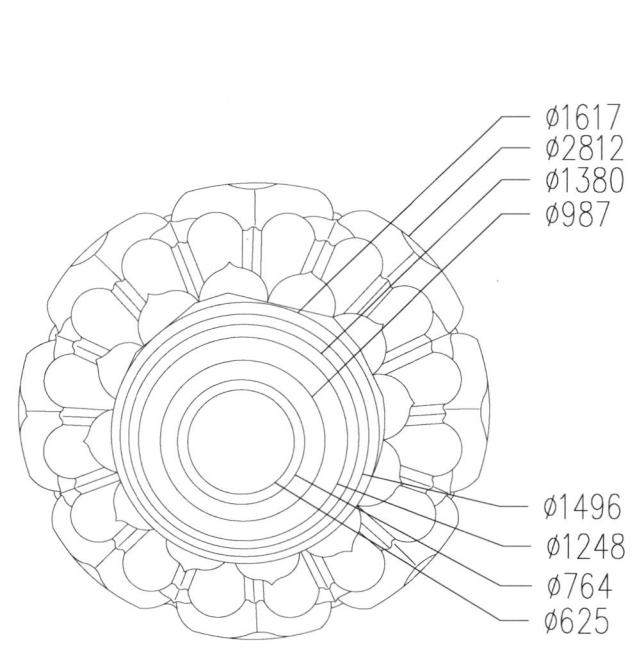

图 070　嵩岳寺塔塔刹俯视图

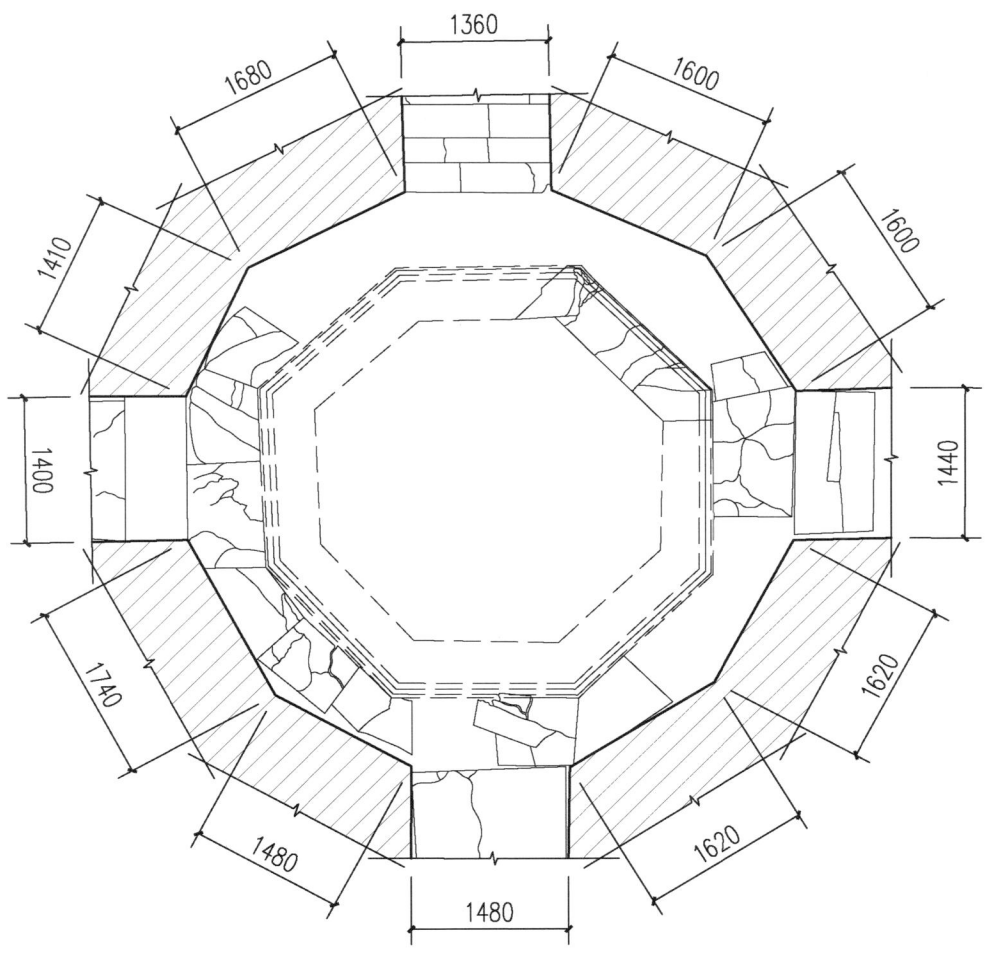

图 071　嵩岳寺塔内部第一层剖面图

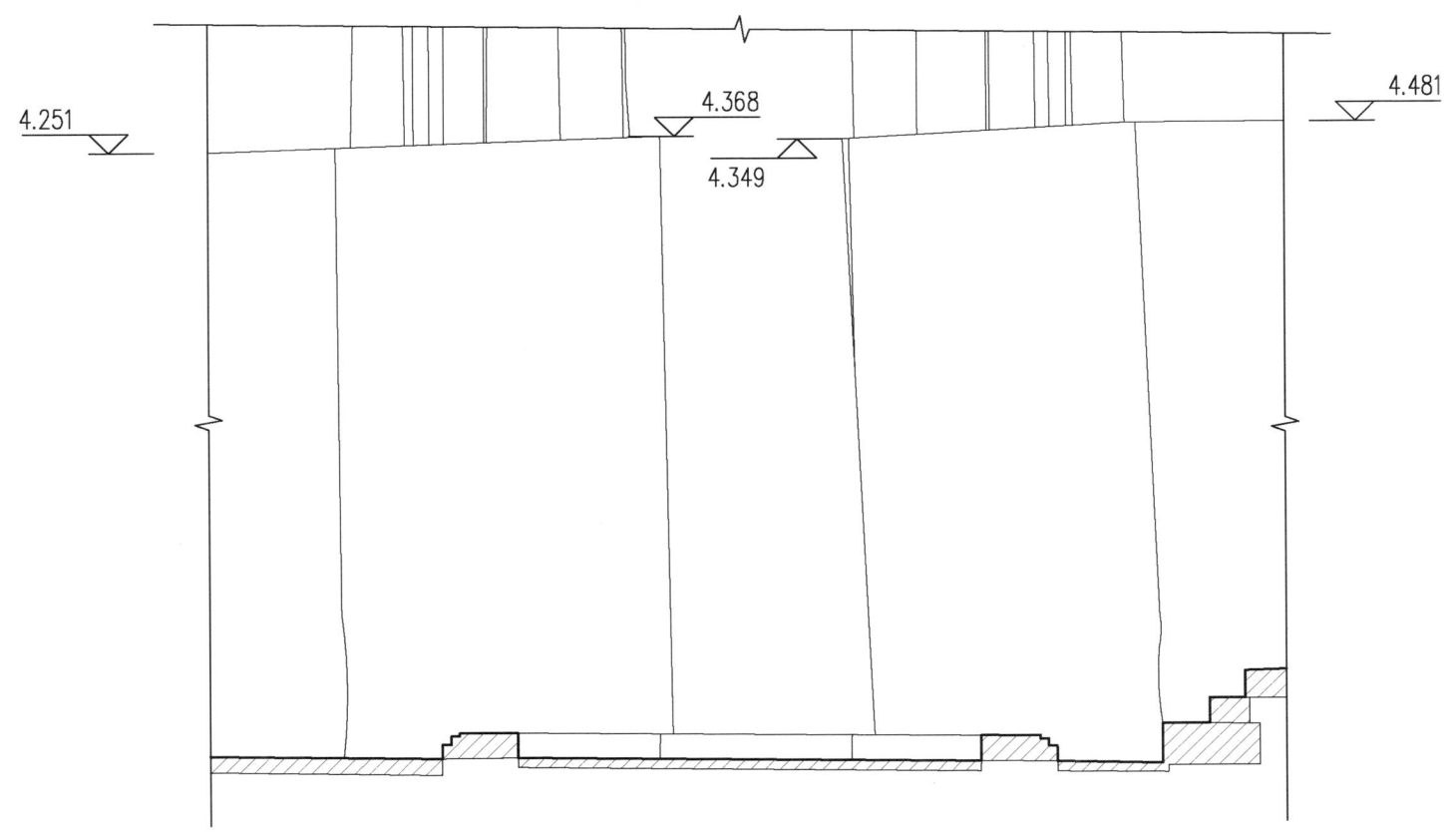

图 072　嵩岳寺塔内部第一层南北剖面图

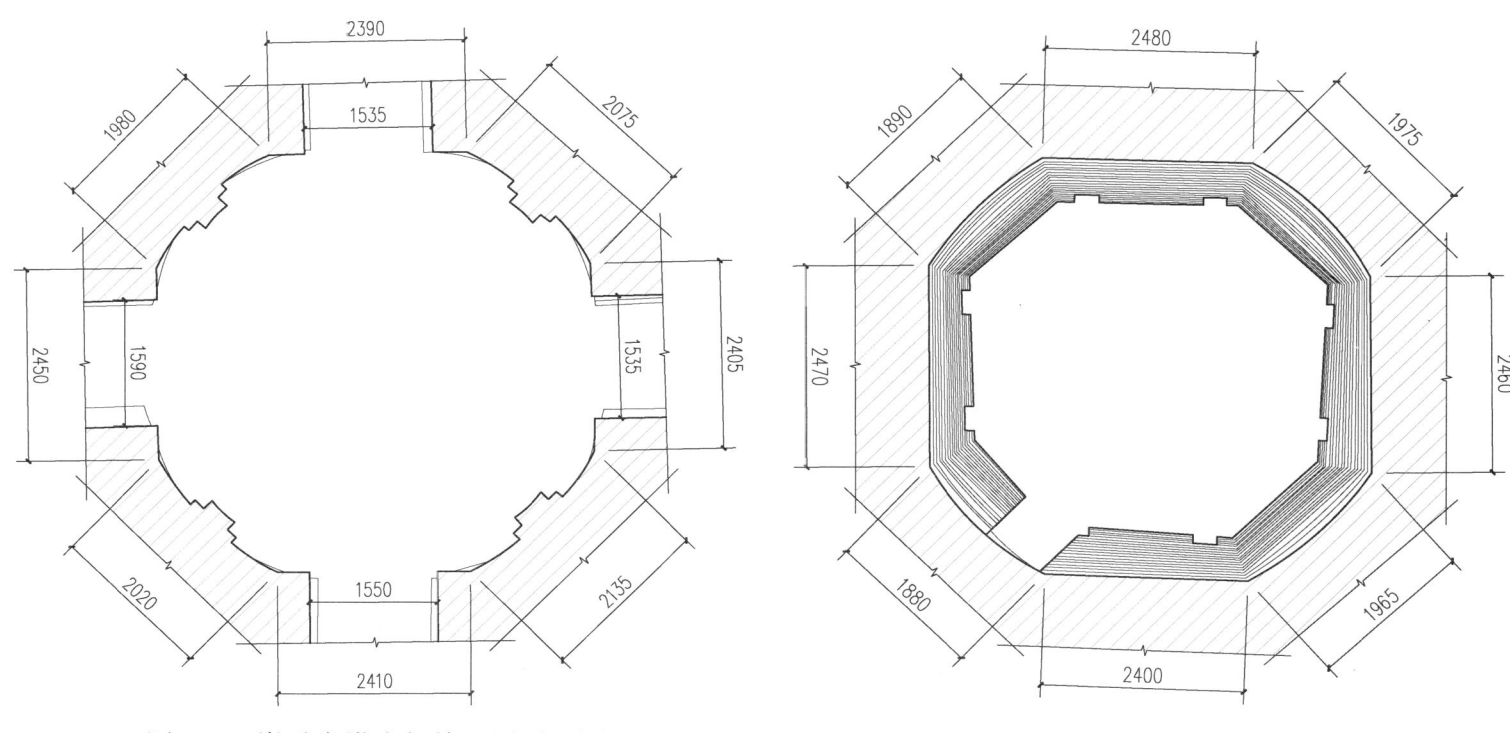

图 073　嵩岳寺塔内部第二层平面图

图 074　嵩岳寺塔内部第二层仰视图

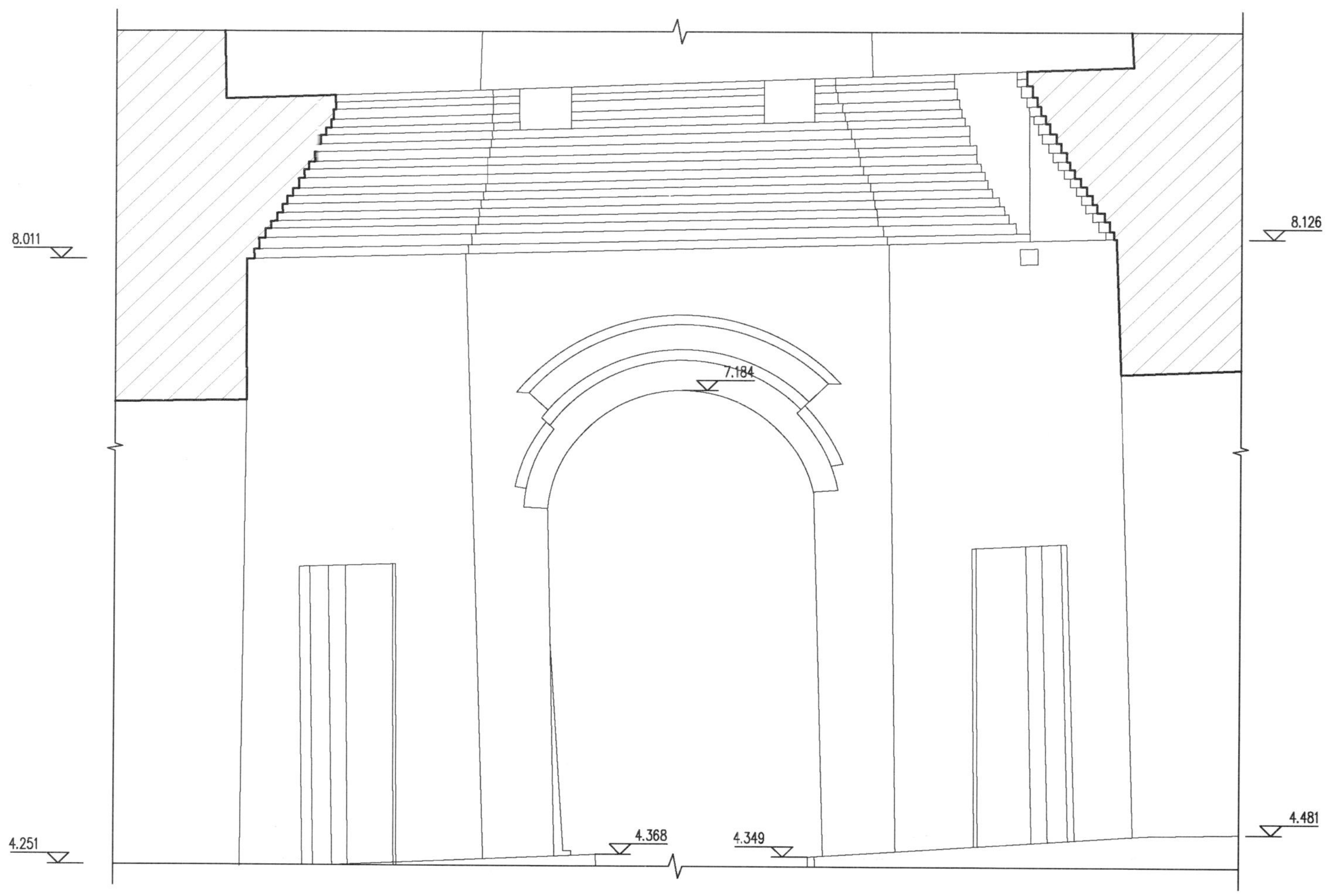

图 075　嵩岳寺塔内部第二层南北剖面图

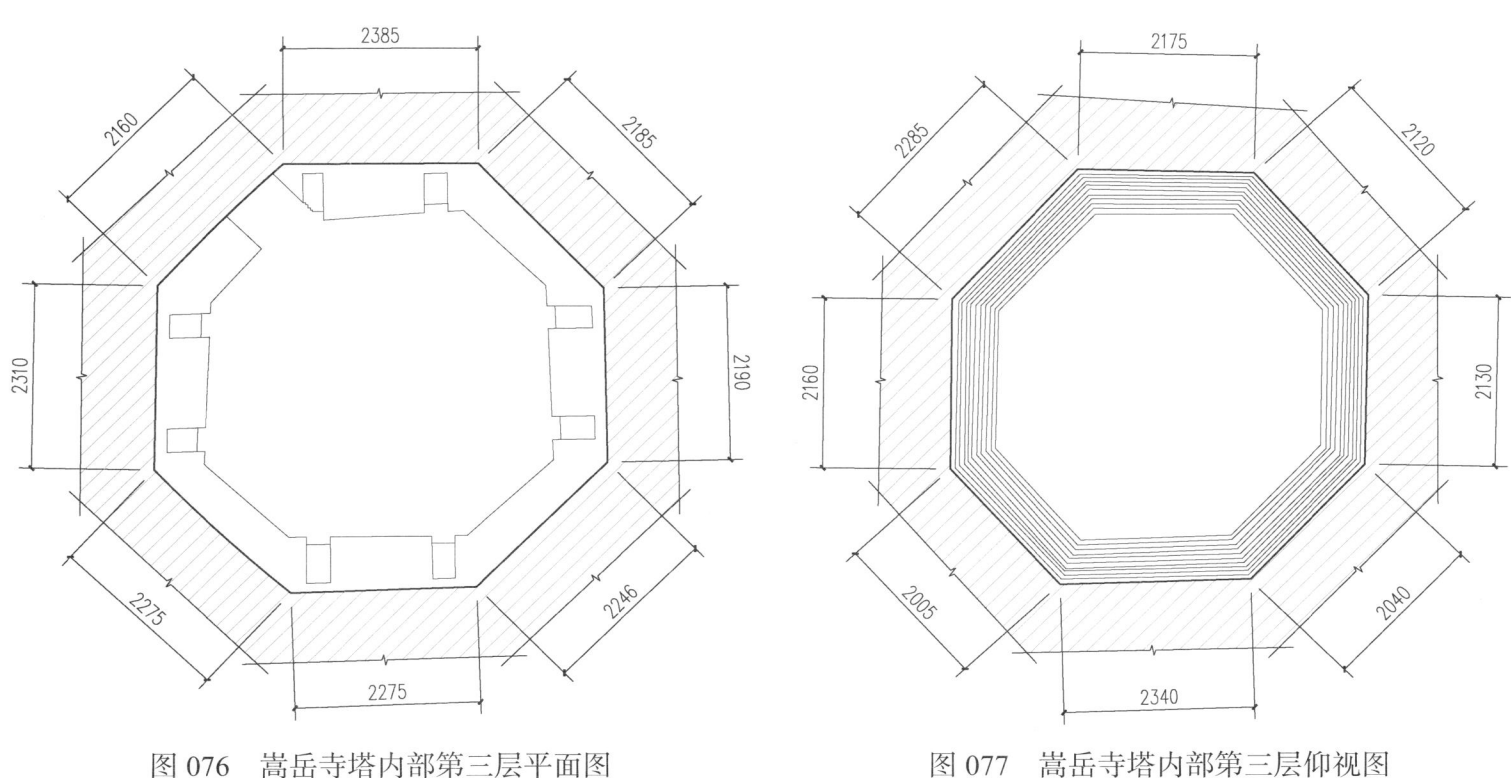

图 076　嵩岳寺塔内部第三层平面图

图 077　嵩岳寺塔内部第三层仰视图

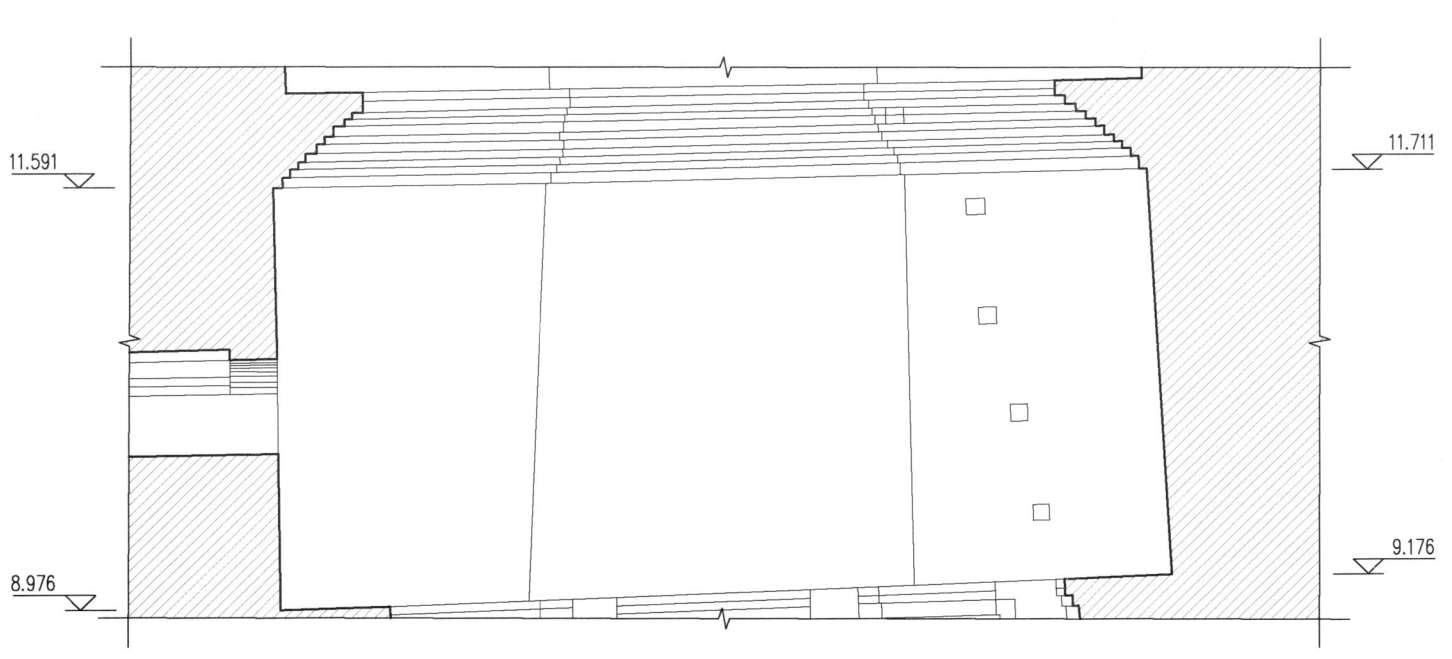

图 078　嵩岳寺塔内部第三层南北剖面图

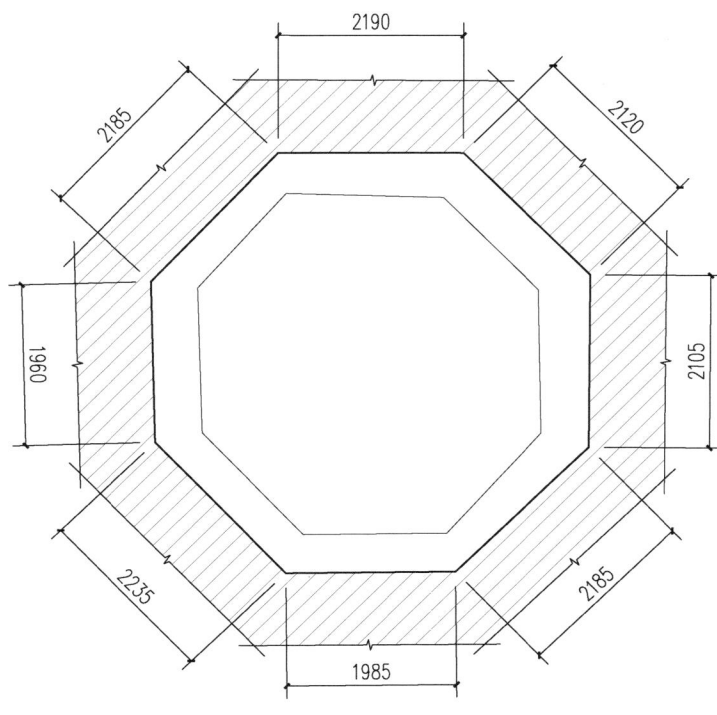

图 079　嵩岳寺塔内部第四层平面图

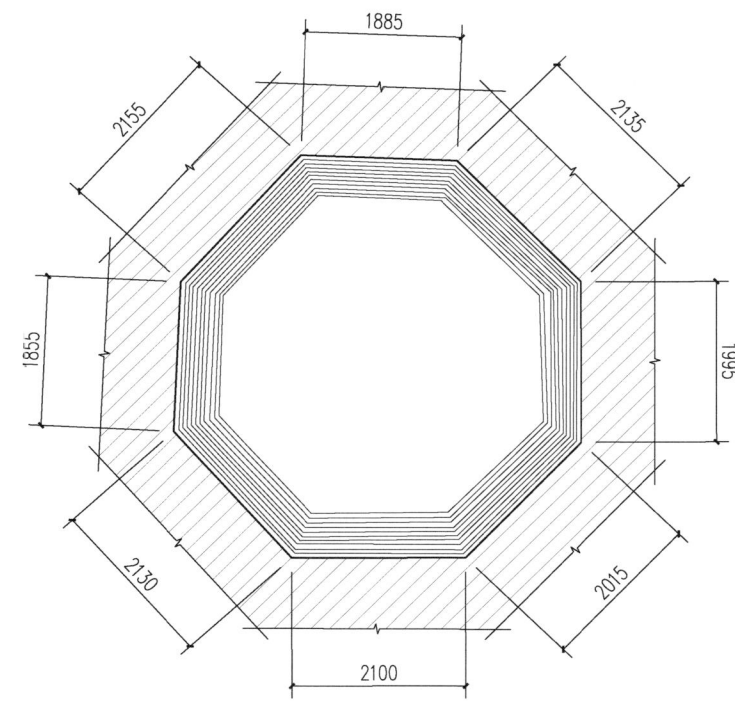

图 080　嵩岳寺塔内部第四层仰视图

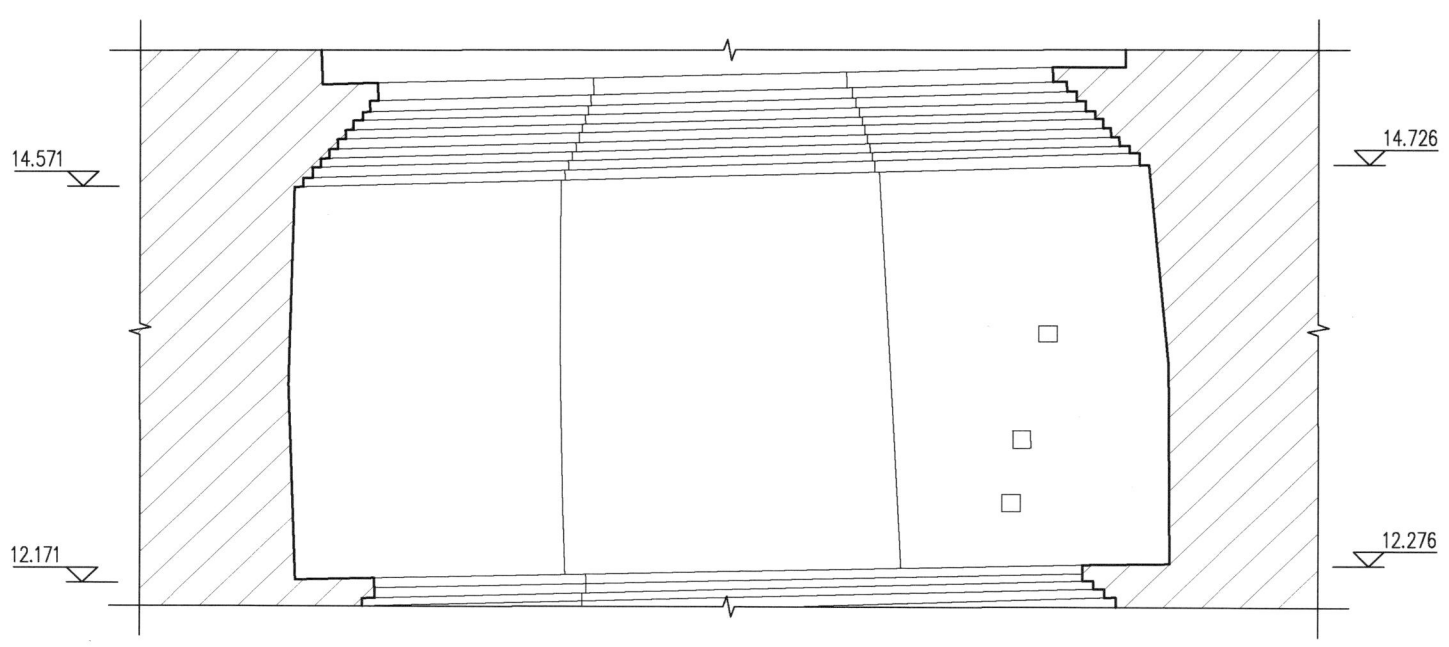

图 081　嵩岳寺塔内部第四层南北剖面图

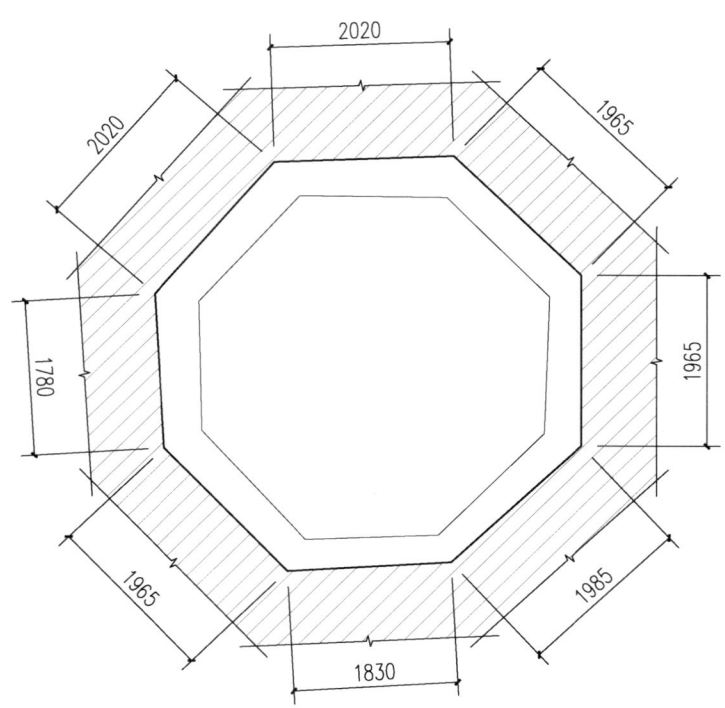

图 082　嵩岳寺塔内部第五层平面图

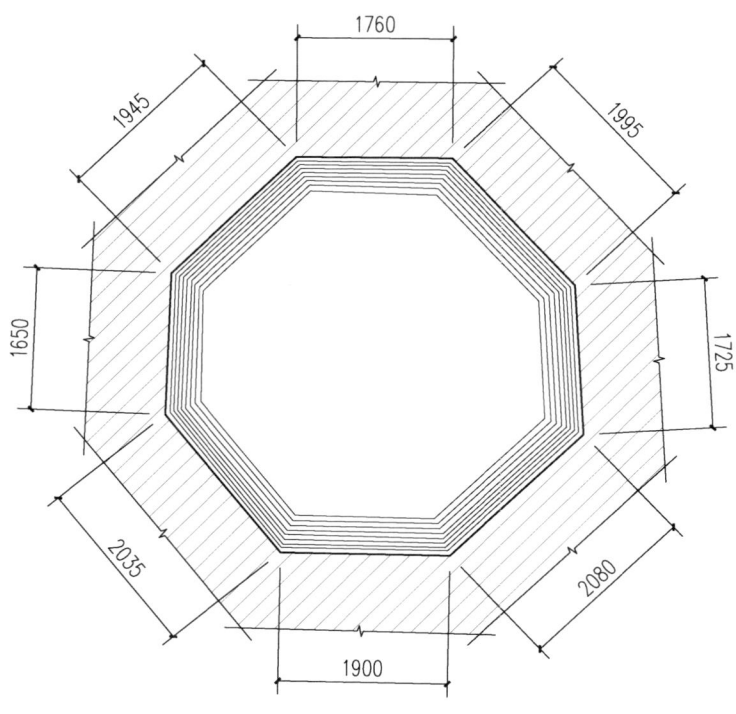

图 083　嵩岳寺塔内部第五层仰视图

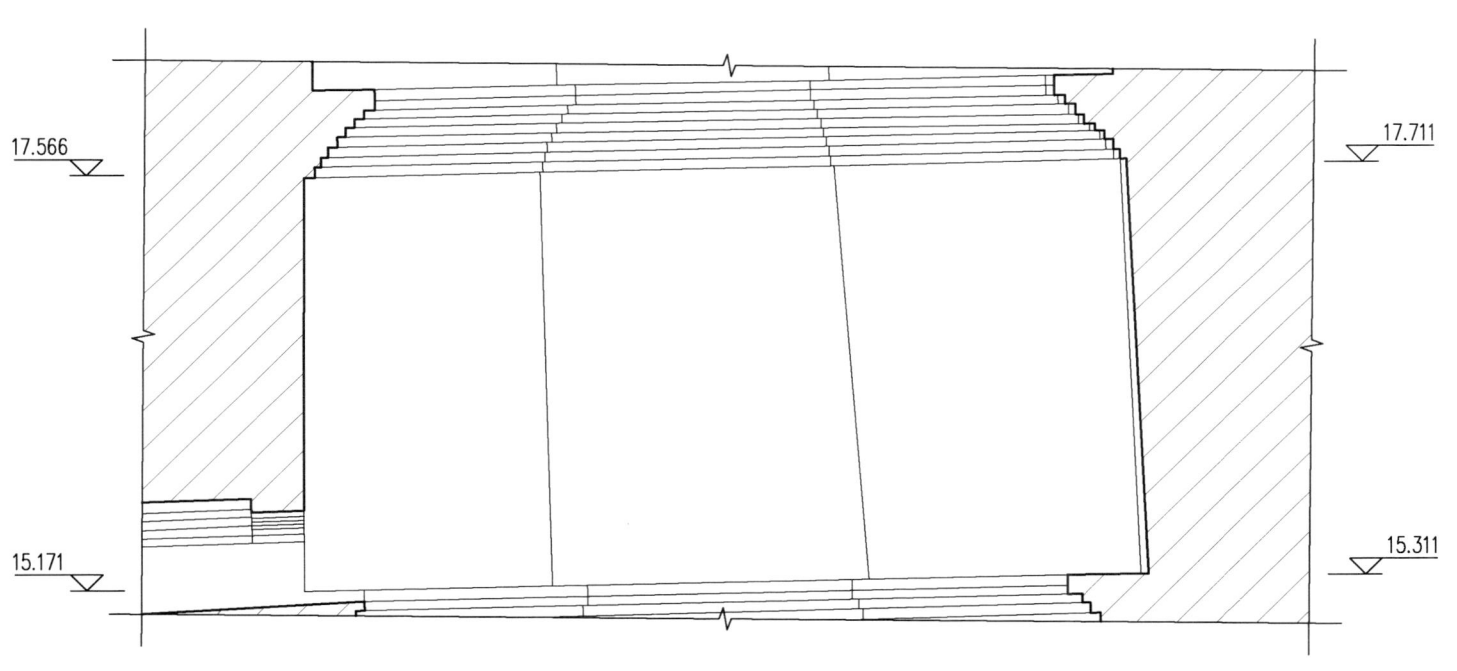

图 084　嵩岳寺塔内部第五层南北剖面图

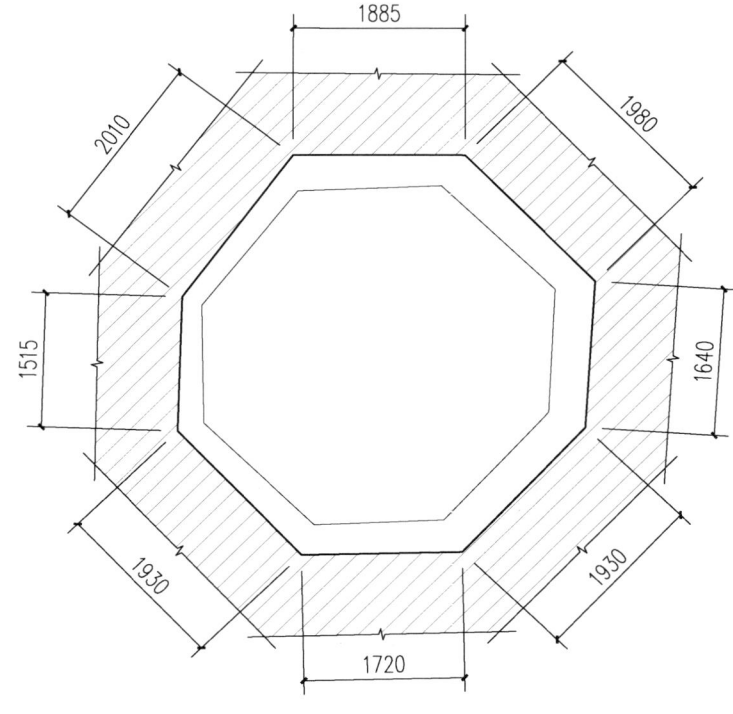

图 085　嵩岳寺塔内部第六层平面图

图 086　嵩岳寺塔内部第六层仰视图

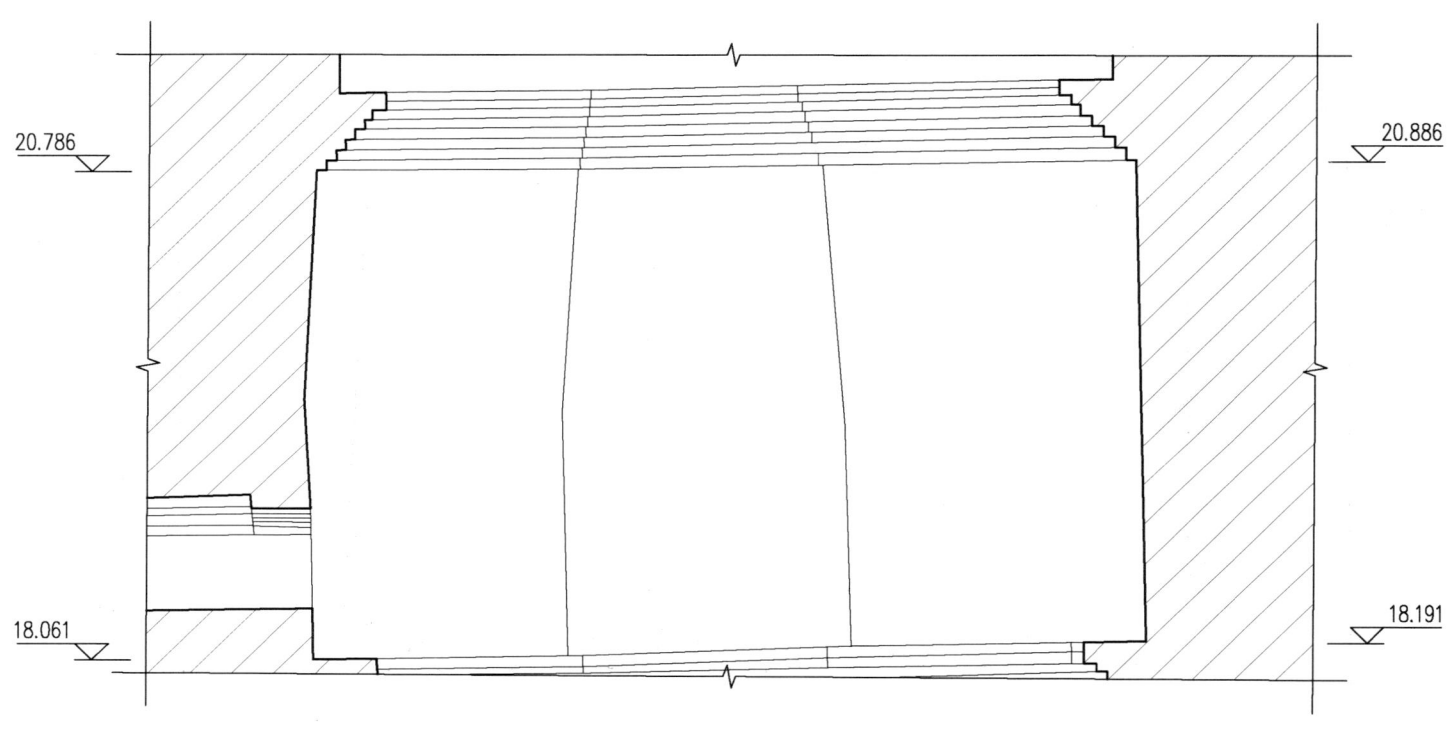

图 087　嵩岳寺塔内部第六层南北剖面图

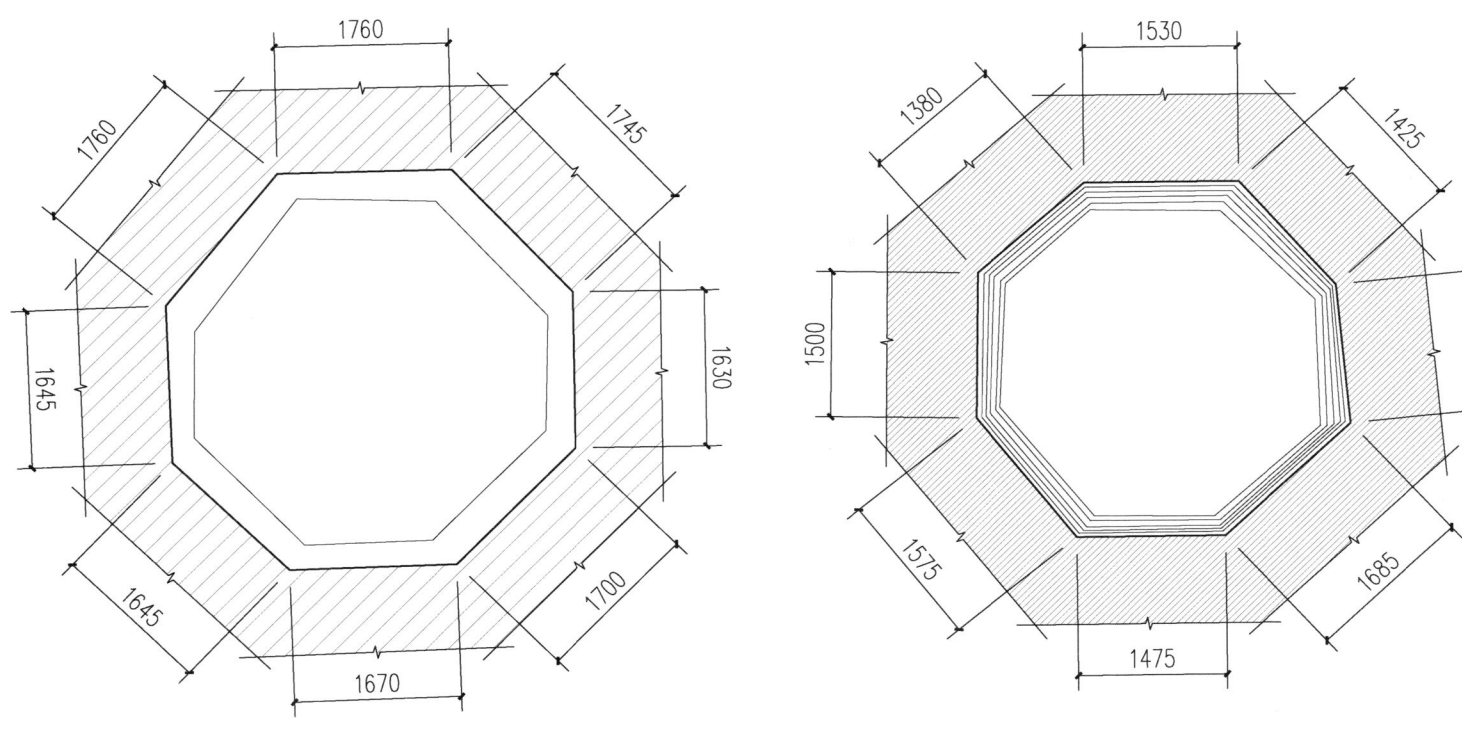

图 088　嵩岳寺塔内部第七层平面图

图 089　嵩岳寺塔内部第七层仰视图

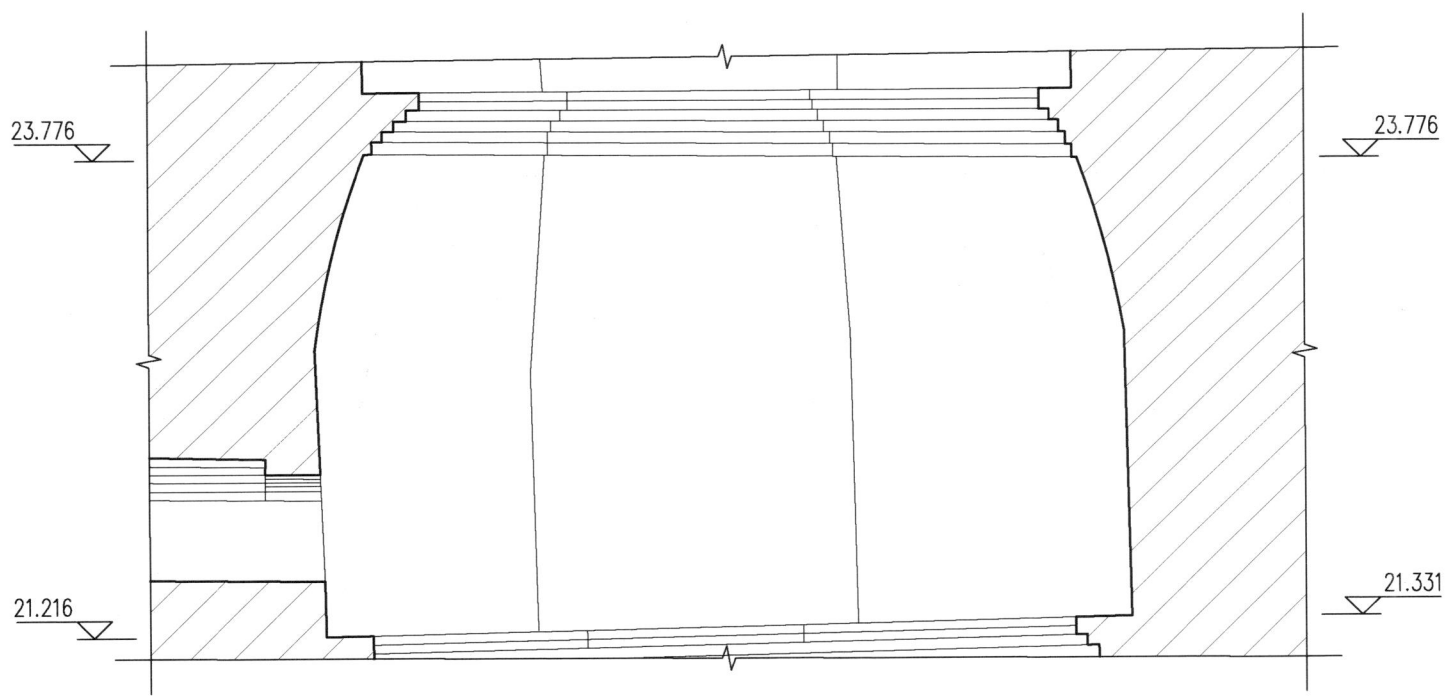

图 090　嵩岳寺塔内部第七层南北剖面图

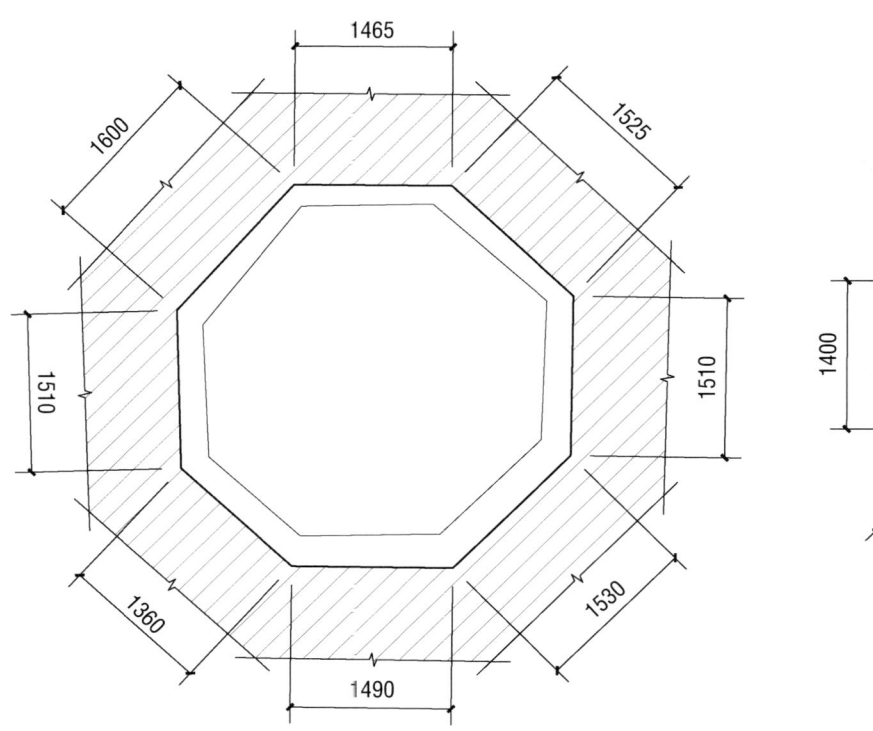

图 091 嵩岳寺塔内部第八层平面图

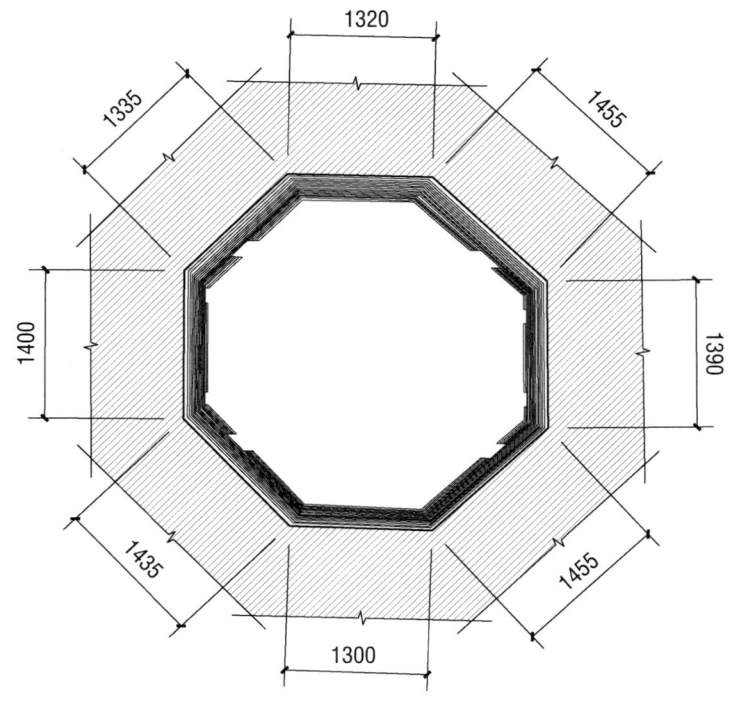

图 092 嵩岳寺塔内部第八层仰视图

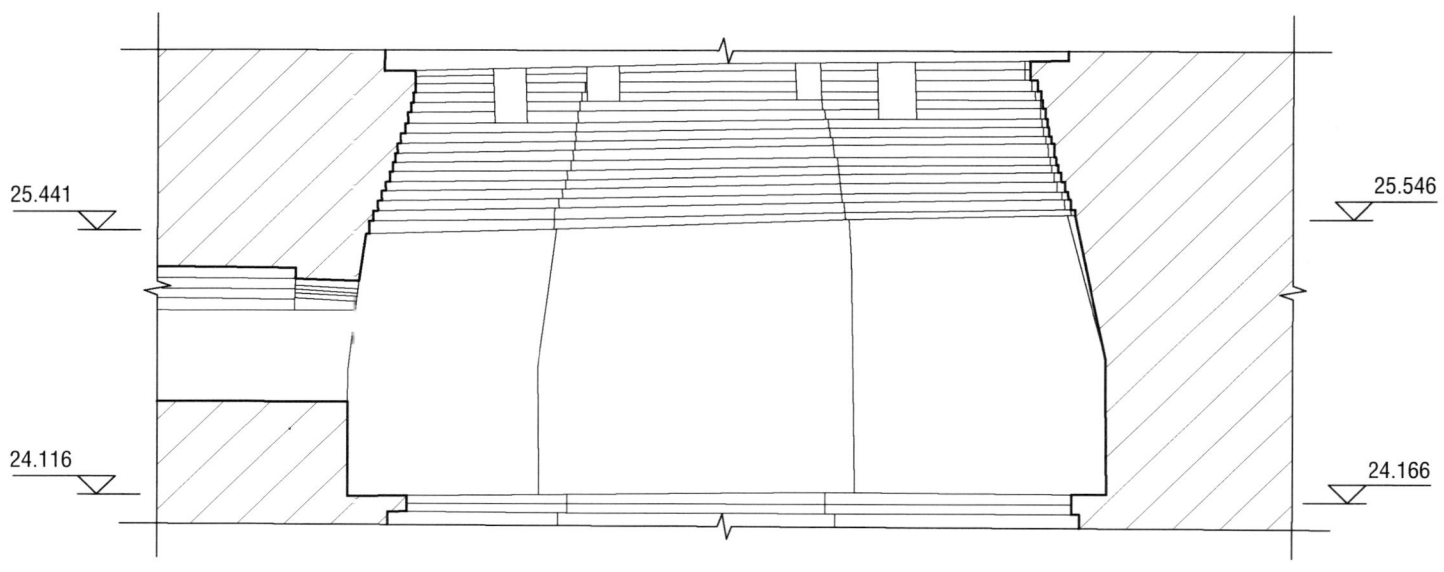

图 093 嵩岳寺塔内部第八层南北剖面图

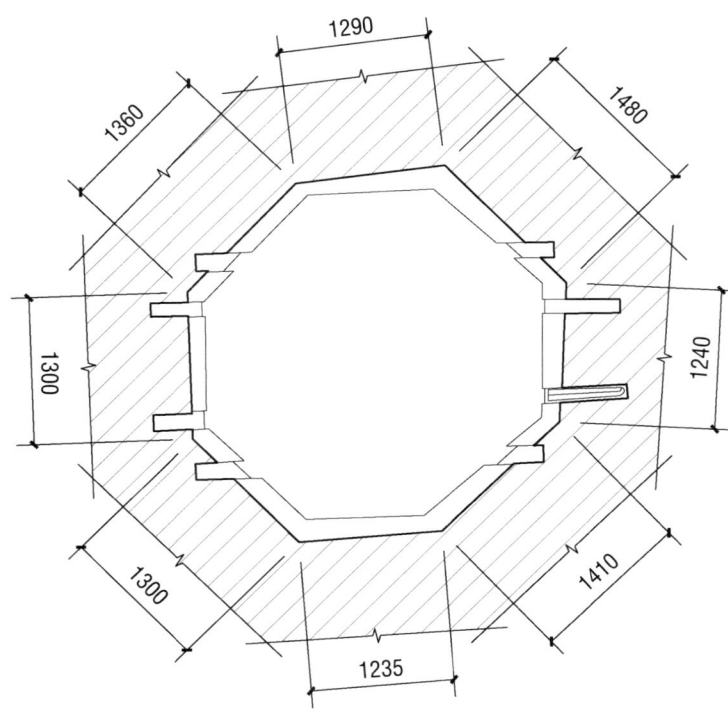

图 094　嵩岳寺塔内部第九层平面图

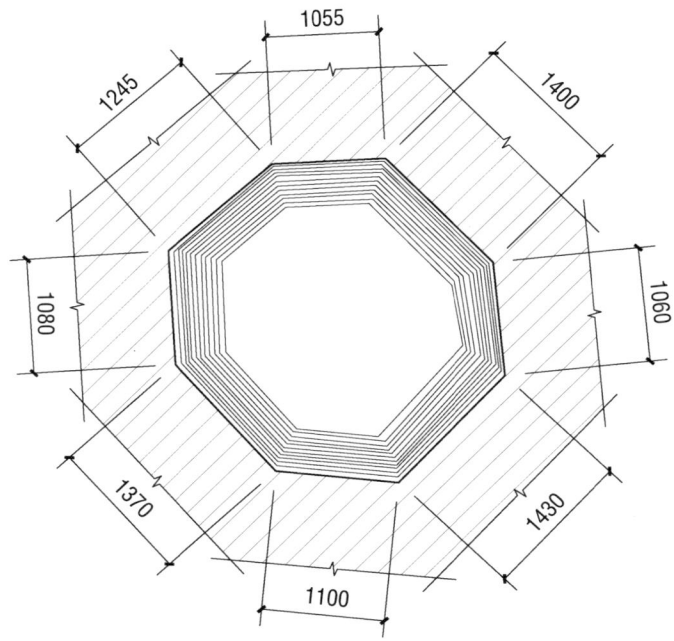

图 095　嵩岳寺塔内部第九层仰视图

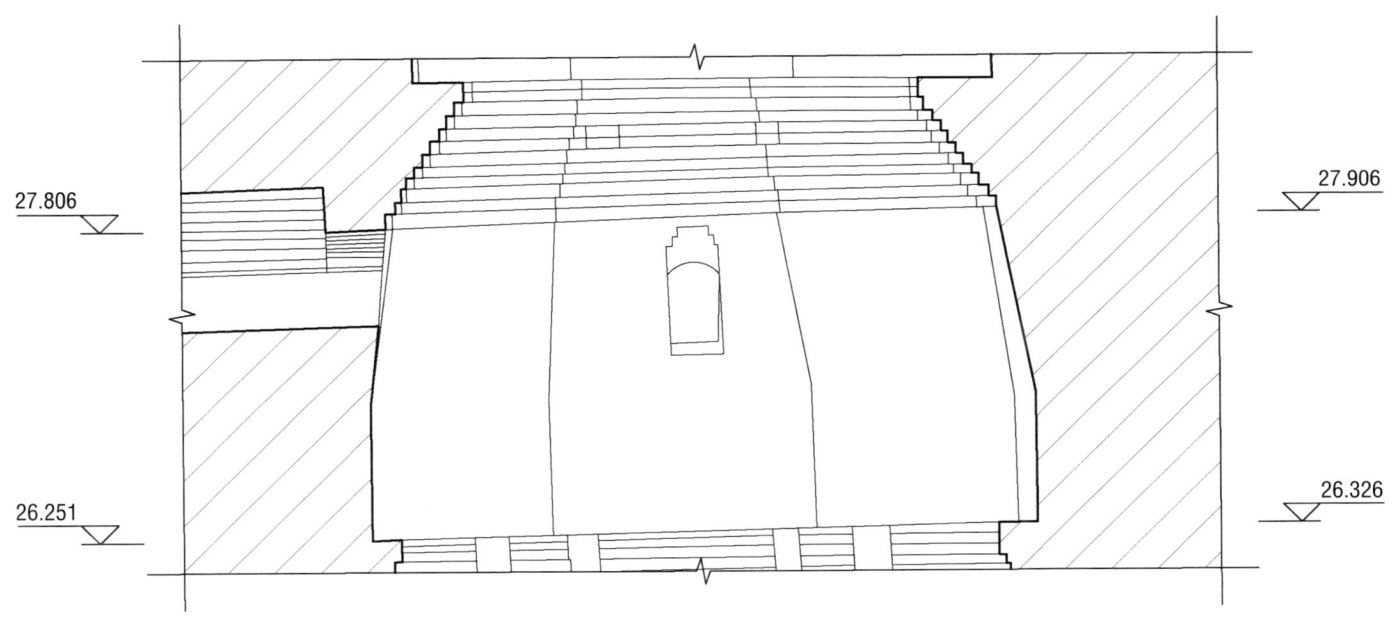

图 096　嵩岳寺塔内部第九层南北剖面图

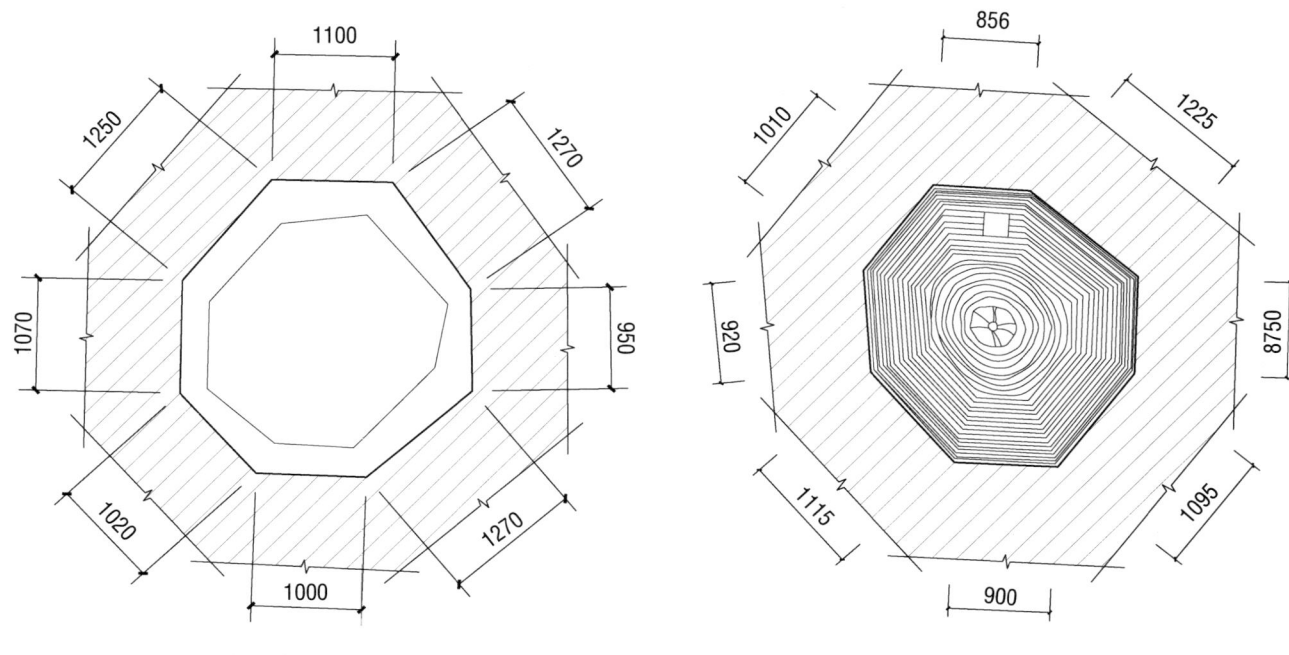

图097 嵩岳寺塔内部第十层平面图　　图098 嵩岳寺塔内部第十层仰视图

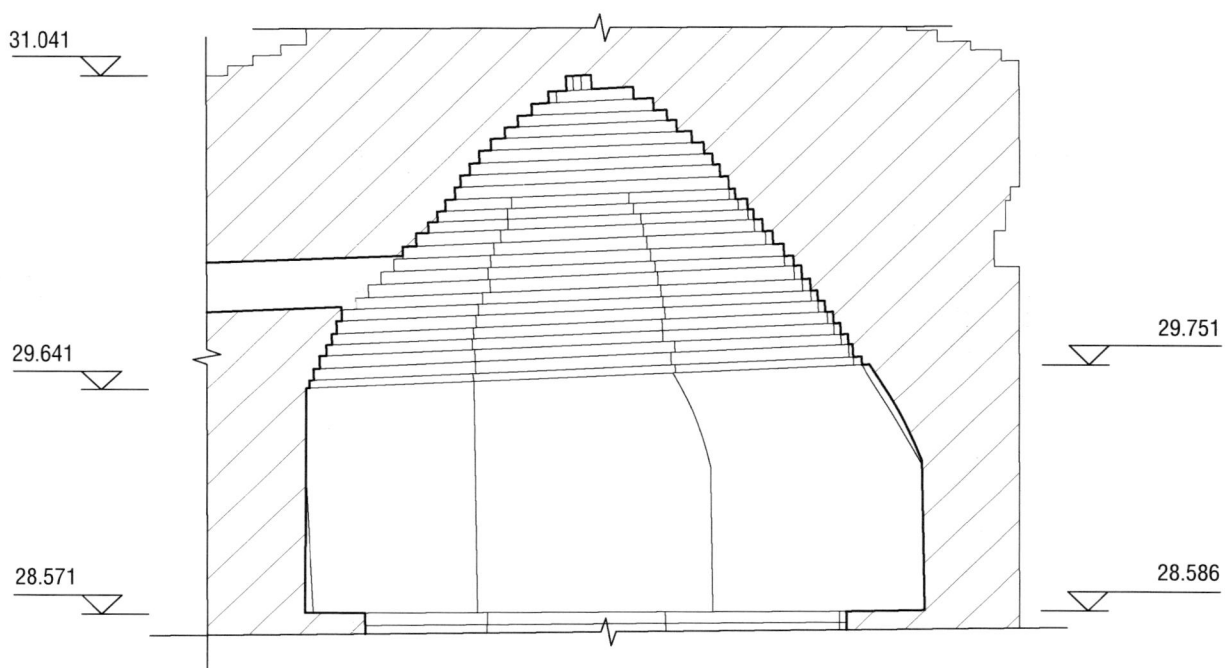

图099 嵩岳寺塔内部第十层南北剖面图

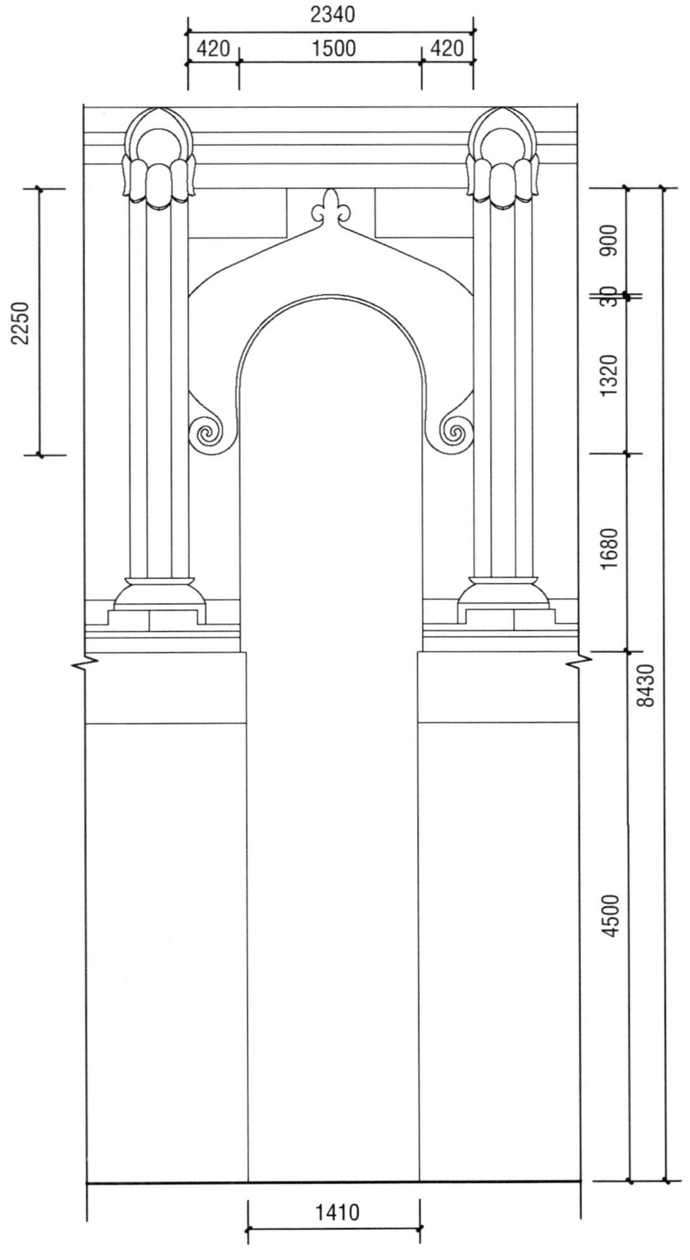

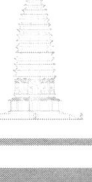

门立面

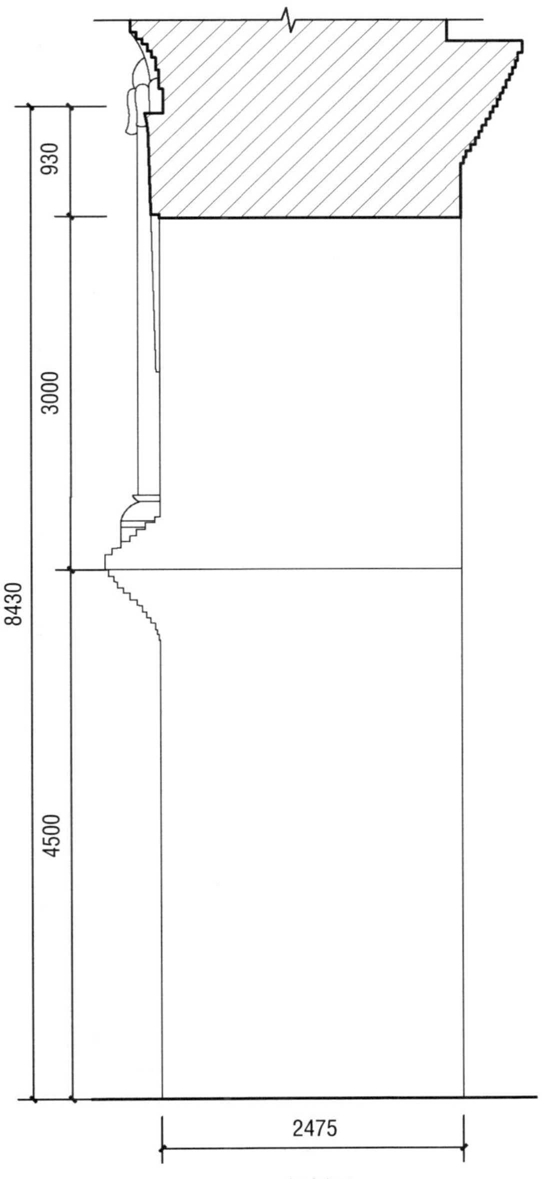

门剖面

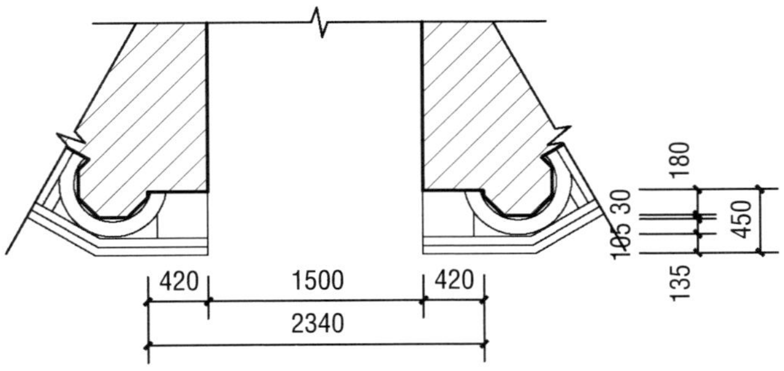

门平面

图 100　嵩岳寺塔门大样图

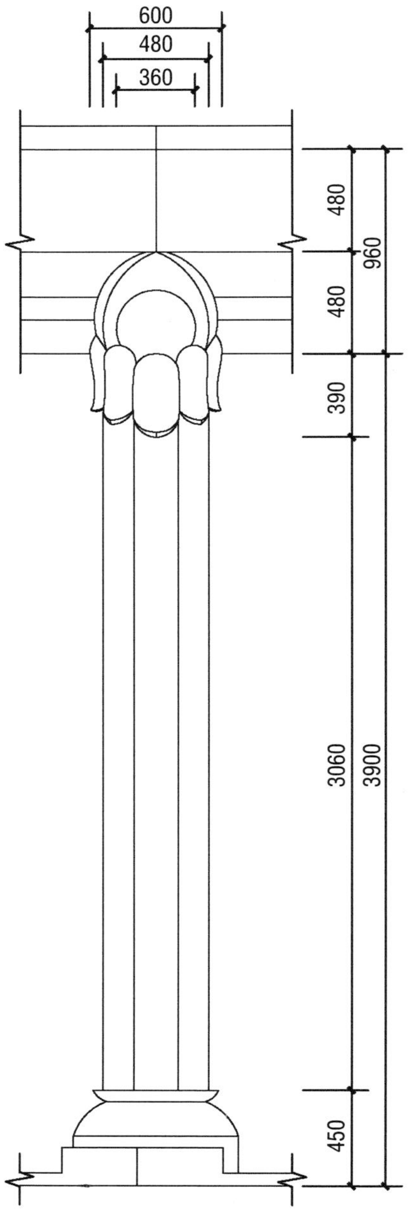

图 101　嵩岳寺塔倚柱大样图

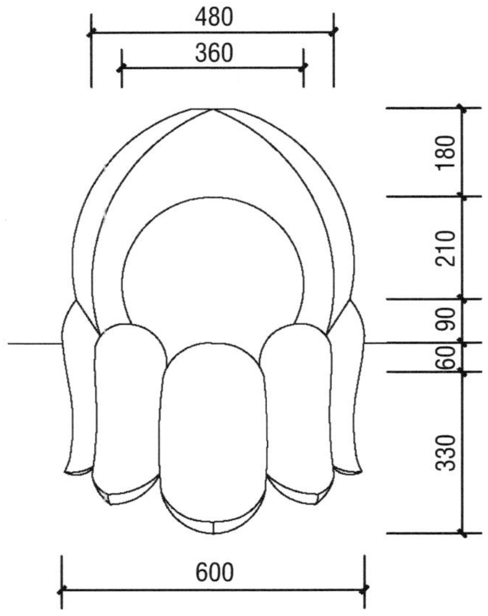

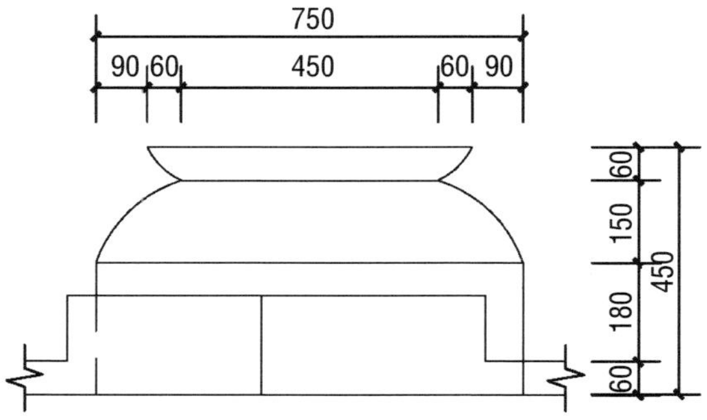

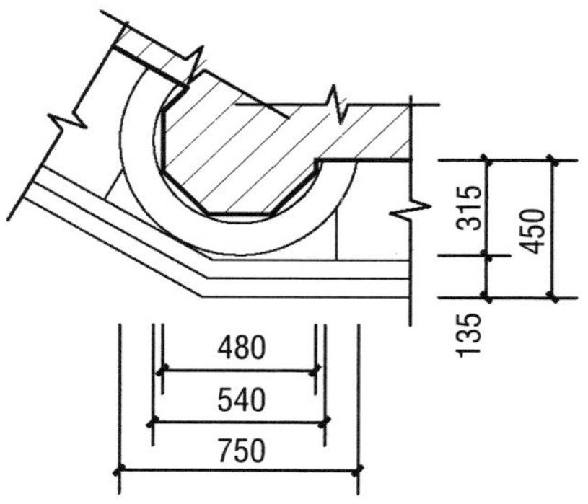

正立面

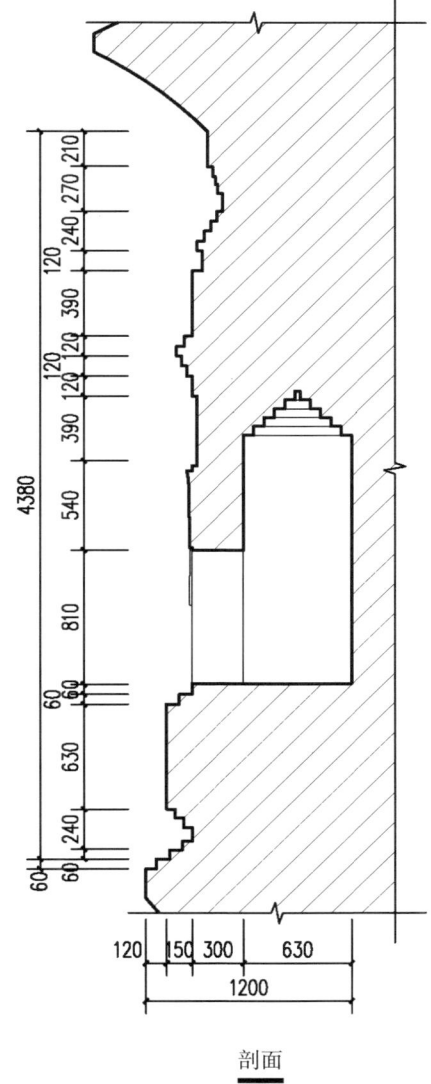
剖面

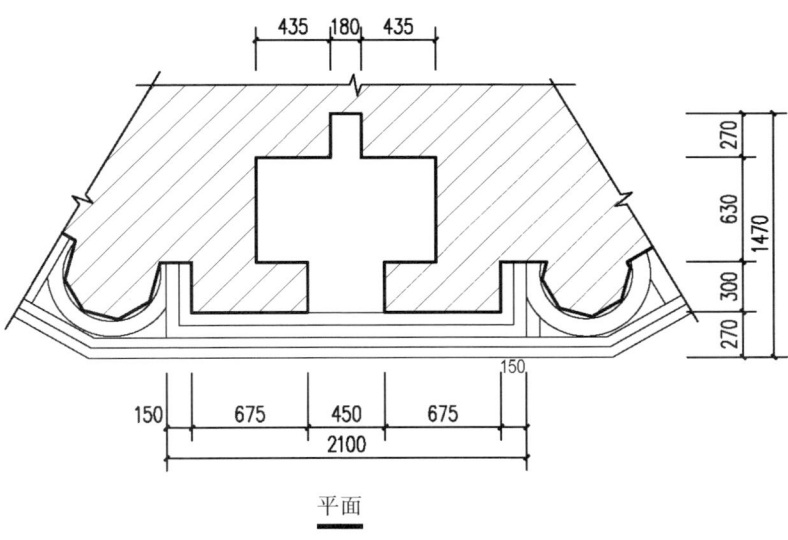
平面

图 102　嵩岳寺塔塔龛大样图

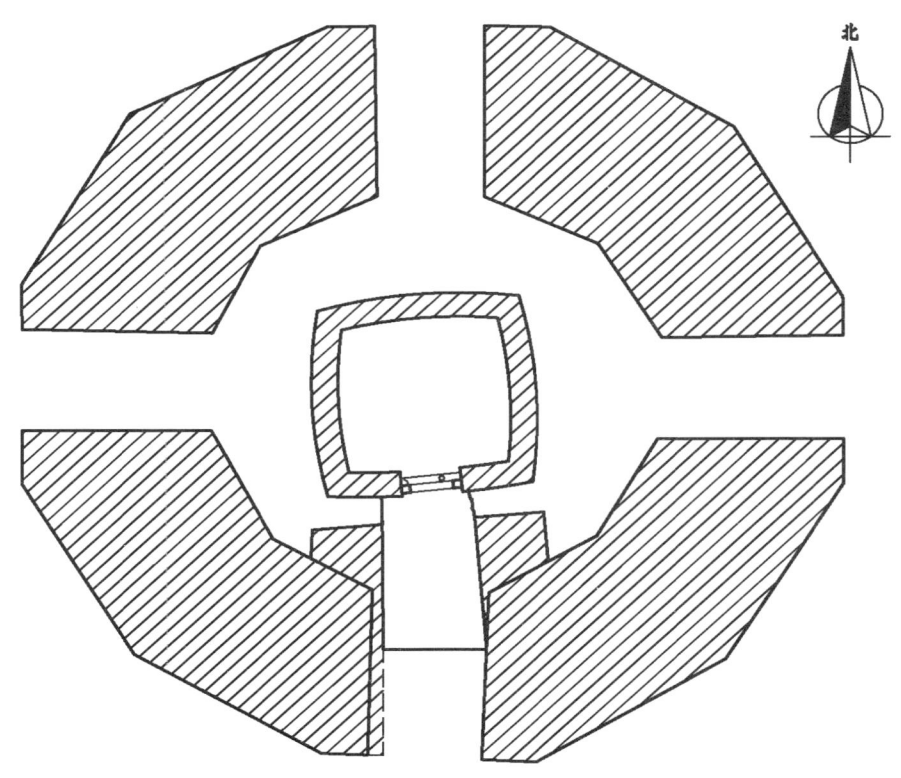

图 103　嵩岳寺塔地宫与塔基座墙体关系图

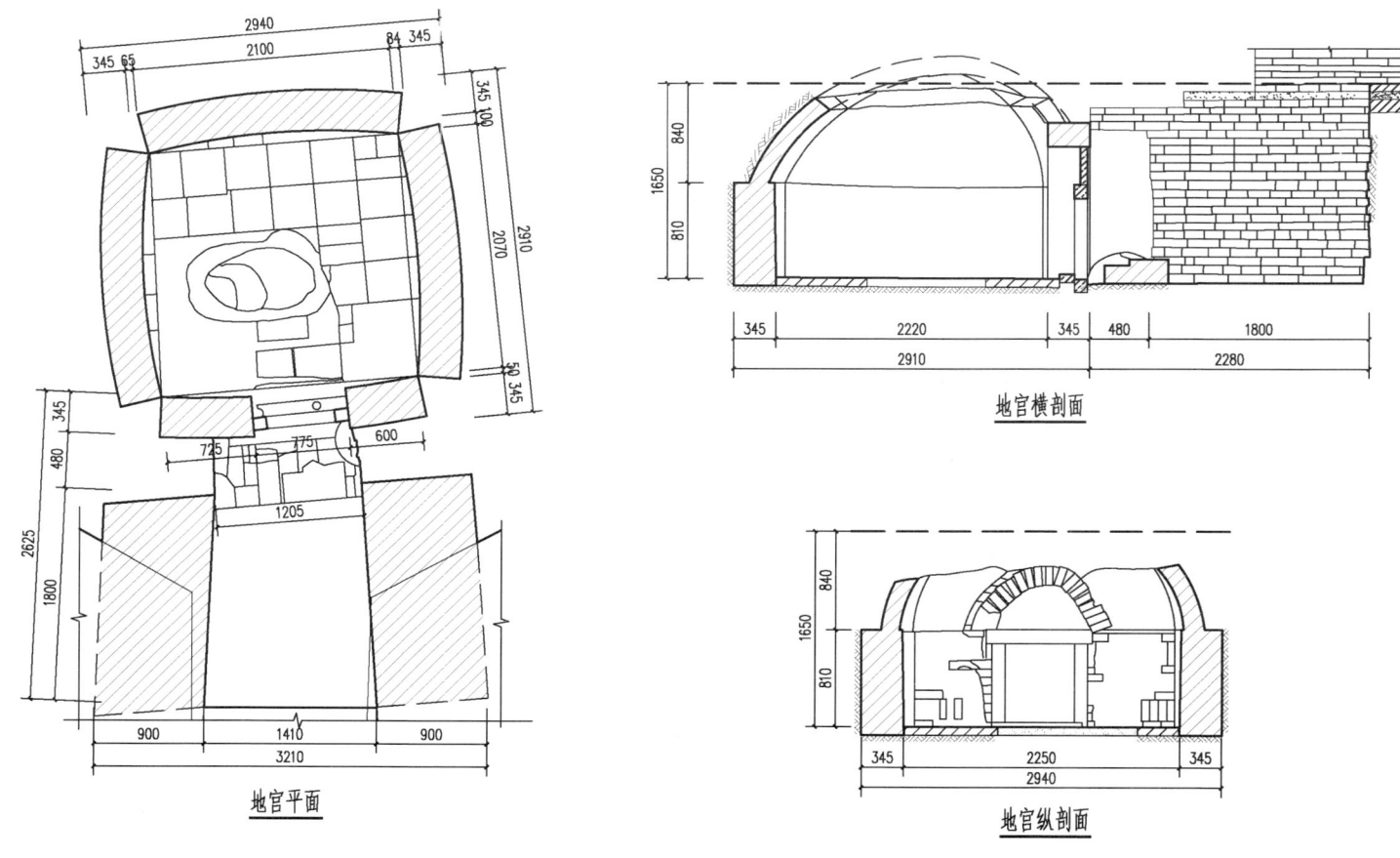

图 104　嵩岳寺塔地宫平、剖面图

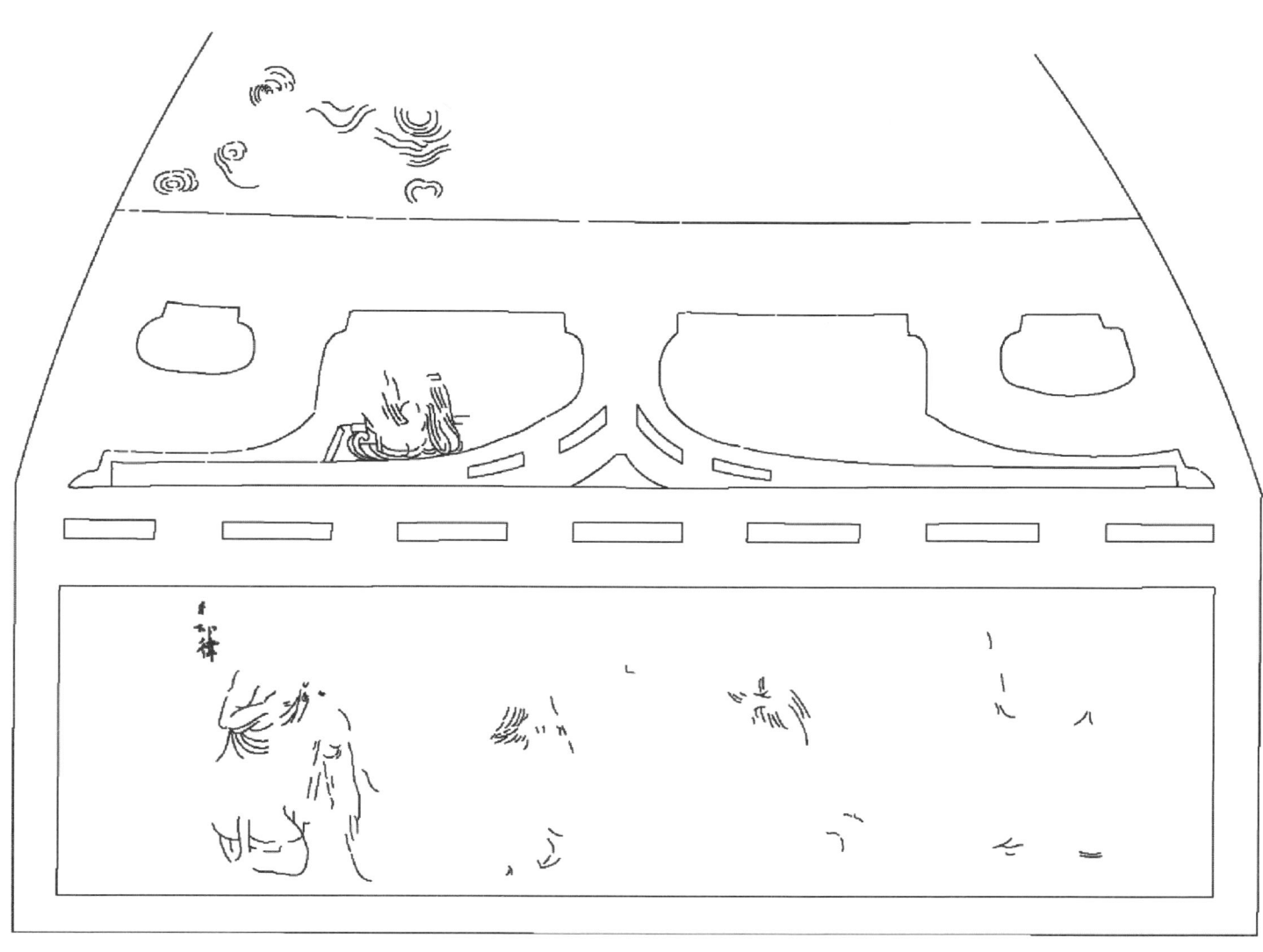

图 105　嵩岳寺塔地宫东壁壁画线描图

图 106　嵩岳寺塔地宫南壁壁画线描图

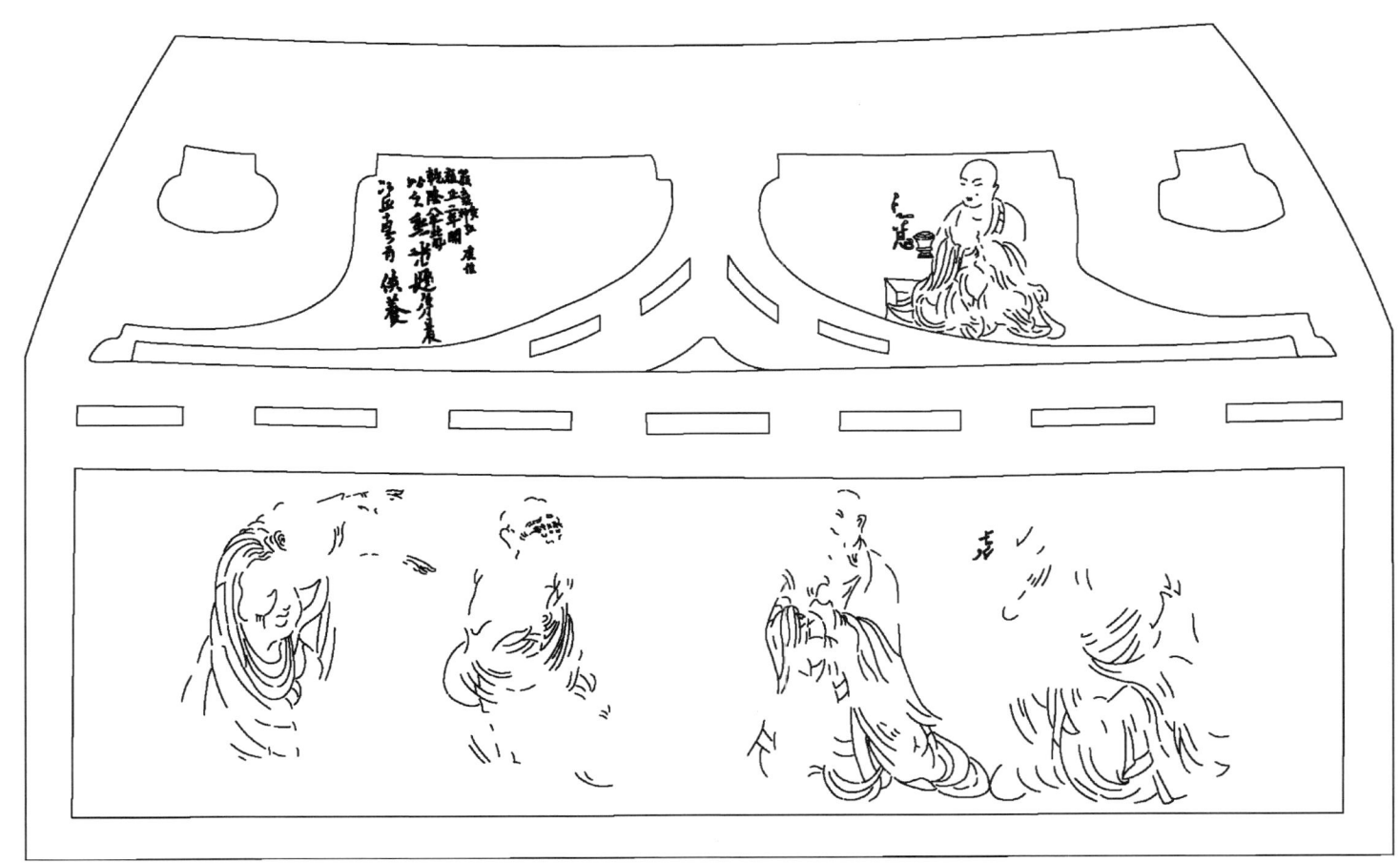

图 107　嵩岳寺塔地宫西壁壁画线描图

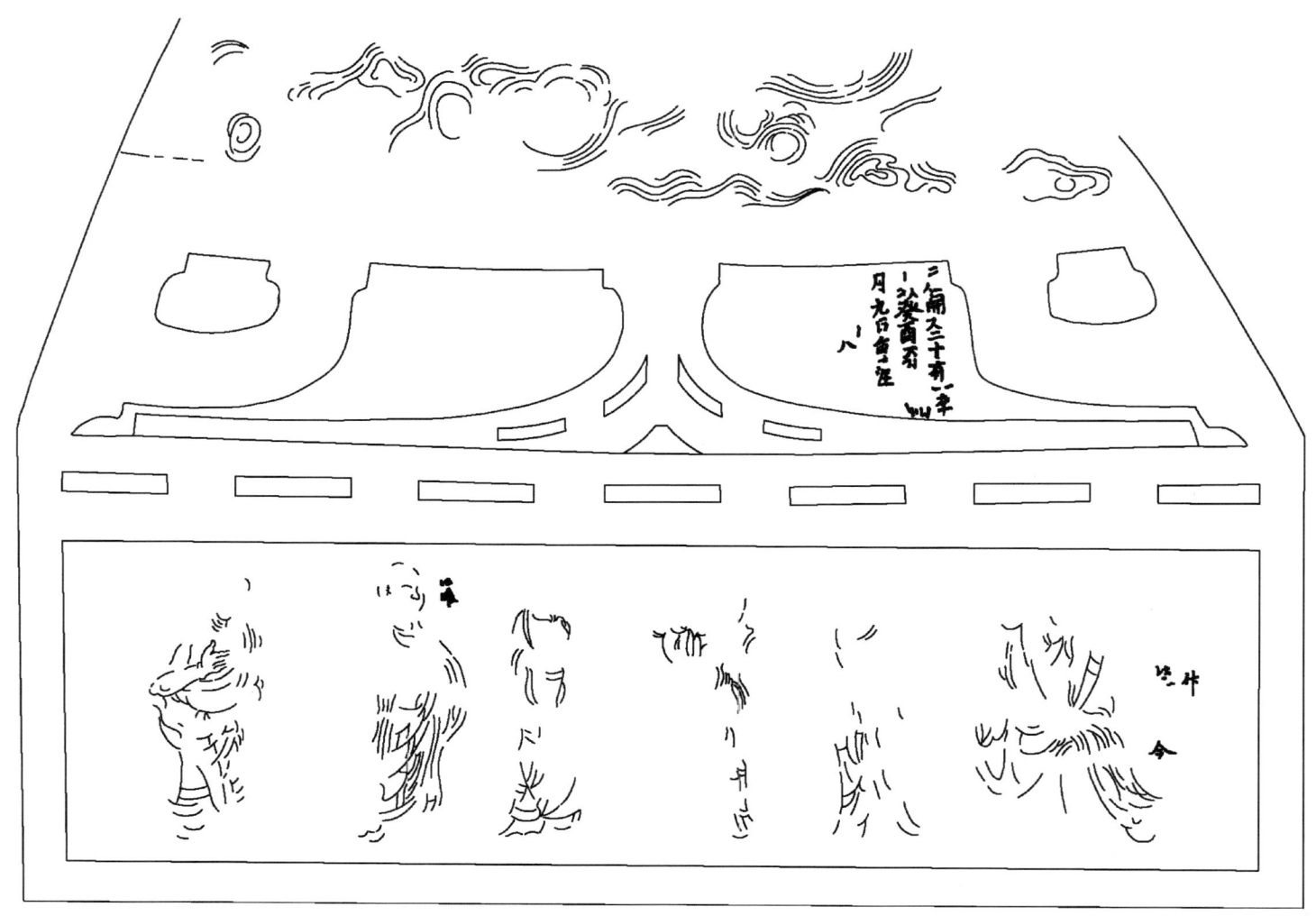

图 108　嵩岳寺塔地宫北壁壁画线描图

现状照片 01　嵩岳寺全景

现状照片 02　嵩岳寺塔院全景

嵩岳寺塔

现状照片 03 嵩岳寺塔院鸟瞰一

嵩岳寺塔 | 现状照片

现状照片 04 嵩岳寺塔院鸟瞰二

嵩岳寺塔

现状照片05　嵩岳寺塔塔院俯视

现状照片06　嵩岳寺塔全景

嵩岳寺塔

现状照片07　嵩岳寺塔立面

现状照片 08　嵩岳寺塔仰视

现状照片 09　嵩岳寺塔阶基、基座

现状照片 10　嵩岳寺塔基座、第一层塔体

现状照片 11　嵩岳寺塔基座

现状照片 12　嵩岳寺塔第一层塔体

现状照片 13　嵩岳寺塔南塔门

现状照片 14　嵩岳寺塔南塔门仰视

现状照片 15　嵩岳寺塔塔门门楣

现状照片 16　嵩岳寺塔塔门券

现状照片 17　嵩岳寺塔倚柱

现状照片 18　嵩岳寺塔倚柱柱础

现状照片 19　嵩岳寺塔倚柱柱头

现状照片 20　嵩岳寺塔塔龛

现状照片 21　嵩岳寺塔塔龛座

现状照片 22　嵩岳寺塔塔龛塔顶

现状照片 23　第二面塔龛壸门狮子

现状照片 24　第三面塔龛壸门狮子

现状照片 25　第五面塔龛壸门狮子

现状照片 26　第六面塔龛壸门狮子

现状照片 27　第八面塔龛壸门狮子

现状照片 28　第九面塔龛壸门狮子

现状照片 29　第十一面塔龛壸门狮子

现状照片 30　第十二面塔龛壸门狮子

现状照片 31　嵩岳寺塔第十一面塔龛内壁画

现状照片 32　嵩岳寺塔上部十五层密檐

现状照片 33　嵩岳寺塔上部十五层密檐及塔刹

现状照片 34　嵩岳寺塔第一至九层密檐

现状照片 35　嵩岳寺塔第六至十五层密檐及塔刹

现状照片 36　嵩岳寺塔第一、二、三层塔体

现状照片 37　嵩岳寺塔第三、四、五层塔体

现状照片 38　嵩岳寺塔第五、六、七层塔体

现状照片 39　嵩岳寺塔第七、八、九层塔体

现状照片 40　嵩岳寺塔第九、十、十一层塔体

现状照片 41　嵩岳寺塔第十一、十二、十三、十四层塔体

现状照片 42　嵩岳寺塔第十三、十四、十五层塔体

现状照片 43　嵩岳寺塔第十四、十五层塔体

现状照片 44　嵩岳寺塔塔刹

现状照片 45　嵩岳寺塔塔刹鸟瞰

现状照片 46　嵩岳寺塔门窗一

现状照片 47　嵩岳寺塔门一券洞

现状照片 48　嵩岳寺塔门窗二

现状照片 49　嵩岳寺塔门窗三

现状照片 50　嵩岳寺塔塔门彩绘

现状照片 51　嵩岳寺塔白额、阑额彩绘一

现状照片 52　嵩岳寺塔由额、阑额彩绘二

现状照片 53　嵩岳寺塔内第一层

现状照片 54　嵩岳寺塔塔内佛台遗留构件

现状照片 55　嵩岳寺塔内第二层

现状照片 56　嵩岳寺塔内第三层

现状照片 57　嵩岳寺塔内上部空间一

现状照片 58　嵩岳寺塔内上部空间二

现状照片 59　嵩岳寺塔内上部空间三

现状照片 60　嵩岳寺塔内第十层穹窿顶

现状照片 61　嵩岳寺塔内小洞及木棍

现状照片 62　嵩岳寺塔地宫一

现状照片 63　嵩岳寺塔地宫二

现状照片 64　嵩岳寺塔地宫穹窿顶

现状照片 65　嵩岳寺塔地宫壁画

现状照片 66　嵩岳寺塔地宫唐代题记

现状照片 67　嵩岳寺塔地宫墙体与夯土墙一

现状照片 68　嵩岳寺塔地宫墙体与夯土墙二

现状照片 69　嵩岳寺塔地宫宫门

现状照片 70　嵩岳寺塔南正立面

（注：图中网格每格边长为 1m）

现状照片 71　嵩岳寺塔西正立面

（注：图中网格每格边长为 1m）

现状照片 72　嵩岳寺塔北正立面

（注：图中网格每格边长为 1m）

嵩岳寺塔

现状照片 73　嵩岳寺塔东正立面

（注：图中网格每格边长为 1m）

现状照片 74　嵩岳寺塔内塔第二层塔壁展开

现状照片 75　嵩岳寺塔地宫墙壁展开

嵩岳寺塔 | 现状照片

现状照片 76　嵩岳寺塔院现山门

现状照片 77　嵩岳寺塔院内塔北三座殿

现状照片 78　嵩岳寺塔院白衣殿

现状照片 79　嵩岳寺塔院大雄宝殿

现状照片 80　嵩岳寺塔院伽蓝殿

现状照片 81　原通往嵩岳寺塔院山门的道路

现状照片 82　嵩岳寺塔、离宫遗址、南辅山鸟瞰

现状照片 83　嵩岳寺塔、离宫遗址、南辅山俯视

现状照片 84　塔院与西岭建筑遗址间的山道

现状照片 85　西岭建筑遗址

现状照片 86　西岭建筑遗址俯视

现状照片 87　西岭建筑遗址遗迹

现状照片 88　西岭建筑遗址古柏树

现状照片 89　南辅山

现状照片 90　南辅山建筑遗址俯视

现状照片 91　南辅山建筑基址

现状照片 92　2019 年热释光年代测定砖 1

现状照片 93　2019 年热释光年代测定砖 2

嵩岳寺塔 彩色老照片

彩色老照片 01 嵩岳寺全景一（南至北）

嵩岳寺塔

彩色老照片 02 嵩岳寺全景二（南至北）

108

彩色老照片 03　嵩岳寺全景三 （东北至西南）

彩色老照片 04　嵩岳寺塔院全景一 （西南至东北）

彩色老照片 05　嵩岳寺塔院全景二　（东北至西南）

彩色老照片 06　嵩岳寺塔院全景三（西南至东北）

彩色老照片 07　嵩岳寺塔院全景四　（西南至东北）

彩色老照片 08　嵩岳寺塔院全景五　（西至东）

嵩岳寺塔 | 彩色老照片

彩色老照片 09　嵩岳寺塔院前景（南至北）

嵩岳寺塔

彩色老照片 10　嵩岳寺塔、山门（南至北）

彩色老照片 11　嵩岳寺塔全景一（西南至东北）

嵩岳寺塔

彩色老照片 12　嵩岳寺塔全景二（东南至西北）

彩色老照片 13　嵩岳寺塔全景三（南至北）

嵩岳寺塔

彩色老照片 14　嵩岳寺塔全景四（北至南）

彩色老照片 15　嵩岳寺塔塔体

彩色老照片 16　嵩岳寺塔上部塔体

彩色老照片 17　嵩岳寺塔局部

彩色老照片 18　嵩岳寺塔塔刹

彩色老照片 19　嵩岳寺塔门窗一

彩色老照片 20　嵩岳寺塔门窗二

彩色老照片 21　嵩岳寺塔门窗三

彩色老照片 22　嵩岳寺塔阑额彩绘

彩色老照片 23　嵩岳寺塔门彩绘

彩色老照片 24　嵩岳寺塔门窗彩绘

彩色老照片 25　嵩岳寺塔院山门及前景

彩色老照片 26　嵩岳寺塔与原清代山门关系一（东至西）

彩色老照片 27　嵩岳寺塔与原清代山门关系二（西至东）

彩色老照片 28　嵩岳寺塔院前道路及东南角国槐一（东至西）

彩色老照片 29　嵩岳寺塔院前道路及东南角国槐二（西至东）

彩色老照片 30　嵩岳寺塔院大雄宝殿、伽蓝殿

彩色老照片 31　西岭建筑遗址

彩色老照片 32　西岭建筑遗址和南辅山

彩色老照片 34 塔基探沟 T1 二

彩色老照片 33 塔基探沟 T1 一

彩色老照片 36　塔基探沟 T2 二

彩色老照片 35　塔基探沟 T2 一

彩色老照片 37　塔基探沟 T2 三

彩色老照片 38　塔基探沟 T2 夯土层

彩色老照片 39　塔基探沟 T3

彩色老照片 40　塔基探沟 T4

彩色老照片 41　塔基探沟 T5

彩色老照片 42　塔基南门探坑

嵩岳寺塔

彩色老照片 44　塔基地宫内盗洞探坑

彩色老照片 43　塔基西门探坑

彩色老照片 45　嵩岳寺塔地宫

彩色老照片 46　嵩岳寺塔地宫宫室

彩色老照片 47　嵩岳寺塔地宫甬道、宫门

彩色老照片 48　嵩岳寺塔地宫甬道

彩色老照片 49　嵩岳寺塔宫室门壁板壁画

彩色老照片 50　嵩岳寺塔地宫穹窿顶壁画（一）

彩色老照片 51　嵩岳寺塔宫室穹窿顶壁画（二）

彩色老照片 52　嵩岳寺塔地宫唐代题记

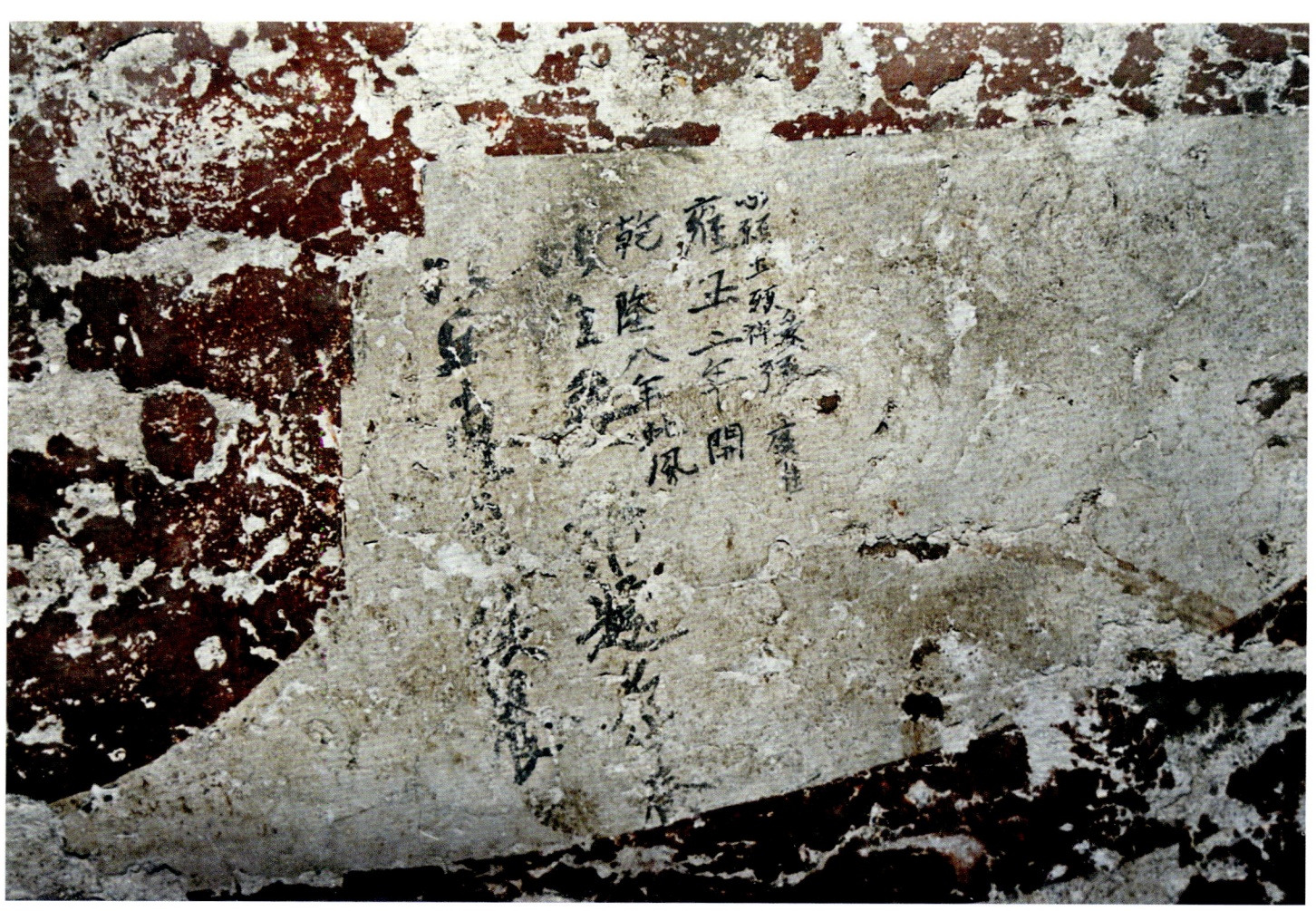

彩色老照片 53　嵩岳寺塔地宫清代题记

彩色老照片 54　嵩岳寺塔塔刹第 1 号天宫及出土文物位置

彩色老照片 55　嵩岳寺塔塔刹第 2 号天宫及文物位置

彩色老照片 56　嵩岳寺塔塔刹第 1 号天宫出土舍利罐

彩色老照片 57　嵩岳寺塔塔刹第 1 号天宫出土银塔

彩色老照片 58　嵩岳寺塔塔刹第 1 号天宫出土白瓷盘

彩色老照片 59　嵩岳寺塔塔刹第 1 号天宫出土白瓷盘题记

彩色老照片 60　嵩岳寺塔塔刹第 1 号天宫出土白瓷葫芦

彩色老照片 61　嵩岳寺塔塔刹第 2 号天宫出土银环

彩色老照片 62　嵩岳寺塔塔刹第 2 号天宫出土舍利罐

彩色老照片 63　嵩岳寺塔塔刹第 2 号天宫出土瓷瓶

嵩岳寺塔

彩色老照片 64　嵩岳寺塔修缮架子

彩色老照片 65　嵩岳寺塔修缮中的塔院

彩色老照片 66　嵩岳寺塔第十五层及塔刹修缮

彩色老照片 67　嵩岳寺塔塔刹修缮

彩色老照片 68　嵩岳寺塔院西围墙修缮

彩色老照片 69　嵩岳寺塔防滑桩施工

彩色老照片 70　嵩岳寺塔 1989 年修缮标识物

嵩岳寺塔

彩色老照片 71　嵩岳寺塔修缮后全景一

彩色老照片 72　嵩岳寺塔修缮后全景二

彩色老照片 73　嵩岳寺塔院修缮后全景

嵩岳寺塔

彩色老照片 74　嵩岳寺塔修缮后全体人员合影

彩色老照片 75　嵩岳寺塔修缮工作检查

彩色老照片 76　嵩岳寺塔修缮竣工验收专家合影

嵩岳寺塔

彩色老照片 77　嵩岳寺塔修缮竣工验收现场一

彩色老照片 78　嵩岳寺塔修缮竣工验收现场二

黑白老照片01 嵩岳寺全景一（东至西）

嵩岳寺塔 | 黑白老照片

嵩岳寺塔

黑白老照片02 嵩岳寺全景二（东北至西南）

黑白老照片 03　嵩岳寺塔全景一（西南至东北）　（摄影　邓贻富）

嵩岳寺塔

黑白老照片 04　嵩岳寺塔全景二　（西至东）　　（摄影 邓贻富）

黑白老照片 05　嵩岳寺塔全景三（东南至西北）　（摄影 邓贻富）

嵩岳寺塔

黑白老照片06　嵩岳寺塔全景四（南至北）

黑白老照片 07　嵩岳寺塔全景五　（采自《支那佛教史迹踏查记》，1921 年 11 月）

黑白老照片 08 嵩岳寺塔塔龛及塔檐（采自《支那佛教史迹踏查记》，1921 年 11 月）

黑白老照片 09　嵩岳寺塔基座、第一层塔体

黑白老照片 10　嵩岳寺塔基座墙体　（摄影　杨焕成）

黑白老照片 11　嵩岳寺塔第十五层塔体西南面

黑白老照片 12　嵩岳寺塔第十五层塔体北面

黑白老照片 13　嵩岳寺塔塔刹覆莲（一）

黑白老照片 14　嵩岳寺塔塔刹覆莲（二）

黑白老照片 15　嵩岳寺塔塔刹仰莲、相轮

黑白老照片 16　嵩岳寺塔塔刹相轮、宝瓶

黑白老照片 17　嵩岳寺塔宝瓶

黑白老照片 18　嵩岳寺塔塔门

黑白老照片 19　嵩岳寺塔东塔门

黑白老照片 20　嵩岳寺塔塔门门楣　（摄影 邓贻富）

黑白老照片 21　嵩岳寺塔南塔门门楣　（摄影 邓贻富）

黑白老照片 22　嵩岳寺塔第九面塔龛

黑白老照片 23　嵩岳寺塔第九面塔龛须弥座、方台座

黑白老照片 24　嵩岳寺塔塔龛塔顶　（摄影　邓贻富）

黑白老照片 25　嵩岳寺塔倚柱柱础　（摄影　邓贻富）

黑白老照片 26　嵩岳寺塔倚柱柱头　（摄影　邓贻富）

黑白老照片 27　嵩岳寺塔地宫出土莲花方砖　（摄影　高中明）

黑白老照片 28　嵩岳寺塔地宫出土方砖背面　（摄影　高中明）

黑白老照片 29　嵩岳寺塔地宫出土龙头筒瓦　（摄影　高中明）

黑白老照片 30　嵩岳寺塔地宫出土勾头（一）　（摄影　高中明）

黑白老照片 31　嵩岳寺塔地宫出土勾头（二）　（摄影　高中明）

黑白老照片 32　嵩岳寺塔地宫出土滴水　（摄影　高中明）

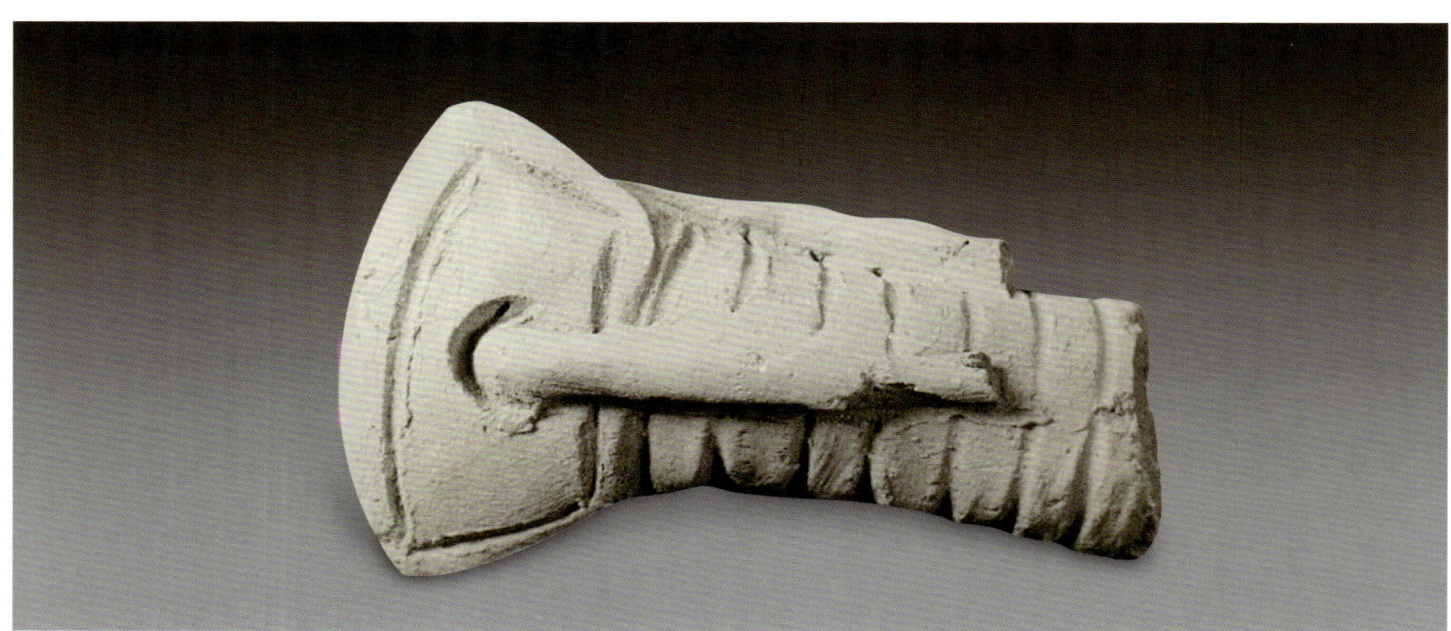

黑白老照片 33　嵩岳寺塔地宫出土剑把（一）　（摄影　高中明）

黑白老照片 34　嵩岳寺塔地宫出土剑把（二）　（摄影　高中明）

黑白老照片 35　嵩岳寺塔地宫出土北魏佛造像正面　（摄影　高中明）

黑白老照片 36　嵩岳寺塔地宫出土北魏佛造像背面　（摄影　高中明）

黑白老照片 37　嵩岳寺塔地宫出土佛像头（一）

黑白老照片 38　嵩岳寺塔地宫出土佛像头（二）
（摄影　高中明）

黑白老照片 39　嵩岳寺塔地宫出土佛像头（三）右

黑白老照片 40　嵩岳寺塔地宫出土佛像头（三）左
（摄影　高中明）

黑白老照片 41　嵩岳寺塔地宫出土佛像头（四）

黑白老照片 42　嵩岳寺塔地宫出土比丘头（一）
（摄影　高中明）

黑白老照片 43　嵩岳寺塔地宫出土比丘头（二）

黑白老照片 44　嵩岳寺塔地宫出土佛像身（一）
（摄影　高中明）

黑白老照片 45　嵩岳寺塔地宫出土佛像身（二）　　（摄影 高中明）

黑白老照片 46　嵩岳寺塔地宫出土佛像身（三）　　（摄影 高中明）

黑白老照片 47　西岭建筑遗址莲花头筒瓦（一）

黑白老照片 48　西岭建筑遗址莲花头筒瓦（二）

黑白老照片 49　西岭建筑遗址龙头筒瓦（一）

黑白老照片 50　西岭建筑遗址龙头筒瓦（二）

黑白老照片 51　西岭建筑遗址龙头筒瓦（三）

黑白老照片 52　西岭建筑遗址飞天勾头（一）

黑白老照片 53　西岭建筑遗址飞天勾头（二）

黑白老照片 54　西岭建筑遗址飞天勾头（三）

黑白老照片 55　西岭建筑遗址凤凰勾头

黑白老照片 56　西岭建筑遗址筒瓦

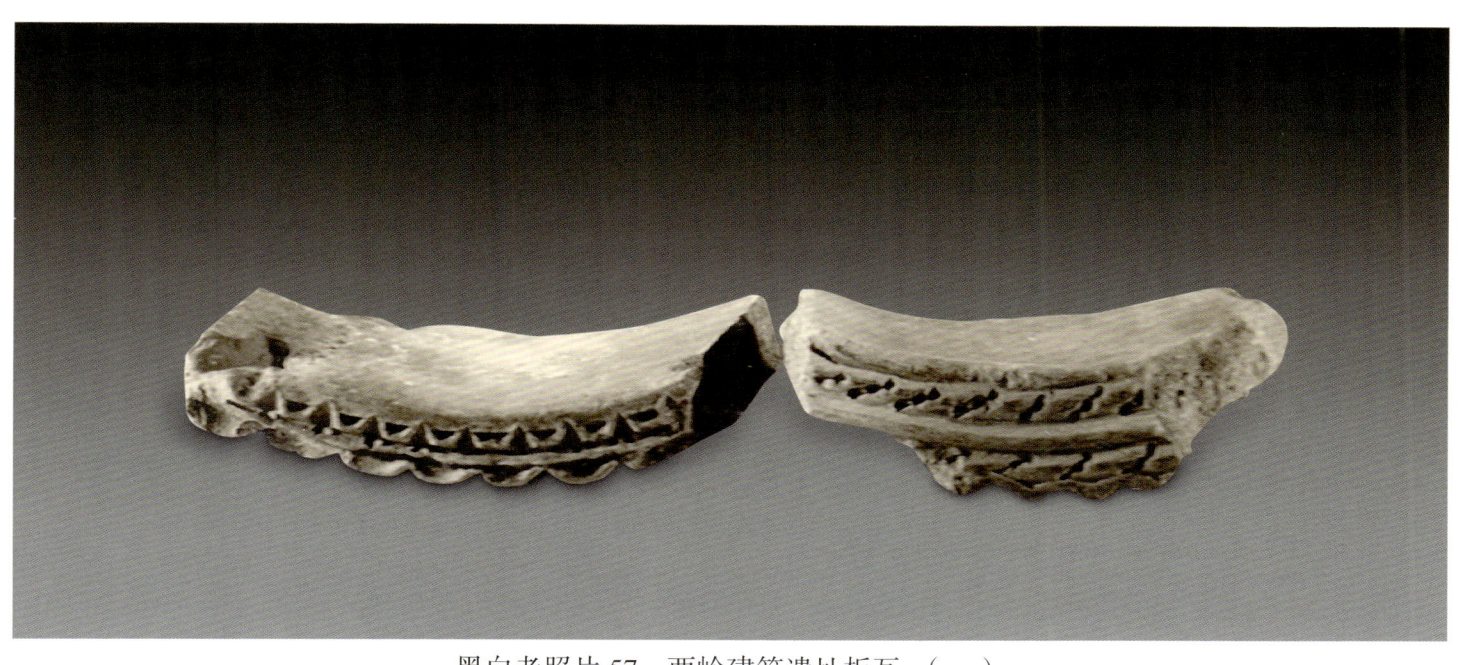

黑白老照片 57　西岭建筑遗址板瓦（一）

黑白老照片 58　西岭建筑遗址板瓦（二）

黑白老照片 59　西岭建筑遗址板瓦（三）

黑白老照片60　西岭离宫遗址及古柏

黑白老照片61　元珪石函

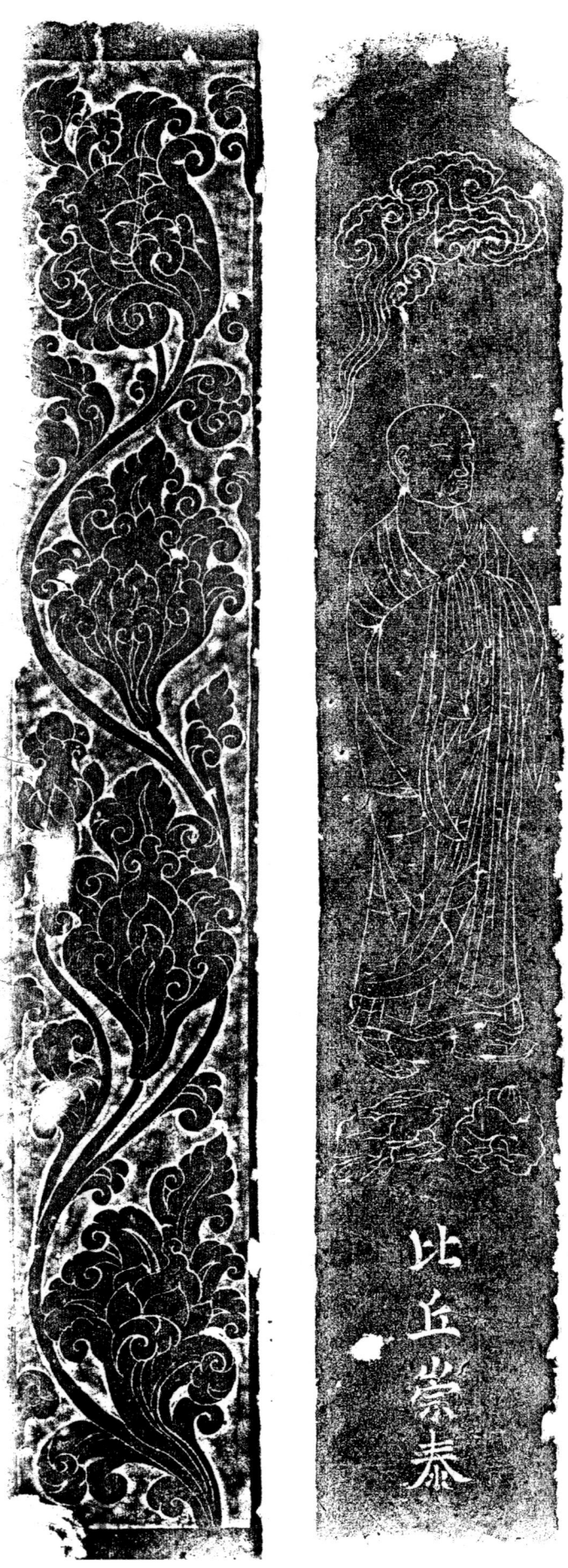

拓片01 宫门西立颊正面、侧面雕刻

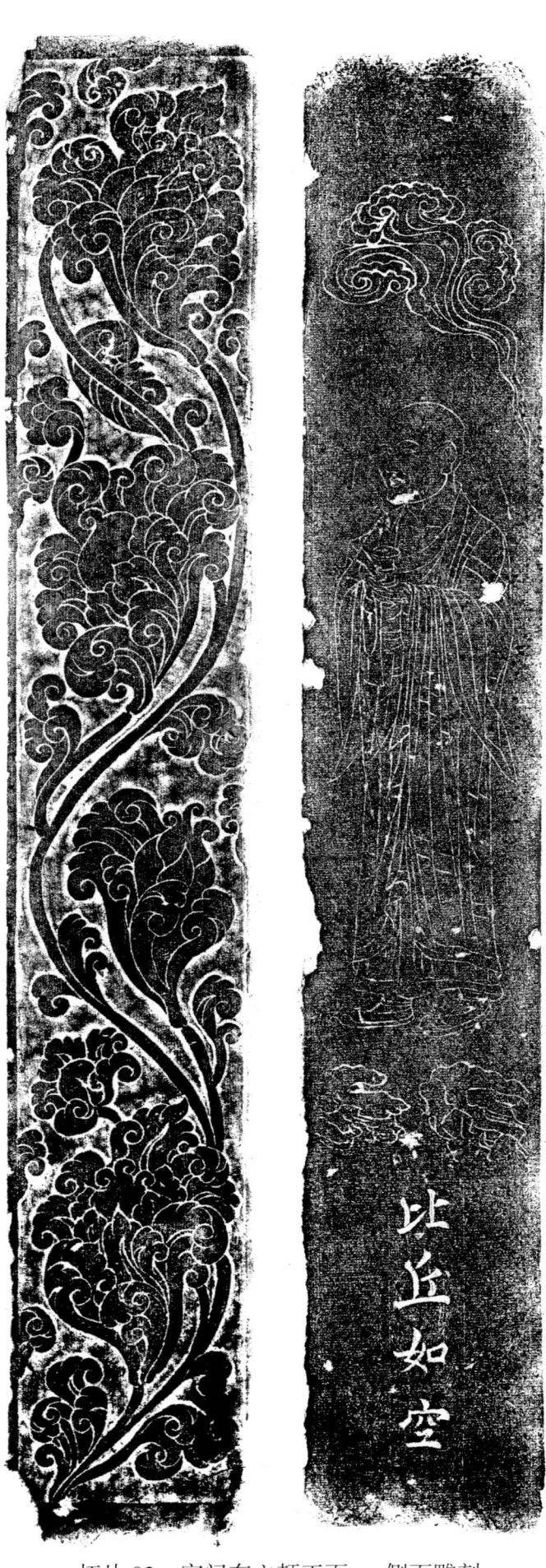

拓片02 宫门东立颊正面、侧面雕刻

嵩岳寺塔

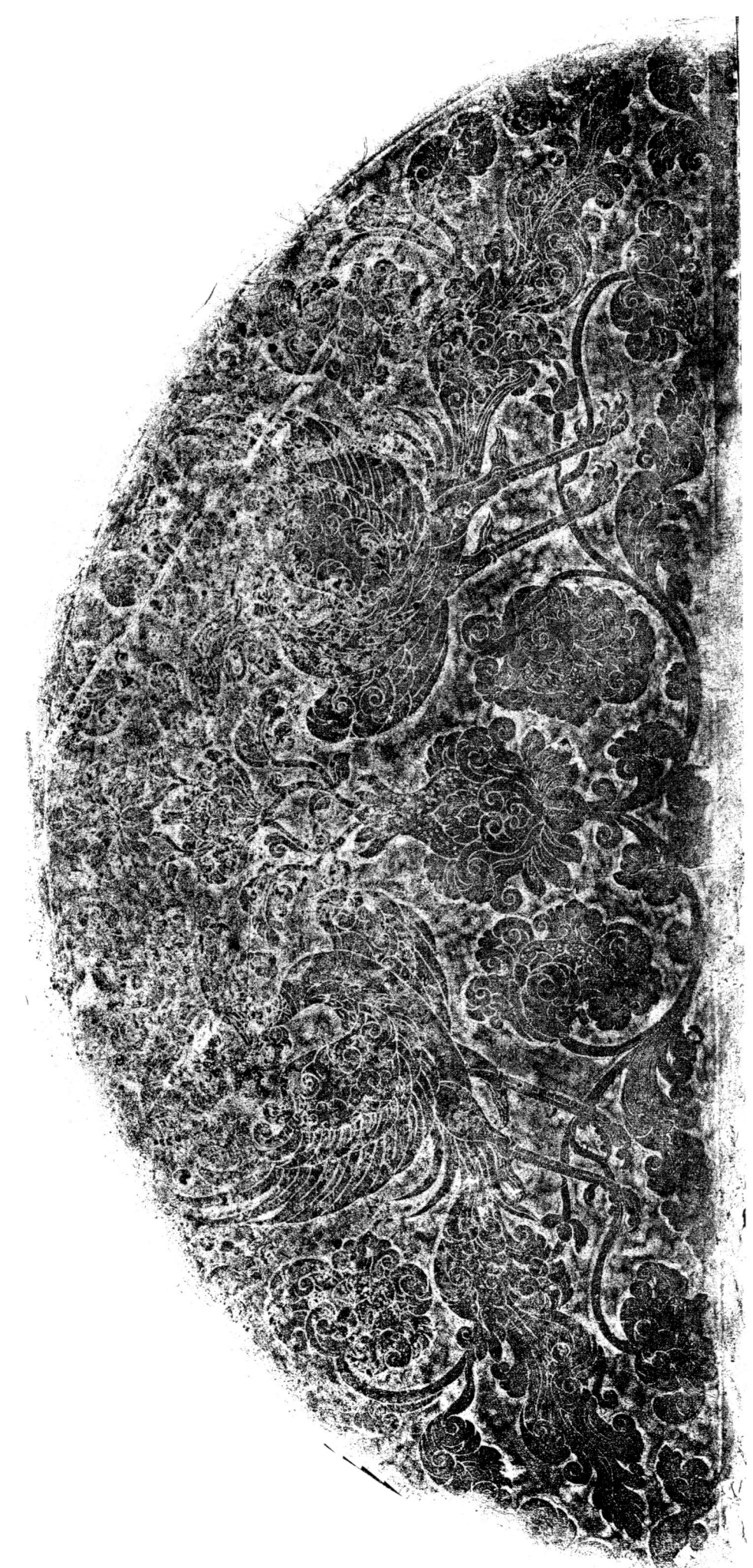

拓片 03 宫门门额上壁板雕刻

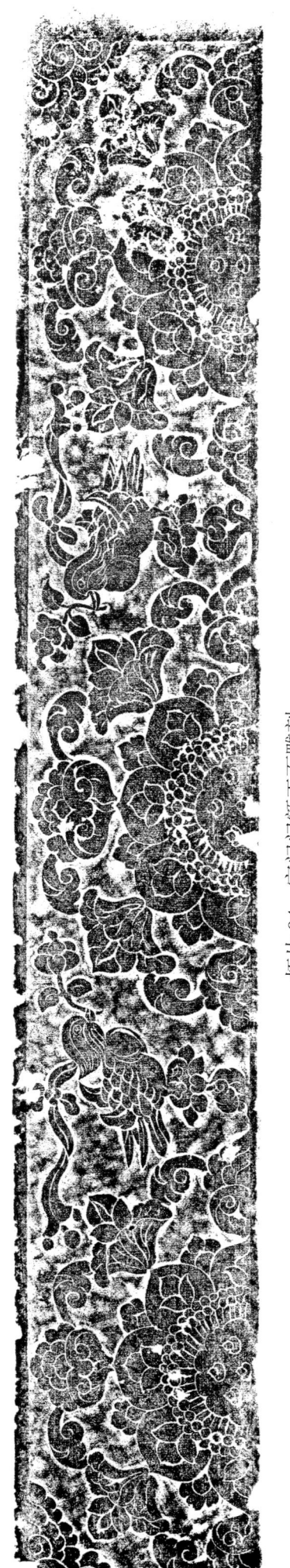

拓片 04　宫门门额正面雕刻

拓片 05　宫门地袱正面雕刻

嵩岳寺塔　拓　片

拓片06　门砧雕刻

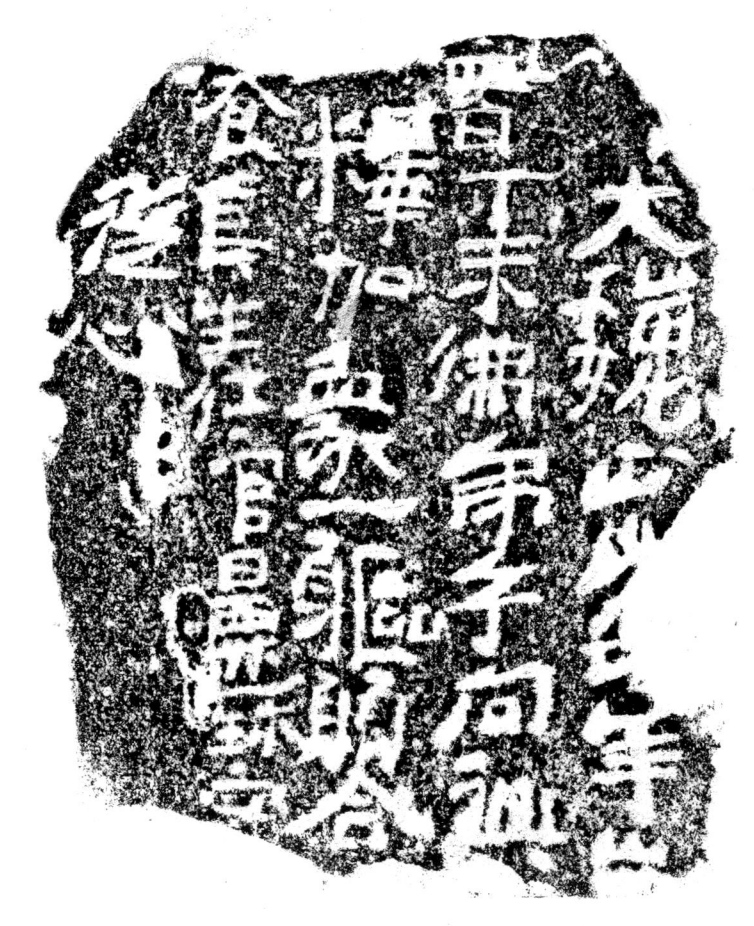

拓片07　地宫出土北魏佛造像题记

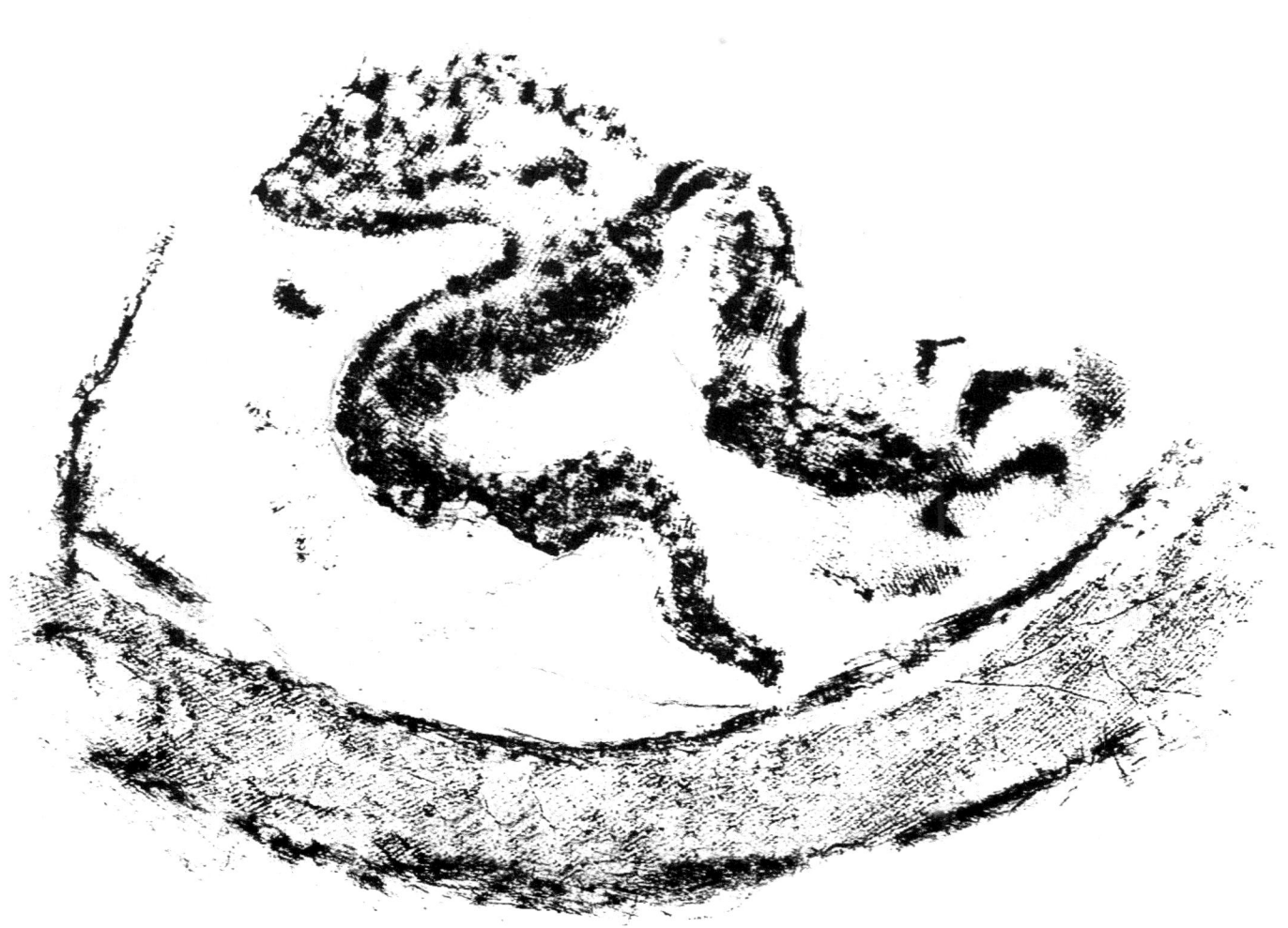

拓片 08　地宫出土筒瓦（一）

拓片 09　地宫出土筒瓦（二）

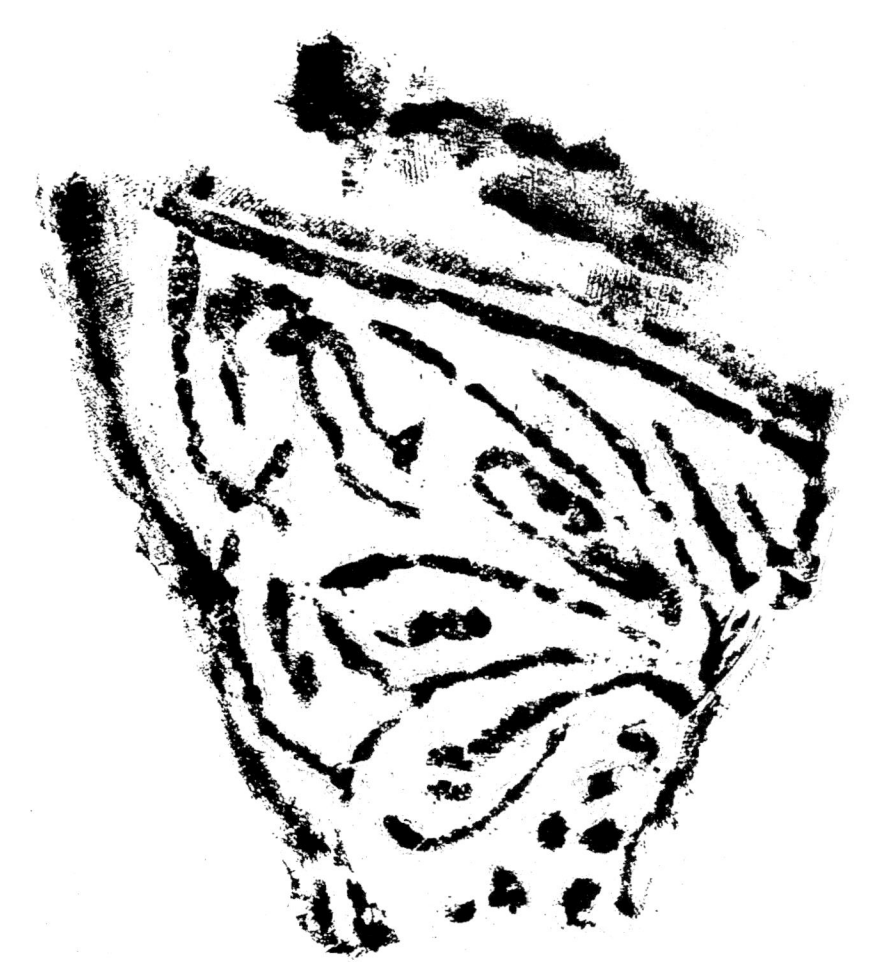

拓片 10　地宫出土勾头（一）

拓片 11　地宫出土勾头（二）

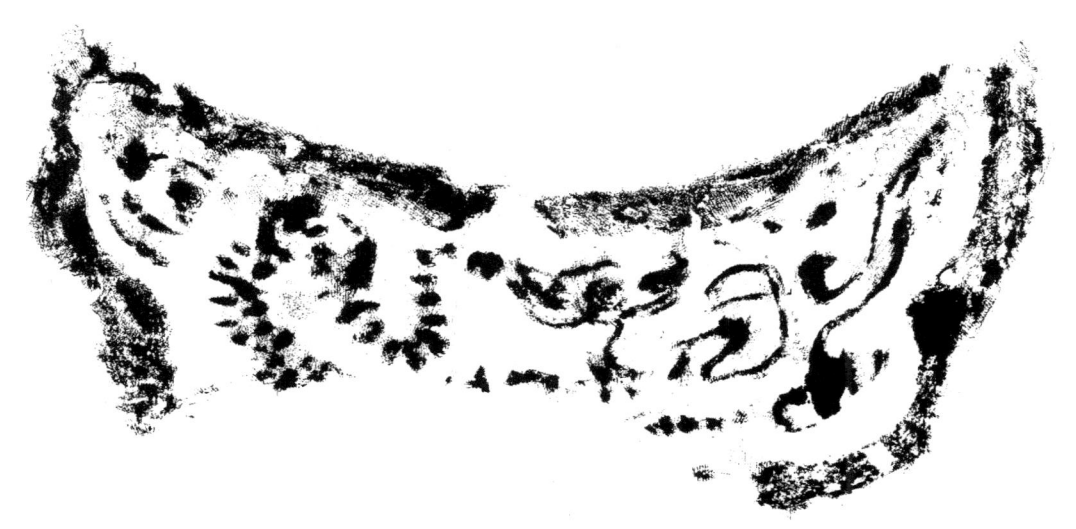

拓片 12　地宫出土滴水

拓片 13　地宫出土石刻残片（一）

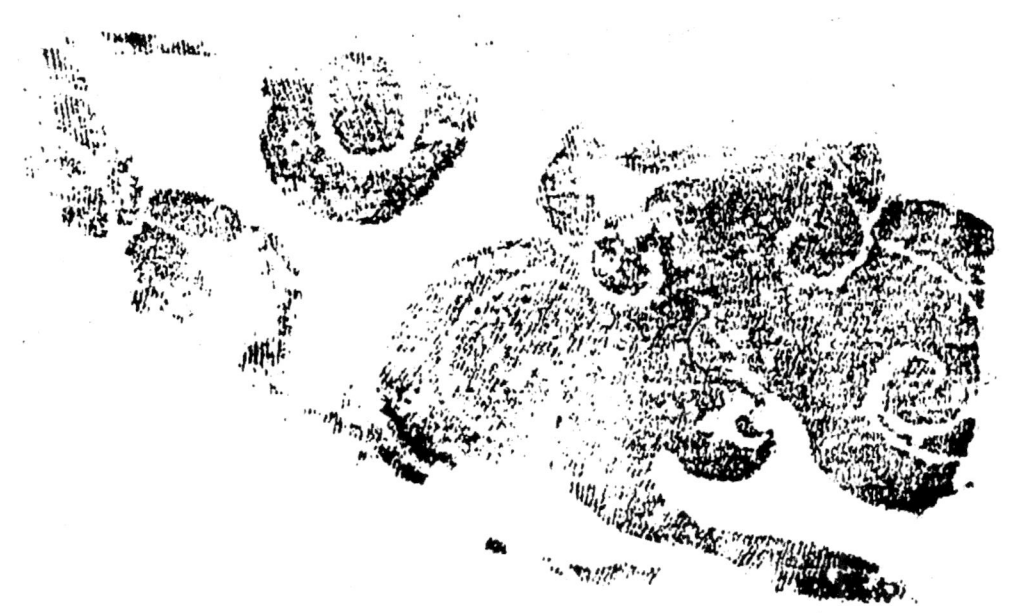

拓片 14　地宫出土石刻残片（二）

拓片 15　地宫出土石刻残片（三）

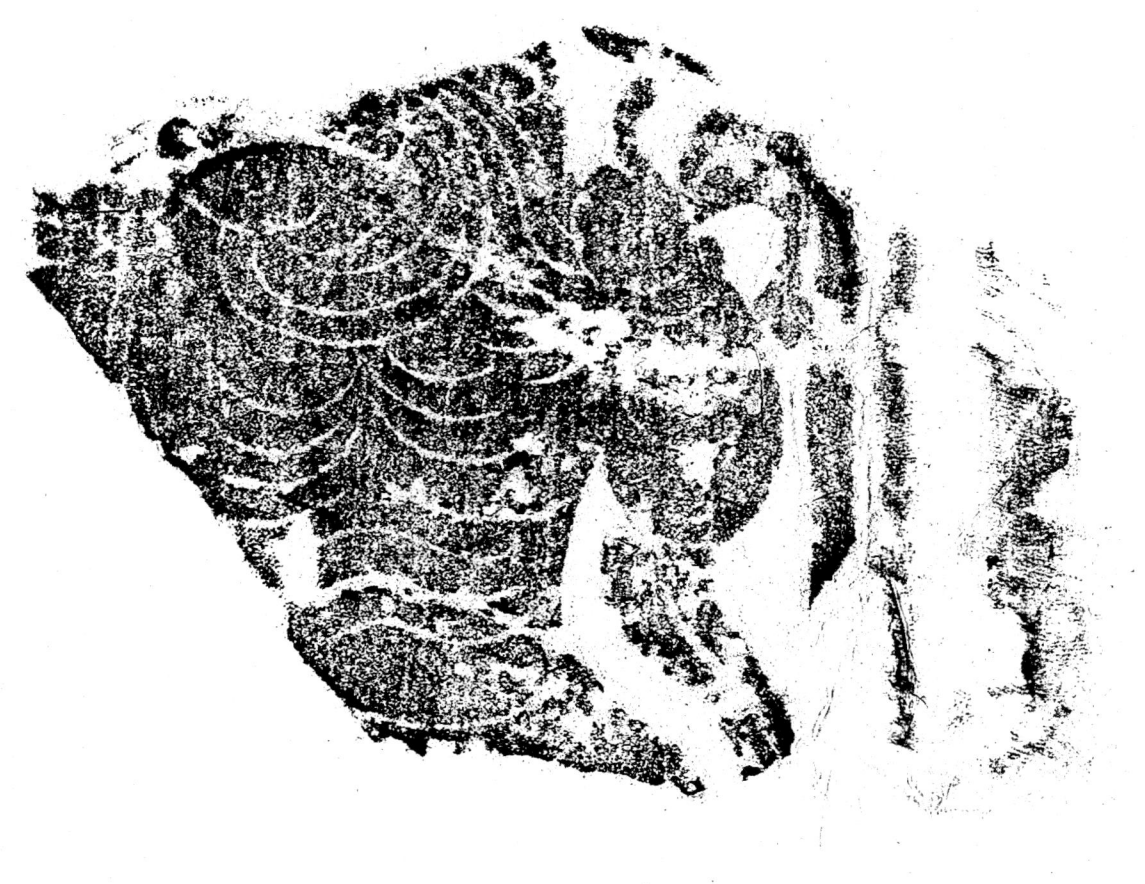

拓片 16　地宫出土石刻残片（四）

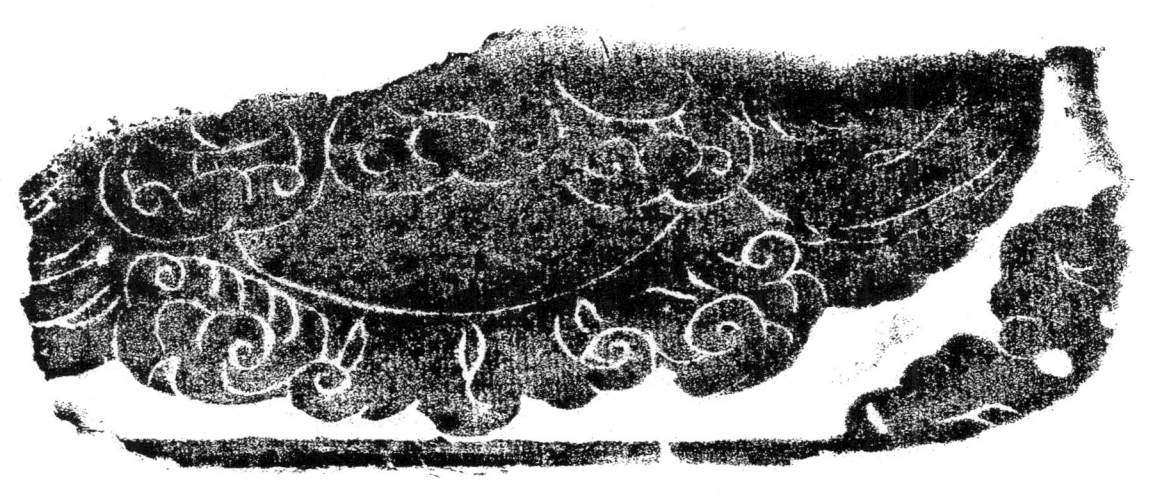

拓片 17　地宫出土石刻残片（五）

拓片 18　地宫出土石刻残片（六）

拓片 19　地宫出土石刻残片（七）

拓片 20　地宫出土石刻残片（八）

拓片 21　地宫出土石刻残片（九）

拓片 22　地宫出土石刻残片（十）

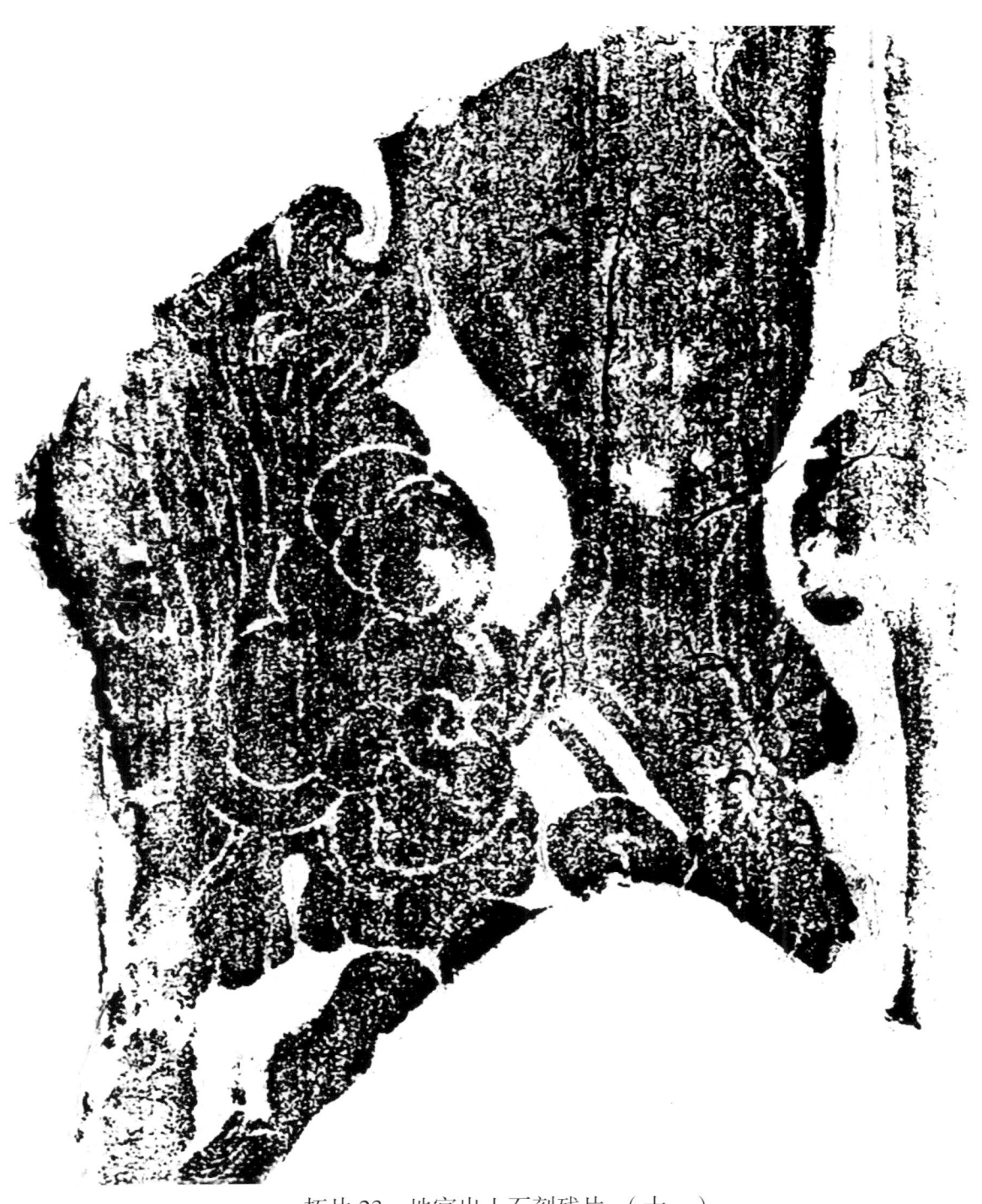

拓片 23　地宫出土石刻残片（十一）

拓片 24　地宫出土石刻残片（十二）

拓片 25　地宫出土石刻残片（十三）

拓片 26　地宫出土石刻残片（十四）

拓片 27　地宫出土石刻残片（十五）

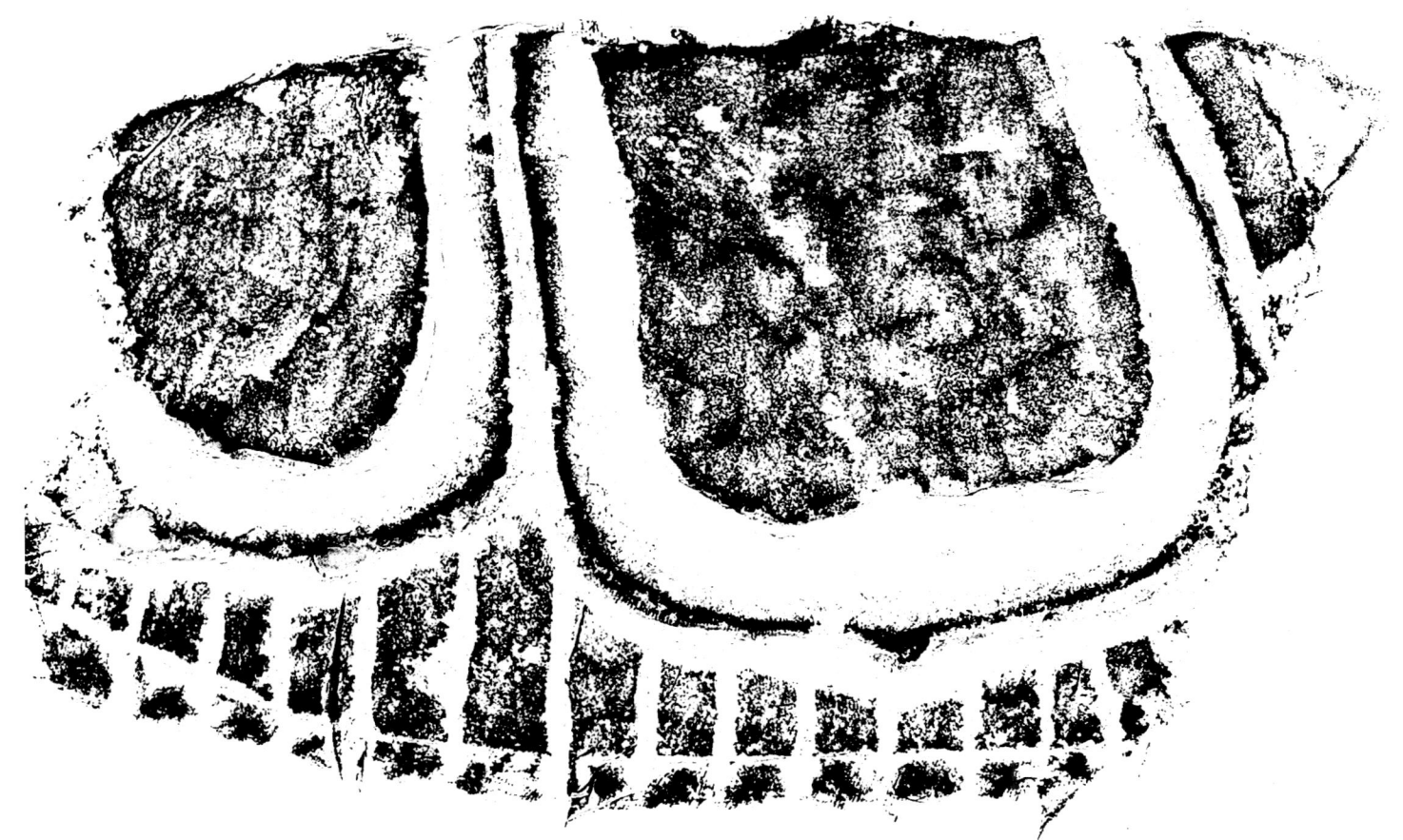

拓片 28　地宫出土石刻残片（十六）

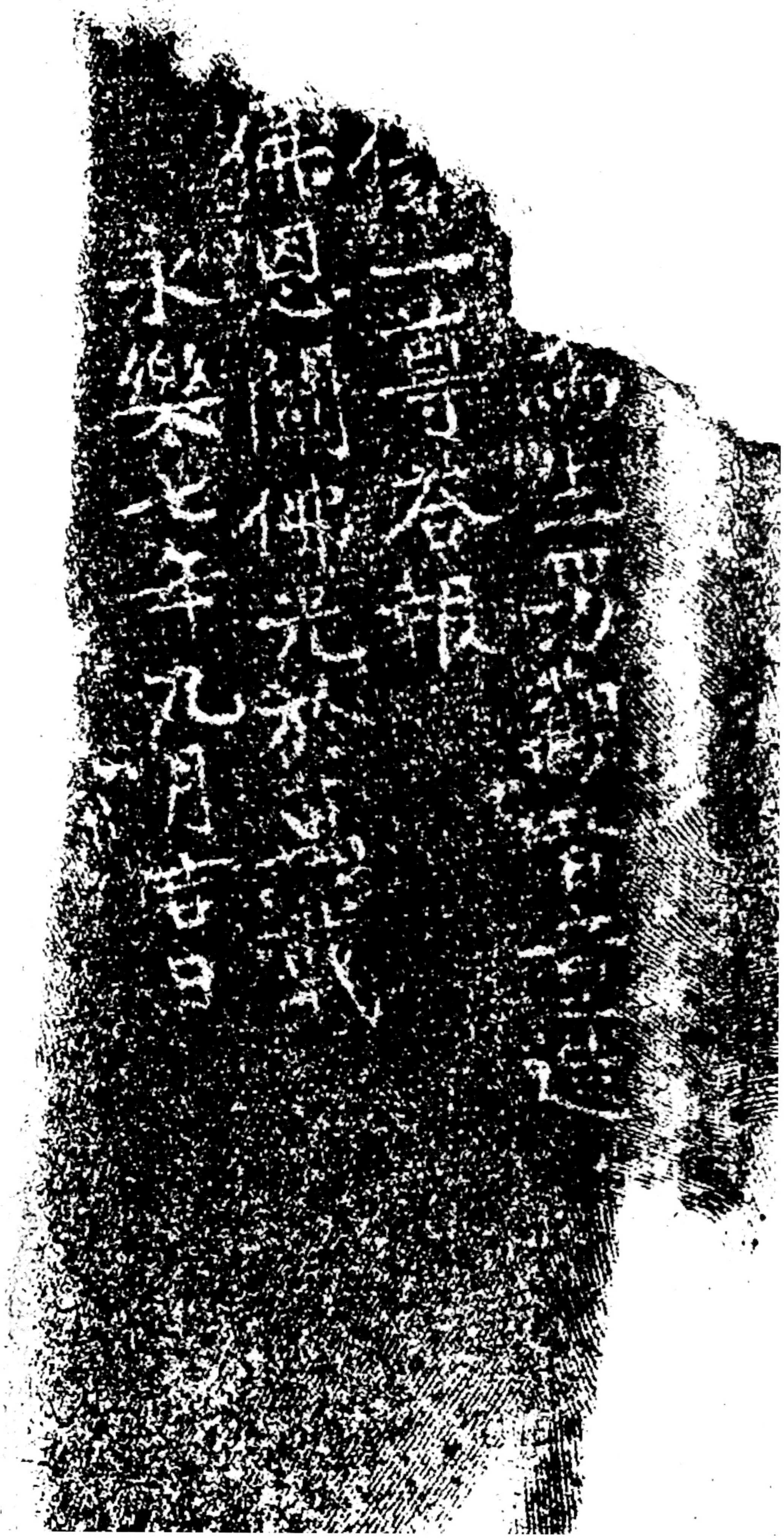

拓片29　塔北台阶上大树下出土明代佛雕像题记

拓片 30　塔阶基条砖砖纹（一）

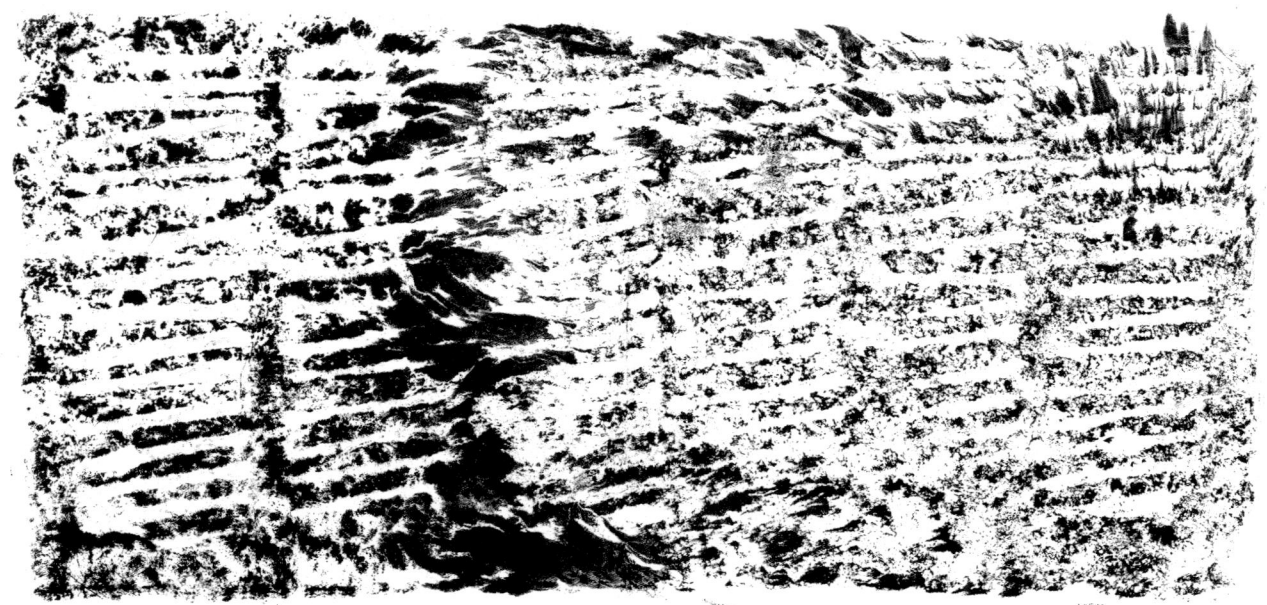

拓片 31　塔阶基条砖砖纹（二）

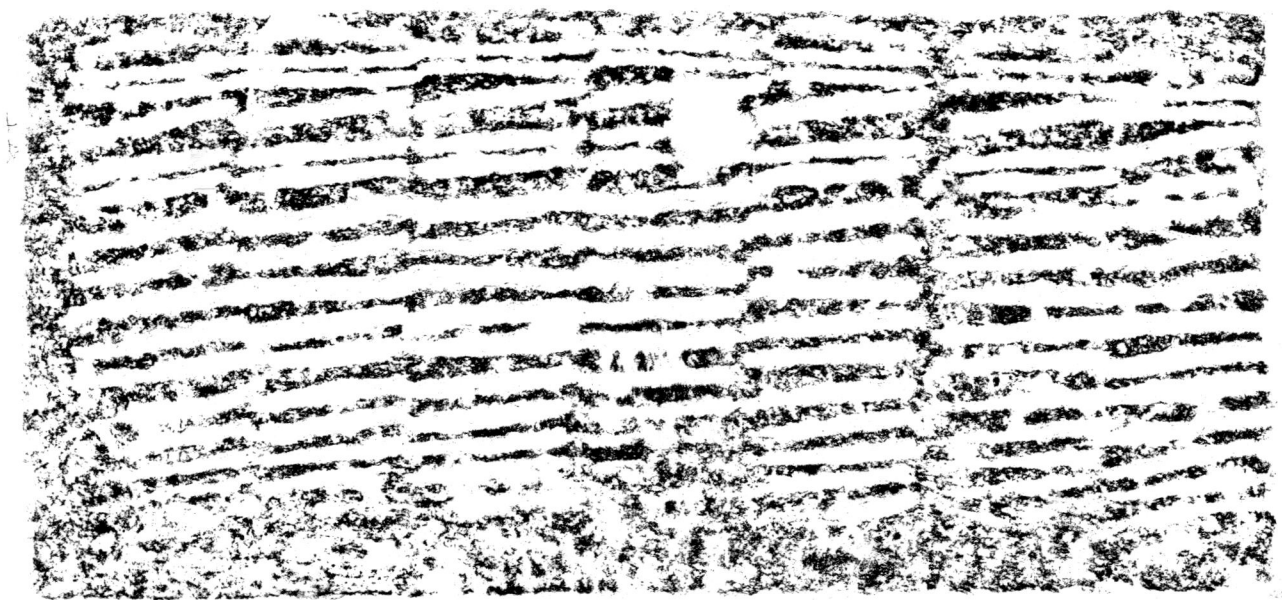

拓片 32　塔阶基条砖砖纹（三）

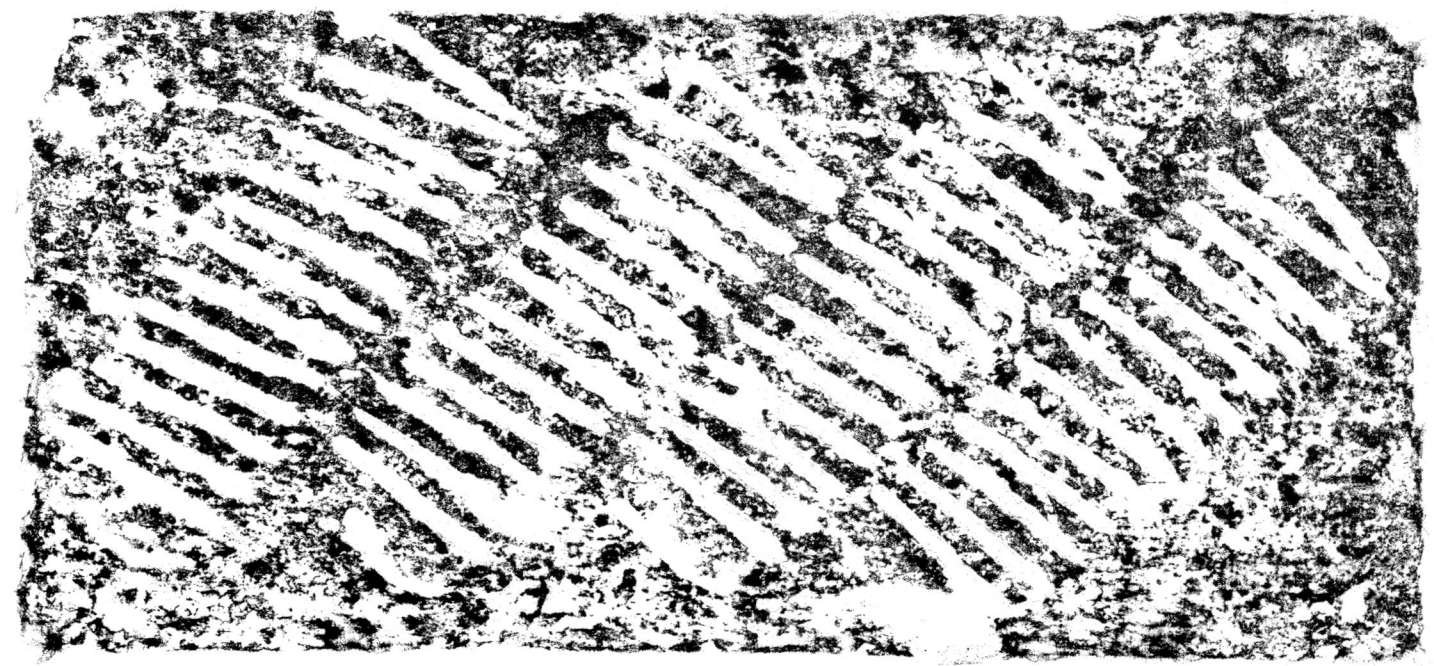

拓片 33　塔阶基条砖砖纹（四）

拓片 34　塔阶基条砖砖纹（五）

拓片 35　地宫出土莲花方砖砖纹

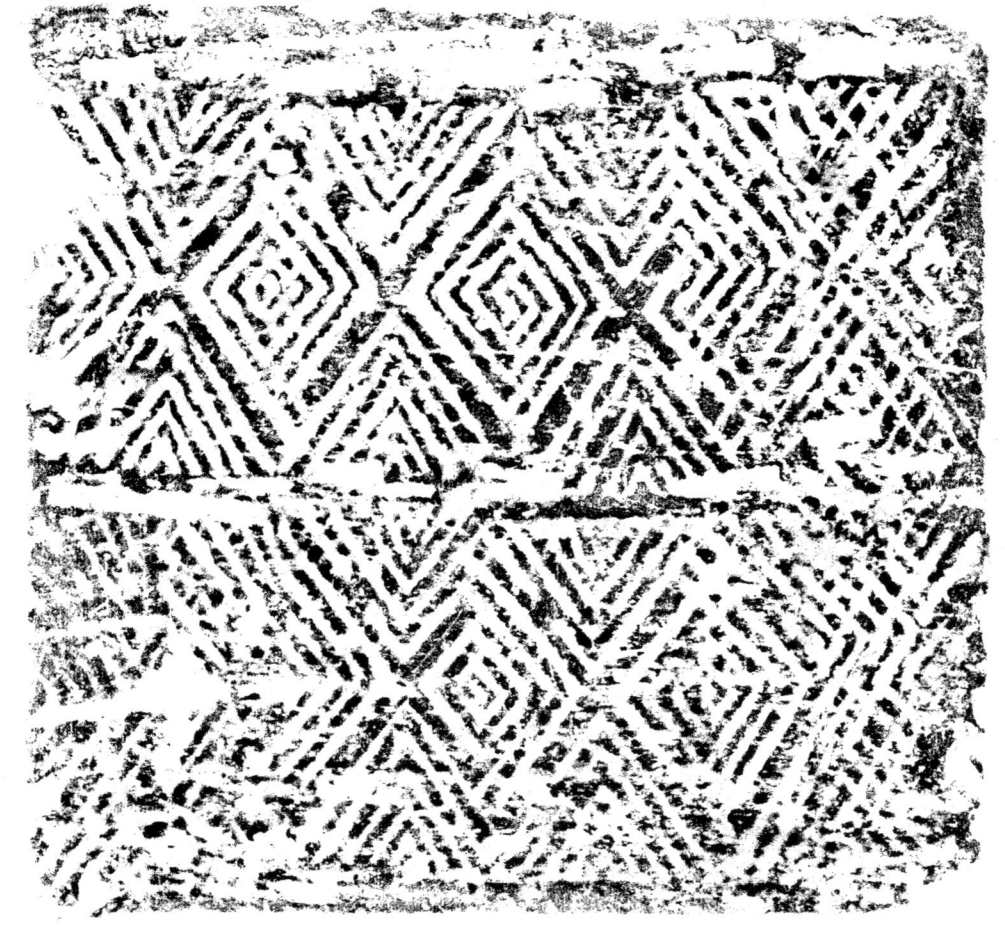

拓片 36　地宫出土莲花方砖背面砖纹

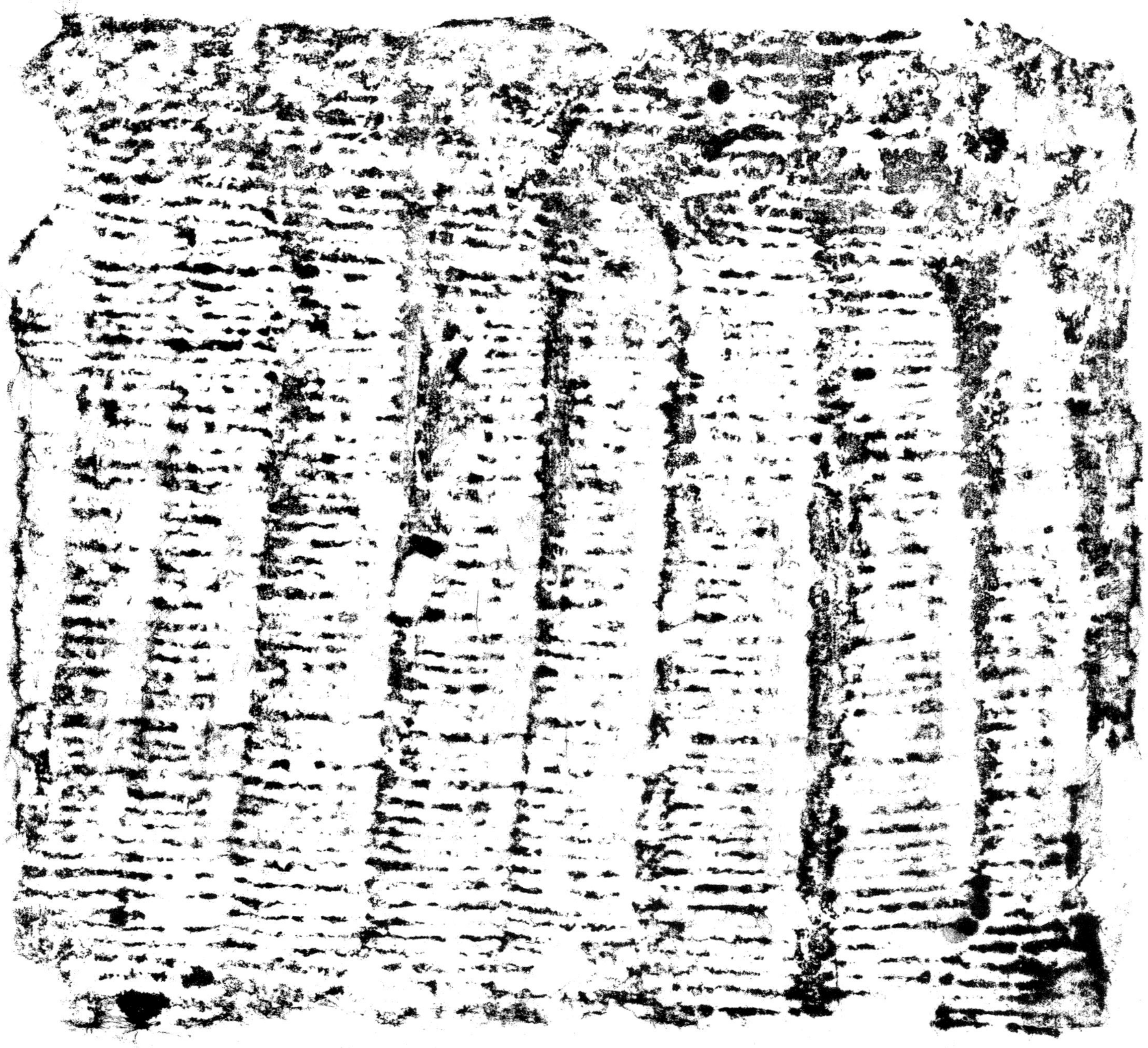

拓片 37　铺地方砖砖纹

拓片 38　西岭建筑遗址华头筒瓦莲花图案（一）

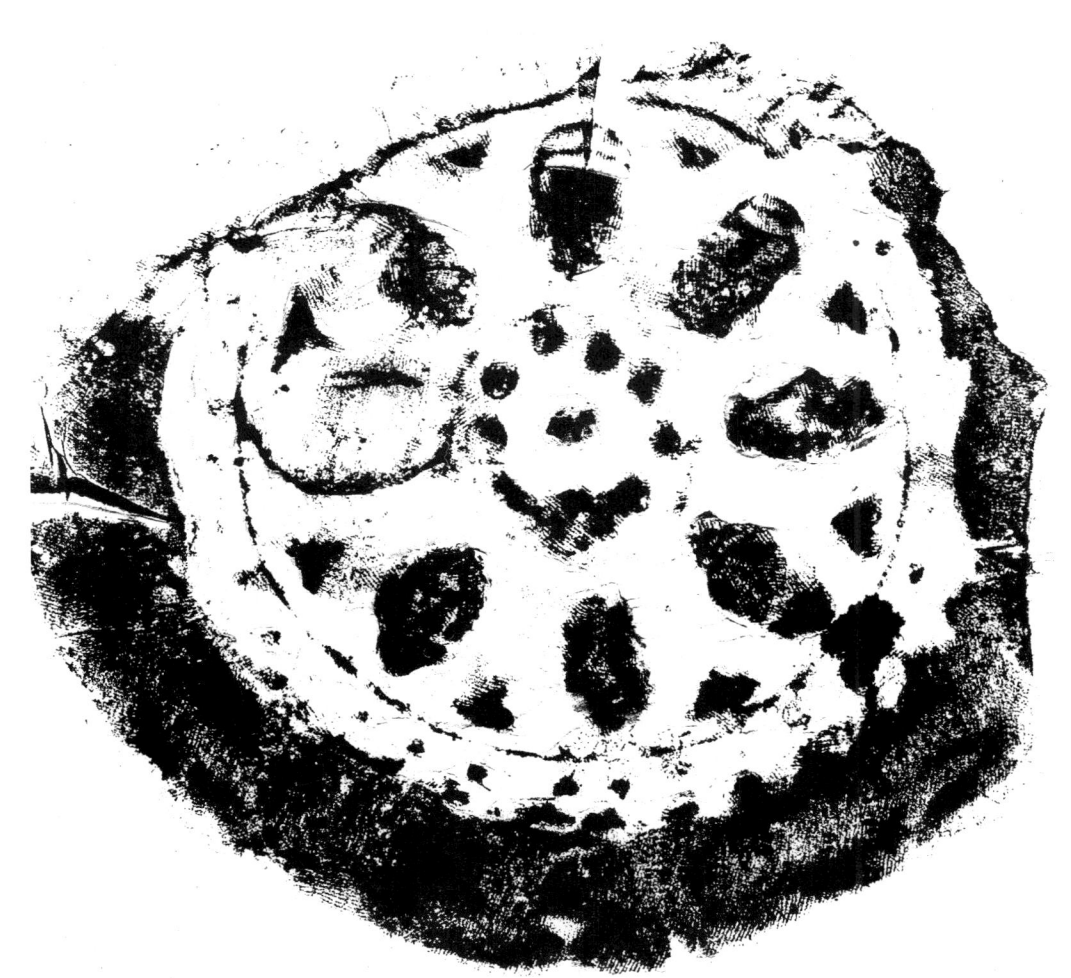

拓片 39　西岭建筑遗址华头筒瓦莲花图案（二）

拓片 40　西岭建筑遗址华头筒瓦莲花图案（三）

拓片 41　西岭建筑遗址华头筒瓦莲花图案（四）

拓片 42　西岭建筑遗址华头筒瓦莲花图案（五）

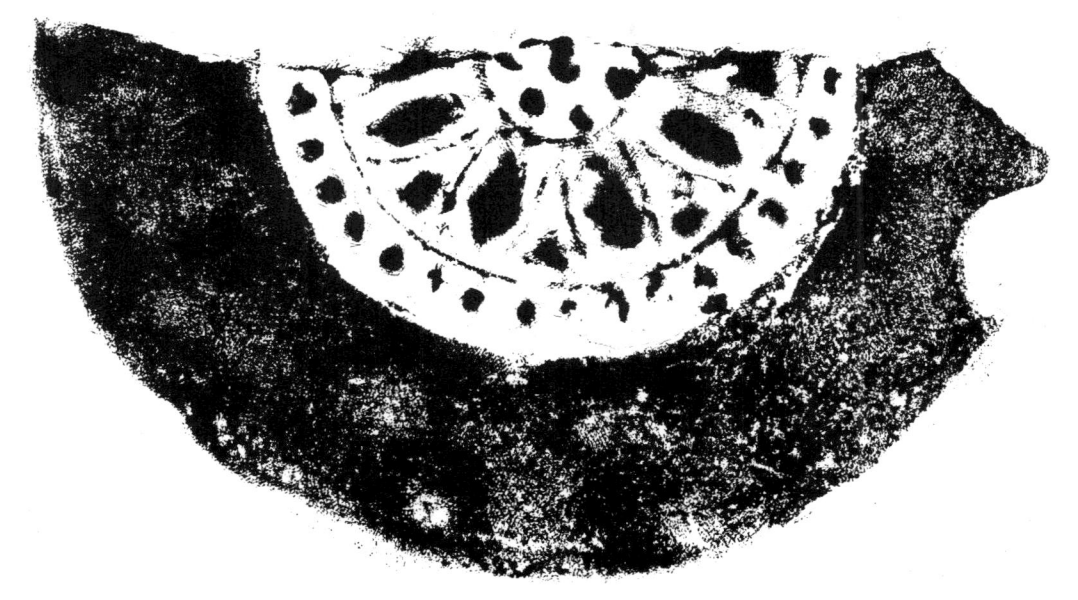

拓片 43　西岭建筑遗址华头筒瓦莲花图案（六）

拓片 44　西岭建筑遗址华头筒瓦莲花图案（七）

拓片 45　西岭建筑遗址华头筒瓦莲花图案（八）

拓片46　西岭建筑遗址筒瓦龙头图案（一）

拓片47　西岭建筑遗址筒瓦龙头图案（二）

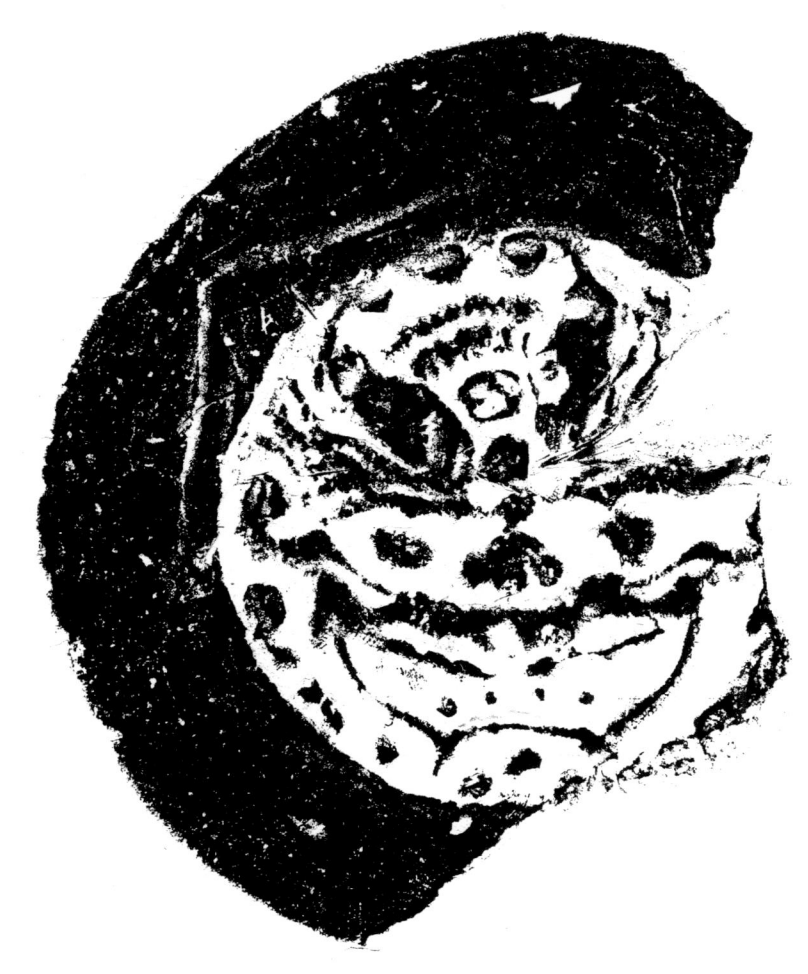

拓片48　西岭建筑遗址筒瓦龙头图案（三）

拓片49　西岭建筑遗址筒瓦龙头图案（四）

拓片 50　西岭建筑遗址筒瓦龙头图案（五）

拓片 51　西岭建筑遗址华头筒瓦凤凰图案（一）

拓片 52　西岭建筑遗址华头筒瓦凤凰图案（二）

拓片 53　西岭建筑遗址勾头飞天图案（一）

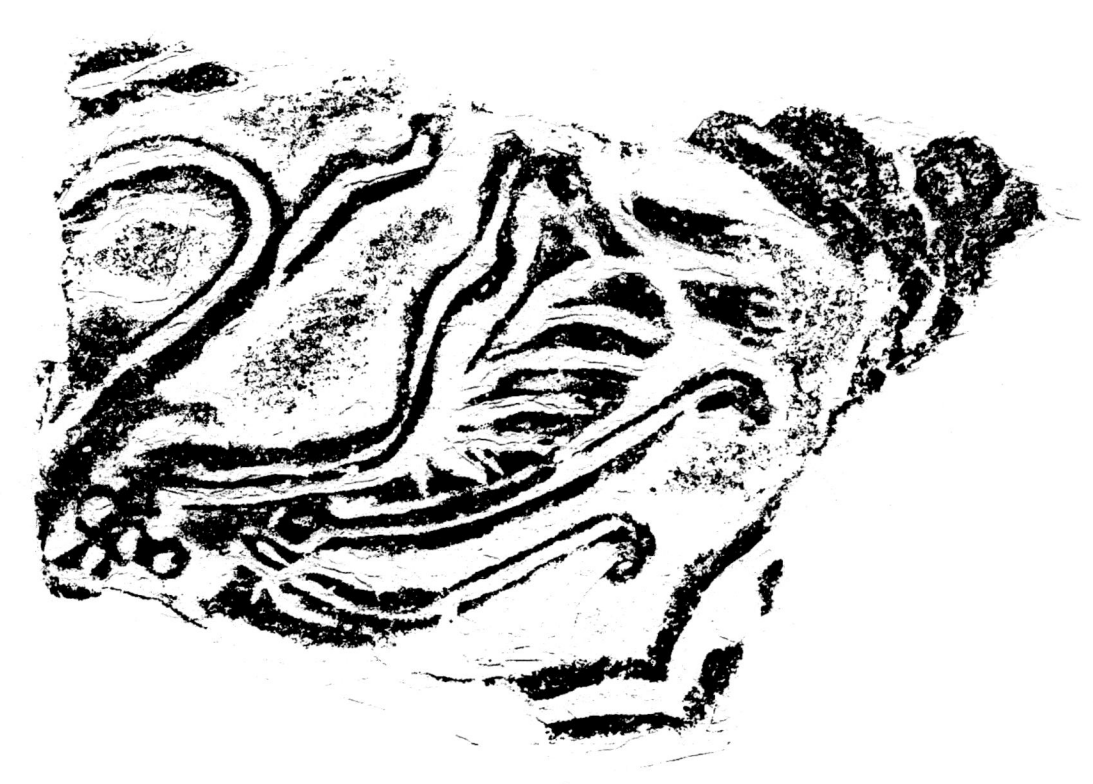

拓片 54　西岭建筑遗址勾头飞天图案（二）

拓片 55　西岭建筑遗址勾头飞天图案（三）

拓片 56　西岭建筑遗址勾头凤凰图案

拓片 57　西岭建筑遗址重唇板瓦图案（一）

拓片 58　西岭建筑遗址重唇板瓦图案（二）

拓片 59　西岭建筑遗址重唇板瓦图案（三）

拓片 60　西岭建筑遗址重唇板瓦图案（四）

拓片 61　西岭建筑遗址重唇板瓦图案（五）

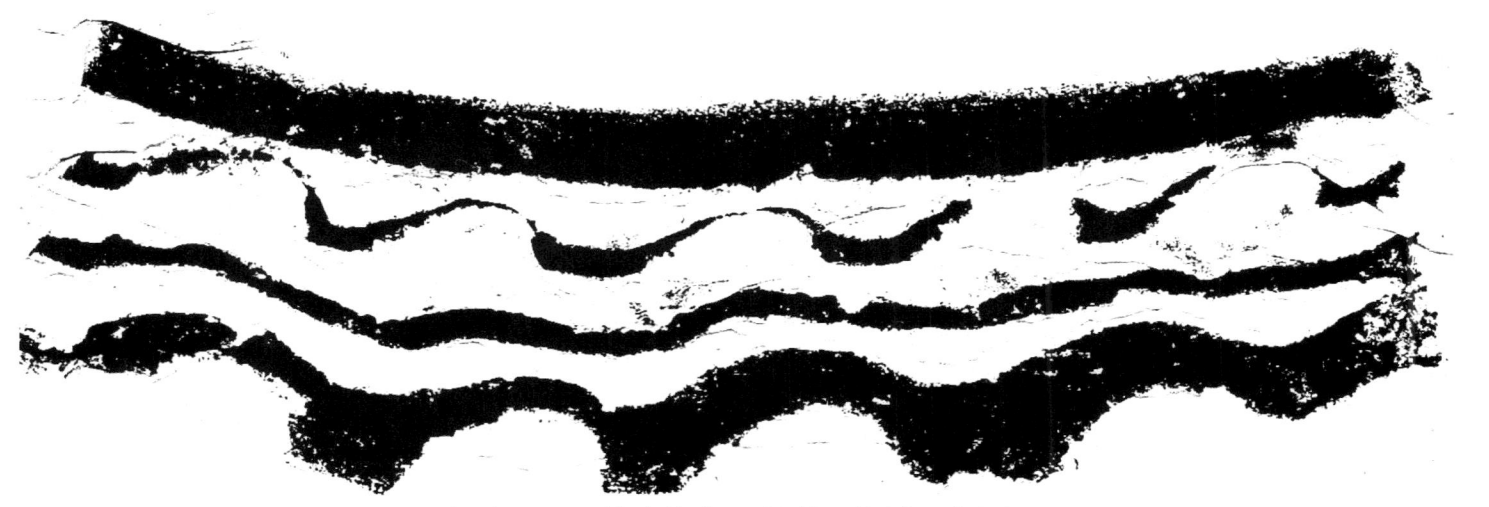

拓片62　西岭建筑遗址重唇板瓦图案（六）

拓片63　西岭建筑遗址重唇板瓦图案（七）

拓片 64 石函上层北面雕刻

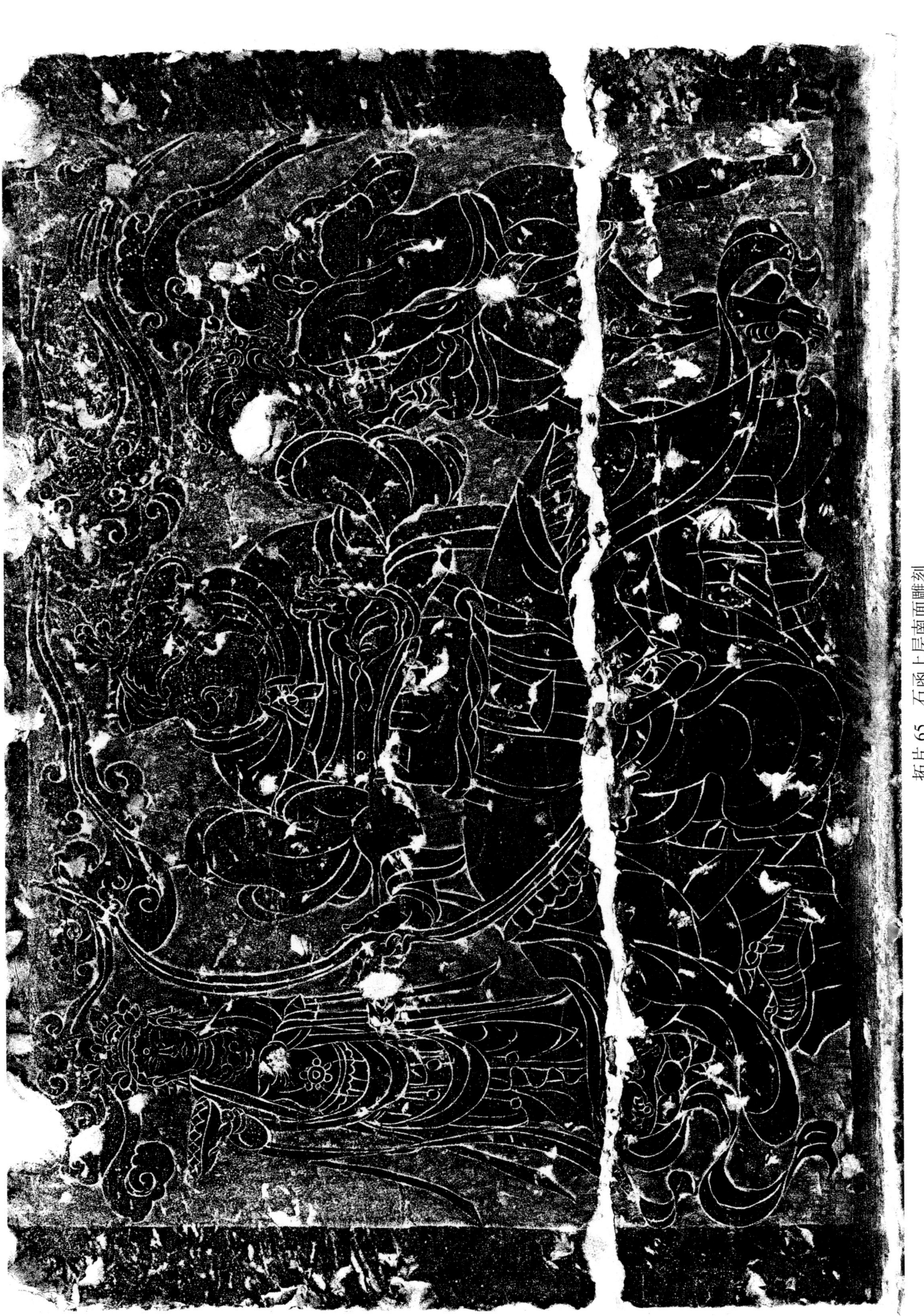

拓片65 石函上层南面雕刻

拓片 66 石函上层东面雕刻

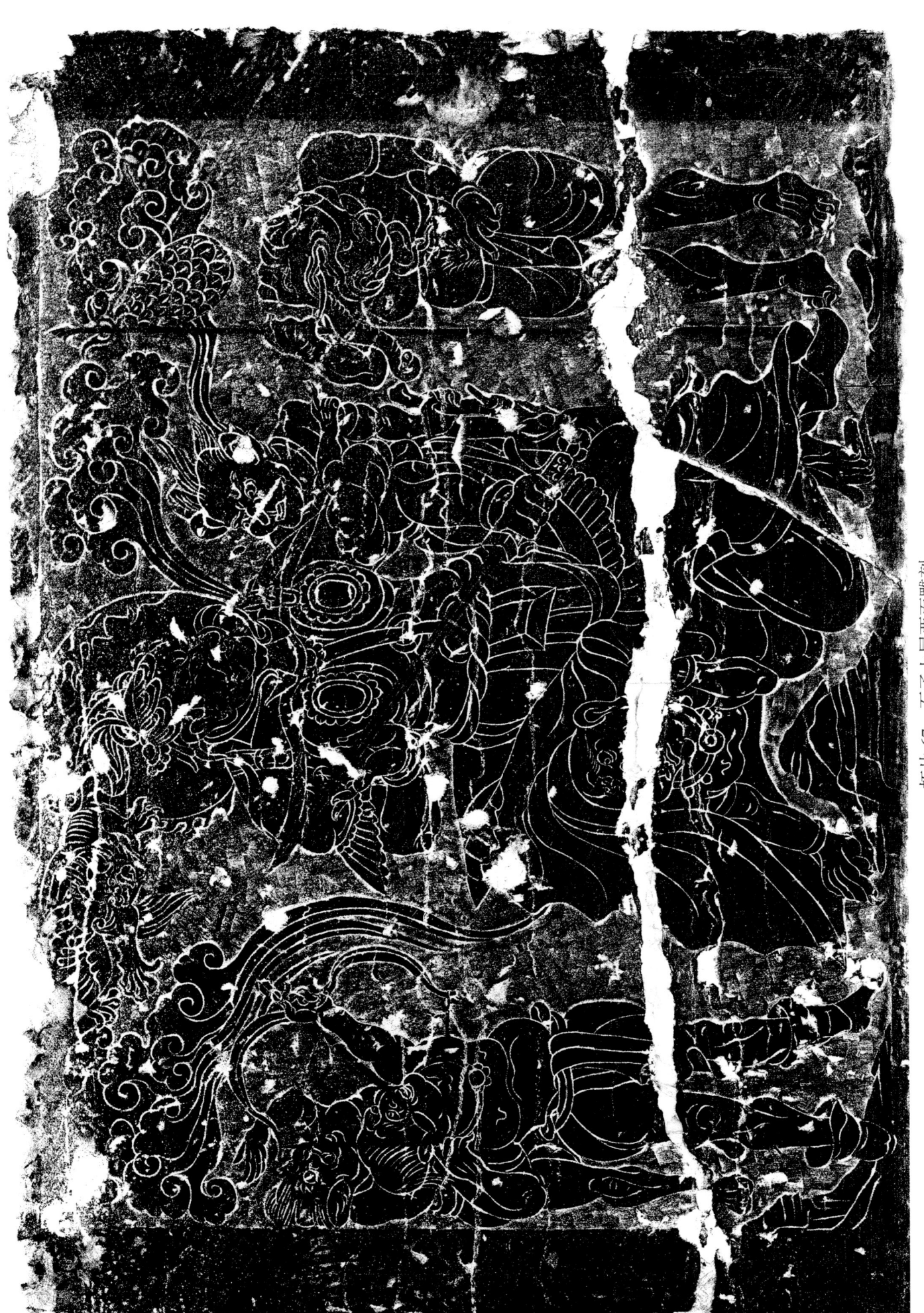

拓片 67　石函上层西面雕刻

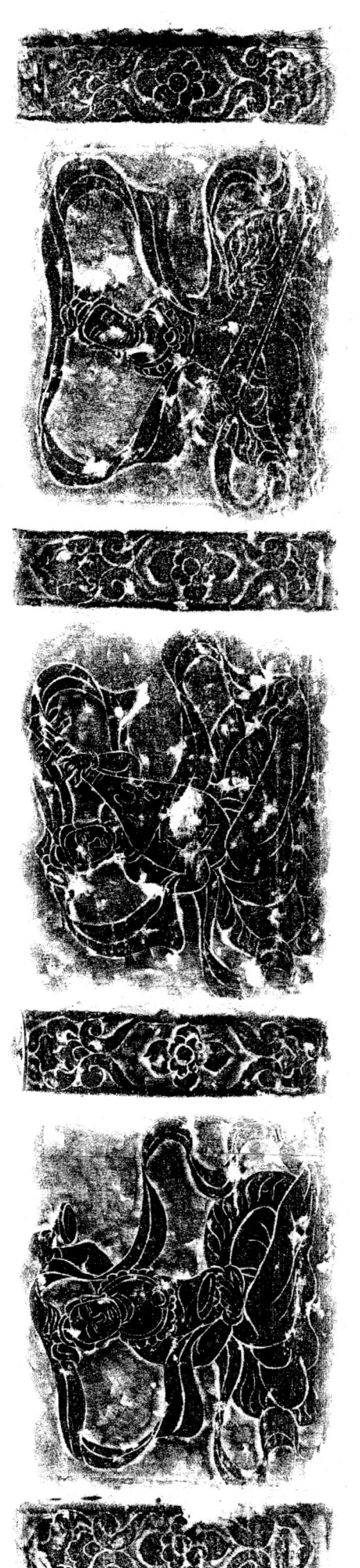

拓片 68　石函束腰雕刻（一）

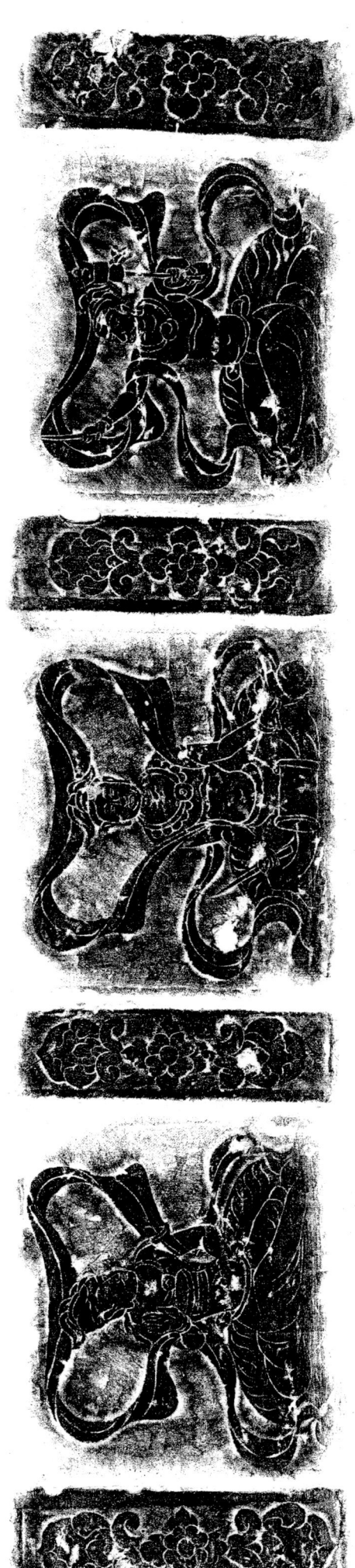

拓片 69　石函束腰雕刻（二）

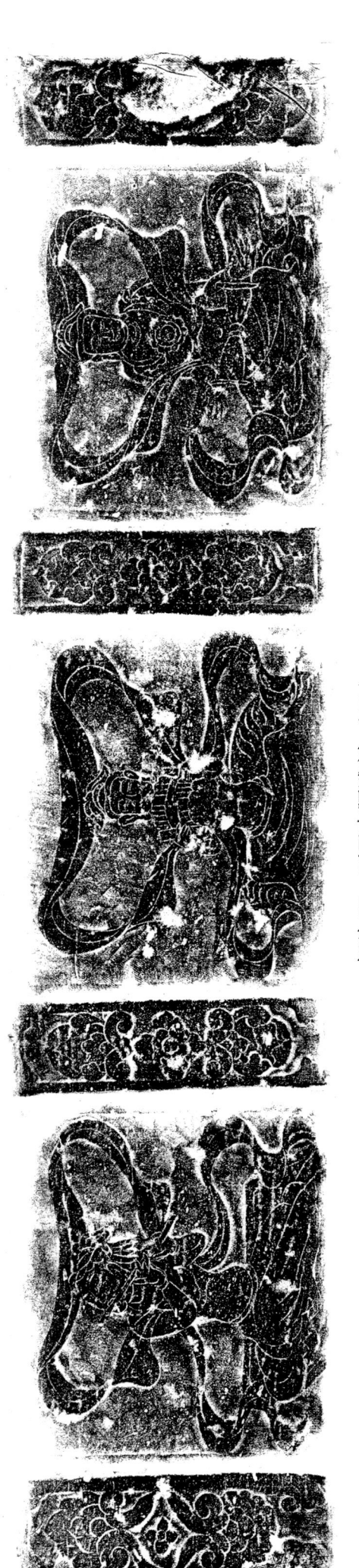

拓片 70　石函束腰雕刻（三）

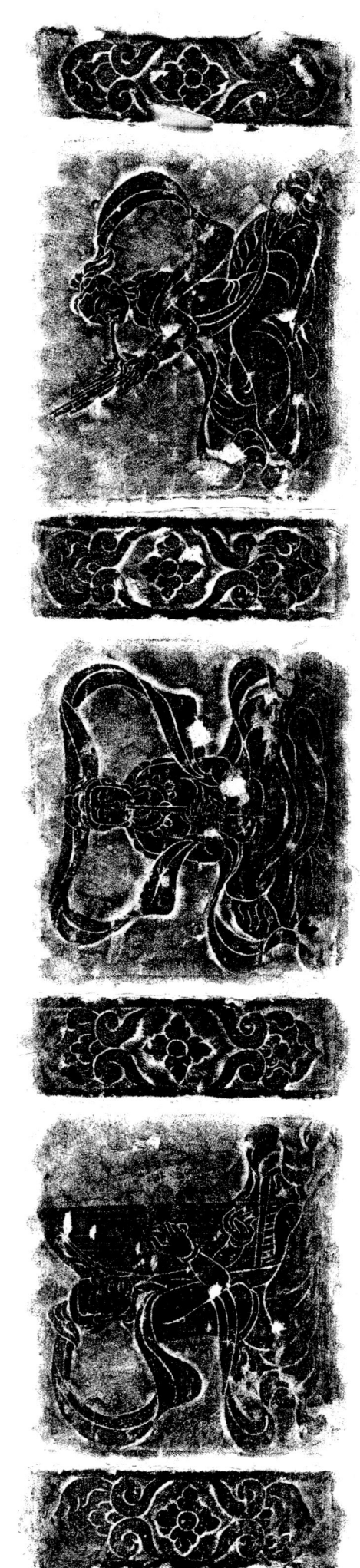

拓片 71　石函束腰雕刻（四）

拓片72 （唐）经幢《佛顶陀罗尼经》（一）

拓片 73 （唐）经幢 《佛顶陀罗尼经》（二）

拓片74 （唐）《东京大敬爱寺大德大证禅师碑》

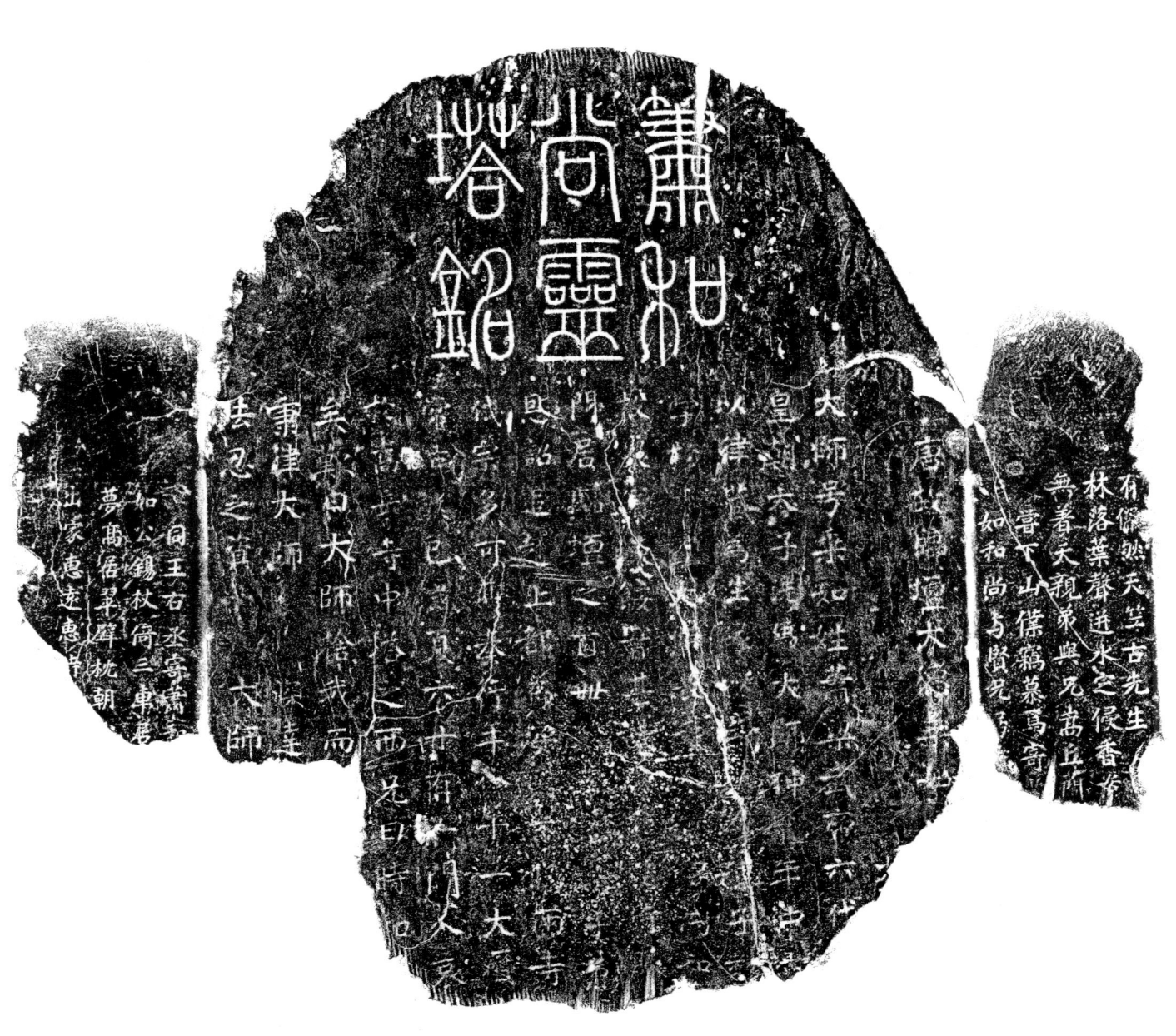

拓片 75 （唐）《萧和尚灵塔铭》 碑阳

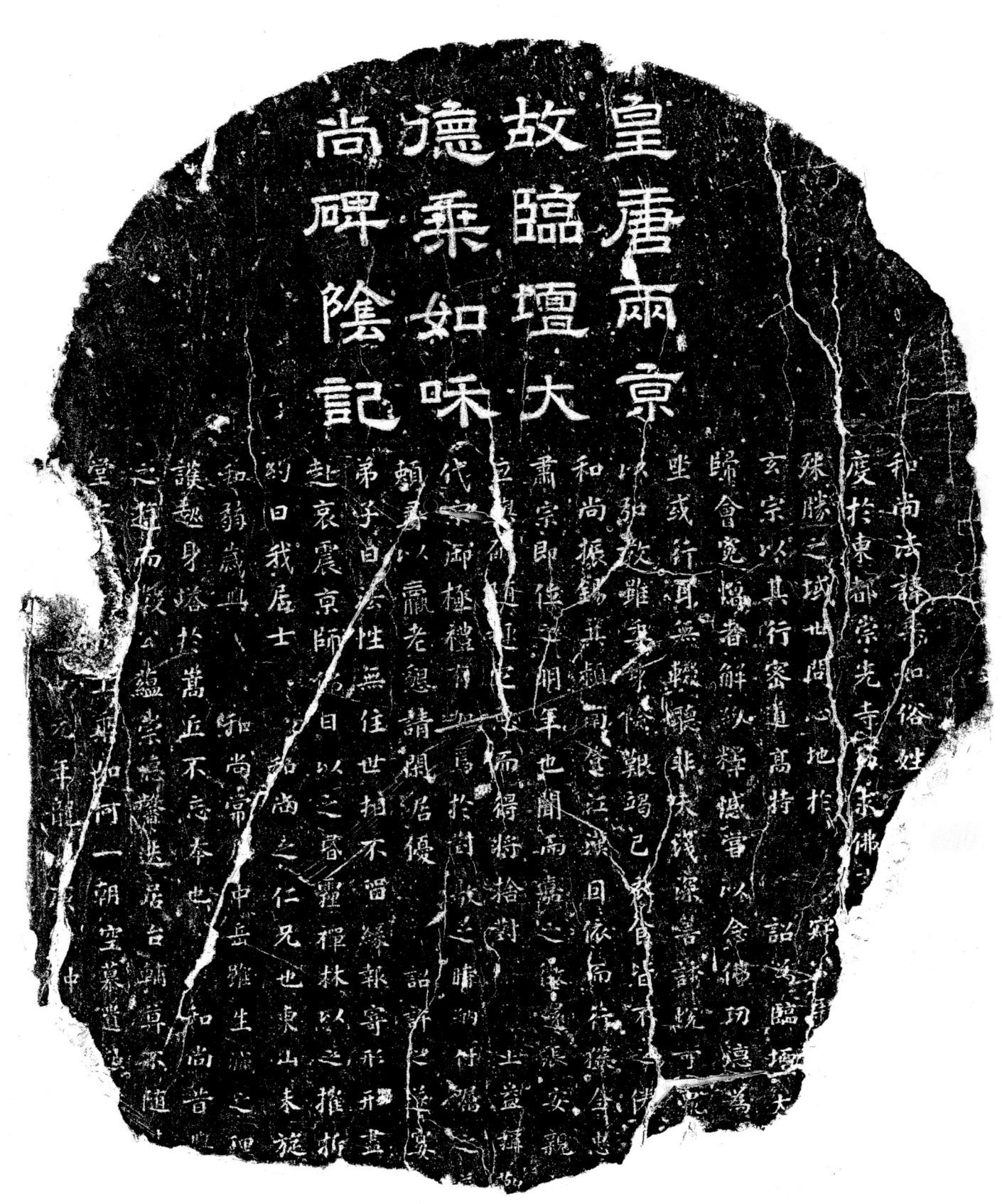

拓片 76 （唐）《萧和尚灵塔铭》碑阴

拓片 77　（唐）《大唐嵩岳闲居寺故大德珪禅师塔记》

拓片78 （清）《金装佛像记》 碑阳

拓片79　（清）《金装佛像记》碑阴

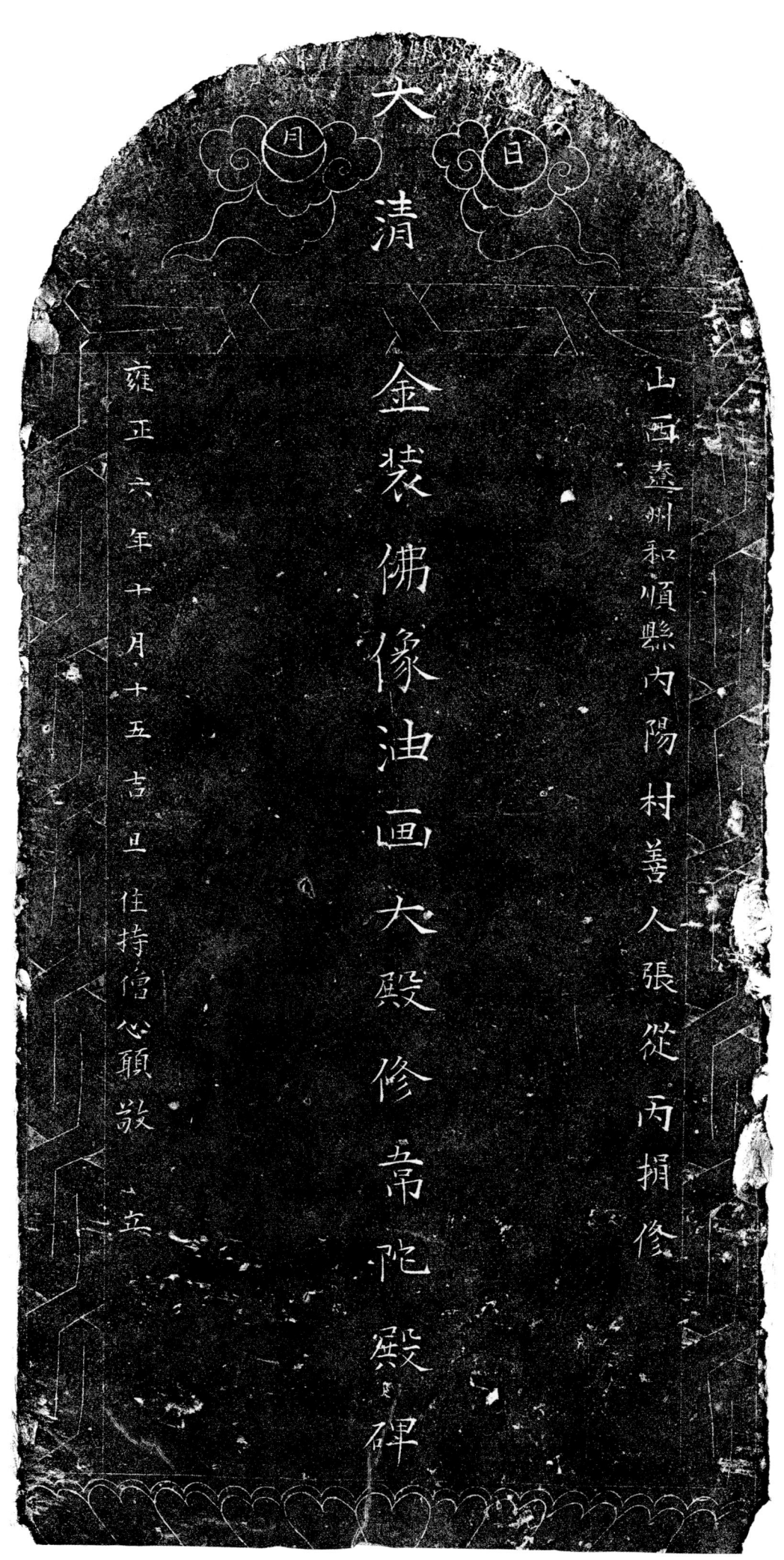

拓片80 （清）《金装佛像油画大殿修韦陀殿碑》

拓片81 （清）《重修茄蓝殿记》

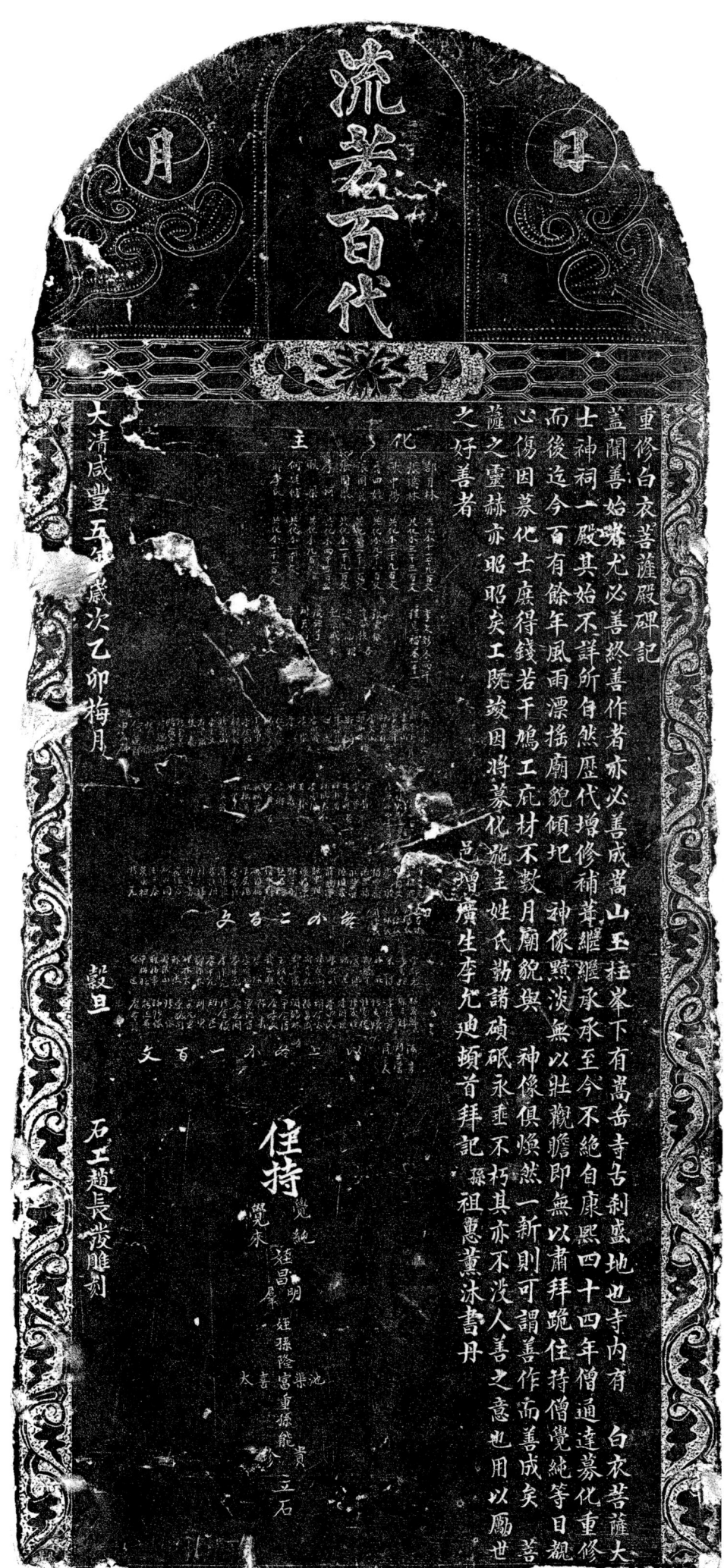

拓片82 （清）《重修白衣菩萨殿碑记》

拓片 83 （清）《施舍地於嵩岳寺序》

(K-3303.01)

ISBN 978-7-03-065893-7

定价:1500.00元(上、下册)